VOL. I

남북한 협력과 발전을 위한 기초연구
- 북한의 현실과 남북협력 -

진인진

::필자(가나다 순)

국토문제연구소
  박수진, 안유순

동아시아교류개발센터
  전봉희, 허유진

생활과학연구소
  김희정, 이순형

수의과학연구소
  우희종, 조충희

언어연구소
  김한결, 이현희, 정혜린, 최성규, 홍은영

에너지자원신기술연구소
  구영현, 박형동, 송재준, 오명찬, 윤동호, 이용기, 최채순

역사연구소
  김정인

종합약학연구소
  권성원, 김진웅, 박정일, 성상현, 주승재

통일의학센터
  신희영, 안경수, 안형순, 임아영, 전지은, 최소영

통일치의학협력센터
  이승표

한국어문학연구소
  김성규, 김현, 문숙영, 서세림, 장소원, 황선엽

남북한 협력과 발전을 위한 기초연구 - 북한의 현실과 남북협력 - VOL. I

초판 1쇄 발행 | 2018년 2월 28일

책임편집 | 정근식·최규빈
지은이 | 서울대학교 통일연구 네트워크
디자인 | 배원일
발행인 | 김영진
발행처 | 진인진
등 록 | 제25100-2005-000003호
주 소 | 경기도 과천시 별양상가 1로 18 614호(별양동 과천오피스텔)
전 화 | 02-507-3077-8
팩 스 | 02-507-3079
홈페이지 | http://www.zininzin.co.kr
이메일 | pub@zininzin.co.kr

ⓒ 진인진 2018
ISBN 978-89-6347-374-1 93300

목차_

책머리에 서울대학교 통일연구기반의 확장을 위하여

성낙인 __5

01 | 북한의 1990년대 언어사와 언어학사 연구

이현희, 최성규, 김한결, 정혜린, 홍은영 __10

02 | 〈통일문법〉 정립을 위한 북한 규범 문법 분석 시론

장소원, 김성규, 황선엽, 김현, 문숙영 __62

03 | 일제시기 잡지 『개벽』과 『삼천리』를 통해 본 북한 지역의 지리와 문화

김정인 __122

04 | 통일 시대 탈북 문학의 접근과 전망

서세림 __164

05 | 북한 도시와 건축에 대한 관심과 연구 성과

전봉희, 허유진 __186

06 | 남·북한 약용식물 자원의 산업적 활용을 위한 기반 연구

주승재, 권성원, 성상현, 김진웅, 박정일 __226

07 | 북한의 토지황폐화와 지속가능한 발전을 위한
    의사결정시스템 구축

안유순, 박수진 __260

08 | 북한 아연광산의 경제성과 태양광 발전부지 가능성 평가

송재준, 박형동, 윤동호, 이용기, 최채순, 오명찬, 구영현 _308_

09 | 북한의 의료인력 양성 현황과 남-북-중 보건의료 협력 방안

신희영, 안경수, 최소영 _352_

10 | 북한의 전반적인 보건의료 현황과 협력 방안

신희영, 안형순, 임아영, 전지은 _392_

11 | 북한 치의학 현황과 협력방안

이승표 _420_

12 | 북한 수의교육 현황 및 방역 공조 체제

조충희, 우희종 _440_

13 | 북한가정 생활문화의 실태와 교육적 적용

이순형, 김희정 _488_

에필로그

정근식 _519_

::책머리에

서울대학교 통일연구기반의 확장을 위하여

한반도의 통일과 항구적인 평화는 아무리 강조해도 지나침이 없을 정도로 대한민국 사회에서 긴박하고 중요한 문제입니다. 70년 넘게 지속된 분단의 역사가 통일 시대로 전환되지 않은 채 이 짐을 우리의 젊은 세대에게 넘겨주는 것은 지식인으로 또 어른 된 시민으로 가장 중요한 책무를 소홀히 한 것이나 다름없습니다. 안타깝게도 젊은 세대들에게 통일은 더 이상 민족적, 당위적 과제라 인식되지 않습니다. 북한의 위협은 날로 증가하고 있으며 북한의 핵 프로그램 포기 등 한반도 안보문제 해결은 점차 난망해지고 있습니다. 주지하다시피 북한 문제는 이제 동아시아를 넘어 전 지구적 난제가 되고 있습니다. 북한 정권의 호전성, 불안정성은 이웃국가들의 안보에 직접적인 위협이 되고 있으며 북한 내의 인권 문제 및 해외 탈북 노동자와 북한 주민들의 이주와 정착은 경계를 초월하여 영향을 미치고 있는 상황입니다. 더욱이 한반도 주변국들은 각자의 국익의 관점에서 한반도 문제에 접근하고 있기에 통일을 위한 우호적 협력 관계 구축은 한층 더 복잡해지고 있습니다. 이제 대한민국은 그 어느 때보다 정교하고 창의적인 대응과 방안이 필요한 상황입니다.

　'세계를 선도하는 창의적 지식 공동체'를 지향하는 서울대학교는 한반도의 평화정착과 통일시대를 앞당기기 위한 교육과 연구에 앞장서 왔습니다. 제가 총장으로 부임한 이후, 우리 대학들이 배출할 차세대 인재들은 민족의 화합과 공존 그리고 평화 통일의 시대의 주역이 되어야 한다는 일념으로 학문 후속 세대에 관심을 갖고 연구자 양성에 힘써 왔습니다. 또한 통일을 실질적으로 준비하고 필요한 학술적 대응 역량 강화를 위해 2014년 통일연구를 담당하는 학내 연구기관 간의 협력을 위한 「서울대학교 통일연구 네트워크」를 출범시켰고, 2015년부터는 통일평화연구원을 주축으로 각 단과대학과 주요 연구기관이 참여하는 「통일기반구축사업」을 추진하여 왔습니다. 2016년에는 통일부의 「통일교육 선도대학 사업」에 선정되어 학내 통일교육의 새로운 모델 정립을 위해 노력하고 있습니다.

특별히 「통일기반구축사업」은 통일과 통합을 대비한 연구가 다양한 전공과 전문영역에서 통합적으로 이루어 질 수 있는 학문적인 토대 및 플랫폼을 만든다는 점에서 중요한 의미가 있습니다. 또한 통일시대를 대비 학문 후속 세대의 통일에 대한 관심 증진에 기여할 수 있는 창의적 사업을 발굴하고 다양한 영역에서의 통일인재 양성 프로그램 개발 및 전문 인력 역량 강화를 지원하고 있습니다. 2015년부터 실시된 「통일기반구축사업」을 통해 언어, 역사, 정치, 경제, 경제, 공학, 의학, 법학, 농업, 교육, 수의, 생활과학 등 다양한 분과학문별 연구단위가 참여하는 통일연구 네트워크가 확대 구축되고 있으며, 2015년 16개 기관, 2016년 20개 기관, 2017년 28개 기관에서 사업을 진행하여 지난 3년 간 82개 연구사업을 실시해 왔습니다. 학내외 많은 연구자들이 함께 지혜를 모은 사업의 성과들은 매년 열리는 통일기반구축 연합 학술대회를 통해 공유되어 향후 발전방안을 모색하고 있습니다. 이는 서울대학이 통일연구의 파급과 확산에 적극 기여하고 있으며 통일 관련 전문성 및 과학성 제고, 통일 인재 양성에 주도적인 역할을 하고 있음을 보여주는 것입니다.

이번에 발간하는 『남북한 협력과 발전을 위한 기초연구』는 「서울대학교 통일연구 네트워크」에서 지난 사업의 연구 성과들을 종합하여 내어 놓은 첫 번째 결과물입니다. 북한 및 통일에 대한 연구는 한국사회에서 활발하게 진행되고 있지만, 통일 및 평화 실현 과정에서 해결해야 할 다양한 문제들을 종합적으로 조망할 수 있는 성과물들은 계속적으로 축적될 필요가 있습니다. 연구 대상과 방법으로써의 북한연구는 보다 다양한 영역에서의 기초자료를 요구하며, 남북 간, 북한과 타국 간의 비교 및 남북한 협력을 위한 사례 연구는 더욱 확대될 필요가 있습니다. 또한 이러한 학술 연구들은 국가의 전략과 정책으로 반영되는데 기여 할 수 있어야 합니다. 이러한 맥락에서 이번 서울대학교 통일연구 네트워크에서 출간한『남북한 협력과 발전을 위한 기초연구』는 종합적인 통일평화연구의 지향점을 보여주는 의미 있는 성과라고 생각합니다. 이를 계기로 남북한의 협력, 통일과정 및 통일 후 통합에서의 주요 쟁점에 대한 연구가 보다 활발히 진행되고 다양한 분과학문별 통일연구가 연계되는 계기를 마련할 수 있기를 희망합니다. 이러한 참여 연구기관들의 노력과 성과들이 한반도의 평화 정착, 갈등 해소와 통합증진 방안을 찾고 나아가 동아시아의 협력과 번영에 기여할 수 있는 지혜와 방법을 찾는 일에 기여할 수 있기를 바라마지 않습니다.

2018년 2월 9일
서울대학교 총장 성낙인

:: 서울대학교 통일연구 네트워크

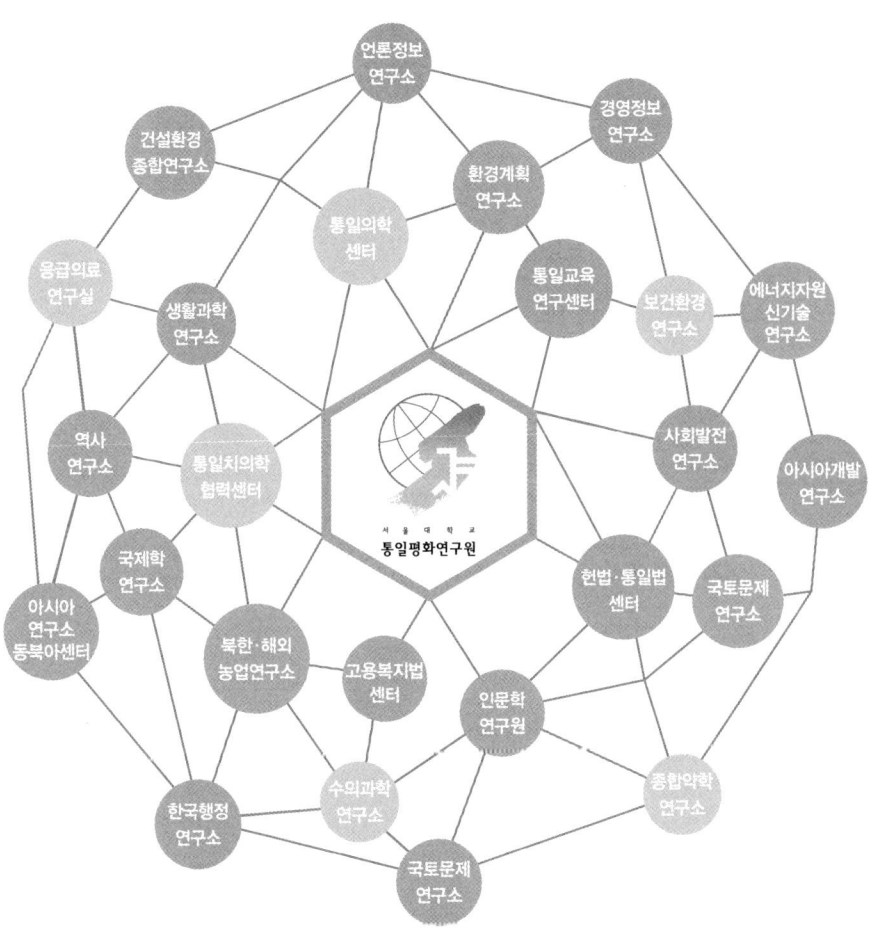

:: 언어연구소(인문학연구원)

북한의 1990년대 언어사와 언어학사 연구

이현희 · 최성규 · 김한결 · 정혜린 · 홍은영

목차

Ⅰ. 서론

Ⅱ. 언어사

Ⅲ. 언어학사 및 기타

Ⅳ. 결론

이현희 서울대학교 국어국문학과 교수 **최성규** 서울시립대 국어국문학과 객원교수
김한결 서울대학교 국어국문학과 박사수료 **정혜린** 서울대학교 국어국문학과 박사수료
홍은영 서울대학교 국어국문학과 박사수료

I. 서론

이 글은 1990년대 북녘의 언어사(북녘의 용어로는 조선어사)와 언어학사(북녘의 용어로는 조선어학사) 연구의 특징을 개괄적으로 고찰하는 것을 목적으로 한다. 여기서는 '한국어, 조선어, 국어'라는 용어를 모두 피하고 그 대신 '언어'라는 말을 쓰기로 한다.

북녘 자료를 정식으로 활용할 길이 열린 뒤, 1990년대에 들어서서 남녘 학계에서는 북녘의 학문에 대한 관심이 괄목할 정도로 증대되었으며, 그러한 상황 속에서 북녘의 언어학에 대한 연구도 적지 않은 성과를 보였다. 그렇지만 2000년대 이후 언어학계에서는 그러한 관심이 전처럼 이어지지는 못하였고, 특히 북녘의 언어사나 언어학사에 대한 연구는 매우 소략한 정도에 머무르고 있다.

한편, 1990년대에 대한 기왕의 성과들도 되짚을 필요가 있다. 1990년대 남녘에서 이루어진 연구는 해방 직후부터 그 당시까지의 북녘 언어 전반을 아우르는 경우가 많았기에 1990년대 당대의 특징을 상세히 살피는 데에는 더러 아쉬움이 있었다. 이번 연구를 통해 우리는 당시에 미처 확인하지 못하였던 자료들을 다시금 살펴보고, 동시에 당대의 자료에 대하여 새로운 해석을 시도할 수도 있을 것이다.

이 글은 크게 북녘의 언어사와 언어학사 부분으로 구분된다. 먼저, 북녘의 언어사에서는 시기별로 음운과 문법, 어휘 등을 다룰 것이다. 이를 통하여 우리는 자연스레 북녘 언어사의 공과를 거시적·미시적으로 언급하게 될 것이다. 다음으로, 북녘의 언어학사에서는 북녘에서 강조하고 있는 고대문자설과 북녘의 언어관 등등을 다룰 것이다. 더불어 옛말 사전의 편찬이나 중복된 논저들에 대한 설명도 뒤따를 것이다.

II. 언어사

1. 시대 구분과 계통

1) 시대 구분

일반 역사학은 물론 언어사 연구에서도 남과 북의 시대 구분은 서로 다르다. 남녘 언어사 연구에서는 이기문(1961)의 시대 구분이 통설로 자리 잡아 지금까지 이어지고 있다. 북녘 언어사 연구에서는 저서마다 조금씩 다른 구분을 보여준다. 남녘과 북녘의 언어사 시대구분을 표로 정리하면 아래와 같다. 이해를 돕기 위해 '…세기', '…세기 후반' 같은 원문의 표현을 모두 숫자 연대로 바꾸어 적는다.

북녘 언어학계의 시대 구분은 저서마다 조금씩 다르게 나타난다. 우선 류렬(1990, 1992)의 시대 구분은 마르크스주의의 역사발전 5단계설을 충실히 따른 결과이며,[1] 북녘 일반 역사학계의 시대 구분과 일치한다.[2] 언어와 사회의 영향 관계를 강조하는 북녘의 학풍을 생각하

---

[1] 역사발전 5단계설은 일제강점기 백남운의 역사 서술에서도 나타난다. 삼국시대를 시작부터 중세봉건제 시기로 확정한 것은 『조선통사(상권, 제2판)』(1962)부터이며, 그 뒤로 북녘의 역사 서술에 계속 이어진다. 자세한 것은 다음 논저를 참고할 것: 송향근, "서평-조선말력사(1)," 『아세아연구』, 86, (1995), p. 470; 도면회, "북한의 한국사 시대 구분론," 한국역사연구회 북한사학사연구반, 『북한의 역사 만들기』, (서울: 푸른역사, 2003), pp. 62~65.

[2] 남녘의 일반 역사학계에서는 고려시대를 중세로, 조선 전기를 근세로 분류하므로, 언어사 학계와 일반 역사학계의 시대 구분이 서로 다르다.

표 1 언어사 시대 구분

이기문 『국어사개설』[3]		류렬 『조선말력사』 1, 2[4]		김영황 『조선어사』[5]	
고대		고대		고려이전시기 (고대 및 초기중세)	
	─918/936─	─B.C.277?─ 중세전기 ─918/936─		─918/936─	
중세	전기 중세 ─1392─ 후기 중세 ─1600─	중세	중세중기	(중세)	고려시기 (중기중세) ─1392─ 리조전반기 (후기중세)
			고려시기 ─1392─ 리조전기 ─1600─		
				─1600─	
근대	─1900─		중세후기 ─1866─ 근대 ─1926─		리조후반기 ─1884?─ 근대 ─1926─
현대		현대	현대전기 ─1945─ 광복후	현대	

면 새삼스러운 일은 아니다. 또한 언어학계와 사학계의 시대 구분이 같다는 사실은 교육 면에서나 학술 교류 면에서 이로운 점도 많을 것이다.

그러나 무엇보다 중요한 것은 시대 구분 논리의 타당성이다. 예컨대 고구려 건국[6] 무렵의 언어 자료는 양으로 보나 질로 보나 매우 빈

---

3 이기문, 『국어사개설(초판)』, (서울: 민중서관, 1961).

4 류렬, 『조선말력사 1, 2』, (평양: 사회과학출판사, 1990, 1992). [영인: (서울: 한국문화사, 1995, 1994)].

5 김영황, 『조선어사』, (평양: 김일성종합대학출판사, 1997). [영인: (서울: 역락, 2002)].

6 북녘 역사학계에서는 고구려 건국 시점을 기원전 277년으로 본다.

약하며, 기초 해독조차 쉽지 않다. 따라서 그 무렵을 경계로 고대어와 중세어를 나누는 기준을 찾기는 매우 어렵다. 이러한 태도는 언어의 역사를 설명하면서 언어 자체의 변화보다 정치·사회 방면의 변화에 너무 이끌렸다는 비판을 받을 만하다.

한편 김영황(1997)의 시대 구분은 상당히 다르다. 고려 건국 이전을 하나로 묶었다는 점에서는 남녘의 이기문(1961)과도 멀지 않다. 물론 김영황(1997)의 본문 설명에서는 역사학계의 구분을 따른 '고대 및 초기중세, 중기중세, 후기중세'라는 말도 찾을 수 있다. 그러나 책의 목차에 나타난 소제목은 '고려이전시기, 고려시기, 리조전반기……'로 되어 있다. 고조선 때부터 남북국시대까지를 묶어 "조건적으로 고대국어라고 할수 있을것이다"라고도 적었다.[7]

북녘 언어학계의 시대 구분이 처음부터 역사발전 5단계설을 따른 것은 아니었다. 홍기문 외(1964)에서는 '①고대, ②15세기 이전, ③15~16세기, ④17~19세기초, ⑤19세기말~1945년, ⑥1945년 이후' 여섯 시기로 구분하였다고 한다.[8] 최정후(1983)에서는 '①고대시기, ②봉건국가분립시기, ③10~14세기, ④15~16세기, ⑤17~18세기, ⑥19~20세기초'의 여섯 시기로 구분하였다. 이를 참조하면 김영황(1997)의 구분이 도리어 종래의 견해와 가까워 보인다. 1990년대의

---

7   김영황, 『조선어사』, p. 4.

8   홍기문 외 공저, 『조선어사연구』, (평양: 사회과학원출판사, 1964). 글쓴이는 원문을 직접 보지 못하였다. 북녘 학자가 정리한 다음 문헌에서 재인용함: 최승주, "언어사연구사," 김영황·권승모 편, 『주체의 조선어연구 50년사』(평양: 김일성종합대학 조선어문학부, 1996). [영인: (서울: 박이정, 2001)], pp. 459~460.

언어사 서술에서는 종래의 구분과 5단계설을 따른 새 구분이 공존하는 셈이다. 또한 북녘 학자들 사이에도 견해차가 있었다는 점을 확인하게 된다.[9]

2000년대 이후의 상황을 간략히 덧붙여 둔다. 류렬(1990, 1992)는 2005년에 『조선어학전서』의 일부로 다시 출판된다. 그러나 김영황(1997)은 『조선어학전서』에 들어가지 못하였다. 그 점을 중시한다면 류렬(1990, 1992)의 시대 구분이 통설이나 주류로 더 인정받았다고 추측하게 된다. 물론 북녘 대학의 현장 강의를 직접 확인하지는 못하였으므로 실상이 어떠한지 말하기는 어렵다. 다만 출판된 책을 보아서는, 북녘 언어학계의 시대 구분이 남녘과 더 멀어지고 있다.

2) 계통과 형성

우리말의 계통과 형성은 언어사 분야의 오랜 관심사이나, 남녘 언어학계에서는 아직 또렷한 결론을 내리지 못하고 있다. 알타이 어족설이 비교적 가능성 높은 이론으로 알려져 있으나, 이를 의심하거나 부정하는 학자들도 많다. 어떤 학자들은 내선일체론의 영향으로 알타이 어족설이 등장하였다고 비판하기도 한다.[10] 국제 언어학계에서도 친

---

9 김영황(1978/2011)에서는 김영황(1997)보다 류렬(1990, 1992)와 더 비슷한 시대 구분이 나타났다. 같은 학자의 저서에서 다른 견해가 나타난 셈이다: 김영황, 『조선민족어발전력사연구(초판)』, (평양: 과학백과사전출판사, 1978). [영인: 『조선말규범집·조선말례절법·조선민족어발전력사연구(북한 어문 자료 7)』, (서울: 대제각, 1991)]; 김영황, 『조선민족어발전력사연구(개정판)』(평양: 과학백과사전출판사, 2011).

10 김하수(1990/2008:26~28)에서는 알타이 어족설이 일본 제국주의자들

알타이 가설과 반알타이 가설이 정리되지 않은 채 남아 있다.

북녘 학계에서는 일찍부터 고립설이 통설로 자리를 잡았다.[11] 따라서 우리말의 계통을 어느 다른 언어와도 잇지 않는다. 다만 학자들 사이에 조금씩 온도차를 보이기도 한다. 어떤 학자는 우리말과 다른 언어를 같은 계통으로 묶는 것에 대해 민족의 동질성 및 주체성 훼손으로 보아 격렬히 거부하기도 하나, 어떤 학자는 확실치 않다고 언급하는 데에 그친다. 먼저 고립설을 강하게 주장한 류렬(1990)의 서술 내용은 아래와 같다.

> 이것은 조선사람과 조선말이 저 알타이산줄기너머와 같은 머나먼 다른 지역에서 형성되어 옮아온 그 어떤 《나그네》인 것이 아니라 처음부터 이 땅에 뿌리내려 형성된 당당한 《주인》이라는 것을 의미한다. …… 조선사람과 조선말은 그 형성에서 다른 갈래들의 《혼혈종》이거나 《혼성어》가 아니라 구성상 순결성을 철저히 보장하고있었다는것을 말해준다.[12]

의 '오족협화(五族協和)', '대동아공영권' 논리에 부정적으로 이용될 여지가 있었다고 비판하였다. 그런데 내선일체론에서 벗어나려는 탈일선동조론(脫日鮮同祖論) 또한 일본 학계에서는 정치적 의미를 띤다고 한다. 침략 이데올로기에 대한 반성과 회피라는 측면도 있기는 있으나, 다른 측면에서는 일본 민족의 우수성과 순수혈통을 강조하는 흐름과도 멀지 않다고 한다: 関根英行(세키네 히데유키), "한국인과 일본인의 민족적 계통과 동질성에 관한 논점-일본인의 기원 탐구를 중심으로," 『일본문화연구』, 5, (2001).

11　최정후(1964) 등등에 이미 이러한 견해가 나왔다고 한다. 아쉽게도 글쓴이는 이들의 원문을 직접 확인하지 못하였고, 북녘 논저인 다음 문헌에서 재인용하였다: 최승주, "언어사연구사", p. 462.

12　류렬, 『조선말력사 1』, pp. 15~16.

이것은 조선말이 그 어떤 다른 언어갈래에 속하는 곁가지가 아니라 조선땅에서 조선사람들자신에 의하여 창조된 언어로서의 고유한 특성을 잘보여주는것으로서 조선말의 계통문제연구에서 중요한 의의를 가진다.[13]

한편, 고립설을 주장하더라도 그 강도가 한결 덜한 경우를 찾으면 아래와 같다.

조선어와 알타이어와의 관계를 비교연구한 력사는 근 100년이나 되며 또 적지 않은 학자들이 이 연구에 참가하였으나 오늘까지도 이렇다할 성과를 내지 못한것은 그 연구방법이나 다른데 원인이 있다기보다 조선어와 알타이어사이에 계통ㆍ적련관을 발견할수 없기때문이라고 보아야 옳을것이다. …… 우리는 조선어의 기원문제를 해명하는데서 특히 알타이어와 조선어관계를 력사적사실에 기초하여 정확히 해명하며 ……[14]

그런데 조선어의 경우에 그 친족성문제가 충분히 밝혀지지 않은것만큼 공통기초어의 재건을 위한 비교는 현실적으로 큰 의의를 가지지 않는다.[15]

---

13 류렬,『조선말력사 1』, p. 99. 거의 같은 말이 다른 학자의 논저에도 나타난다. "조선어는 이와 같이 그 어떤 다른 언어의 곁가지로 갈라져나온 언어가 아니며 조선사람이 조선 땅에서 창조하고 발전시킨 언어이다.": 최정후,『조선어학개론』(펑양: 과학백과사전줄판사, 1983). [영인: (서울: 탑출판사, 1989)], p. 10.

14 렴종률, "조선어의 기원문제를 옳게 해명하는것은 조선어력사 앞에 나서고있는 주요한 과제,"『김일성종합대학학보』, 43-02(1997), pp. 29, 31.

15 김영황,『조선어사』, p. 7.

렴종률(1997)이나 김영황(1997)에서는 알타이 어족설을 부정적으로 보면서도, 그 비판 강도가 류렬(1990)처럼 맹렬하지는 않다. 알타이 어족설의 오류를 찾아 적극 반박하기보다는 변변한 성과가 나오지 않았음을 지적하는 수준이다. 특히 김영황(1997)의 설명은 부정론(否定論)보다는 무용론(無用論)이나 불가지론(不可知論)에 더 가깝다.

북녘 언어학계에서 고립설을 주장하는 것은 언어 외 일반 역사와도 깊이 관련되어 있다. 북녘 역사학계에서는 평안남도의 구석기 유적을 근거로, 평양은 외부인이 이주해 들어온 곳이 아니라 인류가 출현한 곳이라고 주장하였다. 더 나아가 세계 5대 문명의 하나로 '대동강 문화'를 꼽기도 한다.[16] 이는 평양의 위상을 높이려는 정치적 의도가 역사 해석에 배어든 결과이다.

북녘 학계가 국수주의를 바탕으로 고립설을 주장한 반면, 남녘의 상당수 학자들은 알타이 어족설에 대한 의심을 바탕으로 고립설을 주장하였다. 배경이나 전제가 전혀 다른데 결론만 보고 고립설을 남북 공통의 정설로 제안하기는 어렵다. 황국정(2002)에서는 통일 후 국어사 서술 방안을 다루면서 알타이 어족설을 가설 단계로 서술하자고 제안하였다.[17]

알타이 어족설만큼이나 중요한 문제는 삼국(고구려, 백제, 신라) 언어의 관계이다. 남녘 언어학계에 널리 알려진 이기문(1961)에서는

---

16 이런 주장은 1997년에 처음 나왔다고 한다. 자세한 것은 다음 문헌을 참조할 것: 권오영, "단군릉 사건과 대동강문화론의 전개," 한국역사연구회 북한사학사연구반, 『북한의 역사 만들기』, (서울: 푸른역사, 2003), p. 103.

17 황국정, "남북한 국어사의 연구," 김민수 편, 『남북의 언어 어떻게 통일할 것인가』, (국학자료원, 2002).

우리말의 옛 역사를 크게 남방계와 북방계로 나누고, 고구려어는 북방계로 백제어·신라어는 남방계로 갈라 보았으며, 삼국 언어의 차이가 크다고 보았다.[18] 또한 오늘날의 우리말은 신라어를 중심으로 형성되었다고 정리하였다. 이기문의 견해 대부분이 남녘 학계의 통설로 받아들여지기는 하였으나, 삼국 언어의 관계만큼은 다소 달라서 적지 않은 이견이 있다.

북녘 학계에서는 삼국 언어의 동질성을 강하게 지지하며, 방언 차이만 있었다고 본다. 이는 일찍이 1950년대부터 시작된 듯하다.[19] 나아가 이 문제를 정면으로 다룬 김수경(1989)은 삼국 언어의 차이를 강조한 이기문의 견해를 맹렬히 비난한 바 있다.[20] 흔히 이기문의 견해를 신라중심설, 북녘 학계의 견해를 고구려중심설이라고 이야기하나, 북녘에서는 고구려를 강조한다고 해도 삼국 언어의 동질성을 부정하지는 않는다. 1990년대 북녘 저술에서도 삼국어 동질설은 흔들림 없이 이어진다.

---

18 이기문(1961, 초판)에서는 삼국 언어의 차이를 더 도드라지게 서술하였던 구절이 이기문(1974, 개정판)에서 빠지기도 하였다: 김슬옹, "삼국시대 언어의 동질성·이질설과 한국어 계통론: 세 설의 상관 관계," 선성예 외, 『새로운 국어사 연구론』, (광명: 도서출판 경진, 2010), pp. 490~502.

19 류창선(1950), 김병제(1961), 홍기문(1963) 등에 그러한 내용이 있었다고 한다. 글쓴이는 원문을 직접 확인하지 못하였으며, 북녘 논저인 다음 문헌에서 재인용하였음: 최승주, "언어사연구사", p. 447, p. 462.

20 김수경, 『세나라시기 언어력사에 관한 남조선학계의 견해에 대한 비판적 고찰』, (평양: 평양출판사, 1989). [영인: 『고구려·백제·신라 언어연구』, (서울: 한국문화사, 1995)]

우리말이 단일민족국가공통어로, 하나의 국어로 발전하여온 력사적로정을 서술하여야 한다. 그와 동시에 우리 말 기원의 2원론을 주장하거나 《신라어정통설》을 들고나오는 내외분렬주의자들의 궤변에 응당한 타격을 가하여야 한다.[21]

지난날 조선사람의 기원과 조선어 기원문제는 반민족적인 분렬주의자들의 궤변에 의하여 심히 외곡되였다. 오늘 일부 남조선 학자들은 고구려, 신라, 백제의 언어가 달랐다는것을 서슴없이 주장하고있다.[22]

고조선과 부여, 구려를 이어받은 고구려와 진국을 이어받은 백제와 신라(가라를 포함함)의 말은 그 앞시기와 마찬가지로 완전히 하나의 말-조선말이였습니다. …… 그 어휘자료는 대부분이 서로 공통되며 세 나라에서의 말이 올데갈데없는 하나의 조선말이였다는것을 구체적으로 보여줍니다. 차이가 있다면 그것은 방언적차이에 지나지 않는것이였습니다.[23]

삼국 언어의 관계에 대해서는 학자들 사이의 차이가 미미하다. 북녘 논저의 거친 표현만 본다면 학술 논의에 정치적 판단을 무리하게 넣은 것처럼 보이기도 한다. 그러나 河野六郎(고노 로쿠로, 1945/1979:172)의 언어 계보도를 참조하면 북녘 학계가 그처럼 한 목소리로 반발하는 이유를 어느 정도 짐작할 수 있다. 고영진(2014)에서 이 문제를 이

---

21 김영황, 『조선어사』, p. 8.
22 렴종률, "조선어의 기원문제를 옳게 해명하는것은 조선어력사 앞에 나서고있는 주요한 과제," 『김일성종합대학학보』, 43-02(1997), p. 26.
23 류렬, "우리 말 이야기(2)", 『천리마』, 92-1, (1992).

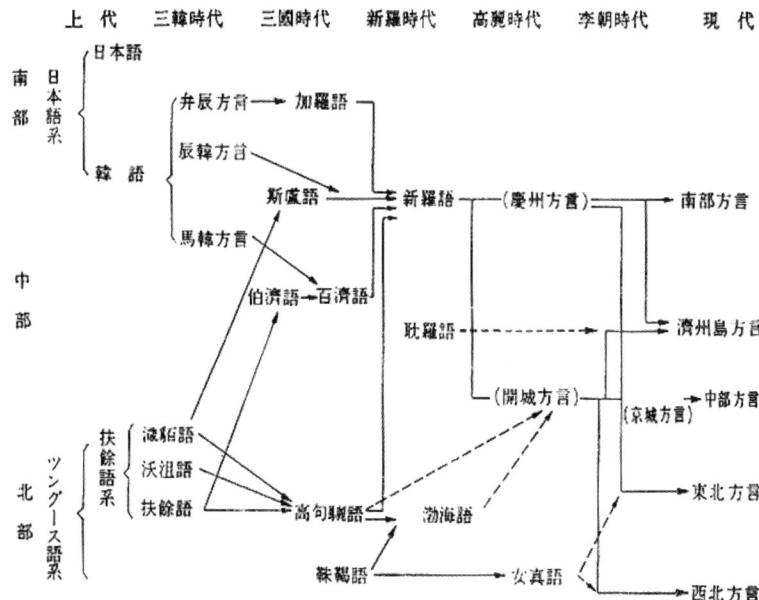

그림 1 河野六郎의 언어 계보도
출처: 河野六郎, 『朝鮮方言學試攷』(東京: 平凡社, 1945/1979), p. 272.

미 자세히 다루었으므로 여기서는 길게 설명하지 않는다.[24]

이 문제는 남북한의 정통성 시비와 같은 민감한 정치 문제와도 멀지 않다. 역사언어학에 정치 문제를 너무 깊이 끌어들여서는 안 되겠으나, 한편으로는 정치·사회와 얽힌 민감한 문제이기에 더욱 주의 깊은 연구가 필요하기도 하다.[25]

---

24 고영진, "김수경의 조선어 연구와 일본-김수경(1989)에서 읽는 한국 역사비교언어학의 한 모습," 『社会科学』, 44-1(2014).

25 연변의 연구 논문인 리득춘(1994)에서는 다음과 같이 적어두었다. "조선어의 력사와 관련하여 생기는 시각적차이는 언어적인 요인뿐만아니라 정치적, 사회적, 력사적 요인들이 복잡하게 얽혀있으므로 연구가자신들은 스스로 이점을 알고 처사하여야 할것이다." 고영진(2014:110)에서는 "언어학은 언제나

삼국 언어의 동질성을 강조하는 경향은 그 뒤로도 이어진다. 최정후(2005:16)[26]에서는 삼국의 어휘를 비교하며 공통성을 보존하되 방언적 차이가 있었다고 설명한다. 김영황(2010:360~371)[27]에서는 지명과 인명에 나타나는 어휘 항목을 서른 개 가까이 들고, 70~80%가 공통된다는 논지를 펼치고 있다.

2. 고대어

이 글에서는 고대어의 범위를 고려시대(14세기)까지로 보아 서술한다. 중세어의 범위는 15~16세기로 한정한다. 이는 1990년대 북녘의 언어사 시대 구분과는 다소 어긋나는 것이며 편의상의 조처일 뿐임을 밝혀둔다.

고대어 자료는 한자 차용 표기로 기록되어 있으므로, 이를 해독하는 것부터가 큰 문제이다. 북녘 학계와 남녘 학계의 해독에는 큰 차이가 있기에, 사례를 하나하나 들어 보이는 것은 생략한다.

흥미로운 점은, 북녘 학자들 사이에도 해독 결과가 크게 다르다는 사실이다. 특히 류렬(1990)의 해독은 위험천만한 것들이 많은데, 같

가치중립적인가 하는 문제에 대한 재검토가 필요하다고 하지 않을 수 없다."라고 하였다.

26 최정후, 『조선어력사어음론(조선어학전서 25)』(평양: 사회과학출판사, 2005).

27 김영황, 『고구려의 언어유산』(평양: 김일성종합대학출판사, 2010). [영인: (서울: 역락, 2011)], pp. 360~371.

은 북녘 학자인 김영황(1997)에서도 이를 비판하였다. 예컨대 류렬 (1990:118)에서는 '達'을 '다리/다라'로 읽었고, 126~127쪽에서 '忽' 을 '구루'로 읽은 바 있다. 그런데 김영황(1997:26)에서는 그 해독을 세 문단에 걸쳐서 비판하고, "《達》을《다라》,《忽》을《구루》의 음역으 로 리해하는것은 아무래도 무리가 아닐수 없다."라고 매듭지었다. 단, 김영황의 글 어느 곳에서도 누가 그런 해독을 하였는지 사람 이름을 밝히지는 않았다.[28]

1) 고대어 음운

이 글에서는 류렬(1990, 1992)와 김영황(1997)을 중심으로 살피되,[29] 세부사항을 생략하고 굵직한 내용만을 소개한다. 먼저 자음체계의 경 우, 류렬(1990, 1992)에서는 고조선 시기의 자음에 'ㄱ, ㄴ, ㄷ, ㄹ, ㅁ, ㅂ, ㅅ,(ㅈ)'밖에 없었다고 하였다. 그 뒤 삼국시대에 들어와 'ㅇ, ㅎ'이, 7~8세기에 거센소리 'ㅊ, ㅋ, ㅌ, ㅍ'가, 고려시대에 'ㅸ, ㅿ' 및

---

[28] 북녘의 언어 연구는 1950년대 이후 과학원 계통과 김일성대 계통 둘로 나뉜다고 한다: 菅野裕臣(간노 히로오미), "북한 문법학의 계보와 소련 언어학 과의 관계(1945~1990)," 『동방학지』, 98(1997), pp. 368~369.
류렬은 조선사회과학원 언어학연구소에서 주로 활동하였고, 김영황은 김일성 종합대학 조선어문학부 소속이었다.

[29] 렴종률(1992)도 이 시기의 음운을 다룬 단행본이다. 그 책에서는 삼국시 대 초기에 이미 현대어와 거의 비슷한 음운체계를 갖추었고, 된소리만 조금 늦 은 6~7세기 전후에 생겼다고 보았다. 그러나 이 주장은 북녘 학계에서도 받아 들여지지 않은 듯하다. 최승주(1996)은 북녘 학자가 북녘의 연구사를 정리한 글인데, 여기에서는 고대어에 관한 렴종률의 견해를 전혀 소개하지 않았다.

된소리 'ㆅ, ㅆ'가 생겨났다고 보았다. 김영황(1997)에서는 고려 이전 시기를 두루 묶어, 이 시기 자음에는 'ㄱ, ㄴ, ㄷ, ㄹ, ㅁ, ㅂ, ㅅ, ㅈ, ㅎ'이 있었으며 'ㅊ, ㅌ, ㅍ, ㅇ'은 더 늦게 생겼다고 설명하였다. 고려시대에 관해서는 류렬(1992)와 비슷하게 설명하였다.

된소리가 남북국시대(통일신라와 발해)까지 없었다는 점은 남녘과 북녘의 견해가 일치한다. 한편 거센소리에 대해서는 남녘 학계의 의견이 여러 가지로 갈려 있으나, 'ㅋ'이 잘 보이지 않는다는 점은 널리 알려져 있다. 한편, 'ㅇ'의 발생 시기는 남녘에서 그다지 논의되지 않았던 문제이다.

이 시기 모음체계에 관해서는 류렬(1990, 1992)와 김영황(1997)의 차이가 없다. 두 저서 모두 'ㅏ, ㅓ, ㅗ, ㅜ, ㅣ' 5모음 체계에서 출발하였다가 7~8세기 무렵에 'ㆍ, ㅡ'가 생겼다고 보았다. 겹모음(이중모음)이 본래는 없었다가 고려시대에야 나타났다는 것도 공통이다. 고대 우리말에 'ㅏ, ㅓ, ㅗ, ㅜ, ㅣ' 5모음만 있었고 이중모음도 없었다는 것은 홍기문(1966:24~25)에 이미 나타나는데[30], 북녘에서는 일찍이 그 견해가 통설로 자리 잡은 듯하다. 이는 남녘의 통설과는 크게 다르다. 한편, 남녘 학계에 알려진 모음추이설 같은 것은 북녘에 보이지 않는다.

음절구조에 관해서, 류렬(1990)과 김영황(1997) 모두 처음에는 개음절밖에 없었다가 나중에 폐음절이 생겼다고 하였다. 그러나 류렬(1990:181)에서는 폐음절의 종성이 처음부터 속터침소리(미파음)였다고 주장한 반면, 김영황(1997:112)에서는 고려시대까지도 미파음

---

30 홍기문,『조선어 력사 문법』(평양: 사회과학원출판사, 1966) [영인: (서울: 한국문화사, 1999)], pp. 24~25.

이 아니었다고 하였다.

북녘 학계에서는 고대어 음운에 관해서 류렬(1990, 1992)와 김영황(1997) 모두 처음에는 단순한 체계였다가 뒤로 갈수록 복잡해진다고 설명한다. 언어가 갈수록 '발전풍부화'하였다는 생각에 대해서는 제3장에서 다시 살펴보겠다.

2) 고대어 문법

북녘 학계의 현대어 문법 체계와 용어는 남녘과 크게 다르다. 북녘의 고대어 문법 체계는 그 현대어 문법 체계를 바탕으로 되어 있다. 해독을 비롯한 언어 사실 자체도 남녘과 달리 보는 점이 많거니와, 문법 체계는 더더욱 남녘과 크게 다르다. 여기서는 몇 가지만 골라 짤막하게 보이기로 한다.

품사 분류에 관해서, 류렬(1990)은 고조선 시기에는 체언과 용언조차 미분화되었다가 삼국시대에 이르러서는 현대어와 똑같은 8품사(명사, 대명사, 수사, 동사, 형용사, 관형사, 부사, 감동사)가 생겼다고 보았다. 김영황(1997)은 고려 이전 시기 전체를 묶어 다루며 체언(명사, 대명사, 수사) 용언(행동동사, 상태동사) 기타(부사, 감동사)로 분류하였다.

격토(격조사)에 관해서, 류렬(1990, 1992)에서는 고조선 시기에는 격토가 없었다가 삼국시대에 다섯 가지가[31] 나타났고, 고려시대에는 일곱 가지로[32] 나뉘었다고 하였다. 김영황(1997)에서는 남북국시

---

31 ① 주격, ② 속격, ③ 여·위격, ④ 대-조격(대격·도구격 미분화), ⑤ 절대격(격토 없음)으로 분석하였다.

32 ① 주격, ② 속격, ③ 여·위격, ④ 대격, ⑤ 조격(도구격) ⑥ 구격(공동격), ⑦ 호격으로 분석하였다.

대까지를 두루 아울러 주격·대격·조격(도구격)·여격·호격·제시격(주제 '은') 여섯 가지로 분류하였다. 한편, 류렬(1990, 1992)에서는 어간의 끝소리를 결합자음(매개자음, 조사의 첫소리)으로 인식한 결과 격형태가 어지러울 만큼 복잡하게 나타나는데, 이는 중세어를 설명할 때에도 그대로 이어진다.

어미에 관해서, 류렬(1990, 1992)에서는 현대어 문법 체계를 따라 말법토/맺음토(문장종결법), 말차림토(청자높임법), 이음토(연결어미), 규정토(관형어미) 등등으로 자세히 나누어 설명하였다. 김영황(1997)은 위치적형태(어말어미)와 비위치적형태(선어말어미)로만 나누고 간략히 설명하였다.

체계나 분량으로 보면 류렬(1990, 1992)가 자세하고 풍부해 보이나, 남녘에서 보기에는 과격한 해독을 바탕으로 삼은 것이 많으므로 주의해야 한다. 반면 김영황(1997)은 이 시기의 문법을 삼국-남북국시대 위주로 설명하였고 고려시대의 문법은 거의 논의하지 않았는데, 고려시대 우리말 문장을 기록한 자료가 적다는 점을 감안하여 이해해야 할 것이다.

3) 고대어 어휘

어휘 부문은 음운이나 문법보다 이념 색채가 더 짙다. 이 부문에서는 한자어와 고유어의 대립을 강조하고, 이를 사회 계급으로 엮은 설명이 두드러진다. 다만 학자들 사이에 옅은 온도차를 느낄 수는 있다.

류렬(1990)에서는 고조선 시기의 어휘를 다루며 "남아 전하는 어휘자료는 모두 고유한 우리 말이고 외래적 요소라고는 하나도 없다."(p. 81)라고 단언하였다. 후기신라(통일신라) 시기의 한자어 유입은 "봉건통치계급들의 사대주의"(p. 212) 탓으로 규정하고, "근로인민

대중은 일상적인 생활에서는 고유한 우리 말로 된 이름을 쓰면서 간직"(p. 213)하였다고 적었다. 고려시대에는 한자어의 유입이 있었음을 인정하되, 역시 매몰찬 비판을 곁들여 놓았다.[33]

김영황(1997)의 설명도 크게 보면 류렬(1990, 1992)와 비슷하다. 한자어가 늘어난 까닭을 "봉건유교사상과 사대주의사상에 물젖어있었던 신라봉건통치계급의 반동적인 언어시책"(p. 71)이라고 보고, "인민들은 좀체로 그것을 따르려 하지 않았다."(p. 73)고 설명하였다. 그러나 류렬(1990)처럼 고조선 시기에 외래어가 하나도 없었다는 단언은 나타나지 않는다.

고려시대 어휘에 관해서는 고구려 어휘를 계승하였음을 강조하는 특징이 보인다. 이는 류렬(1992:119~120), 김영황(1997:79~84) 모두에 나타난다. 분량을 기준으로 보면 김영황(1997)이 류렬(1992)보다 이 문제를 더 강조한 셈이다.

3. 중세어

15~16세기 언어를 다룬 북녘의 저서는 여럿 있으나, 여기서는 렴종률(1992)[34], 류렬(1992), 김영황(1997) 셋을 중심으로 설명한다.

---

33 "반동통치계급들의 사대수의적인 한문숭상의 후과는 점차 우리 말 어휘 구성에 부분적으로나마 영향을 미치게 되었다.": 류렬, 『조선말력사 2』(평양: 사회과학출판사, 1992). [영인: (서울: 한국문화사, 1994)], p. 88.

34 렴종률, 『조선말력사문법』(평양: 김일성종합대학출판사, 1992).

1) 중세어 음운

중세어의 자음체계에 대한 류렬(1992)와 김영황(1997)의 설명은 남녘의 통설과 비슷하다. 그러나 렴종률(1992)는 일부 자음을 음소가 아니라 변이음이라고 보아, 결국 중세어와 현대어의 자음체계가 같았다고 본다. 예컨대 'ㅿ'과 'ㅸ'에 대해서는 각각 'ㅅ'과 'ㅂ'의 변이음이라고 보며, 'ㆅ'은 'ㅋ'의 다른 표기였다고 주장한다.

'ㅺ, ㅳ, ㅄ' 등 합용병서 표기에 대해서는 학자마다 견해가 다르다. 렴종률(1992:68~75)에서는 이들 모두가 된소리 표기였다고 보았지만 류렬(1992:263~268)에서는 겹자음 표기를 모두 글자 그대로 소리나는 겹자음(자음군)이었다고 본다. 김영황(1997:147~150)에서는 'ㅂ'계통 합용병서와 'ㅅ'계통 합용병서를 나누고, 'ㅅ'계통은 된소리로, 'ㅂ'계통은 자음결합(자음군)으로 정리하였다. 다만 'ㅅ'계통 합용병서도 기원은 자음결합이었다고 보고, 'ㅆ' 같은 경우는 자음결합으로 발음되었다고 하였다. 남녘 학계의 통설과 가장 가까운 것은 김영황(1997)이나, 남녘에서도 류렬(1992)처럼 합용병서 모두를 자음군으로 보는 학자가 적지 않다.

중세어의 홑모음(단모음) 체계에 대한 류렬(1992)와 김영황(1997)의 설명은 남녘의 통설과 비슷하다. 그러나 렴종률(1992)는 'ㆍ'의 소리가 'ㅏ'와 같았으며, 'ㆍ'는 별도의 음소가 아니었다고 본다.

겹모음(이중모음)의 경우, 'ㅑ, ㅕ, ㅛ, ㅠ, ㅘ, ㅝ' 등 현대어에도 있는 겹모음에 관해서는 학자들 사이에 견해차가 없다. 그러나 'ㅐ, ㅔ, ㅚ, ㅟ'에 관해서는 차이가 뚜렷하다. 이 경우도 류렬(1992)와 김영황(1997)의 설명은 남녘의 통설과 비슷하나, 렴종률(1992)만은 색다른 견해를 내세운다. 렴종률(1992)에서는 'ㅐ, ㅔ, ㅚ, ㅟ' 모두가 홑

모음이었다고 주장한다. 앞서 본 자음체계 설명과 마찬가지로 모음체계 역시 현대어와 다른 점을 부정하려는 경향이 보인다.

류렬(1992)와 김영황(1997)은 모두 'ㅐ, ㅔ, ㅚ, ㅟ'가 겹모음이었다고 주장하므로 남녘의 통설과 비슷하다. 다만 작은 차이도 짚어둘 만하다. 남녘 통설에서는 이들을 '모음+반모음'으로 구성된 하향이중모음이라고 보나, 류렬(1992)와 김영황(1997)에서는 그저 모음의 결합으로만 설명한다. 음성기호로는 [ai, əi, …] 등으로 적어 놓았다. 남녘 학계에도 이중모음을 반모음과 모음의 결합으로 보는 종래의 시각에 의문을 품는 논의가 있으나 소수에 그친다.

중세어 성조의 경우, 렴종률의 논저에서는 해당되는 것이 보이지 않으므로 류렬(1992)와 김영황(1997)을 중심으로 살펴보겠다. 김영황(1997:156~161)의 성조 논의는 대체로 남녘과 큰 차이가 없다. 상성을 평성과 거성의 복합으로 해석하거나, 율동 규칙을 설명한 것까지도 같다. 류렬(1992:284~294)의 논의도 기본 줄거리는 비슷하다. 그러나 류렬(1992)에서는 15~16세기의 성조가 오늘날까지도 이어진다고 적어 놓았다. 즉, 중세어의 상성이 현대어의 장음으로 이어진다는 정도가 아니라, 높낮이까지도 계승된다는 뜻이다. 16세기 문헌에 나타난 가락점(방점) 표기 혼란은 전문 연구자나 담당 기관이 없어져 갔기 때문에 벌어진 일이며, 성조 자체가 없어진 것은 아니라고 하였다. 그러나 이 견해는 북녘 학계의 통설이 되지는 못한 듯하다.[35]

---

35 북녘 논저인 김성근(2005:200)을 보면, 중세어의 성조가 현대어에서 '짧고 높은' 소리와 '낮고 긴' 소리로 변화하였으나, 오늘날 그 구별마저 차츰 사라져 가고 있다고 나온다. 이는 남녘 학계의 설명과 거의 같다. 그러나 현대어에도 높이마루(고저), 길이마루(장단)가 발전되어 있기 때문에 발음이 음악적이

중세어의 음운 변동에 관해서는 두드러진 점 몇 가지만 들기로 한다. '나모~나ㅁ, ㅎㄹ~흘ㄹ' 같은 부류에 대해서 류렬(1992:311)에서는 '결합자음의 덧나기'로 설명한다.[36] 김영황(1997:180~181)에서는 이들에 대해서 모음탈락과 함께 ㄱ이 나타난다고 설명하였다. 남녘에서는 특수어간교체 또는 상형어간 배분활용으로 설명하는데, 아무래도 북녘의 분석에 아쉬움이 남는다.

ㄱ약화 현상에 대한 김영황(1997:165~167)의 설명은 남녘의 통설과 같다. '몰애, 술위'처럼 'ㄹ'의 하철(연철, 이어적기)을 막은 'ㅇ'을 자음 [ɦ]라고 해석하는 것까지도 같다. 반면 렴종률(1992:100)에서는 이 경우를 "《ㄹ》이 [l]로 발음되는 것을 그대로 유지하려고" 하였다고 설명한다. 류렬(1992:316~318)에서는 모든 ㄱ약화 현상을 'ㄱ의 빠지기'로 단순하게 설명하며, 'ㄹㅇ'으로 적은 경우를 따로 주목하지는 않았다.

2) 중세어 문법

중세어 문법은 품사, 토(조사와 어미), 조어법을 중심으로 살펴보겠다. 우리가 주로 참고한 세 저서의 필자들도 이 부문에 많은 지면을 할애하고 있다.

고 아름다우며 힘있고 전투적이라는 언급도 있기는 있다: 최정후, 『조선어력사 어음론(조선어학전서 25)』(평양: 사회과학출판사, 2005), pp. 298~299.

36   류렬(1992)에서는 ㅎ말음 명사의 ㅎ을 비롯하여 다양한 것들을 '결합자음'으로 설명하곤 한다. 이것은 형태소가 결합할 때에 덧붙는 자음을 뜻하는데, 대다수는 형태소 경계를 특이하게 분석한 결과로 보인다.

(1) 품사론

북녘에서는 『조선어문법 1』(1960)부터 품사를 어휘적 의미, 문법적 범주, 문장론적 기능, 단어 조성의 기능까지 네 가지 기준으로 분류하였는데, 여기에 따르면 북녘의 품사 체계는 명사, 수사, 대명사, 동사, 형용사, 관형사, 부사, 감동사 등의 8품사 체계가 된다. 이후 이 8품사는 북녘의 표준적인 체계로 자리잡는다.[37] 언어사 연구자들도 이러한 기준 내에서 품사를 분류하였으나, 실제 품사 분류 결과를 보면 개별 학자들 사이에서도 어느 정도의 차이가 있음을 확인할 수 있다.

류렬(1992:375~381)에서는 중세어의 품사를 '감동사, 수식사(관형사, 부사), 체언(명사, 수사, 대명사), 용언(동사, 형용사)' 등의 8개로 분류한다. 이 분류는 삼국시대부터 현대어까지 같다.[38] 류렬(1992)의 이 시기(15~16세기) 품사 설명은 7쪽에 그치므로 비교적 간략한 편인데,[39] 이는 품사론의 실제 내용이 형태소 분석과 이형태 정리에 치우친 것과 관련된다. 중세어는 한자 차용표기가 아니라 한글로 적혀 있기 때문에 형태소 분석에 대한 논란이 적다.

김영황(1997:179~196)에서는 품사를 '체언부류(명사, 대명사, 수사), 용언부류[동사(행동동사, 상태동사)], 부사부류(부사), 감동사' 등의 6개로 분류한다. 이는 고대어 품사 분류와 같다. 김영황(1997)

---

37 고영근 외 공저, 『북한의 문법 연구와 문법 교육』(서울: 박이정, 2004), pp. 85~87.
38 고조선 시기는 달랐다고 하였다. 앞의 '2) 고대어 문법' 참조.
39 삼국·남북국시대 언어(류렬의 용어로는 '중세전기조선말', 기원전 3세기~기원후 10세기)의 품사 설명은 15쪽이고, 고려시대 언어(10~14세기)의 품사 설명은 14쪽에 이르렀다.

은 각 품사들을 여러 하위 범주들로 더 나누었는데, 품사 분류의 기준을 언급하고 그 기준에 따라 적절하게 품사를 분류하였다는 점에서 긍정적으로 평가할 수 있으나, 적지 않은 곳에서 음운을 품사 분류 기준처럼 다루는 문제도 있다.[40]

렴종률(1992:113~133)은 품사를 '체언적품사(명사, 수사, 대명사), 용언적품사(동사, 형용사), 관형사, 부사, 감동사' 등의 8개로 분류하고 있다. 품사를 크게 '체언적품사'와 '용언적품사'로 양분할 수 있으며, 이들은 각각 '대상적품사(남녘 학계의 논항 개념과 비슷함)'와 '서술적품사'를 염두에 둔 것들이라고 언급한다. 관형사나 부사 등은 2차적으로 형성된 것들로 보고 있다. 품사 분류의 기준과 품사 분류의 결과들이 일종의 층위를 이루고 있다는 점에서 의의가 있다. 다만, 기타 세세한 부분에서 자료를 잘못 보았거나 해석을 우리와 달리 한 부분이 지적된다.

(2) 토(조사와 어미)

오늘날 북녘의 논저들은 조사를 단어로 보지 않고 어미처럼 문법 형태로 보아, 조사와 어미를 모두 '토'라고 부르는 태도를 취한다. 형태론의 서술 체계에서 격조사와 보조사, 어미 등은 모두 토의 한 종류로서 동등한 항목으로 서술되어 있다. 남녘의 조사에 해당하는 북녘의 용어는 격토, 도움토 등이다.

---

40   완전명사를 '개음절명사'와 '폐음절명사'로 분류하거나, '아ᄉ~앒ㅇ' 같은 특수어간교체를 품사론 안에서 다루는 것이 그러한 예이다. 형용사 파생 접미사 '-ᄇ/브-, -알/얼-', 부사 파생 접미사 '-이, -오/우'도 접미사라는 문법 사항보다 어간 말음이라는 음운 문제를 중심으로 다루고 있다.

중세어 격토(격조사)의 분류는 류렬(1992), 김영황(1997), 렴종률(1992) 세 학자가 모두 다르게 하였다. 류렬(1992:381~382)에서는 고려시대(10~14세기)와 같이 주격, 속격,[41] 여위격, 대격, 조격(도구격), 구격(공동격), 호격 7가지로 나눈다. 김영황(1997:196~205)에서는 주격, 속격, 여격, 위격(처격), 대격, 조격, 구격, 호격, 제시격(은/는)과 함께 격토가 없는 것을 절대격이라 하여 모두 10가지로 나눈다. 이는 고대어의 6격보다 부쩍 늘어난 결과이다. 렴종률(1992:161)에서는 김영황의 10가지에 규정여격(엣/앳/옛)을 더하여 모두 11가지로 나눈다. 앞서 설명하였듯이 격토가 시간이 갈수록 분화되어 왔다는 태도는 공통으로 나타난다.[42]

북녘의 도움토는 남녘의 보조사에 해당된다. 그러나 렴종률(1992: 177~181)에서는 보조사에 해당될 만한 것들을 도움토와 '후치사적단어' 둘로 나누어 설명한다. 예컨대 '만, 곳, 곰, ㅅᆞ, 도, 쑨, 란'은 도움토로, '식, ᄀᆞ장, 마다, 뎌로, 흔쯰, 히여, 因ᄒᆞ야' 등을 후치사적단어로 나눈다. 후치사적단어는 "격토와 유사한 기능을 하지만 추상화 정

---

41   북녘 논저에서는 'ㅅ'을 정식 속격토로 인정하지는 않으나 미묘한 여운을 남긴다. 류렬(1992:387)에서는 "이른바 사이《ㅅ》은 ㅠ정어로 되게 하는 점에서 속격토와 같은 기능을 놀면서"라고 적었다. 김영황(1997)은 중세어 속격에서 'ㅅ'을 아예 다루지 않았으나, 고대어 속격에서는 '叱'을 "그 어떤 속격토로 보아야 하지 않겠는가"(p. 60)라고 언급하였다. 다만 렴종률(1992:176)에서는 "사이소리 그자체가 속격토였던것은 아니다"라고 명시하였다.

42   렴종률의 논저는 고대어의 격체계를 자세히 설명하지 않았으나, 가장 오래된 격은 절대격, 제시격, 대격, 호격이라는 말을 짧게 적어 놓았다: 렴종률, 『조선말력사문법』(평양: 김일성종합대학출판사, 1992), p. 160.

도가 낮은 것"인데[43], 이 설명은 문법화 정도를 민감하게 다룬다는 장점도 있겠으나, 결국 어느 품사에 속하는지 또렷이 밝히지 않았다는 단점도 있다. 한편 류렬(1992:411~414), 김영황(1997:206~207)에서 설명한 도움토는 남녘의 보조사와 비슷하나 거론된 실제 예는 더러 차이가 있다.

북녘의 문법 용어를 따르면, 용언에 붙는 토(어미)는 우선 위치토(어말어미)와 비위치토(선어말어미)로 크게 나뉜다. 김영황(1997)의 설명은 그 분류가 잘 드러나게 구성되어 있으나, 류렬(1992)는 그렇지 않아서 선어말어미를 분석해 내지 않고 어말어미와 함께 묶어서 제시하는 경우가 많았다. 한편, 렴종률(1992)의 구성은 언뜻 보기에 위치토와 비위치토를 나눠 놓은 듯하나, 세부 내용으로 들어가면 형태소 분석부터 어지러운 경우가 많다.[44]

중세어 어미 가운데 논란이 많은 것은 선어말어미 '-오-'이다. 중세어의 '-오-'에 관해서는 남녘에서도 의도법, 화자 주어, 서술어-목적어 관계 등 여러 설명을 하고 있으나 아직도 풀리지 않은 것들이 남아 있다. 류렬(1992:458~463)에서는 이것을 '정중토'라고 설명하였고, 김영황(1997:208~209)는 이것을 '의도 형태'라고 설명하였다. 렴종률(1992:192~195)에서는 의도법 설을 비판하면서 아무 뜻도 없

---

43   렴종률, 『조선말력사문법』, p. 179.

44   렴종률(1992:185)에서는 고대 용언토에 모음토 '아, 어, 오, 우, 이'만 있었다가, 불완전명사 등이 이 모음토를 취하여 자음토를 이루어 나갔다고 설명하였다. 중세어 용언토를 설명할 때에도 자음과 모음을 잘게 나누어 분석하곤 한다. 예컨대 종결어미 '-다'를 'ㄷ+아'로 나누고, 이때의 '아'를 호격토나 감동사와 연관 짓는다(p. 196).

는 요소라고 하였다. 김영황의 예전 저서에서는 김영황에서는 이것을 "존경표시와 관련되어있었다"라고 하였다.[45] 요컨대 류렬은 김영황의 예전 학설에 가까운 '정중' 설을 내세웠고, 김영황은 예전 학설을 버리고 새롭게 '의도' 설로 바꾸었는데, 렴종률은 의도 설을 비판한 뒤 아무 것도 없다고 주장하고 있다. 학계에서 여러 학설과 그 비판이 나오는 것은 당연하고 바람직한 일이나, 발전된 논의가 있는 한편으로 퇴행하는 논의도 있어 보인다.

(3) 조어법

1990년대 북녘의 조어법은 분석주의에 치중되었다고 정리할 수 있다. 이미 임홍빈(1997:133~134), 고영근 외(2004:70~71) 등의 연구에서 지적한 바와 같이, 북녘의 조어법은 주로 단어의 '형성'보다는 단어의 '분석'에 집중되어 있는 편이다.[46] 따라서 개별 단어들에 대한 분석은 세밀하고 다양한 목록들이 제시될 수 있으나, 분석에 대한 이점이나 형성의 기제 등에 대한 설명은 거의 전무한 실정이다. 또한 실제 단어의 분석에서도 크고 작은 실수들이 상당수 발견되는데, 아마도 중세어와 근대어 문헌 자료들을 충분하게 접하지 못하여 생긴 문제일 것이다. 이는 중세어와 근대어 조어법을 다루는 여러 북녘의 학자들에

---

45 김영황, 『조선민족어발전력사연구(초판)』(평양: 과학백과사전출판사, 1978). [영인: 『조선말규범집 · 조선말례절법 · 조선민족어발전력사연구(북한 어문 사료 7)』(서울: 대제각, 1991)], p. 278.

46 임홍빈, 『북한의 문법론 연구』(서울: 한국문화사, 1997), pp. 133~134; 고영근 외 공저, 『북한의 문법 연구와 문법 교육』(서울: 박이정, 2004), pp. 70~71.

게서 공통적으로 보이는 현상이다. 김영황(1997)은 조어법을 따로 다루지 않은 관계로 류렬(1992)와 렴종률(1992)를 살피도록 한다.

류렬(1992:359~375)는 조어법(단어만들기)을 크게 ① 붙이법(파생법), ② 합침법(합성법), ③ 단어결합적합침법[47], ④ 겹침법(첩어), ⑤ 품사바꿈법(품사통용), ⑥ 소리바꿈법(모음조화에 의한 어사 분화) 등으로 분류한다. ①과 ②를 조어법의 중요한 축으로 본다는 점은 남녘의 시각과 유사하지만, ③의 하위 범주들의 위상이 제각각이라는 점, ④~⑥까지를 ①~②와 등위의 것으로 보았다는 점 등은 비판의 여지가 있다.

렴종률(1992:134~155)는 렴종률(1990:185~200)[48]를 확대·정리한 것으로서, 조어법에 관한 한 핵심적인 내용이 거의 같다. 렴종률(1992)은 조어법을 크게 ① 명사의 단어만들기, ② 동사의 단어만들기, ③ 형용사의 단어만들기, ④ 부사의 단어만들어지기 등으로 나누되, 각 품사 범주를 합침법(합성법)과 덧붙이법(파생법)으로 나누어 설명한다. 개념 설명과 구조는 어느 정도 체계를 갖추었으나, 뒷받침하는 세부 내용에는 잘못된 어원 분석이 많아서 문제이다. 예를 들어 '앞'의 어원이 '아래+바'에서 왔다거나, '간나히'가 '가시(색시, 여자)+나이'에서 왔다는 설명 등이 그러하다.

---

47 '슬허ᄒ-' 같은 통사적 합성어, '다읎없-, ᄒ얌직ᄒ-'처럼 합성어와 구(句)의 경계에 놓인 것들을 가리킨다.

48 렴종률, 『조선어 내적 발전사 연구』(평양: 사회과학출판사, 1990).

4. 중세어 어휘

『주체사상에 기초한 언어리론』(1975) 이래로, 언어학의 하위 범주인 어휘론 역시 주체언어이론에 맞추어 연구가 진행되었다. 주체언어이론에서는 "민족적특성을 옳게 살리는 것은 언어발전의 합법칙적방향"이라고 주장하고 있는데, 이것이 바로 고유어를 장려하고 외래어를 배제할 근거가 된다.[49] 이러한 언어 인식은 당대의 북녘 학자들이라면 누구에게나 공통적으로 드러나는 것이며, 이러한 인식에 대한 정도의 차이만이 존재한다.

류렬(1992:333~352)의 어휘 설명에는 주체언어이론이 강력하게 드러나며, 곳곳에서 한자, 한문, 한자어 사용을 비판한다. 심지어 류렬(1992:91~92)에서는 몽골어 차용어에 대해서도 사납게 비난한다.[50] 한편, 고유어 의미의 확대나 축소, 변화 등에 대해서는 순수하게 언어적인 요소만을 기준으로 해석하였다고 볼 수 있으나, 설명의 방법이 매끄럽지 않다거나 자료를 잘못 해석한 부분이 적지 않아 논의의 신뢰성을 떨어뜨린다.

김영황(1997:235~245)의 어휘 설명은 정치색이 '상대적으로 크게' 드러나지 않는다는 점에서 류렬(1992)와 다르다. 김영황(1997)은 중세어 어휘를 크게 고유어와 한자어로 양분하여 설명한다. 고유어에 관해서는 주로 단어의 다의성, 의미의 분화와 변화, 동음이의어, 동의어 등에 대해서 설명하는데, 이는 남녘의 입장과 크게 다르지 않다.

---

49 고영근,『북한의 언어문화』(서울: 서울대학교출판부, 1999), pp. 67~68.
50 "고려시기 몽골침략자들의 침략과 썩어빠진 고려봉건통치계급들의 사대주의적책동으로 이러저러한 일련의 말마디들이 침습하여 대부분이 한때의 용

한자어에 관해서는 한자어가 고유어처럼 인식되는 현상에 초점을 맞춘다. 류렬(1992)와 같은 맹렬한 비난은 없으나, "한자말을 자기것으로 만들어나가면서 언어의 자주성을 견지해나가는 과정"(p. 242), "외래적이며 이질적인것도 자기것으로 녹여버리고 복종시켜버리는 우리말의 강한 민족적자주성"(p. 245)이라는 서술이 보인다.

5. 근대어

본 절에서는 1990년대 북녘에서 이루어진 근대어(17~19세기) 음운, 문법, 어휘에 대한 연구들을 살피고자 한다. 북녘에서 근대어 연구는 고대어나 중세어만큼 활발히 이루어지지 않았다. 앞서 살펴본 주요 단행본 중에 류렬(1990, 1992)는 고대부터 16세기까지만 다루었고, 렴종률(1992)도 사실상 중세어 위주로 되어 있다. 따라서 이곳의 내용은 김영황(1997)을 중심으로 서술한다.

1) 근대어 음운

김영황(1997:258~260)에서는 근대어 자음 체계의 큰 특징으로 된소리 계열의 확립을 들었다. 이로써 순한소리-거센소리-된소리의 3개 계열이 확립되었고, 이 체계가 현대어까지 이어졌다는 설명이다. 김영황(1997)의 설명을 종합하면 된소리는 고려시대에 'ㅆ, ㆅ'부터 생

어적성격을 띠고 쓰이기도 하였으나 그런것은 조선말의 어휘구성에 들어갈수도 없었다.": 류렬,『조선말력사 2』(평양: 사회과학출판사, 1992). [영인: (서울: 한국문화사, 1994)], pp. 91~92.

겨나기 시작하여 17세기에 이르러 비로소 확립되는데, 남녘 통설과 비교하면 된소리가 확립되는 기간을 퍽 길게 잡고 있다.

한편 류렬(1992:277, 283)에서는 16세기 후반기에 이미 이중모음 'ㅐ, ㅔ, ㅚ, ㅟ'의 단모음화 현상이 시작되었다고 하여 시기를 조금 앞당겨 놓았으나 뚜렷한 근거는 보이지 않는다. 구개음화 현상에 대해서도 류렬(1992:309)에서는 중세어의 몇몇 예를 대상으로 중세어에 이미 구개음화 현상이 있었다고 보고 있다(예: 과뎌~고져, 고디~고지 등). 그러나 이 예들이 과연 구개음화의 진정한 예들인지는 의문이다.

남녘의 통설과 눈에 띄게 다른 것은 위에 보인 몇몇에 그친다. 유성마찰음과 'ㆍ'의 소멸, 두음법칙, 원순모음화, 전설모음화 등등은 모두 남녘 학계의 견해와 별반 다르지 않다.

2) 근대어 문법

여기서는 남녘 통설과 다른 몇 가지만 골라 설명하기로 한다. 먼저, 16세기 후반에 주격조사 '가'가 나타나 근대어 시기에 널리 퍼졌다는 것은 남북 학계 모두의 통설이다. 다만 렴종률(1992:165)에서는 고려가요 「동동」의 "새셔가만ᄒ 얘라"를 근거로 주격토 '가'가 구어에서는 오래 전부터 존재하였을 것이라고 본다. 앞서 설명하였듯이 렴종률의 논저에서는 삼국시대 이래로 언어가 많이 변하였다고 보지 않으며, 현대어와 다른 점을 좀처럼 인정하지 않는다.

미래나 추측을 나타내는 '-겠-'의 기원을 김영황(1997:273)에서는 '기 이시-'에서 왔다고 보았나. '-게 이시-' 기원설을 방언형 '-것-, -갓-'을 근거로 비판하고 있으므로, 남녘 학계에 널리 알려진 '-게 ᄒ야 잇-' 기원설에 대해서도 비판적이리라 추측된다. 렴종률(1992:233~235)에서도 '-겠-'의 기원을 '-거-'에서 찾고 있으나, '-

거-'에서 '-게'가 형성된 뒤 다시 '-았/었-'에 유추되어 'ㅅ'이 붙었다는 독특한 설명을 하고 있다. 남녘 학계에서도 통설은 아니나 '-겠-'의 기원을 '-거-'에서 찾으려는 몇몇 논저가 있다.

존칭 주격 '-께서'의 기원에 대해서, 김영황(1997:271)에서는 '겨오셔, 쎄셔, 끠셔' 모두의 기원을 동사 '겨시-'로 보았다. 반면 렴종률(1992:166)은 이것을 위격토(처격조사) '끠'와 동사 '이시-'에서 비롯된 '-셔'의 결합으로 본다. 이 경우는 렴종률의 견해가 남녘의 통설과 더 가까운 드문 사례이다.

3) 근대어 어휘

김영황의 논의에서는 근대어 어휘 변화를 크게 셋으로 나눈다. 첫째는 고유어가 고유어로 바뀐 것, 둘째는 고유어가 한자어로 바뀐 것, 셋째는 중국 구어 차용어(예: 赤根菜 → 시금치)이다. 눈에 띄는 것은 박통사 계통 문헌을 비교하여 한자어의 비율을 계산하는 대목이다. 김영황(1997:278)을 따르면, 『초간박통사』(번역박통사, 1517년 이전)의 고유어:한자어 비율은 73:27이었으나, 『박통사언해』(1677년)에서는 53:47로 나타나 한자어 비율이 높아졌다고 계산한다. 긍정적이든 부정적이든 아무런 평가 없이 담담하게 서술하였다는 점이 도리어 특이하다.

김영황(1997:291~294)에서는 개화기 어휘(원문의 용어로는 '근대국어 어휘')에 대해서도 간략히 언급한다. 당대의 사회상을 반영한 새로운 파생어와 합성어, 외래어 등등이 나타났고, 이전 시기의 어휘들이 사라지기도 하였다는 내용인데, 이는 남녘 논의와 다를 바 없다. 다만 그 마무리에 "봉건사회에서 쓰이였던 어렵고 딱딱한 한자어휘가 점차 소극화되여가고 그대신 입말적인 고유어휘가 적극화되여가는 과정을 보여주는것"이라는 평가가 눈에 띈다.

III. 언어학사 및 기타

1. 언어학사

1) 고대문자설

고대문자설은 근대 이전 몇몇 옛 문헌에 이따금 소개된 적이 있었다. 일제강점기에는 권덕규, 김윤경이 옛 문헌에 나타난 몇몇 기록을 모아 보이기도 했었다.[51] 그러나 이들은 고대문자가 있었더라는 옛 기록을 소개하는 데에 그칠 뿐, 문자의 실체를 학문 차원에서 입증하는 데에 이르지는 못하였다. 그 뒤 남녘 학계에서는 고대문자설을 더 이상 다루지 않게 되었다.

지금 북녘에서는 고대문자설을 기정사실로 삼고 있으나 처음부터 그랬던 것은 아니다. 예컨대 홍기문(1966)에는 고대문자 관련 내용이 전혀 없었다. 그 뒤 김영황(1978:14~15)에서는 신지전자(神誌篆字)나 남해도 바위 글자[52] 등등을 소개하였으나 사진을 보이지는 않

---

51 이근수, "고유한 고대문자 사용설에 대하여," 『국어생활』, 6(1986).

52 경상남도 기념물 제6호로 지정되었으며 남해군 상주면 양아리에 있다. 그림인지 글자인지는 불확실하다.

았다. 렴종률(1980:8~9)에서도 고대문자를 다루며 삼황내문(三皇內文) 등등을 소개하기는 하나 신지문자는 언급조차 하지 않았다.[53] 두 책 모두 고대문자를 다룬 분량이 매우 짧아 두 쪽을 넘지 못한다. 류렬(1990:92~95)에 이르면 분량이 조금 더 늘어난다. 문자가 있었다는 옛 기록 소개 외에도 남해도 바위 글자의 모양을 그림으로 보여주고, 중국 다롄(大連)에서 나온 유물에 글자가 있다는 내용도 들어 있다. 렴종률(1992:10)에서는 신지전자가 있었더라는 짤막한 소개에 그쳤다.

그러다가 1994년부터 북녘 학계의 동향이 크게 달라진다. 박재수(1999:246~248)을 따르면, 1993~1995년 사이에 단군 고조선에 관한 1, 2, 3차 토론회가 있었고, 거기서 신지글자에 대한 연구 발표가 있었다고 한다.[54] 류렬(1994), 김인호(1994)[55]에는 『녕변지(寧邊誌)』에 있다는 신지글자 16자의 모습을 그림으로 실어놓았다.

그러나 『녕변지』는 19세기 중엽에 나온 읍지(邑誌)이므로 고대문자설을 확증할 만한 믿음직한 문헌이 아니다.

류렬(1996)은 북녘의 고대문자설을 종합해 놓은 논문이다. 『녕변

---

53 렴종률, 『조선어문법사』(평양: 김일성종합대학출판사, 1980). [영인: (서울: 탑출판사, 1989)].

54 1993년 10월 북녘에서는 '단군릉 발굴보고'를 내놓고, 단군과 그 부인의 것으로 보이는 유골을 발굴하였다고 주장하였다: 박재수, 『조선민주주의인민공화국의 언어학에 대한 연구』(평양: 사회과학출판사, 1999. [영인: 『조선 언어학에 대한 연구』(서울: 박이정, 2000)], pp. 246~248.
그러나 연대추정 방법이나 무덤 양식에 문제점이 있어서 남녘 학계에서는 이를 받아들이지 않는다.

55 김인호, "고조선 시기의 우리 글자," 『천리마』, 1994-10(1994).

그림 2 북녘 논저의 신지글자들
왼쪽 출처: 류렬, "신지글자는 우리 민족글자의 자랑스러운 원시조글자이다,"
『문화어학습』, 1994-2호(1994), p. 51.
가운데 출처: 김인호, "고조선 시기의 우리 글자,"『천리마』, 1994-10호(1994), p. 114.
오른쪽 출처: 김영황,『조선어사』(평양: 김일성종합대학출판사, 1997) p. 19.

지』의 신지글자는 물론이고『고금력대법첩(古今歷代法帖)』,『독학서법진결(獨學書法眞訣)』에 창힐서(蒼頡書), 창힐전(蒼頡篆)이라는 이름으로 실린 글자도 신지글자라고 하며 그림까지 실어 놓았다. 나아가 중국 문헌인『순화각첩(淳化法帖)』,『강첩(絳帖)』에서 창힐글자로 소개한 자료와, 창힐글자를 옮겨 새긴 비문 자료의 그림도 실어 두었다. 그러나 이들 문헌 역시 고대문자설을 뒷받침하기에는 시간으로나 문헌의 성격으로나 설득력이 떨어진다.[56] 이들 자료는 류렬(1990)의

---

56 남녘 자료를 따르면『고금력대법첩』은 1859년에 나왔다.『독학서법진결』은 김규진이 쓴『서법진결』을 가리키는 듯한데, 그 책은 1915년에 나왔다. 북녘

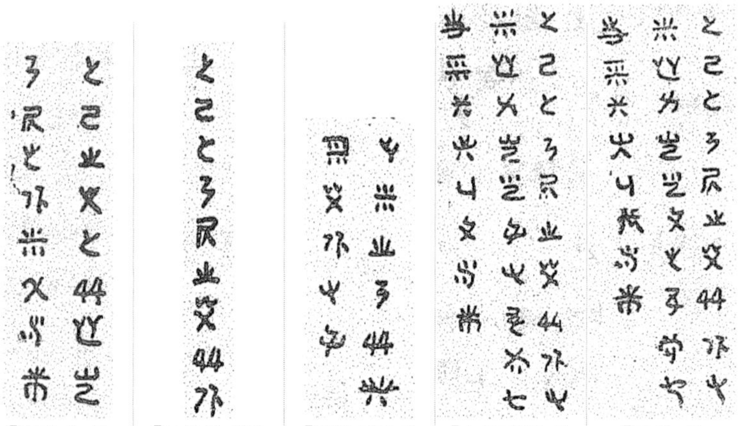

| 『영변지』의 신지글자 | 『고금역대법첩』의 창힐글자 | 『독학서법진결』의 창힐글자 | 『순화각첩』의 창힐글자 | 『강첩』의 창힐글자 |

그림 3 류렬(1996)에서 소개한 신지글자와 그 관련 문자들
출처: 류렬, "신지글자의 연구를 위한 몇가지 참고자료," 『조선어문』, 1996-3(1996), pp. 44~45.

개정판인 류렬(2005)에 추가되었다. 다만 그림의 선명도는 소논문 류렬(1996)에 실렸던 것이 더 낫다.

김영황(1997:18~20)에서도 고대문자를 소개하였다(앞의 〈그림 2〉 참조). 김영황(1978)보다 내용이 조금 더 많아졌으며, 『녕변지』의 신지글자 모양을 그림으로 보여주었다. 이 책의 신지글자 모양은 류렬(1994), 류렬(1996)의 모양과 거의 비슷하나 완전히 똑같지는 않다. 그 밖에 김영황(1997)에서는 함북 청진에서 나온 질그릇과 평남 성천에서 나온 황동단검에도 고대문자가 있다고 소개하였으나 사진

논문인 김인호(1995:583~584)에서는 각각 1937년, 1925년에 나왔다고 적었다. 『순화각첩』과 『강첩』은 모두 중국 송나라 때인 992년에 나온 서예 책이다. 시대가 조금 더 올라갔다고는 하나 역시 고대문자설을 뒷받침하기는 어렵다.

이나 그림을 보이지는 않았다.[57]

　고대문자를 다양하게 소개한 북녘 저서에서도 가림토문자는 찾기 어렵다. 가림토문자는 위서(僞書)인 『환단고기(桓檀古記)』에 나오는 문자인데, 이는 김인호(1994)[58]에서 소개되기는 하였으나, 나머지 다른 북녘 논저에서는 찾지 못하였다. 김인호(1994)[59]에서는 가림토문자가 "신지글자와 훈민정음사이에서 중계적인 역할"을 하였다고 소개하였으나, 다른 북녘 학자들은 받아들이지 않은 듯하다. 북녘 학계가 고대문자의 존재를 강조하기는 하나, 받아들이지 않는 것도 있음을 엿볼 수 있다.

　고조선보다는 훨씬 뒤의 일이나 발해의 문자에 대해서도 살펴볼 것이 있다. 일제강점기 권덕규나 김윤경의 저서에서는 발해에도 문자가 있었다는 이야기를 소개한 바 있다. 그러나 북녘에서도 발해문자는 신지문자에 비해 그리 주목받지 못하였던 듯하다. 김영황(1978:81~83)에서는 발해국문(渤海國文)과 관련된 이야기를 소개하였으나 "리두의 범위를 크게 벗어나는 것이 아닐 것이다"라고 결론지었다. 뒤 시기에 나온 김영황(1997)에는 발해 문자에 대한 언급이 아예 없다.

　반면 류렬(1990:366~367)에서는 발해 유적의 옛 기와 등에 몇몇 글자가 있다고 하면서 한자의 일부 획을 따거나 줄인 글자라고 소개

57　김인호(1995:581)에 그림이 실려 있는데, 성천 단검의 글자는 고려시대 유물로 소개하였다. 김윤교(1995:608~609)에도 설명과 함께 그림이 실려 있다.

58　김인호, "훈민정음은 독창적인 글자리론에 기초하여 만든 가장 과학적인 글자," 『조선어문』, 1994-1(1994).

59　김인호, 위의 논문.

그림 4 북녘 논저의 발해문자
원 출처: 金毓黻, 『渤海國志長編』(千華書館, 1934).
재인용 출처: 류렬, 『조선말력사 12』(평양: 사회과학출판사, 1990). [영인: (서울: 한국문화사, 1995)], p. 367.

그림 5 중경현덕부(중국 화룡)의 발해 문자 기와
출처: 三上次男(미카미 츠기오), 『高句麗と渤海』(東京: 吉川弘文館, 1990), p. 207.

하고, 구결의 원리와 방식을 이어받아 발전시킨 유형일 수 있다고 설명하였다.[60] 또한 진위푸(金毓黻)의 『발해국지장편(渤海國志長編)』을 인용하여 글자 모양을 그림으로도 실어 두었다. 이 그림은 개정판인 류렬(2005:411)에도 그대로 실려 있으나 그림의 선명도는 도리어 예전에 나온 류렬(1990) 쪽이 더 낫다.

발해의 문자 기와는 三上次男(1990:206~207), 조선유물유적도감 편찬위원회(2002:148~149)에서 그 탁본 사진을 확인할 수 있으며, 서울의 국립중앙박물관에도 그 일부가 소장되어 있다. 애초 발굴된 때는 일제강점기였고, 지금까지 발견된 것을 모두 모아도 370자 정도이다. 그 대부분은 한자와 모양이 비슷하며 더러는 한자를

---

60 남녘 학자의 논저에서도 이두와 같은 한자 차용 표기의 일종으로 추측하였다: 윤선태, "발해 문자자료의 현황과 과제," 『대동한문학』, 26(2007); 김무식, "발해문자의 성립과 문자론적 특징," 『언어과학연구』, 47(2008).

변형시킨 듯 특이한 것들이 있다. 그러나 문맥을 알 수 없는 낱개 글자들로만 발견되었기 때문에 해독은 이루어지지 않았고, 남녘에서도 이를 다룬 연구는 매우 드물다.

    발해 문자는 한자를 변형시킨 것이므로 본격적인 고유문자라고 할 만큼 독창적이지는 못하다. 그러나 실물이 발견되었으므로 후대의 문헌에 손으로 옮겨 놓은 그림보다는 학술적 가치가 훨씬 높다. 그러나 북녘의 논저에서는 신지문자를 강조하는 반면 발해문자에 대한 관심은 미미하다.[61]

2) 언어의 발전 · 풍부화 관념

앞서 언어사 부분에서 몇 번 적었듯이, 북녘의 논저에서는 언어가 원시의 단순한 상태에서 시작하여 현대로 올수록 복잡하고 다양하게 '발전·풍부화' 되어간다는 전제가 깔려 있다. 이 전제는 북녘의 언어사 서술 전반에 깊은 영향을 미치고 있다. 북녘의 저서에서는 그러한 관념을 당연한 상식처럼 언급하기도 한다.

    언어가 력사적으로 변화발전하는 현상이라는데 대하여서는 언어학계에서 오래전부터 인식하고 …… 언어의 발전은 낡은것으로부터 새로운 것으로, 단순한것으로부터 풍부한것으로, 덜 세련된 것으로부터 보다 세련된것에로 량적풍부화와 함께 질적갱신의 과

---

61   북녘 논저인 김윤교(1995:608)에서는 발해시기에도 고유글자가 쓰였다는 주장을 펼치면서 몇몇 글자를 그림으로 보였다. 그러나 그 뒤 시기 다른 논저에는 받아들여지지 않은 듯하다.

정을 통하여 진행된다.⁶²

로동의 산물이며 사회생활의 반영인 언어는 시대와 사회가 발전함에 따라 변화되고 풍부화된다. 〈『김정일선집』 제3권 p. 133〉 ⁶³

조선말의 력사는 우리 나라 사회, 력사 발전의 특수성으로 하여 이러저러하게 어려운 고비를 겪으면서도 그 구조와 표현의 모든 분야에 걸쳐 발전의 합법칙성을 따라 발전하여온 력사로 특징지어진다.⁶⁴

이는 역사발전 5단계 이론과도 어느 정도 관련되어 있겠으나, 그것만이 전부는 아니다. 이러한 주장은 공산주의와 직접 연결되지 않은 개화기, 일제강점기 학자의 글에서도 찾을 수 있다.

인류의 습관과 풍속이 발달되고 변개되는 디로 기(其) 언어도 확장되고 충분(充分)되며 기(其) 언어의 점차변화를 수(隨)ᄒ여 문법이 역시 개혁되고 문법을 응종(應從)ᄒ기 위ᄒ여 현행의 언어를 상고시대문법에 퇴축(退縮)케 홀바 아니니라. 〈김규식(1908) 『대한문법』 중 「문법개의」〉⁶⁵

한 민족의 언어는 그 민족과 성쇠를 함끠 하는 것이라. 문화가

---

62 최정후·박재수,『주체적언어리론 연구』(평양: 사회과학출판사, 1999), pp. 107~108.

63 김영황,『조선어사』, p. 2.에서 재인용.

64 류렬,『조선말력사 1』, p. 2.

65 최경봉, "김규식 『대한문법』의 국어학사적 의의,"『우리어문연구』, 22(2004), p. 14.에서 재인용. 한자어 대다수를 한글로 바꾸거나 괄호 안에 넣음.

높은 민족은 발달된 합리적 언어를 가졋고 미개한 민족은 유치한 언어를 사용하며 무용(武勇)한 민족은 그 언어가 건실(健實)하고 문약한 민족은 그 언어가 부허(浮虛)하며 평등제도를 상(尙)하는 민족은 그 언어가 보편적으로 성립되고 계급제도를 상하는 민족은 그 언어가 차별적으로 조직됨이라. 〈박승빈(1935) 『조선어학』「서(序)」〉[66]

개화기, 일제강점기에는 우리 지식인들 사이에도 이러한 사고방식이 널리 퍼져 있었는데,[67] 이는 사회진화론과 유럽중심주의에 영향 받은 당대 서양의 관념과도 멀지 않다. 덴마크의 언어학자인 오토 예스페르센(Otto Jespersen)은 아래와 같은 말을 남겼다.

> 충분한 여유를 가지고 언어의 역사를 조사할 뿐만 아니라 모든 실례를 들어서 자세히 살펴볼 것 같으면, 우리는 언어가 진보적인 경향을 가지고 있다는 사실을 발견할 수 있을 것이다. …… 모든 언어를 총체적으로 본다면, 옛날의 언어 구조보다는 현대 언어의 구조가 더 한층 완전에 가까운 것이다.[68]

---

66 시정곤, 『훈민정음을 사랑한 변호사 박승빈』(서울: 박이정, 2015), p. 245. 에서 재인용, 한자어 대다수를 한글로 바꾸거나 괄호 안에 넣음.

67 당대 지식인은 사회진화론을 현대와는 다른 맥락으로 이해한 듯하다. "한국에서는 사회진화론이 제국주의, 침략을 정당화하는 이론으로만 이해되지 않고, 오히려 민족수의를 형성하는 하나의 동인 역할도 하였다.": 최기영, 『애국계몽운동 II-문화운동(한국독립운동의 역사 13)』(한국독립운동사 편찬위원회, 2009), pp. 7~8.

68 오토 예스페르센 저, 김선재 역, 『언어: 본질, 발달, 기원』(서울: 한국번

오늘날 세계 언어학계에서는 더 이상 위와 같은 사고방식을 찾아 볼 수 없다. 적어도 고대 산스크리트어가 현대 영어보다 덜 발전되었 다고 생각하지는 않는다. 서양 제국주의에 격한 거부감을 드러내는 북녘 학계에 도리어 서양의 옛 고정관념이 남아 있다는 역설을 마주 치게 된다.

3) 북녘에서 스스로 정리한 언어학사

1990년대 북녘에서는 스스로 언어학사를 정리한 단행본을 몇 권 펴 냈다. 정리하면 다음과 같다.

① 김영황(1996), 『조선언어학사연구』, 평양: 김일성종합대학출판사.
② 김영황·권승모 편(1996), 『주체의 조선어연구 50년사』, 김일성종합대학 조선어문학부.
③ 평양출판사 편(1996), 『주체의 조선어학발전 50년』, 평양출판사.
④ 박재수(1999), 『조선민주주의인민공화국의 언어학에 대한 연구』, 사회과학원.

이 중에 ① 김영황(1996)은 같은 저자가 1989년에 펴낸 『조선언 어학사』와 내용이 거의 같으므로, 사실은 1990년대의 창작물이 아니

역도서주식회사, 1961) [원서: Otto, Jespersen, *Language: it's nature, development and origin* (London: G, Allen & Unwin ltd,, 1922)], p. 528.

다. 내용도 전근대 시기를 두루 다루고 있으므로 다른 책들과는 성격이 다르다.

나머지 셋은 해방 이후 북녘의 언어학사를 북녘 학자 스스로 정리한 책이다. 그런데 그 중에서 ③ 평양출판사 편(1996)은 ② 김영황·권승모 편(1996)의 1~3장과 거의 같다. 결국 다시 간추리면 단행본 두 권 ②와 ④가 나온 셈이다.

② 김영황·권승모 편(1996)과 ④ 박재수(1999)는 모두 당대까지의 북녘 언어학 연구 성과 전체를 두루 설명한다. 이 두 책은 내용이 매우 방대하며, 본 글의 주제인 '언어사와 언어학사' 외의 여러 언어학 분야까지 포함하고 있으므로 제한된 지면 안에서 그 내용을 일일이 소개하기는 어렵다. 다만 본 글에서도 위 논저에 기록된 바를 참조하여 내용에 반영하였다.

2. 기타

1) 옛말 사전

북녘에서는 1990년대에야 옛말을 전문으로 다룬 사전이 처음 나왔다.[69] 남녘에서 1960년에 남광우의 『고어사전』이 나왔고, 1964년에 유창돈의 『이조어사전』이 나왔던 것과 비교하면, 북녘의 옛말 사전은

---

[69] 책의 머리말에 다음과 같이 적혀 있다. "이 사전은 우리 나라에서 처음으로 편찬하는것만큼 부족점이 있으리라고 생각하면서 독자들의 귀중한 의견이 있기를 바란다.": 김영황 편, 『중세조선말사전(1)』(평양: 과학백과사전출판사, 1990), p. 1.

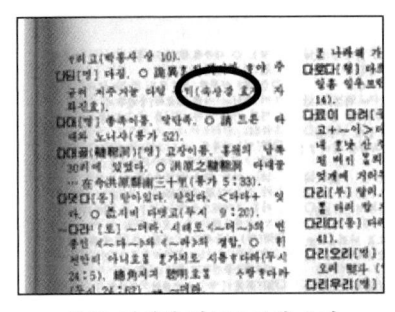
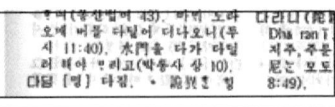
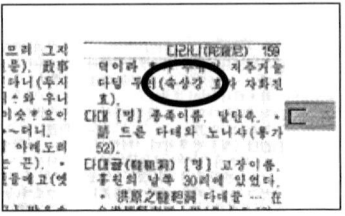

출처: 김영황 편(1993)의 오자   출처: 고려언어연구원(2006)의 오자

그림 6 두 책이 오자(誤字)까지 똑같은 경우

상당히 뒤늦게 나온 것이다. 출판 사항을 간략히 정리하면 아래와 같다.

　　김영황 편,『중세조선말사전(1)』, 평양: 과학백과사전종합출판
사, 1993. 1. 20. p. 331. [영인:『중세어사전』, 서울: 한국문화사, 1994]

　　남녘에서 영인되어 나온 책은 북녘 원서의 절반(제1권)만 펴낸 듯하다. 이 책에는 'ㄱ'부터 'ㅿ'까지만 실려 있다. 나머지 절반은 남녘 출판물에서 찾지 못하였다. 다만, 중국에서 출판된 옛말 사전이 북녘의 사전을 그대로 옮긴 듯하다. 출판 사항을 간략히 정리하면 아래와 같다.

　　고려언어연구원,『조선말고어사전』, 무단장: 흑룡강조선민족
출판사, 2006. 9, 10+863+99쪽.

　　[高丽语言研究院,『朝鲜语古语词典』, 牡丹江: 黑龙江朝鲜民族
出版, 2006. 9, 10+863+99页.]

　　중국에서 나온 이 사전의 책임 편집자는 림영만(林永万), 김두필

(金斗弼), 강현모(姜贤模), 김성우(金声宇), 김수산(金水山)으로 나오며, 어디에도 김영황의 이름은 없다. 책에 적힌 대로만 본다면 중국에서 직접 만들어 출판한 것처럼 보인다. 그러나 두 책은 내용이 똑같다. '일러두기'는 물론 사전 본문의 올림말과 뜻풀이도 같다. 심지어 오자(誤字)까지 같은 곳도 있다. 아래 보인 '다딤' 항목에서 예문의 출전으로 적힌 '속상강'은 '속삼강'(『속삼강행실도』를 가리킨다)을 잘못 적은 것이다.

중국에서 출판된 책의 머리말을 따르면, 전체 올림말 수는 2만여 개이다(김영황 편(1993)에서는 올림말 수를 밝히지 않았다). '도체찰사(都體察使), 쇄금전포(瑣金戰袍)' 등 한자어도 많이 실려 있다. 성조는 특별한 경우에만 표시하였고 대부분은 표시하지 않았다.

2) 중복 출판된 문헌

북녘 저서 가운데는 실제 내용이 거의 같거나, 다른 책의 일부로 포함된 것이 전혀 다른 이름을 붙이고 출판된 경우가 가끔 있다. 저작권 개념이 남녘 학계만큼 까다롭지 않은 탓인 듯하다. 1990년대에 나온 언어사, 언어학사 관련 단행본 중에서 이러한 경우를 찾아 정리하면 아래와 같다.

① 최정후·박재수, 『주체적언어리론 연구』, 평양: 사회과학출판사, 1999.
최정후, 『주체의 언어리론(소선어학전서 1)』, 평양: 사회과학출판사, 2005.
② 김영황, 『조선언어학사』, 평양: 김일성종합대학출판사, 1989.

김영황, 『조선언어학사연구』, 평양: 김일성종합대학출판사, 1996.

③ 평양출판사 편, 『주체의 조선어학발전 50년』, 평양: 평양출판사, 1996.

김영황·권승모 편, 『주체의 조선어연구 50년사』, 김일성종합대학 조선어문학부, 1996.

항목 ①의 두 권, 항목 ②의 두 권, 항목 ③의 두 권은 서로 많이 비슷하게 겹치거나 일부분으로 포함되는 관계에 놓여 있다. 항목 ①로 묶은 두 단행본의 비슷한 대목을 짤막하게 보이면 아래와 같다.

| 더우기 이들은 언어를 창조하고 발전시키는 주체로서의 사람의 지위와 역할을 과학적으로 해명하지 못하였으며 사람의 자주적요구와 창조적능력의 관계에서 언어의 본질과 기능을 해명하지 못하였다. 이것이 바로 선행고전가들의 언어리론의 력사적제한성이였다.
이처럼 언어의 본질과 기능에 관한 문제는 많이 론의되였음에도 불구하고 의연히 미해결문제로 남아있었다.
언어의 본질과 기능에 관한 문제는 주체적언어리론에 의하여 전면적으로 새롭게 해명되게 되였다.

출처: 최정후·박재수, 『주체적언어리론 연구』, p. 70. | 더우기 언어를 창조하고 발전시키는 주체로서의 사람의 지위와 역할 그리고 사람의 자주적요구와 창조적능력의 관계에서 언어의 본질과 기능을 해명하지 못하였다.
이것이 바로 선행고전가들이 내놓은 언어리론의 력사적제한성이다.
언어의 본질과 기능에 관한 리론은 주체의 언어리론에 의하여 전면적으로 새롭게 해명되였다.

출처: 최정후, 『주체의 언어리론(조선어학전서 1)』, pp. 15~16. |

IV. 결론

지금까지 북녘의 1990년대 언어사와 언어학사 연구를 간략하게나마 살펴보았다. 본문에서 다루어진 것 외에도 보다 다양한 언어사·언어학사 논의가 부가될 수 있을 것이다. 예컨대, 지금 이 글에서는 문체의 역사를 다루지 않았으나, 실천적인 사회 혁명을 부르짖는 북녘의 체제에서는 문체가 지니는 사상적 특성이 매우 중요하게 고려된다. 이는 문체에 대한 남녘의 접근과는 그 궤를 달리한다.

북녘의 학풍에 대한 언급도 흥미로운 부분이다. 사회과학원 계열과 김일성종합대학 계열의 학자들 간의 논의가 구체적으로 어떠한 부분에서 어떻게 다른지도 제법 흥미롭게 관심을 가질 만하나 이 글에서는 깊이 다루지 못하였다.

지금까지의 논의들을 바탕으로 삼아 앞으로는 북한의 2000년대, 2010년대 언어사 및 언어학사 연구까지도 검토해 나가려 한다. 이상의 과제들을 비롯한 여타의 미진한 부분들에 대해서는 후고를 기다린다.

::참고문헌

고영근 외 공저.『북한의 문법 연구와 문법 교육』. 서울: 박이정, 2004.

고영근.『북한의 언어문화』. 서울: 서울대학교출판부, 1999.

고영진. "김수경의 조선어 연구와 일본-김수경(1989)에서 읽는 한국 역사비교언어학의 한 모습."『社会科学』, 44-1(2014), pp. 99~112.

권오영. "단군릉 사건과 대동강문화론의 전개." 한국역사연구회 북한사학사연구반.『북한의 역사 만들기』. 서울: 푸른역사, 2003, pp. 87~109.

김무식. "발해문자의 성립과 문자론적 특징."『언어과학연구』, 47, (2008), pp. 123~141.

김병제. "조선민족어형성에 관하여(2)."『조선어학』, 3(1961), pp. 37~43.

김성근.『조선어음운론(조선어학전서 23)』. 평양: 사회과학출판사, 2005.

김수경.『세나라시기 언어력사에 관한 남조선학계의 견해에 대한 비판적 고찰』. 평양: 평양출판사, 1989. [영인:『고구려·백제·신라 언어연구』. 서울: 한국문화사, 1995]

김슬옹. "삼국시대 언어의 동질설·이질설과 한국어 계통론: 세 설의 상관 관계." 전정예 외.『새로운 국어사 연구론』. 광명: 도서출판 경진, 2010, pp. 490~502.

김영황.『고구려의 언어유산』. 평양: 김일성종합대학출판사, 2010. [영인-서울: 역락, 2011]

김영황.『조선민족어발전력사연구(개정판)』. 평양: 과학백과사전출판사, 2011.

김영황. 『조선민족어발전력사연구(초판)』. 평양: 과학백과사전출판사, 1978. [영인-『조선말규범집·조선말례절법·조선민족어발전력사연구(북한어문 자료 7)』 서울: 대제각, 1991]

김영황. 『조선어사』. 평양: 김일성종합대학출판사, 1997. [영인-서울: 역락, 2002]

김영황. 『조선언어학사연구』. 평양: 김일성종합대학출판사, 1996.

김영황. 『조선언어학사』. 평양: 김일성종합대학출판사, 1989.

김영황 편. 『중세조선말사전(1)』. 평양: 과학백과사전출판사, 1990.

김영황·권승모 편. 『주체의 조선어연구 50년사』. 평양: 김일성종합대학 조선어문학부, 1996. [영인: 서울: 박이정, 2001]

김윤교. "신지글자의 시대적인 쓰임과 변화." 1995. 이형구 엮음. 『단군과 고조선』. 서울: 살림터, 1999. pp. 603~610.

김인호. "고조선 시기의 우리 글자." 『천리마』, 1994-10(1994), pp. 113~114.

김인호. "우리나라 고대글자 관계의 력사유물과 자료들에 대한 고찰." 1995. 이형구 엮음. 『단군과 고조선』. 서울: 살림터, 1999. pp. 573~588.

김인호. "훈민정음은 독창적인 글자리론에 기초하여 만든 가장 과학적인 글자." 『조선어문』, 1994-1(1994). pp. 35~40.

김하수. "국어학사 연구의 재조명을 위한 문제 제기." 1990. 김하수. 『문제로서의 언어2』. 서울: 커뮤니케이션북스, 2008.

도면회. "북한의 한국사 시대 구분론." 한국역사연구회 북한사학사 연구반. 『북한의 역사 만들기』. 서울: 푸른역사, 2003, pp. 57~85.

렴종률. "'·'자의 음가와 그 설정의 근거(2)."『김일성종합대학학보』, 39-3(1993), pp. 20~25.

렴종률. "우리의 민족문자 창제에 구현된 훈민정음 창제자들의 음운리론."『조선어문』, 1990년 1호(1990), pp. 30~35.

렴종률. "조선어의 기원문제를 옳게 해명하는것은 조선어력사 앞에 나서고있는 주요한 과제."『김일성종합대학학보』, 43-02(1997), pp. 26~31.

렴종률.『조선말력사문법』. 평양: 김일성종합대학출판사, 1992.

렴종률.『조선어 내적 발전사 연구』. 평양: 사회과학출판사, 1990.

렴종률.『조선어문법사』. 평양: 김일성종합대학출판사, 1980. [영인-서울: 탑출판사, 1989]

류렬. "신지글자는 우리 민족글자의 자랑스러운 원시조글자이다."『문화어학습』, 94-2(1994), pp. 51~52.

류렬. "신지글자의 연구를 위한 몇가지 참고자료."『조선어문』, 1996-3(1996), pp. 43~48.

류렬. "우리 말 이야기(2)."『천리마』, 92-1(1992), pp. 108~109.

류렬.『조선말력사 1. 2』. 평양: 사회과학출판사, 1990. 1992. [영인-서울: 한국문화사, 1995, 1994]

류렬.『조선말력사 3』. 평양: 사회과학출판사, 2005.

류창선. "조선어에 있어서 종족어와 민족어의 구성에 대한 시론."『조선어연구』, 2-1(1950).

리득춘. "우리말 계통론 연구에 나선 분기."『중국조선어문』, 74(1994), pp. 4~9.

박재수.『조선민주주의인민공화국의 언어학에 대한 연구』. 평양: 사회과학출판사, 1999. [영인-『조선 언어학에 대한 연구』. 서

울: 박이정, 2000]

사회과학원 주체사상연구소. 『주체사상에 기초한 언어리론』. 평양: 사회과학출판사, 1975.

송향근. "서평-조선말력사(1)." 『아세아연구』, 86(1995), pp. 467~474.

시정곤. 『훈민정음을 사랑한 변호사 박승빈』. 서울: 박이정, 2015.

윤선태. "발해 문자자료의 현황과 과제." 『대동한문학』, 26(2007), pp. 135~163.

이근수. "고유한 고대문자 사용설에 대하여." 『국어생활』, 6(1986), pp. 8~19.

이기문. "한국어 형성사." 고려대학교 민족문화연구소 편. 『한국문화사대계 5-언어·문학사』. 고려대학교 민족문화연구소(1967), pp. 19~112.

이기문. 『국어사개설(개정판)』. 서울: 민중서관, 1974.

이기문. 『국어사개설(초판)』. 서울: 민중서관, 1961.

이현희. "북한의 국어사 및 국어학사 연구." 『어학연구』, 28-3(1992), pp. 657~685.

임홍빈. 『북한의 문법론 연구』. 서울: 한국문화사, 1997.

조선유적유물도감 편찬위원회. 『발해의 유적과 유물』. 서울: 서울대학교출판부, 2002.

최경봉. "김규식 『대한문법』의 국어학사적 의의." 『우리어문연구』, 22(2004), pp. 5~28.

최기영. 『애국계몽운동 Ⅱ-문화운동(한국독립운동의 역사 13)』. 한국독립운동사 편찬위원회, 2009.

최승주. "언어사연구사." 김영황·권승모 편. 『주체의 조선어연구 50년사』. 평양: 김일성종합대학 조선어문학부, 1996. [영인: 서

울: 박이정, 2001], pp. 444~495.

최정후. "〈우랄-알타이〉가설의 발생과 발달에 관한 몇가지 문제."『조선어학』, 1964-3(1964), pp. 71~77.

최정후.『조선어력사어음론(조선어학전서 25)』. 평양: 사회과학출판사, 2005.

최정후.『조선어학개론』. 평양: 과학백과사전출판사, 1983. [영인-서울: 탑출판사, 1989]

최정후.『주체의 언어리론(조선어학전서 1)』. 평양: 사회과학출판사, 2005.

최정후·박재수.『주체적언어리론 연구』. 평양: 사회과학출판사, 1999.

평양출판사 편.『주체의 조선어학발전 50년』. 평양: 평양출판사, 1996.

홍기문 외 공저.『조선어사연구』. 평양: 사회과학원출판사, 1964.

홍기문. "삼국시대의 지명과 조선어의 계통문제."『조선어학』, 1963-4(1963), pp. 52~64.

홍기문.『조선어 력사 문법』. 평양: 사회과학원출판사, 1966. [영인-서울: 한국문화사, 1999]

황국정. "남북한 국어사의 연구." 김민수 편.『남북의 언어 어떻게 통일할 것인가』. 국학자료원, 2002, pp. 325~344.

金毓黻.『渤海國志長編』. 千華書館, 1934.

菅野裕臣(간노 히로오미). "북한 문법학의 계보와 소련 언어학과의 관계(1945~1990)."『동방학지』, 98(1997), pp. 353~417.

河野六郎(고노 로쿠로).『朝鮮方言學試攷(河野六郎著作集1 朝鮮語学論文集)』. 東京: 平凡社, 1945/1979. [이진호 역.『한국어 방언학 시론』. 광주: 전남대학교출판부, 2012]

三上次男(미카미 츠기오).『高句麗と渤海』. 東京: 吉川弘文館, 1990.

関根英行(세키네 히데유키). "한국인과 일본인의 민족적 계통과 동질성에 관한 논점-일본인의 기원 탐구를 중심으로."『일본문화연구』, 5(2001), pp. 387~410.

오토 예스페르센 저. 김선재 역.『언어: 본질. 발달. 기원』. 서울: 한국번역도서주식회사, 1961. [원서: Jespersen. Otto. *Language: it's nature. development and origin*. London: G. Allen & Unwin ltd., 1922]

:: 한국어문학연구소(인문학연구원)

〈통일문법〉 정립을 위한 북한 규범 문법 분석 시론

장소원 · 김성규 · 황선엽 · 김현 · 문숙영

목차

Ⅰ. 들어가기

Ⅱ. 북한 문법서의 체계 및 언어관

Ⅲ. 음운, 통사, 형태

Ⅳ. 어문규범과 표현수법

Ⅴ. 마무리

장소원	서울대학교 국어국문학과	김성규	서울대학교 국어국문학과
황선엽	서울대학교 국어국문학과	김 현	서울대학교 국어국문학과
문숙영	서울대학교 국어국문학과		

I. 들어가기

남한과 북한의 언어생활에서 중요한 부분을 차지하는 것은 어문규범의 바탕이 되는 문법이다. 동일한 뿌리를 가지고 있으면서도 분단 이후 각기 독자적으로 이루어진 문법 연구는 남한과 북한이 각기 어문규범을 갖게 되는 결과를 낳았다. 이렇게 달라진 부분을 확인하는 작업은 통일을 준비하는 현 단계에서 반드시 필요한 일이다.

이 작업은 통일 시대에 필요한 〈통일문법〉의 체계 구축과 기술을 위한 준비 단계로서 남한과 북한의 학교 문법서를 비교, 분석하는 작업의 1단계에 해당한다. 남한과 북한의 학교 문법서를 비교, 분석하는 작업은 먼저 각각의 문법서를 깊이 있게 이해하고 정리할 필요가 있는데 이번 작업은 우선 북한의 고등중학교 문법서 3권에 대한 분석을 행하는 것이다. 그 이유는 남한의 국어 교과서에서의 문법에 대한 연구는 꾸준히 행해져서 상당히 많은 연구 결과가 축적되어 있는 데 비해, 북한의 문법 교과서 자체에 대한 연구는 충분하다고 말하기 어렵기 때문이다.

특히 북한의 문법서에서 남한 문법과 문법 술어의 차이를 넘어, 문법 내용 요소에 대한 분류의 기준, 문법 요소에 대한 명명의 방식, 정의에 사용되는 설명어의 차이, 실제 예시로 제시된 항목의 차이 등 규범 문법 전반에서 발견할 수 있는 모든 차이를 찾아내고 그 배경을 분석해 내는 작업은 거의 이루어진 것이 없기 때문에 이번 작업은 남북한의 문법 교과서 비교를 위해서, 그리고 더 나아가 〈통일문법〉의 기술을 위해 일차적으로 해결되어야 하는 일이라 하겠다.

본 연구는 크게 4개의 분야로 나뉜다. 먼저 북한에서 중고등학생들이 지녀야 하는 언어관을 어떻게 설정하고 있는지를 기술한 부분과, 음운, 통사, 형태와 관계된 진정한 의미의 '문법' 영역, 그리고 띄어쓰기와 구두점, 맞춤법 등 어문규범과 관련한 부분과 표현수법 부분이 그것이다. 이 자리에서는 북한의 국어문법서 3권의 체계와 함께 분량이 상대적으로 적은 언어관을 묶어 정리하기로 한다.

이 작업을 통해 우리는 문법의 통일을 넘어 규범의 통일을 준비하게 될 것인데 남한과 북한의 문법에 대한 정확한 인식이야말로 통일된 문법 기술을 가능케 하며, 통일된 문법의 완성은 남한과 북한이 공통으로 사용해야 할 맞춤법과 표준어 등의 어문규범을 정비하는 데 초석이 될 것이다.

통일된 어문규범의 정비로 이어질 이 작업은 더 나아가 우리의 통일 역량을 강화하는 기반이 될 것이다. 단순히 남한과 북한의 언어 차이를 확인하는 단계에서 더 나아가 통일 이후의 국어 생활에서 발생할 문제들을 미리 진단하고 해결하는 것은 우리의 통일 역량을 강화하기 위해 반드시 행해져야 하는 과업이기 때문이다.

II. 북한 문법서의 체계 및 언어관

1. 문법서의 체계

고등중학교 1~3학년에 사용되는 『국어문법: 고등중학교 1』, 『국어문법: 고등중학교 2』, 『국어문법: 고등중학교 3』(이하 〈국어문법1〉, 〈국어문법2〉, 〈국어문법3〉)의 전반적인 구성을 2002년 개정판을 기준으로 살펴본다. 각 교과서의 내용을 크게 묶으면 '문화어, 어휘론, 음운론, 품사론, 토, 문장, 어문규범, (수사법)'의[1] 순서로 이루어져 있다고 볼 수 있다. 각 분야별내용에 대해서는 후술하기로 하고 여기서는 문법서의 언어관이 드러나는 머리말부터 살피기로 한다.

1) 어휘론

먼저 각 교과서는 제1장에서 김일성의 교시를 인용하며 '문화어'에 대한 내용을 다룬 후, 제2장부터 어휘론과 관련한 내용이 제시된다. 〈국어문법1〉 제2~6장에서는 단어의 개념과 의미, 구성, 단어들 간의 의미관계, 고유어와 한자어 및 외래어, 문화어와 방언의 어휘 등을 다루고, 〈국어문법2〉 제2~3장에서는 합성어와 파생어, 〈국어문법3〉 제2~4장에서는 뜻빛갈(어감)과 성구 및 속담, 사전의 사용 방법을 다룬다.

2) 음운론

음운론은 〈국어문법1〉의 제7~9장, 〈국어문법2〉의 제4~8장, 〈국어문법3〉의 제5~7장에 해당한다. 〈국어문법1〉에서는 모음과 자음의 종류와 특징, 단어의 소리마루(고저, 장단, 강약), 그리고 여러 음운현상에 대한 간략한 소개가 이루어지고 있다. 〈국어문법2〉에서는 〈국어문법1〉에 소개된 음운현상을 각 장에서 이어내기(연음)와 끊어내기(절음), '지, 치'로 되기(구개음화) 등으로 나누어 개별적으로 다룬다. 또

---

[1] 〈국어문법3〉에서만 수사법을 다루어 괄호로 표시하였다. 이에 대해서는 후술된다.

한 문장을 발음할 때 지켜야 하는 점을 소개하는데, 이 내용은 〈국어문법3〉에서 문장을 어떻게 끊어 읽는지, 언제 문장을 빠르게 혹은 느리게 읽어야 하는지, 악센트를 어디에 두어야 하는지 등을 다룸으로써 구체화된다.

3) 품사론, '토'와 '문장'

품사론은 〈국어문법1〉의 제10장, 〈국어문법2〉의 제9~15장에 해당한다. 〈국어문법1〉에서는 품사의 개념을 소개하고, 〈국어문법2〉에 이르러서 각 품사, 즉 명사, 수사, 대명사, 동사, 형용사, 관형사, 부사 등을 자세히 다룬다. 〈국어문법3〉에는 품사론과 관련한 내용이 없다.

'토'와 관련하여서는 먼저 〈국어문법1〉에서 토의 개념과 종류가 소개되고, 각 토에 관한 내용이 〈국어문법1〉과 〈국어문법2〉에 걸쳐서 다루어진다. 〈국어문법 1〉에서는 격토와 맺음토, 이음토를, 〈국어문법2〉에서는 도움토와 존경토, 복수토, 시간토 등 나머지 토를 다룬다. 〈국어문법3〉에 이르러서는 토를 바로 쓰는 방법에 대해서 다루는 데에 그친다. '문장'과 관련하여서는 〈국어문법1〉에서는 제17장에서 문장의 개념을 다루고, 〈국어문법2〉에서는 제20~22장에서 문장의 유형, 문장성분의 개념, 그리고 단문과 복문에 대해 다룬다. 〈국어문법3〉에서는 제9~13장에서 각 문장성분에 대하여 다룬 후, 문장 내 성분들 간의 어울림과 차례에 대한 언급이 이루어진다.

4) 어문규범과 수사법

마지막으로 〈국어문법1〉 제18~25장, 〈국어문법2〉 제23~29장, 〈국어문법3〉 제14~17장에서 모두 어문규범에 대하여 다룬다. 대체로 맞춤법, 띄어쓰기, 그리고 문장부호법 순서로 다루어지는데, 띄어쓰기의 경우는 〈국어문법2〉까지만 나타난다. 〈국어문법3〉에서는 그 뒤에 수사법과 관련한 부분이 포함되어 있다는 점이 주목할 만하다. 제18~25장에 걸쳐, 직유법과 은유법, 의인법, 과장법, 대구법 등 다양한 수사법을 다루고 있다.

〈국어문법〉 세 권은 모두 문화어에 대한 소개를 하고 있고, 말미에는 어문규범을 자세하게 다루고 있다는 점이 특징적이다. 〈국어문법1〉에서 각 분야의 개념을 소개하는 데에 중점을 두고 있다면, 〈국어문법2〉는 〈국어문법1〉에서 소개된 개념의 세부적인 사항을 다룬다고 할 수 있다. 〈국어문법3〉은 앞서 소개되지 않았던 내용들을 다룬 후, 최종적으로 수사법을 다룬다. 교과서별로 각 분야를 다룬 규모는 각 단원의 내용을 최대한 남한 용어를 사용하여 간략히 작성한 〈표1〉을 참고할 수 있다.

표 1 〈국어문법1〉, 〈국어문법2〉, 〈국어문법3〉의 체재

	〈국어문법1〉	〈국어문법2〉	〈국어문법3〉
문화어	1. 문화어	1. 문화어	1. 문화어
어휘론	2. 단어의 개념과 의미	2. 합성어	2. 뜻빛갈(어감)
	3. 단어의 구성		3. 싱구와 속담
	4. 단어의 의미 관계	3. 파생어	
	5. 단어의 종류		4. 사전
	6. 단어의 종류		
음운론	7. 모음과 자음	4. 연음, 평파열음화	5. 높낮이
	8. 고저, 장단, 강약	5. 동화, 구개음화	6. 휴지, 속도
		6. 첨가, 탈락	
	9. 단어 발음법	7. 경음화, 격음화	7. 소리빛갈(목소리)
		8. 문장 발음법	

	〈국어문법1〉		〈국어문법2〉	〈국어문법3〉
품사론	10. 품사의 개념		9. 명사	
			10. 수사	
			11. 대명사	
			12. 동사	
			13. 동사와 형용사	
			14. 관형사	
			15. 관형사와 부사	
토	11. 토의 개념		16. 도움토	8. 토의 바로쓰기
	12. 토의 종류		17. 존경토 등	
	13. 토의 구별			
	14. 격토[2]		18. 규정토, 상황토	
	15. 맺음토		19. 상토, 바꿈토	
	16. 이음토			
문장	17. 문장의 개념		20. 문장의 유형	9. 주어, 술어
			21. 문장성분의 개념	10. 보어, 상황어 등
				11. 부름말, 느낌말 등
			22. 단문과 복문	12. 문장 내 어울림
				13. 문장성분의 차례
어문규범	18~25		23~29	14~17
수사법[3]				18~25

---

2 이 표에서 쓰인 토에 대응하는 남한 용어는 대략 다음과 같다.
격토-격조사, 맺음토-종결어미, 이음토-연결어미, 도움토-보조사, 존경토-선어말어미'-시-', 규정토-관형사형어미, 상황토-부사형어미, 상토-피사동접미사, 바꿈토-명사형어미 및 서술격조사.

3 어문규범과 수사법의 세부 단원 내용은 따로 적지 않았다.

2. 문법서의 언어관

북한의 고등중학교용 〈국어문법〉 세 권은 각기 다른 내용의 언어관을 펼쳐 보이고 있다. 1권 머리말의 제목은 '자랑스런 우리 말'이고, 2권은 '우리 말 문화어의 억센 뿌리'이며, 3권은 '경애하는 수령 김일성대원수님과 위대한 령도자 김정일원수님의 품속에서 꽃 펴난 우리 말 문화어'라는 제목을 달고 있다. 제목에서 대충 그 내용을 짐작할 수 있듯이, 1권은 우리말이 왜 자랑스러운지를 네 가지 근거를 들어 설명하고 있고, 2권은 문화어가 성립되기까지의 과정을 설명하면서 김일성을 찬양하고 있으며, 3권은 모든 사람이 문화어를 쓰기 위해 '맞춤법, 발음법, 띄여쓰기와 문장부호법 등 통일적이고 과학적인 규범과 뚜렷한 례의범절을 갖춘 문화성이 높은 말과 글'을 김일성과 김정일이 만들어주었다는 내용이다.

먼저 제1권에 해당하는 〈국어문법〉에 실린 '1. 자랑스런 우리 말'의 내용은 고등중학교 1학년용 교과서로 1997년본과 2002년본이 쪽수만 차이가 있을 뿐 내용은 동일하다.[4]

북한에서 출판된 대부분의 책들이 그러하듯이 1학년용 〈국어문법〉도 머리말에 해당하는 이 부분을 "경애하는 수령 김일성대원수님께서는 다음과 같이 고시하시였다."라고 하여 김일성의 말을 인용하는 형식을 취하며 시작된다.

> 사실 우리 조선말은 아주 좋은 말입니다. 우리 말은 류창하며 높고낮음과 길고짧음이 있고 억양도 좋으며 듣기에도 매우 아름답

---

[4] 1997년판은 pp. 2~4, 2002년판은 pp. 2~5에 실려 있다.

습니다. 우리 말은 표현이 풍부하여 복잡한 사상과 섬세한 감정을 다 잘 나타낼수 있으며 사람들을 격동시킬수 있고 울릴수도 있으며 웃길수도 있습니다. 우리말은 례의범절을 똑똑히 나타낼수 있기때문에 사람들의 공산주의도덕교양에도 매우 좋습니다. 또한 우리 나라 말은 발음이 매우 풍부합니다. 그렇기 때문에 우리 말과 글로써는 동서양의 어떤 나라 말의 발음이든지 거의 마음대로 나타낼수 있습니다.

이러한 교시 아래 전개되는 설명은 김일성 교시에 대한 풀이로, 조선말이 '아주 좋은 말'인 근거로 네 가지를 들고 각각에 대한 자세한 설명이 이어진다. 그런데 바로 이 네 가지 근거가 이 책의 본문에 담겨있는 음운론적, 어휘적, 통사적 특징을 공부해야 하는 이유라는 사실이 흥미롭다.

그 첫째는 '류창하며 높고낮음과 길고짧음이 있고 억양도 좋으며 듣기에도 매우 아름답다.'는 것으로 음운론적인 특징을 꼽고 있다. 둘째는 '표현이 풍부하다'는 것으로 풍부하고 다양한 어휘와 잘 발달된 토를 그 예로 들고 있다. 셋째는 '례의범절을 똑똑히 나타낼수 있다'는 것으로 '다른 나라 말들에서는 찾아보기 드문 례절을 나타내는 수단과 수법이 잘 발달되여있다.'고 설명하고 있다. 마지막으로 네 번째 근거는 '발음이 매우 풍부'하다는 것으로 그 이유는 '말소리가 풍부하고 다양하기 때문이며 특히는 소리마디가 많기 때문이다.'라고 풀이하고 있다.

이와 같은 특징을 지닌 조선말을 가지고 있는 것은 자신들의 '높은 긍지이며 자랑'이라고 하면서 '우리들은 경애하는 수령 김일성대원수님께서 찾아주시고 경애하는 대원수님과 위대한 령도자 김정일원수님께서 가꾸어주시고 꽃피워주신 가장 우수한 우리 말을 아끼고 사랑하며 더욱 빛내여 나가야 한다.'고 마무리하고 있는데, 이 머리말에서 강조하고 있는 내용이 바로 그 뒤를 이어 나오는 국어문법 1권의 본문에 해당한다고 볼 수 있다.

다음으로 제2권에 해당하는 〈국어문법〉에 실린 '1. 우리 말 문화어의 억센 뿌리'의 내용은 고등중학교 2학년용 교과서로 1997년과 2002년본이 쪽수만 차이가 있을 뿐 동일하다.[5]

이 글은 크게 두 부분으로 나뉘는데 세부적인 내용은 넘어간다.

(1) 경애하는 수령 김일성대원수님께서는 항일혁명투쟁시기에 일제의 민족어말살정책으로부터 우리 말과 글을 지켜 내고 그것을 주체적으로 발전시키기 위한 독창적인 사상을 밝혀 주시였다. 경애하는 수령 김일성대원수님께서는 다음과 같이 교시하시였다.

    언어는 민족을 특징 짓는 공통성가운데서 가장 중요한것의 하나입니다. 피줄이 같고 한령토안에서 살아도 언어가 다르면 하나의 민족이라고 말할수 없습니다.

(2) 경애하는 수령 김일성대원수님께서는 항일혁명투쟁시기에 일제의 민족어말살정책으로부터 우리 말과 글을 지켜 내고 그것을 주체적으로 발전시키기 위한 투쟁을 현명하게 이끄시였다.

---

[5] 1997년판은 pp. 2~5, 2002년판은 pp. 3~6에 실려 있다.

1학년용 〈국어문법〉이 한국어의 일반적인 특징을 설명한 것이라면, 2학년용 교과서는 민족의 특징을 규정하는 데 가장 중요한 역할을 하는 것이 언어임을 인식하고, 일제 강점기(항일혁명시기)에 우리말과 글을 지켜내고 주체적으로 발전시켜 나가기 위한 독창적인 사상을 수립해주었음을 강조하고 있다.[6] 이어 이 사상은 '우리 나라를 빼앗고 우리 인민을 제놈들의 영원한 노예로 만들기 위하여 민족어말살정책을 악랄하게 감행하던 일제놈들에게 커다란 타격을 주었다.'고 하면서 이 사상은 '우리 말과 글을 지켜내고 그것을 더욱 아름답게 꽃피우기 위하여 투쟁하는 우리 인민들의 앞길을 뚜렷이 밝혀 주는 휘황한 등대로, 지도적 지침으로 되었다.'고 강조하고 있다.

이 글은 김일성은 주체적 언어사상을 창시하고 우리 말과 글을 주체적으로 발전시켰으며 인민적 언어규범을 마련하고 혁명적 기풍을 세우는 등 항일혁명투쟁시기에 혁명적인 언어전통을 수립하였으니 '우리 말 문화어의 빛나는 전통을 잘 알뿐아니라 그것을 대를 이어 가며 견결히 옹호하고 영원히 빛내여 나가야 한다.'고 강조하며 마무리된다. 따라서 이 글은 문화어가 성립되기까지의 역사적 배경과 내용을 요약한 것이라 할 수 있다.

고등중학교 3학년용 〈국어문법〉의 머리말은 1997과 2002년 판 모두 2~3쪽에 걸쳐 '1. 경애하는 수령 김일성대원수님과 위대한 령도자 김정일원수님의 품속에서 꽃 펴난 우리 말 문화어'라는 제목으로 실려 있다.

이 글도 다른 두 권과 마찬가지로 김일성의 교시로 시작하는데

---

6 김일성의 독창적인 언어사상은 《조국광복회10대강령》 제8조와 《조선혁명가들은 조선을 잘 알아야 한다》 등에 반영되어 있다고 지적하고 있다.

《우리는 자기 나라 말의 부족점들을 없애고 우리 말을 더욱 정확하고 아름다운것으로 발전시켜야 합니다.》의 한 문장이다. 그 내용은 광복 후 김일성이 어려운 상황 속에서 우리 말과 글을 주체적으로 발전시켰다는 것으로 구체적인 내용을 나열하고 있다. 이를 정리하면 다음과 같다.

(3) ㄱ. 전국에 학교를 세워 모든 사람들이 우리말과 글을 배우도록 했다. 그 결과 문맹자가 없어졌다.
ㄴ. 한자를 전반적으로 쓰지 않도록 조치했다. 모든 출판물들에서 한자를 쓰지 않도록 했고, 한자폐지는 고유어를 기본으로 하여 우리말과 글을 발전, 풍부화시킬 수 있는 길을 열었다.
ㄷ. 우리말과 글을 아름답게 다듬고 세련시키기 위한 사업을 대중적 운동으로 밀고 나갔다.
ㄹ. 언어생활에서 혁명적 기풍을 세웠는데, 이는 내용에서 당적이고 노동계급적이며 형식에서 인민대중이 알기 쉬운 말을 하고 글을 쓰는 기풍을 세운다는 것이다.

그 결과 그 덕분에 북한 인민들의 언어생활에는 혁명적기풍이 확고히 서게 되었고 이는 말과 글의 문화성을 높이기 위한 투쟁으로 이어졌는데, '말과 글의 문화성을 높이는데서 가장 중요한것은 문화어를 쓰는 것'이기 때문에 '맞춤법, 발음법, 띄여쓰기와 문장부호법 등 통일적이고 과학적인 규범과 뚜렷한 례의범절을 갖춘 문화성이 높은 말과 글이 되였다'고 결론 맺고 있다. 이는 3권의 주된 내용이 맞춤법, 발음법, 띄어쓰기, 문장부호, 표현수법으로 구성되어 있음과 연관된다.

북한 〈국어문법〉 교과서 세 권의 머리말들은 모두 김일성과 김정은의 교시에 대한 해설 형식을 띠는 것이 특징이나, 그 내용은 일관성 있게 각권에서 중점적으로 다루는 내용에 대한 의의와 배경 설명으로 이루어져 있다. 이는 매 학년 제1과 머리말에서 한 학년 동안 무엇을 왜 배워야 하는가를 깨닫게 해준다는 점에서 유용한 도입이라 평가할 만하다.

III. 음운, 통사, 형태

1. 음운

1) 문법 체재

〈국어문법〉 각권의 음운 부분은 다음과 같은 제목으로 이루어져 있다.

표 2   음운 부분의 단원 체재

권	단원 제목
〈국어문법1〉	7. 모음과 자음 8. 단어의 소리마루란 무엇이며 여기에는 어떤것이 있는가 9. 단어의 발음법에는 어떤것이 있는가
〈국어문법2〉	4. 이어내기와 끊어내기 5. 소리닮기와 《지, 치》로 되기 6. 소리끼우기와 소리빠지기 7. 된소리되기와 거센소리되기 8. 문장을 발음할 때 어떤 점을 잘 지켜야 하는가
〈국어문법3〉	5. 문장에서의 높낮이선 6. 문장에서의 끊기와 말의 속도 7. 문장의 소리마루와 소리빛깔

〈국어문법1〉에 3개 단원, 〈국어문법2〉에 5개 단원, 〈국어문법3〉에 3개 단원으로 모두 11개 단원으로 되어 있으며, 전체 79개 단원 중 약 14%를 차지하고 있다. 면수로도 전체 187면 중 27면으로 역시 약 14%를 차지하고 있다.

〈국어문법1〉은 개관적 성격을 띠고 있으며, 분절음 단위인 자음과 모음 및 초분절음 단위라고 할 수 있는 고저, 장단, 강약을 설명하고 있다. 단위에 대한 서술에 이어 〈국어문법2〉와 〈국어문법3〉은 음운 현상에 해당되는 내용으로서 각각 분절음 관련 현상과 문장에서의 초분절음 관련 현상에 할애되어 있다. 〈국어문법1〉과 〈국어문법2〉 각각의 마지막 단원에서는 이어지는 〈국어문법2〉와 〈국어문법3〉의 내용을 소개하는 듯이 배치되어 있다. 즉 〈국어문법1〉의 9단원은 〈국어문법2〉에서 본격적으로 다루어지는 분절음 관련 현상을 소개하고 있으며, 〈국어문법2〉의 8단원은 〈국어문법3〉에서 다루어지는 문장에서의 초분절음 관련 현상을 간략하게 소개하고 있다.[7]

이렇게 보면 내용 체재는 〈표 3〉과 같이 구조화되어 있다고 할 수 있다.

남한의 〈독서와 문법〉에 비교할 때, 〈국어문법〉은 크게 두 가지 특징이 두드러진다. 첫째, 〈국어문법〉에서는 음운이나 음운 체계에 대한 내용은 전혀 없이 1개 단원(Ⅰ⑦)에서 자음과 모음의 개념만을 설명하고 있다. 반면 〈독서와 문법〉은 음운 관련 학습 목표의 반이 이에

---

7 음운 부분 중 이 두 단원에만 유독 김정일의 교시가 다음과 같이 소개되어 있다.
〈국어문법1〉의 제9단원(Ⅰ⑨): "우리 말은 발음이 풍부하여 그 어떤 힘들고 까다로운 발음도 정확히 할수 있습니다."
〈국어문법2〉의 제8단원(Ⅱ⑧): "수령님께서 가르치신바와 같이 우리 말은 높고낮음이 똑똑하고 억양도 좋으며 듣기에도 류창하고 매우 아름답다."

표 3 음운 부분의 내용 구조

	음운 단위	음운 현상	
		개론	각론
분절음	Ⅰ⑦ 모음과 자음	Ⅰ⑨ 단어의 발음법	Ⅱ④ 이어내기와 끊어내기 Ⅱ⑤ 소리닮기와《지, 치》로 되기 Ⅱ⑥ 소리끼우기와 소리빠지기 Ⅰ⑦ 된소리되기와 거센소리되기
초분절음	Ⅰ⑧ 단어의 소리마루	Ⅱ⑧ 문장의 발음법	Ⅲ⑤ 문장에서의 높낮이선 Ⅲ⑥ 문장에서의 끊기와 말의 속도 Ⅲ⑦ 문장의 소리마루와 소리빛깔

해당할 정도로 발음기관과 발음법, 음성과 음운의 개념과 음운 체계 등 많은 내용을 할애하고 있다.[8]

둘째, 〈국어문법〉은 초분절음에 대한 내용이 매우 많다는 점이다.[9] 분절음 관련 단원이 6개 단원인데 초분절음 관련 단원이 그에 버금가는 5개 단원인바, 이는 〈독서와 문법〉과는 무척이나 다른 점이다. 〈독서와 문법〉에는 음장과 억양을 매우 간략하게 소개하고 있을 뿐이다.

2) 문법 내용

(1) 분절음 관련 내용

분절음의 단위인 음운 및 그 체계에 대한 설명은 매우 소략하다. 자음

---

8 〈독서와 문법〉의 음운 부분은 대체로 다음과 같은 학습 목표를 내세우고 있는바, 음운의 개념과 체계를 상대적으로 중시하고 있음을 알 수 있다.
1. 음성과 음운의 개념을 알고 국어의 음운 체계를 이해한다.
2. 국어의 음운의 특성을 고려하여 올바른 발음 생활을 한다.

9 억양이나 읽기, 말하기에서의 속도는 남한과는 달리 초등학교 때부터 강조되어 온 바이다(강보선 외 공저 2017:45).

의 경우 조음 위치에 대한 설명은 전혀 없으며, 조음 방법과 관련하여서는 순한소리(평음), 거센소리(격음), 된소리(경음), 울림소리(공명음), 코안소리(비음)가 소개되어 있을 뿐, 파열음, 마찰음, 파찰음에 대한 설명은 없다. 모음은 단지 홑모음(단모음)과 겹모음(이중모음)의 구분만이 베풀어졌을 뿐이다. 이처럼 음운과 그 체계의 설명에 인색한 것은, 교육 내용으로서의 음운론을 탐구의 대상이 아니라 표준적인 발음을 위한 도구로 보기 때문인 것으로 여겨진다.

분절음 관련 음운 현상으로 다루어진 것은 이어내기(연음), 끊어내기(절음), 소리닮기(동화), 《지, 치》로 되기(구개음화), 소리끼우기(첨가), 소리빠지기(탈락), 된소리되기(경음화), 거센소리되기('ㅎ' 축약)이다. 남한의 교과서가 대체로 음운 변동의 유형에 따라 대치(또는 교체), 탈락, 첨가, 축약으로 나누어 서술하는 것과는 사뭇 대조적이다.

연음과 절음을 설명함에 있어서는 예컨대 '일요일'과 '해빛아래'가 각각 전자와 후자의 예라고는 하면서도 어떠한 점에서 그러한 차이를 보이는지를 설명하지 않는 점이 흥미롭다. 두 현상은 후행하는 요소가 형식 형태소이냐 실질 형태소이냐에 따라 달리 실현되는데,『조선문화어문법규범(1976)』(이하 규범(1976))에는 합성어나 파생어에서 앞의 형태소기 'ㅋ, ㄲ, ㄺ, ㅌ, ㅈ, ㅊ, ㅅ, ㅍ, ㄼ'으로 끝나 뒤의 형태소가 '아, 어, 오, 우, 애, 외' 등으로 시작되는 경우에 이와 같이 발음된다고만 되어 있을 뿐, 형태소의 성격에 대한 내용이 언급되어 있지는 않다. 〈국어문법〉에서는 '아침에[아치메], 산으로[사느로]'와 같은 곡용형뿐만 아니라 '숙영지[수경지], 발음[바름]'과 같은 단독형들도 예로 들고 있는데, 이를 보면 형태소 결합에서의 연음과 절음이라기보다는 표기에 대한 표준적인 발음법을 설명하기 위한 내용이라고 여

길 수 있다.

동화와 관련하여 흥미로운 점은 구개음화를 동화에 포함시키지 않는다는 점이다. 비록 같은 단원에서 다루어지고 있지만, 이 둘을 구분한 것은 동화주와 피동화음이 어떤 부류(자음 또는 모음)에 속하느냐에 따라 '닮기'와 '따르기'를 구분하였기 때문인다. 자음에 의한 자음 동화와 모음에 의한 모음 동화만이 닮기이며, 구개음화와 같은 모음에 의한 자음의 동화는 따르기에 속하는 것이다.[10]

(2) 초분절음 관련 내용

소리마루란 어떤 부분을 다른 부분에 비해 두드러지게 발음하는 것으로 정의되었는바, 남한의 용어로서는 악센트(accent)나 돋들림(prominence)에 대응하는 것으로 보인다. 소리마루는 단어의 차원과 문장의 차원에서 모두 나타날 수 있는데, 단어에서는 의미와 무관하게 그 위치가 정해져 있지만, 문장에서는 중요한 부분을 다른 부분보다 두드러지게 발음한다고 한다. 소리마루는 고저, 음장, 강세의 세 요소로 이루어진다.

단어에서의 고저와 강세는 남한 교과서에서 전혀 다루어지고 있지 않은 내용이다. 고조(高調)는 대체로 다음과 같은 자리에 놓인다고 한다. 2음절어인 경우 보통 첫째 음절에 놓이며 특별한 경우에는

---

10 규범(1976:79)에는 닮기와 따르기가 다음과 같이 풀이되어 있다.
닮기: 단어안에서 어떤 말소리가 그 이웃에 있는 같은 종류의 말소리로부터 영향을 받고 그와 같거나 비슷한 말소리로 바뀌어 발음되는 현상.
따르기: 단어안에서 어떤 말소리가 바로 그옆에 있는 다른 종류의 말소리의 영향을 받아 그에 보다 가까운 성질을 가지거나 보다 가까운 자리에서 나는 말소리로 바뀌어 발음되는 현상.

둘째 음절에 놓인다. 3음절어는 둘째 음절, 4음절 이상의 단어에서는 대체로 뒤에서 둘째 음절에 강세가 놓인다. 고저와는 달리 강세는 언제나 단어의 첫 음절에 온다고 한다.

음장은 남한의 교과서에서도 서술되고 있는 것이지만 그 성격은 전혀 다르다. 남한에서는 '말(馬)'과 '말:(語)'와 같이 의미를 변별하는 기능을 지닌 음장을 다루는 데 반해, 〈국어문법〉의 길이마루는 변별적 기능과는 무관하다. 그 예를 보이면 다음과 같다.

(4) 모:든, 부지런:히, 아장:아장, 환:히, 천천:히, 몹:시, 살그머:니, 산들:산들

음장은 모든 단어에 다 놓이는 것이 아니라 '움직임이나 성질, 모양을 꾸며 주는 단어'에 많이 온다고 하며, 어두와 비어두를 가리지 않는 것으로 보아, 이른바 표현적(expressive) 기능을 하는 장음을 뜻하는 것으로 이해된다.[11]

문장에서 실현되는 초분절음에 대한 총칭인 '억양'은 "문장을 발음할 때 높이기도 하고 낮추기도 하며 세게도 하고 약하게도 하며 빠르게도 하고 느리게도 하는 말소리의 흐름"이라고 정의되어 있어서, 남한에서의 억양과는[12] 다른 개념이다. '억양'에는 높낮이선, 끊기, 속도, 문장에서의 소리마루, 소리빛갈이 있다.

높낮이선(억양)은 알림문, 시킴문, 추김문, 물음문, 느낌문 등과

---

11 〈조선말 대사전〉에는 고저와 음장에 대한 정보가 함께 제공되어 있다. 발그레하다②③③:②①.

12 〈표준국어대사전〉에는 억양이 "음(音)의 상대적인 높이를 변하게 함. 또는 그런 변화."라고 풀이되어 있다.

같이 문장의 종류에 따라 달라진다는 설명에서 그치는 것이 아니라 "강한 요구나 결심과 의지" 또는 "어린이들을 상대로 하여 말할 때"와 같이 화용적 조건에 따라서도 달라진다고 설명되어 있다.

끊기(휴지)와 관련하여서는 문장의 중의성을 해소할 수도 있음을 언급한 점이 흥미롭다.

> (5) ㄱ. 어제 / 읽은 책을 돌려 주었습니다. (읽은 책을 어제 돌려 주었다는 뜻)
>
> ㄴ. 어제 읽은 책을 / 돌려 주었습니다. (어제 읽은 책을 오늘 돌려 주었다는 뜻)

이 밖의 문장에서의 소리마루, 속도와 소리빛갈(음색)은 이른바 언어의 표현성을 살리기 위해 요구되는 것들이라 할 수 있다. 문장에서의 소리마루는 고저, 음장, 강세를 특정하지 않고 중요하거나 강조하는 부분을 두드러지게 발음하라고 하라고 하고 있다. 속도와 음색은 매우 상세한 부분까지 예를 들어 설명하고 있다. 느린 속도(시, 느린 장면, 짙은 정서, 숭엄하고 경건한 마음), 빠른 속도(소설, 급한 장면, 격동적인 마음, 청자가 고령일 때); 맑은 소리(대화 이외의 지문), 깊은 소리(남성), 얕은 소리(아동, 여성), 굵은 소리(남성, 큰 동물), 가는 소리(아동, 여성, 작은 동물).

2. 통사

1) 단원 체재

〈국어문법〉 각권의 통사 부분은 다음과 같은 제목으로 이루어져 있다.

통사 부분은 제1권에 7개 단원, 제2권에 7개 단원, 제3권에 5개 단원으로, 모두 19개의 단원으로 구성되어 있다. 내용 구성은 대체로 '조사와 어미, 문장 유형, 문장 성분, 문장 내 호응과 어순' 순으로 학습하도록 되어 있다. 남한의 『독서와 문법』과 비교하면 '문장 안에서의 단어나 표현들의 어울림'이나 '문장성분의 차례'를 독립 단원으로

표 4 통사 부분의 단원 체재

권	단원 제목
제1권	11. 토란 무엇이며 그것은 어떤 구실을 하는가. 12. 토에는 어떤 것이 있는가. 13. 토를 가려내는 방법 14. 격토에는 어떤 것이 있는가. 15. 맺음토에는 어떤 것이 있는가. 16. 이음토에는 어떤것이 있는가. 17. 문장이란 무엇인가.
제2권	16. 도움토에는 어떤 것이 있는가. 17. 존경토, 복수토, 시간토에는 어떤 것이 있는가. 18. 규정토와 상황토에는 어떤 것이 있는가. 19. 상토와 바꿈토에는 어떤 것이 있는가. 20. 알림문, 물음문, 시킴문, 추김문, 느낌문이란 어떤 문장인가. 21. 문장성분이란 무엇이며 문장성분에는 어떤 것들이 있는가. 22. 단일문과 복합문이란 어떤 문장인가.
제3권	9. 주어와 술어 10. 보어, 상황어, 규정어 11. 부름말, 느낌말, 끼움말, 이음말, 내세움말 12. 문장 안에서의 단어나 표현들의 어울림 13. 문장성분의 차례

구성한 것이 특징이다.

2) 문법 내용

(1) 조사·어미의 분류 체계 및 용어의 차이

북한의 〈국어문법〉을 중심으로 하여, 조사·어미의 분류 체계 및 용어의 차이를 정리하면 아래와 같다. 대분류를 Ⅰ열에, 중분류와 소분류를 각각 Ⅱ열과 Ⅲ열에 두었으나, 남북한 분류의 층위가 서로 달라 때로는 Ⅱ열의 것과 Ⅲ열의 것이 대응하기도 한다. 일례로 〈국어문법〉의 Ⅰ열에 있는 '체언토'는 남한 중등문법의 Ⅰ열에 있는 '조사'에 해당되는 것이지만, 〈국어문법〉의 Ⅱ열에 있는 '규정토'는 남한 중등문법의 Ⅲ열에 있는 관형사형 어미에 해당된다.

〈표 5〉에서 보이는 주요 차이점을 정리하면 다음과 같다. 첫째, 조사와 어미를 북한 문법에서는 '토'로 통칭하고, 조사는 체언토, 어미는 용언토로 부른다. 둘째, 남한에서는 조사를 크게 격조사, 보조사, 접속조사로 나누는 반면에, 북한에서는 크게 격토, 도움토, 복수토로 나누고, 접속조사는 구격토라 하여 격조사의 한 종류로 다룬다. 셋째, 남한 문법에서는 부사격 조사로 망라하던 것을, 북한 문법에서는 그 의미 기능에 따라, 여격토, 위격토, 조격토로 세분한다. 넷째, 북한 문법에서는 보격조사가 없다. 다섯째, 북한 문법에서는 감탄문을 만드는 맺음토를 인정하지 않는다. 여섯째, 남한 문법의 보조적 연결어미에 해당하는 것이 없다. 일곱째, 피동접미사와 사동접미사가 함께 '상토'로 묶는다. 여덟째, 남한 문법에서는 '이다'를 격조사의 하나로 분류하나, 북한 문법에서는 이를 체언에 용언토가 붙을 수 있도록 해주는 바꿈토로 분류한다. 바꿈토에는 '-음, -기'도 포함되므로 북한 문법에는 명사형 어미가 없다. 아홉째, 북한 문법에서는 동작상에 대한

표 5 조사 · 어미의 분류 체계 및 술어 대조

(북한) 〈국어문법〉 1, 2, 3			(남한) 중등 문법		
I	II	III	III	II	I
체언토	도움토			보조사	조사
	격토	주격토	주격조사	격조사	
		×	보격조사		
		대격토	목적격조사		
		속격토	관형격조사		
		여격토 [에, 에게 께]	부사격조사		
		위격토 [에서, 에게서]			
		조격토 [로, 으로]			
		호격토	호격조사		
		구격토 [와, 과]		공동격조사	
	복수토	들			접미사
용언토	맺음토	무엇을 알려 주려고 할 때 씀	평서형 종결어미	종결어미	어미
		무엇을 물어 보려고 할 때 씀	의문형 종결어미		
		무엇을 시키려고 할 때 씀	명령형 종결어미		
		무엇을 자기와 함께 하자고 할 때 씀	청유형 종결어미		
		×	감탄형 종결어미		
		두루 쓰임, 억양으로 구별됨	해라체 종결어미		
	이음토	앞의 내용을 뒤의 내용과 같은 자격으로 이어주는 것	대등적 연결어미	연결어미	
		앞의 내용을 뒤의 내용에 매이 도록 이어주는 것이 있음.	종속적 연결어미		
		×	보조적 연결어미		
	규정토	[는, ㄴ(은), ㄹ(을), 던]	관형사형 어미	전성어미	
	상황토	[게, 도록, ㄹ수록, 듯, 듯이]	부사형 어미		
	상토	[이, 히, 리, 기, 우, 구, 추. 히 우, 기우, 리우, 으키, 이키]		사동접미사 피동접미사	접미사
	바꿈토	[이(다)]	서술격 조사	격조사	조사
		[ㅁ(음), 기]	명사형 어미	전성어미	
	존경토	[시]	주체높임 선어말어미	선어말어미	어미
	시간토	[었]	과거시제 선어말어미		
		[겠]	미래, 추측		

언급이 전혀 없다. 이 중에서 차이가 두드러지는 일부만 아래에서 살펴본다.

(2) 상토와 시간토

북한 문법에서 상토는 피동과 사동의 접미사를 아우르는 용어이다. 상토는 동사에 붙어서 행동을 남에게 시킨다든가 남에게서 입는다든가 하는 뜻을 나타내는 토로 풀이된다. 임홍빈에 따르면 相 범주가 처음으로 나타난 것은 조선어문법[1949]이고, 상은 동사로써 표현된 행동과, 행동의 주체와의 관계를 나타내는 문법적 범주로 정의되었으며, 조선어문법1[1960]에서 상을 능동상, 사역상, 피동상으로 나누었다고 한다.[13] 남한 문법에서 相(동작상)은 '-고 있다'나 '-어 있다'가 나타내는 시간성 범주를 지시하는 범주이다.

하나의 토가 피동과 사동을 두루 나타낼 수 있다고 보는 것도 큰 차이이다. 상토에는 '이, 히, 리, 기, 우, 구, 추, 히우, 기우, 리우, 으키, 이키'가 있는데, 상토들 가운데에는 시킴을 나타내는 토와 입음을 나타내는 토가 따로 있지 않다고 하고 있다. 아래의 예처럼 하나의 상토가 어떤 때에는 시킴의 뜻을 나타내고 또 어떤 때에는 입음의 뜻을 나타내는 등 섞갈려 쓰인다는 것이다.

    (6) 철이는 아버지에게 성적증을 보이였다. 둔덕에 올라서니
        온 시내가 한눈에 보이였다.

---

13 임홍빈, "북한의 문법론,"『어학연구』, 제28권 3호(1992), 서울대학교 어학연구소, pp. 534~535.

남한 문법에서는 피동 접미사와 사동 접미사는 엄격히 구별한다. '이, 히, 리, 기'가 사동사도 만들고 피동사도 만들지만, 이 접미사가 동일한 것인지는 확실하지 않기 때문이다. 피동화는 원래 동사의 결합가를 하나 줄이는 과정이고, 사동화는 원래 동사의 결합가를 하나 늘리는 과정이다. 이를 하나의 범주로 아우르는 것은, 사동과 피동을 '태' 등의 하나의 범주로 묶어온 전통이 이어진 결과로 보인다.

『북한문법』의 시간토에는 '-었-'과 '-겠-'만 있다. '-더'와 '-느-'는 독립적인 토로 인정하지 않는다. 관형사형 어미에는 '-던'이 있지만,[14] 시간토에는 '-더-'가 없고 '-더라, -더구나, -던데' 등이 맺음토(종결어미)로 제시된다. 관형사절의 '-더-'와 주절 술어의 '-더-'의 의미 기능상의 차이가 일찍부터 반영된 것이다. 그리고 현재를 나타내는 토도 별도로 세우지 않는다. 과거는 '-었-'이, 미래는 '-겠-'이 나타낸다고 하고, 현재는 따로 토가 없고 맺음토 그 자체가 현재시간의 뜻을 함께 나타낸다고 기술한다. 즉 'ㄴ다'가 맺음토이며, 예컨대 '본다, 보신다' 자체가 현재를 나타낸다고 분석하는 것이다.

(3) 맺음토와 이음토

북한 문법은 맺음토의 종류에 느낌문 맺음토가 없다. 문장 유형에 느낌문을 따로 두지 않기 때문이다. 대신에 알림문(평서문), 물음문, 시킴문(명령문), 추김문(청유문)을 강한 느낌의 억양으로 발음하면 느낌문이 된다고 본다. 예를 들어 "얼마나 와보고 싶던 백두산입니까!"는 물음문이면서 느낌문이다. 조선어문법[1949]에서부터 문장의 종

---

14 '-던'의 의미에 대해서는 '동사, 형용사, 체언에 다 붙어서 과거의 행동, 상태, 사실이 일정한 시간 지속된다는 것을 나타낸다'라고 기술하고 있다.

류를 진술 목적에 따라 서술문, 의문문, 명령문, 권유문으로 나누고, 이들 각 문장에 강렬한 감정이 동반할 때에는 모든 종류의 문장이 다 감동문이 될 수 있다고 하였는데[15] 이런 전통이 계속 이어진 것으로 보인다.

 북한 문법은 보조적 연결어미를 별도로 두지 않는 것도 특징이다. 남한은 연결어미를 대등적 연결어미, 종속적 연결어미, 보조적 연결어미로 나누고, 보조용언을 연결하는 데 쓰는 '-아, -게, -지, -고'를 특별히 보조적 연결어미라고 한다. 반면에 북한 문법은 같은 자격으로 이어주는 말과 뒤의 내용에 매이도록 이어주는 말로만 나눈다. 부정문에 쓰이는 '-지'도 이음토의 두 번째 종류, 즉 앞의 내용을 뒤의 내용에 매이도록 이어주는 종류에 넣고 있다.

(4) 문장성분

북한 문법에서는 문장성분에 목적어가 없고, 남한의 목적어는 보어로 포함한다. 그런데 격조사의 종류에는 대격토가 있고 보격토는 없다. 이는 보어의 범위가 남한 문법에서의 목적어, 보어, 필수적 부사어 외에 수의 성분으로 처리되는 부사어까지 포함하기에, 보어만을 위한 전용 토가 있다고 보기 어렵기 때문이다. 보어에 대해서는 술어와 맞물리면서 '무엇을(누구를)?, 무엇에(누구에게)?, 무엇으로(누구로)?, 무엇과(누구와)?, 언제? 어디에서? 어디로? 무엇이라고(누구라고)?' 등 여러 가지 물음에 대답하는 역할을 하는 문장성분이라고 하면서, 대체로 용언 술어와 맞물리는 체언 성분으로서 주어를 제외한 것은 다 보어라고 하고 있다. 아래의 예에서 밑줄 친 부분이 모두 보어이다.

---

15   임홍빈, "북한의 문법론", p. 573.

(7) ㄱ. 당과 국가에서는 <u>학생들에게</u> 크나큰 <u>배려를</u> 돌려주고 있다.

ㄴ. 우리는 당의 배려에 <u>최우등으로</u> 보답하겠다.

ㄷ. 철수의 키는 <u>영호와</u> 같다.

ㄹ. 우리는 어제 <u>도서관에서</u> 공부하였다.

ㅁ. 세상사람들은 <u>예로부터</u> 조선을 <u>동방례의지국이라고</u> 불러 왔다.

북한 문법에서는 부사어의 상당수가 보어로 분류되면서, 상황어(부사어)는 다소 그 범위가 줄어든다. 상황어란 술어와 맞물리면서 '어떻게? 얼마나?' 등의 물음에 대답하는 역할을 하는 문장성분을 말한다.

(8) ㄱ. 우리는 하나를 배워도 <u>실속 있게</u> 배워야 한다.

ㄴ. 삼지연의 진달래는 <u>볼수록</u> 아름답다.

ㄷ. 학생들은 책을 <u>많이</u> 읽어야 한다.

임홍빈은 조선어문법[1949]에서 주어, 술어, 규정어 외의 성분을 모두 보어로 부른 것이 특징이라고 하면서, 보어는 직접 객체의 보어, 간접 객체의 보어, 전성의 보어, 장소의 보어, 시간의 보어, 원인과 수단의 보어, 양태와 정도의 보어 등으로 구분되어 있다고 하였다.[16] 이후 보어의 범위와 종류가 줄기는 했으나, 상황어와의 구별은 계속 과제가 되었던 듯하다.

---

16   위의 논문, p. 559.

북한 문법에서는 독립어의 종류가 아주 다양하며 남한에서는 부사어로 분류되는 접속부사도 독립어로 포함한다. 부름말과 내세움말 외에, 문장의 앞이나 가운데에 이야기되는 내용의 출처나 그에 대한 보충적 설명을 나타내기 위하여 끼워 넣는 끼움말, 단어와 단어 문장과 문장을 연결해주는 이음말도 독립어의 예로 제시한다.

(9) 느낌말: <u>그렇다</u>, 우리는 조선소년단원이다.
    끼움말: <u>일기예보에 의하면</u> 래일은 개이겠다누나.
    이음말: 그리고, 첫째로, 둘째로, 다음으로, 한편, 그뿐만
           아니라, 그렇기때문에, 이와 함께, 이와 같이 등

(5) 단일문과 복합문

남북한 문법은 단문과 복합문에 대한 정의도 다르다. 〈북한문법〉에서는 '주어-술어'의 맞물림 관계가 한 번 있는 문장을 단일문이라 하고, '주어-술어'의 맞물림 관계가 두 번 또는 그 이상 있는 문장을 복합문이라고 한다. 주어가 하나 있고 그것과 맞물림 관계를 맺는 술어가 둘 또는 그 이상인 문장, 혹은 주어가 둘 또는 그 이상 있고 그것들과 맞물림 관계를 맺는 술어가 하나인 문장도 단일문이다.

(10) ㄱ. 우리는(주어1) 분단모임을 끝내고(술어1) 협동벌로
         달려나갔다(술어2).
     ㄴ. 모내기철에는 <u>사무원들이(주어1)</u>, <u>군인들이(주어2)</u>
         그리고 <u>학생들이(주어3)</u> 농촌을 로력적으로 지원한다
         (술어1).

3. 형태

1) 단원 체재 및 용어

〈국어문법〉의 형태 관련 내용은 크게 단어에 대한 것과 품사에 대한 것으로 나누어 볼 수 있는데 각권의 단어 관련 단원들은 다음과 같다.

표 6 〈국어문법〉 단어 관련 단원

권	단원 제목
제1권	2. 단어와 그 뜻 3. 단어는 어떻게 이루어 지는가 4. 뜻같은말, 반대말, 소리같은말 5. 고유어, 한자어, 외래어 6. 문화어어휘와 사투리어휘
제2권	2. 말뿌리와 합친말 3. 앞붙이와 뒤붙이
제3권	2. 단어의 뜻빛갈 3. 성구와 속담 4. 문화어사전을 보는 방법

〈1권〉에서는 단어의 개념과 구성방식을 먼저 기술하고 이어서 단어의 종류를 의미관계(뜻같은말, 반대말, 소리같은말), 어종(고유어, 한자어, 외래어), 어류(문화어, 사투리) 등에 따라 구분하여 설명하였다. 〈2권〉에서는 〈1권〉의 3장에서 다루었던 단어의 구성방식을 구체화하여 어근[말뿌리]과 합성어[합친말], 접사(앞붙이, 뒤붙이)의 개념을 통해 단일어, 합성어, 파생어의 구별을 기술하였다. 〈3권〉은 단어의 실제 쓰임을 가르치기 위한 것으로 어휘들의 어감 차이, 관용구와 속담, 사전 이용 방법 등을 설명하였다. 남한 문법 교과서에서는 사전 이용법과 같은 내용은 잘 다루어지지 않는다는 점에서 주목할

필요가 있다.

　용어는 남한과 같은 것이 많고 설사 다르더라도 대부분 한자어가 고유어로 표현된 것이어서 이해하기에 큰 어려움은 없다. 가령 '뜻같은말[동의어], 반대말[반의어], 소리같은말[동음어], 말뿌리[어근], 합친말[합성어], 앞붙이[접두사], 뒤붙이[접미사], 뜻빛갈[어감/뉘앙스]'과 같이 고유어가 많이 쓰이고 있으나 대부분 남한에서도 소통될 만한 것들이다. 또한 한자어 용어들은 남한과 거의 같지만 '성구[관용구]'와 같이 차이를 보이는 예도 있다. 그러나 '성구(成句)'는 남한에서도 자연스럽게 쓰일 수 있으므로 소통에는 문제가 없다고 생각된다. 목차에 드러나지는 않지만 본문에서 사용되는 주요 용어로는 '형태부[형태소], 덧붙이[접사]' 등이 있는데 '형태부'는 남한에서는 '형태소'의 의미가 아니라 '형태소 및 단어 형성 등을 관장하는 부문'의 의미로 쓰이므로 주의할 필요가 있다.

　다음으로 각권의 품사 관련 단원들은 〈표 7〉과 같다.

　〈1권〉에서는 품사의 개념과 품사의 종류를 8가지로 나누어 간략히 설명하였다. 조사를 단어로 인정하여 품사에 넣어 처리하는 남한과 달리 조사가 빠져 8개의 품사가 설정되었다는 점을 제외하면 내용에 있어서는 남한과 큰 차이를 보이지 않는다. 〈2권〉에서는 각 품사들을 하위분류하여 구체적으로 설명하거나 다른 품사와의 차이를 비교하여 각 품사들의 문법적 특징을 잘 이해할 수 있도록 하였다. 9~12장까지는 각기 명사, 수사, 대명사, 동사를 하위분류하여 설명한 것이고 13~15장은 동사와 형용사, 관형사와 접두사, 관형사와 부사의 차이를 기술하여 해당 품사들의 특징을 명확히 밝힌 것이다. 〈3권〉에는 품사 관련 단원이 들어 있지 않다.

　용어는 대체로 남한과 같아서 큰 차이를 보이지 않는다. '감탄사'

표 7 〈국어문법〉 품사 관련 단원

	단원 제목
제1권	10. 품사란 무엇이며 품사에는 어떤것이 있는가 　1) 품사란 무엇인가 　2) 품사에는 어떤것이 있는가 　　(1) 명사란 무엇인가 　　(2) 수사란 무엇인가 　　(3) 대명사란 무엇인가 　　(4) 동사란 무엇인가 　　(5) 형용사란 무엇인가 　　(6) 관형사란 무엇인가 　　(7) 부사란 무엇인가 　　(8) 감동사란 무엇인가
제2권	9. 완전명사와 불완전명사 10. 수량수사와 순서수사 11. 사람대명사, 가리킴대명사, 물음대명사 12. 자립동사와 보조동사 13. 동사와 형용사는 어떻게 다른가 14. 관형사와 앞붙이는 어떻게 다른가 15. 관형사와 부사는 어떻게 다른가
제3권	해당 내용 없음

를 '감동사'라고 하며 '사람대명사[인칭대명사], 가리킴대명사[지시대명사], 물음대명사[의문대명사], 앞붙이[접두사]'와 같이 고유어 용어가 쓰이나 소통의 문제는 없다. '완전명사, 불완전명사[형식명사], 수량수사[양수사], 순서수사[서수사]'는 남한의 현재 학교 문법의 용어와는 다소 차이를 보이나 남한의 문법서에서도 쓰이는 용어인바 크게 문제될 것이 없다.

2) 문법 기술 내용의 특징

남한 교과서와 비교할 때 가장 크게 두드러지는 차이는 북한의 교과서 내용들은 문법 체계나 이론의 설명보다는 실제 언어생활에서의 사용을 강조하고 있는 데에서 찾을 수 있다. 우선 단원의 구성에서 〈3권〉(2. 단어의 뜻빛갈, 3. 성구와 속담, 4. 문화어사전을 보는 방법)은 전적으로 문법이론보다는 언어 사용의 측면이 강조되고 있다. 또한 나머지 단원에서도 문법 설명에 이어 실제 언어생활에서 주의해야 할 점들을 기술하고 있는데 교과서 전체의 분량을 고려할 때 그 내용들이 차지하는 비중이 적지 않다. 이는 북한의 문법 교육이 이론적인 체계를 교육하기보다는 실제 언어생활을 교육하고 지도하기 위한 일환으로 이루어지는 것임을 보여준다.

〈3권〉의 단원들은 전적으로 언어생활이 강조되고 있으므로 〈3권〉을 제외한 나머지 부분에서 언어생활이나 쓰임이 강조되고 있는 구체적인 예를 제시하면 다음과 같다.

(1) 〈1권〉 4. 뜻같은말, 반대말, 소리같은말
소리같은말의 유형을 '글을 쓰는것까지 꼭 같은 것(비와 눈, 눈과 코의 눈), 말할 때에만 소리가 같고 쓸 때에는 다른 것(낫, 낮, 낯), 소리가 어떤 토를 붙였을 때에만 달라 지고 다른 토를 붙였을 때에는 같아지는 것(땅을 파고, 물건을 팔고; 땅을 판다, 물건을 판다)'으로 세분하여 설명한 후 소리가 같아서 구별되지 않아 이해에 지장을 줄 경우 다른 단어로 바꾸어 표현하는 것이 좋다고 화용적인 측면의 교육 방안까지 제시하고 있다.

(2) 〈1권〉 5. 고유어, 한자어, 외래어
고유어가 인민들의 언어생활에서 기본을 이룬다고 하고 고유어는 한자어나, 외래어보다 알기 쉽고 친근하다는 점을 강조하였다. 이에 따

라 말을 하거나 글을 쓸 때 고유어를 잘 살려 써야 하며 한자어와 외래어는 꼭 필요한 경우에만 써야 한다고 하였다. 특히 '속옷-내의, 남새-채소, 손기척-노크'와 같이 고유어와 한자어, 고유어와 외래어가 쌍을 짓고 있을 때는 고유어를 쓰고 한자어나 외래어를 쓰지 말아야 한다고 강조하였다.

(3) 〈1권〉 6. 문화어어휘와 사투리어휘

문화어어휘는 우리말 가운데 가장 우수한 것만을 선택한 것이며 인민들의 마음에 맞게 가꾸어지고 다듬어진 것이므로 문화성이 높은 반면, 사투리어휘는 거칠고 문화성이 없으며 시대에 뒤떨어진 것으로 기술하고 있다. 그러므로 사투리어휘를 쓰면 의사소통에 지장이 있을 뿐 아니라 사용하는 사람 자체의 문화성도 떨어지므로 반드시 문화어어휘를 써야 한다고 강조하였다.[17]

(4) 〈2권〉 10. 수량수사와 순서수사

수량수사와 순서수사의 개념적 차이를 예를 들어 설명한 후 숫자로 써 놓은 수사를 읽는 다양한 방식을 여러 예를 들어 설명하고 단위 명사에 따라 수사가 달라지는 예들도 자세히 설명하였다. 즉 수사를 읽을 때 발음이 달라지는 경우를 잘 알아야 하며 잘못 발음하는 일이 없도록 해야 함을 강조하였다.

---

17   남한에서 공식적인 자리에서는 표준어를 써야 하지만 방언 역시 지역의 특색과 문화를 간직한 것으로 의미가 있다고 가르치는 것과는 사뭇 다른 것이다. 다만 남한에서도 과거에는 표준어의 우수성을 강조하기도 했다.

(5) 〈2권〉 11. 사람대명사, 가리킴대명사, 물음대명사

사람대명사 '나, 너, 저'가 조사 '의'나 '가'와 통합할 때 '내, 네, 제'가 되는바 '내가'를 '나가'로 쓰는 일이 없어야 한다고 강조하였다. 또한 사람대명사를 사용할 때 말차림을 똑바로 갖추어 윗사람에게 말할 때 '저, 저희'를 써서 예절 바르게 말해야 함을 설명하였다.

이 장의 마지막 부분에서 물음대명사 '누구'는 '가' 앞에서 '누가'가 되고 '의' 앞에서는 '뉘'로 될 수 있다는 것과 물음대명사 '무엇'은 보통 이야기할 때 말소리가 바뀌어 '뭣, 무어'로 된다는 내용을 설명하여 실제 대명사의 쓰임을 강조하고 있다.

다음으로 남한의 문법 기술 내용과 차이가 나는 것들은 다음과 같다.[18] 장단을 구별하지 않는다. 동음어[소리같은말]를 설명할 때 '말을 탄다, 말을 잘한다'의 '말'과 '비와 눈, 눈과 코'의 '눈'을 들어 설명하고 있는바 장단의 구별을 하지 않고 있음을 알 수 있다. 남한의 젊은 세대의 언어에서도 역시 장단이 구분되지 않고 있음에도 교육적으로는 장단을 가르치고 있고 동음어 설명에서 특히 장단에 따라 의미가 달라지므로 엄격한 의미에서 동음어가 아님을 밝히고 있는 것과는 차이를 보인다.

통사적 합성어와 비통사적 합성어를 구분하지 않는다. 말뿌리들이 토 없이 그냥 합쳐서 이루어진 예로 '봄가을, 여기저기, 새봄' 같은 통사적 합성어 외에 '감돌다, 올바르다'와 같은 비통사적 합성어를 같이 예시하면서 이들의 차이를 설명하지 않고 있다.

---

18 어문규범의 차이로 인한 문제들과 사전에서 자모의 배열 순서 차이 문제 등은 여기서 논의하지 않는다.

인칭대명사[사람대명사]에 3인칭을 설정하지 않는다. 사람대명사를 '나, 너, 너희, 저, 저희, 우리'와 같이 '이야기하는 사람과 이야기를 듣는 사람을 가리키는 대명사'라고 정의하였는바 '그, 그녀'와 같은 3인칭 대명사를 설정하지 않고 있다. '이, 그, 저'에 대해서는 '사람이나 동물, 그밖의것들을 가리키는 대명사'인바 '가리킴대명사'로만 설명을 하고 있다.

지시관형사와 지시대명사를 구분하지 않는다. '이 책, 그 동화집, 저 잡지'의 '이, 그, 저'를 모두 가리킴대명사로 설명하고 있는바 체언 앞에 쓰인 '이, 그, 저'를 모두 대명사로 처리하고 있다. 이는 수사에서도 마찬가지인데 수관형사를 설정하지 않고 '한, 두, 세, 네'까지도 모두 수사로 다루고 있다. 수사인 '하나'가 체언 앞에서 '한'으로 바뀌어 나타난다고 파악하며 '둘 → 두, 셋 → 세/석/서, 넷 → 네/넉/너, 다섯 → 닷, 여섯 → 엿, 스물 → 스무'도 마찬가지로 설명하였다.

속담을 격언과 리언으로 구분한다. 속담 중 '벼이삭은 여물수록 고개를 숙인다'와 같이 교훈적인 내용을 담고 있는 것은 격언이라 하며, '빛 좋은 개살구, 긁어부스럼'과 같이 무엇을 풍자, 조소하거나 평가하는 내용을 담은 것을 리언이라 한다고 하였다. 격언은 주로 문장으로 되어 있으며 점잖은 말로 표현되는 데 반해 리언은 문장이 아닌 단어결합으로 되어 있고 기벼운 웃음이 섞인 말로 표현되는 것이 특징이라 하였다.

Ⅳ. 어문규범과 표현수법

1. 어문규범

1) 북한의 〈어문규범〉

(1) 북한 〈어문규범〉의 변화

북한의 어문규범과, 어문규범의 교육을 한국의 상황과 비교하기 위해서는 일단 〈조선말규범〉의 구성을 이해하고 북한의 문법 교과서에 반영된 양상을 살필 필요가 있다. 이에 여기서는 일단 남한의 규범 및 남한의 교과서와 비교하기 위한 전 단계로 북한의 국어과 교과서를 통해 규범 교육의 현황을 살피기로 한다.

북한의 〈조선말규범집〉은 1966년에 공포되었고, 이것을 1987년에 전면적으로 개정하였으며 2010년에 다시 개정하였다. 그런데 이러한 전면적인 개정 이외에 '띄어쓰기'에 대해서는 부분적인 개정이 진행되었다. 1987년 전면적 개정 시 개정되고 2000년에 다시 개정되었으며 2003년에도 또 개정이 이루어졌다. 이 2003년 개정 띄어쓰기가 〈조선말규범집(2010)〉에 반영되어 있다.

여기서는 1987년과 2010년의 규범에 어떤 차이가 있는지 살피기에 앞서 우선 비교의 기준을 세우기 위해 〈조선말규범집(2010)〉의 구조를 보기로 한다.

표 8   조선말규범집(2010)의 내용

> 맞춤법(총칙, 제1장 조선어자모의 차례와 그 이름, 제2장 형태부의 적기, 제3장 말줄기와 토의 적기, 제4장 합친말의 적기, 제5장 앞붙이와 말뿌리의 적기, 제6장 말뿌리와 뒤붙이(또는 일부 토)의 적기, 제7장 한자말의 적기: 전체 총칙 및 7장 27항 구조),
> 띄여쓰기규정(총칙, 제1항 토뒤의 단어나 품사가 서로 다른 단어는 띄여쓴다, 제2항 하나의 대상이나 행동, 상태를 나타내는 말마디들은 토가 끼이였거나 품사가 달라도 붙여쓴다, 제3항 고유한 대상의 이름은 붙여쓰되 마디를 이루면서 잇달리는것은 매 마디마다 띄여쓴다, 제4항 수사는 백, 천, 만, 억, 조단위로 띄여쓰며 수사뒤에 오는 단위명사와 일부 단어는 붙여쓴다, 제5항 불완전명사(단위명사 포함)는 앞단어에 붙여쓰되 그뒤에 오는 단어는 띄여쓰는것을 원칙으로 한다, 제6항 단어들사이의 맞물림관계를 고려하여 뜻을 리해하기 쉽게 띄여쓰기를 할수 있다: 전체 총칙 및 6장 구조)
> 문장부호법(총칙, 제1항 우리 글에서 쓰는 부호의 종류와 이름, 제2항 점(.), 제3항 두점(:), 제4항 반점(,), 제5항 물음표(?), 제6항 느낌표(!), 제7항 이음표(-), 제8항 풀이표(-), 제9항 줄임표(…, … …, … … …), 제10항 인용표(《》), 제11항 거듭인용표(〈〉), 제12항 쌍괄호와 꺾쇠괄호((), [ ]), 제13항 인용표와 쌍괄호안에서의 부호사용법, 제14항 밑점(......), 제15항 숨김표(×××, □□□, ○○○ 등), 제16항 같음표(〃), 제17항 물결표(~), 제18항 제목글에서의 부호사용법, 제19항 대목이나 장, 절, 문단 등을 가르는 부호와 그 차례, 보충: 전체 총칙 및 18항과 보충)
> 문화어발음법(총칙, 제1장 모음의 발음, 제2장 첫소리자음의 발음, 제3장 받침자모와 관련한 발음, 제4장 받침의 이어내기현상과 관련한 발음, 제5장 받침의 끊어내기현상과 관련한 발음, 제6장 된소리현상과 관련한 발음, 제7장《ㅎ》과 어울린 거센소리되기현상과 관련한 발음, 제8장 닮기현상이 일어날 때의 발음, 제9장 소리끼우기현상과 관련한 발음, 제10장 약화 또는 빠지기 현상과 관련한 발음: 전체 총칙 및 10장 30항 구조)
> 조선글의 쓰기

(2) '맞춤법' 및 '문장부호법'의 변화

다음은 맞춤법 규정의 변화 예이다. 전반적으로는 예시 단어의 배열 순서 등에서 약간의 변화가 보일 따름이고 다음과 같은 변화 정도가 녹격된다.

맞춤법의 경우 〈조선말규범집(1987년)〉과 비교해 보면 예시 '제4장 합친말의 적기' 부분에서 항목에 대한 수정이 발견된다. 〈조선말규범집(1987년)〉에서는 제14항에 부기되어 있던 다음이 내용이 〈조선

표 9 북한의 맞춤법 개정 내용

		1987		2010	
맞춤법	제14항 부기	그러나 오늘날 말뿌리가 뚜렷하지 않은것은 그 본래형태를 밝혀 적지 않는다. 례: 며칠, 부랴부랴, 오라버니, 이틀, 이태	제15항	합친말에서 오늘날 말뿌리가 뚜렷하지 않은 것은 그 형태를 밝혀 적지 않는다. 례:-며칠, 부랴부랴, 오라버니, 이틀, 이태 - 마파람, 휘파람, 좁쌀, 안팎	㉠
맞춤법	제15항	합친말을 이룰적에 《ㅂ》이 덧나거나 순한 소리가 거센소리로 바뀌나는 것은 덧나고 바뀌여나는대로 적는다. 례: 마파람, 살코기, 수캐, 수퇘지, 좁쌀, 휘파람, 안팎 【붙임】 소리같은 말인 다음의 고유어들은 혼동을 피하기 위하여 아래와 같이 적는다. 례: 샛별-새 별(새로운 별), 빗바람(비가 오면서 부는 바람), 비바람(비와 바람)	제14항 부기	《암, 수》와 결합되는 동물의 이름이나 대상은 거센소리로 적지 않고 형태를 그대로 밝혀 적는다. 례: 수퇘지, 암퇘지, 수개, 암개, 수기와, 암기와	㉡

말규범집(2010년)〉에는 제15항으로 설정되면서 〈조선말규범집(1987년)〉에 제15항에 있던 내용 중 일부와 합쳐지고, 〈조선말규범집(1987년)〉 제15항의 나머지 부분은 〈조선말규범집(2010년)〉의 제14항에 부기되는 방식으로 바뀌었다. '맞춤법'에서 ㉠과 ㉡처럼 바뀐 원인은 '수퇘지, 암퇘지' 등의 표기를 바꾼 데 원인이 있다. 그런데 표기를 바꾸었지만 발음의 문제는 남아 있다. 그래서 이 문제를 〈문화어발음법

(2010)〉에서 별도의 항목(제26항)을 만들어서 '암돼지, 수강아지' 등을 [암퇘지], [수캉아지]로 발음하게 함으로써 해결하고 있다.

'문장부호법'의 경우는 약간의 수정만 보일 뿐이다. 제3항의 두점(:)과 제4항 반점(,), 제9항 풀이표(-)의 설명 내용을 다듬었으며, 제4항의 반두점(;)을 생략한 정도라고 하겠다.

(3) '문화어발음법'의 변화

'문화어발음법'에도 수정이 보인다. 〈문화어발음법(2010)〉에서는 전반적으로 볼 때 설명을 간결화하는 방향으로 정비하고 문제가 되는 한자음의 'ㄹ' 초성 발음의 기준을 수정하였다.

ⓒ은 일반적인 내용이므로 생략되어도 문제가 없다. ⓔ은 'ㄹ'을 모음 앞에서 [ㄹ]로 발음하는 것을 원칙으로 하였지만 현실 발음을 고려하여 '대렬, 규률'을 [대열], [규율]의 발음이 제시되어 있는 것이다. ⓩ도 ⓔ과 마찬가지로 한자음의 초성 'ㄹ' 문제이고 ⓧ과 ⓚ 역시 한자음의 초성 문제이다. 이 발음이 남한과 가장 차이가 난다고 할 수 있었던 것인데 2010년의 개정으로 [싱량], [혐력], [싱료], [청류벽]과 같은 발음 이외에는 남북한이 동일하게 되었다고 할 수 있다. 물론 '식량, 협력, 식료, 청류벽'의 발음에서 [싱냥], [혐녁], [싱뇨], [청뉴벽]도 인정되므로 실제로는 차이가 없어진 것과 같은 효과라고 할 수 있다. 한자를 사용하지 않음으로써 생겨났던 표기와 발음의 차이 문제가 해소되었다고 하겠다.

또한 ⓜ에서는 〈문화어발음법(1987)〉에서 별도로 제시되어 있던 (제11항) 겹받침의 발음이 〈문화어발음법(2010)〉에서는 일반적인 항목(제4장 9항)의 예시로 바뀌었으며 〈문화어발음법(2010)〉에는 '벗아[벋아 → 버다], 꽃아[꼳아 → 꼬다]'와 같은 호격에 대한 부기가 첨

표 10 문화어발음법 개정 내용

		〈문화어발음법(1987)〉	〈문화어발음법(2010)〉	
문화어 발음법	제2장 제6항	《ㄴ》은 모든 모음앞에서 《ㄴ》로 발음하는것을 원칙으로 한다. 례: 남녀, 냠냠, 녀사, 뇨소, 뉴톤, 니탄, 당뇨병	삭제	ⓒ
	제2장		그러나 한자말에서 《렬, 률》은 편의상 모음뒤모에서는 [열]과 [율]로, 《ㄹ》을 제외한 자음뒤에서는 [녈], [뉼]로 발음한다. 례- 대렬[대열], 규률[규율] - 선렬[선녈], 정렬[정녈], 선률[선뉼]	②
			제2장 제5항 부기	
	제4장 제11항	모음앞에 있는 둘받침은 왼쪽받침을 받침소리로 내고 오른쪽받침은 뒤의 모음에 이어서 발음한다. 례: 넋은 [넉슨], 닭이[달기], 돐을[돌슬], 밝은[말근], 밟아[발바], 젊음[절믐], 훑어[훌터], 없으니[언즈니], 없음[업슴], 읊어[을퍼]	모음앞에 있는 받침은 뒤소리마디의 첫소리로 이어서 발음한다. 1.(내용 및 예시 일부 생략) 례: -닭을[달글], 곬이[골시] 등	ⓜ
			제4장 제9항	
	제6장		[ㄱ, ㄷ, ㅂ]으로 나는 받침소리뒤에 오는 순한소리는 된소리로 발음한다. 례:- 국밥[국빱](예시 생략)	ⓗ
			제6장 제12항	

		〈문화어발음법(1987)〉		〈문화어발음법(2010)〉	
문화어 발음법	제6장 제14항	동사나 형용사의 줄기의 끝받침《ㄴ, ㄵ, ㄻ, ㅁ》에 이어내는 토나 뒤붙이의 순한소리는 된소리로 발음하는 것을 원칙으로 한다.(예시 생략)	제6장 제13항	동사나 형용사의 말줄기끝의 받침《ㄴ, ㄵ, ㄻ, ㅁ》과《ㄹ》로 발음되는 받침《ㄺ, ㄼ, ㄾ》뒤에 오는 토나 뒤붙이의 순한소리는 된소리로 발음한다. 례:(아기를) 안다[안따](중간 예시 생략) 굵게[굴께], 얇고[얄꼬], 훑다[훌따], 핥기[할끼]	ⓥ
	제6장 제14항 붙임	그러나 사역 또는 피동의 뜻을 나타내는 상토《기》일 적에는 된소리로 발음하지 않는다. 례: 감기다[감기다], 남기다[남기다], 신기다[신기다], 안기다[안기다]	제6장 제13항	삭제	ⓞ
	제8장 제23항	일부 굳어진 단어인 경우에는 적은대로 발음함으로써 닮기현상을 인정하지 않는다. 례: 선렬, 순렬, 순리익	제8장 제22항	그러나 형태부들의 경계에서는 뒤의《ㄹ》을《ㄴ》으로 발음한다. 례: 순리익[순니익], 발전량[발쩐냥]	ⓩ
	제8장 제24항	그러나 일부 굳어진 단어인 경우에는 그《ㄴ》을《ㄹ》로 발음한다. 례: 곤난[골란], 한나산[할라산]	제8장 제23항	삭제	⓬

	〈문화어발음법(1987)〉		〈문화어발음법(2010)〉	
문화어 발음법			제8장 제24항	받침소리 [ㅁ, ㅇ] 뒤에서 《ㄹ》은 [ㄴ]으로 발음한다. 례: 목란[몽난], 백로주[뱅노주] 그러나 모음《ㅑ, ㅕ, ㅛ, ㅠ》의 앞에서는 [ㄴ] 또는 [ㄹ]로 발음할수도 있다. 례: 식량[싱냥/싱량], 협력[혐녁/혐력], 식료[싱뇨/싱료], 청류벽[청뉴벽/청류벽]	ㅋ
	제8장 제25항	이상과 같은 닮기현상 밖의 모든 《영향관계》를 원칙적으로 인정하지 않는다. 례: 밥그릇[밥그릇](옳음)/박끄른(그름), 안기다[안기다](옳음)/[앙기다](그름) 선바위[선바위](옳음)/[섬바위](그름), 잡히다[자피다](옳음)/[재피다](그름)(이하 생략)	삭제	ㅌ
			제9장 제26항	《암, 수》가 들어가 만들어진 단어의 발음은 다음과 같이 한다.(내용 생략) 예시: 암돼지[암퇘지](이하 예시 생략)	ㅍ

가되었고, 〈문화어발음법(1987)〉에서는 예시로만 제시되었던 '검열 [겨멸], 답안[다반], 8.15[파리로]'와 같은 한자어들에 대해 별도의 부기로 발음을 설명하고 있다.

ⓑ의 〈문화어발음법(2010)〉의 제12항은 없던 항목이 새로 추가된 것이다. 'ㄱ, ㄷ, ㅂ' 뒤의 경음화라는 기본적인 경음화를 추가한 것은 당연한 조치로 받아들여진다.

ⓒ의 〈문화어발음법(2010)〉의 제13항은 〈문화어발음법(1987)〉의 제14항을 간략화하면서 수정한 것인데, 수정 방향이 옳았다고 하기 어렵다. 서로 관련이 없는 현상을 하나의 현상으로 제시하고, 꼭 필요한 피사동의 발음에 대한 조항을 없앴기 때문이다.

ⓙ은 '맞춤법'의 변화에 따른 발음 규정이다. 맞춤법에서는 '암돼지'처럼 형태를 원형대로 적지만 발음이 [암퇘지]로 나는 것을 반영한 결과라고 하겠다.

(4) '띄여쓰기'의 변화

〈띄여쓰기〉는 가장 많은 변화를 겪은 규정이다. 1987년에 '총칙 및 5장 22항'으로 되어 있던 규정이 2000년에는 장 구분이 없어지고 '총칙 및 9항'으로 바뀌었으며 2003년에는 다시 '총칙 및 6항' 구조로 재편되었다. 1987년에 "제1장 명사와 관련한 띄여쓰기(1항~4항), 제2장 수사, 대명사와 관련한 띄여쓰기(5항~9항), 제3장 동사, 형용사와 관련한 띄여쓰기(10항~12항), 관형사, 부사, 감동사와 관련한 띄여쓰기(13항~16항), 제5장 특수한 말, 특수한 어울림에서의 띄여쓰기(17항~22항)"처럼 품사 중심으로 구분되었던 규정이 2000년에 "제1항 토는 웃단어에 붙여 쓰며 그뒤의 단어는 띄여 쓴다, 제2항 품사가 서로 다른 단어는 띄여 쓴다, 제3항 두개이상의 말마디가 결합되어 하나의 뜻을 나타내는 덩이로 된것은 품사가 다르거나 토가 끼여도 붙여 쓴다, 제4항 불완전명사는 앞의 단어에 토가 있어도 붙여 쓰며 그 뒤의단어는 띄여 쓴다, 제5항 나라이름과 정당, 사회단체, 기관, 기업소이름, 직제이름, 대중운동, 사변, 회의 이름 등은 붙여 쓴다, 제6항 성명, 직명 뒤에 오는 부름말, 칭호는 붙여 쓴다, 제7항 수 및 수량, 순서와 관계되는것은 다음과 같이 한다, 제8항 학술용어는 토가 끼여도 붙여 쓴다, 제9항 특수하게 쓰이는 어휘는 다음과 같이 처리한다"와 같이 실용적 규정으로 바뀌었다.

그 후 2003년에는 "제1항 토뒤의 단어나 품사가 서로 다른 단어는 띄여쓴다, 제2항 하나의 대상이나 행동, 상태를 나타내는 말마디들은 토가 끼이였거나 품사가 달라도 붙여쓴다, 제3항 고유한 대상의 이름은 붙여쓰되 마디를 이루면서 잇달리는것은 매 마디마디 띄여쓴다, 제4항 수사는 백, 천, 만, 억, 조단위로 띄여쓰며 수사뒤에 오는 단위명사와 일부 단어는 붙여쓴다, 제5항 불완전명사(단위명사 포함)는 앞단어에 붙여쓰되 그뒤에 오는 단어는 띄여쓰는것을 원칙으로 한다, 제6항 단어들사이의 맞물림관계를 고려하여 뜻을 리해하기 쉽게 띄여쓰기를 할수 있다"와 같이 더욱 간결하게 수정되었다.

2000년의 1항과 2항이 2003년에 1항으로 합쳐졌으며, 2000년의 3항은 2003년의 2항으로, 2000년의 4항은 2003년의 5항으로 2000년의 5항, 6항, 8항은 2003년의 3항으로 2000년의 7항은 2003년의 4항으로 재편되고 2000년의 9항이 없어지면서 2003년에는 6항이 신설되었다. 특히 2003년의 마지막 조항에서 '중세 언어연구(중세에 진행된 언어연구)'와 '중세언어 연구(중세의 언어)'를 모두 가능하게 하였는데 북한의 '띄여쓰기' 규정의 변화 방향은 독해력 향상에 있다고 해석할 수 있다. 그러한 변화는 다음에서 보듯이 〈조선말규범집〉의 '띄여쓰기' 부분에 제시된 교시를 통해서도 확인된다.

(11) 띄여쓰는것과 붙여쓰는것을 잘 조절하면 우리의글도 훨씬 보기 쉽게 될것입니다. 타자를 칠 때도 반드시 한 단어는 붙여쓰도록 하고 단어와 단어사이에는 일정한 사이를 두어야 합니다.(김일성 교시-1987년 조선말규범집 띄여쓰기) / 우리는 앞으로 띄여쓰기를 잘 고쳐 사람들의 독서력을 올릴수 있도록 하여야 하겠습니다.(김일성 교시-2000년 조선말 띄여쓰기규범)

2) 〈국어문법〉 속의 어문규범

(1) 〈국어문법〉의 구성

〈국어문법〉에는 어문규범이 다음과 같이 실려 있다. '문화어 발음법'은 '음운' 부분에서 어느 정도 다루어졌으므로 여기서는 '맞춤법, 띄여쓰기, 문장부호'를 중심으로 보기로 한다.

표 11 〈국어문법〉 속의 규범

	맞춤법	문장부호	띄여쓰기
국어문법 1	• 맞춤법과 그 기본원칙 • 맞춤법의 주요규칙들	• 문장부호란 무엇이며 그것은 왜 치는가 • 점, 반점, 물음표, 느낌표, 인용표는 어떤 때 치는가	• 띄여쓰기와 그 원칙 • 띄여쓰기의 주요 규칙들 • 명사는 어떻게 띄여 쓰는가 • 수사와 대명사는 어떻게 띄여 쓰는가
국어문법 2	• 합친말과 줄어든말은 어떻게 적는가 • 뒤붙이《이》가 붙어 만들어진 본딴말은 어떻게 적는가 • 소리가 달라 진 말과 받침이 달라 지는 말은 어떻게 적는가 • 울림소리뒤에서 나는 된소리는 어떻게 적으며《ㅅ》받침은 어떤 때 쓰는가	• 거듭인용표, 줄임표, 풀이표, 괄호, 꺾쇠괄호, 두점, 반두점은 어떤 때 치는가	• 동사와 형용사는 어떻게 띄여 쓰는가 • 관형사, 부사, 감동사는 어떻게 띄여 쓰는가

	맞춤법	문장부호	띄여쓰기
국어문법3	• 뒤붙이 《이》와 《히》는 어떻게 갈라 적는가 • 소리가 같거나 비슷하지만 뜻이 다른 말과 《ㅖ》가 들어 간 말은 어떻게 적는가 • 받침단어들은 어떻게 적는가	• 이음표, 밑점, 물결표, 같음표, 숨김표는 어떤 때 치는가	

1997년과 그 이후의 교과서를 비교해 보면 〈국어문법1〉, 〈국어문법2〉의 경우 '맞춤법'과 '문장부호'에서는 제시된 용례에 변화가 보이는 정도이지만 '띄여쓰기'에서는 큰 차이를 보인다. 그 이유는 2000년에 '띄여쓰기'가 개정되었기 때문에 수정된 것이다. 〈국어문법3〉은 1997년 판과 2002년 판에 전혀 차이가 없다. 일단 2002년 판에 '띄여쓰기'가 들어가 있지 않은 점도 수정이 이루어지지 원인 중 하나라고 할 수 있을 것이다.

(2) 〈국어문법〉에 반영된 〈조선말규범〉

다음으로 〈국어문법〉이 〈조선말규범〉을 어떤 설계 하에서 교육하는지 보기로 한다. 〈표 11〉에서 보듯이 〈국어문법1〉에서는 '맞춤법, 문장부호, 띄여쓰기'의 기본 원칙이 제시되고 있다.

'문장부호'는 규범에 제시된 전체 부호가 거의 망라되어 있는데 〈국어문법1〉에서 문장의 종류와 관련된 가장 기본적인 부호를 다루고 있다.

'띄여쓰기'는 '명사, 수사, 대명사 / 동사, 형용사 / 관형사, 부사, 감동사'의 순으로 이뤄져 있는데, 이러한 구성은 1997년의 교과서나 2000년의 교과서나 마찬가지이다. 2000년에 '띄여쓰기'가 개정되어서 그 내용을 교과서에 반영하기 위하여 내용 서술을 바꾸기는 하였지만 구성은 여전히 1987년의 '띄여쓰기'가 가지고 있는 구성을 따르고 있다. 교과서의 틀을 바꾸지 않는 선에서 내용에 대한 수정만 가한 것으로 해석해야 할 것이다.

'맞춤법'은 〈국어문법1〉에서 기본원칙을 보여주고 '주요규칙들'에서는 〈국어문법2〉와 〈국어문법3〉에서 다루는 내용을 모두 간략하게 다루고 있다. 〈국어문법〉을 통해 배우는 맞춤법의 도입에 해당한다고 하겠다. 〈국어문법3〉에 있는 '받침단어들은 어떻게 적는가'는 〈국어문법1〉에서 매우 소략하게 다룬 형태음소적 표기 방법에 대한 심화된 내용의 서술로 보아야 할 것이다. 〈국어문법〉의 '맞춤법' 부분은 〈규범〉이 가지고 있는 '맞춤법'을 전부 포괄하지는 않는다. 기본적인 것은 원칙으로 처리하고, 틀리기 쉬운 것들 중심으로 서술된 것으로 보아야 할 것이다. 즉 실용성에 바탕을 둔 교과서 구성이라고 할 수 있다.

이관규에 의하면 남한의 문법 교과서에서는 어문규정이 하나의 단원에 배정되어 있으며 분량으로 볼 때 전체 교육 내용 중 10.5%를 차지하는 반면, 북한의 문법 교과서에서는 어문 규정이 전체 19개 단원에 배정되어 있으며 분량으로 볼 때 교육 내용 중 21.4%를 차지하고 있다.[19] 이를 통해 북한의 국어 교육에서 실용성을 강조하고 있다는 사실을 다시 한 번 확인할 수 있다.

---

19 이관규, "남북한과 중국조선족의 문법 교과서 비교 연구," 『국어교육학연구』, 51(2016), 국어교육학회, pp, 167~168.

2. 표현수법

1) 체재와 의의

북한의 고등중학교용 국어문법서 총 3권 가운데 '표현수법'이라는 이름으로 수사법을 다루는 부분은 〈국어문법3〉의 뒷부분이다. 총 25개과 가운데 표현수법의 정의와 종류에 관한 설명으로 시작하는 18과부터 물음법과 느낌법을 다루는 25과까지 총 8개과로 구성되어 있는데 그 세부 목차는 아래와 같다.

> (12) 18. 표현수법이란 무엇이며
>   여기에는 어떤것이 있는가 ·········41
>   19. 직유법과 은유법 ·········42
>   20. 의인법과 야유법 ·········44
>   21. 과장법과 되풀이법 ·········46
>   22. 대구법과 대조법 ·········47
>   련습 ·········49
>   23. 벌림법과 점층법 ·········50
>   24. 자리바꿈법과 내세움법 ·········51
>   25. 물음법과 느낌법 ·········53
>   련습 ·········54

북한에서 한 학년의 교과서에서 3분의 1에 해당하는 비중으로 수사법을 다루고 있는 현상은 남한의 교과서에서는 『국어 I』에서 부분적으로 다루어지거나 『화법과 작문』 교과에서 매우 제한적으로 다루어지고 있는 것과는 아주 대조적인데,[20] 그 이유는 〈국어문법3〉의 머리말에 드러나 있다.

> (13) 경애하는 대원수님께서와 위대한 원수님께서는 우리 말 규범을 새로 정하고 말과 글의 례의범절을 똑똑히 지키도록 하는 문제에도 깊은 관심을 돌리시였다. 그리하여 우리 말과 글은 맞춤법, 발음법, 띄여쓰기와 문장부호법 등 통일적이고 과학적인 규범과 뚜렷한 례의범절을 갖춘 문화성이 높은 말과 글로 되였다.

즉, '말과 글의 례의범절을 똑똑히 지키도록 하는 문제'가 매우 중요하기 때문에 '뚜렷한 례의범절을 갖춘 문화성이 높은 말과 글'을 만들기 위해서는 '표현수법'을 잘 공부해야 한다는 것이다. 이는 수사법을 잘 활용하는 일은, 통일적이고 과학적인 규범 못지않게 중요한 일이며, 이들을 잘 익히면 '혁명과 건설의 힘있는 무기로 더 잘 복무할 수 있는 말과 글로, 세상에서 가장 우수한 평양문화어'로 꽃피게 된다는 것이다.

2) 표현수법의 정의와 효과 및 종류

북한의 〈국어문법3〉에서 표현수법의 정의와 종류를 설명하는 부분은 17과로 '표현수법이란 무엇이며 여기에는 어떤 것이 있는가'라는 제목이 글로 41쪽부터 42쪽에 해당한다. 이 글에 따르면 표현수법이란

---

20   남한의 국어 관련 교과에서 수사법을 다루는 양상은 북한과 매우 달라서 뒤에서 별도로 설명하기로 한다.

'표현을 꾸미는 방법'을 말로, 사람들은 자기의 사상과 감정을 어휘와 문장에 담아 표현하는데 같은 내용을 담은 어휘나 문장도 그것을 어떻게 꾸며서 표현하는가에 따라 그 효과가 다르게 나타난다고 지적하며 구체적인 예를 들어 그 효과를 증명하는 것으로 시작한다.

표현수법을 사용함으로써 얻어지는 효과를 설명하기 위해 "세상에 수많은 민족어가 있지만 우리 말처럼 표현이 풍부한 말은 찾아보기 힘듭니다."라는 김일성의 언급을 인용한다. 이어 표현이 풍부한 우리 말의 우수성을 잘 살리기 위해서는 표현수법을 잘 알고 그것을 옳게 이용할 줄 알아야 한다고 하며 표현수법을 잘 사용함으로써 얻어지는 효과 세 가지를 들고 있다. 그것은 첫째, 말과 글에서 자기가 이야기하려는 내용을 보다 두드러지게 강조할 수 있고 자기의 사상 감정과 사물현상을 눈에 보듯이 생동하게 나타낼 수 있다, 둘째, 말과 글의 음악성과 사상정서를 더욱 풍만하게 하여 듣기도 좋고 읽기도 좋게 할 수 있다, 셋째, 문학예술작품을 분석할 때 그것이 어떤 표현수법으로 쓰여졌고 어떤 표현적 효과를 나타내고 있는가를 정확히 알 수 있다는 것이다.

이처럼 18과는 표현수법의 정의에 이어 그 효용성을 충실히 설명한 후 표현수법의 종류를 간단히 들며 연습문제로 마무리하는 구성으로 이루어져 있다. 이는 수사법 부분의 개관에 해당하는 만큼 정의와 사용 효과, 그리고 그 종류를 소개하고 있어 그 자체로 충분히 완결된 구성을 보인다.

3) 표현기법의 실제

이어지는 19과부터 25과까지는 구체적인 표현 기법을 내용상 같은 유형에 속하는 것들끼리 둘씩 묶어 해설하고 있다.

직유법과 은유법을 묶고 의인법과 야유법, 과장법과 되풀이법, 대구법과 대조법을 묶어 설명한 후 일차적인 연습문제를 제시함으로써 이들 사이의 유사성이 존재함을 보이고 있다. 이어 벌림법과 점층법, 자리바꿈법과 내세움법, 물음법과 느낌법을 제시한 후 이차적인 연습문제를 풀도록 하는 구조로 이루어져 있다. 일차적인 연습문제는 각각의 수사법, 혹은 짝을 이루는 두 개의 수사법을 활용하는 연습으로 개별적인 수사법을 연습하는 데 초점이 맞춰져 있다면 이차적인 연습문제는 직유법과 은유법, 의인법과 야유법, 과장법과 되풀이법, 대구법과 대조법을 총체적으로 제대로 이해했는지를 점검하는 부분으로 각 표현수법들의 공통점과 다른 점을 예를 들어 설명해보도록 한다든지, 주어진 글에 어떤 표현수법이 사용되었는지 찾아보게 하는 식으로 구성되어 있다. 또 마지막에는 특정 수사법을 활용해서 짧은 텍스트를 완성하도록 함으로써 문장 차원을 넘어서서 통 글에서 주어진 수사법을 활용하는 연습에 이르기까지 단계적인 연습이 가능하도록 구성되어 있다. 각각의 표현기법을 정리하고 그 의의를 설명해보기로 한다.

(1) 직유법과 은유법

먼저 직유법과 은유법이 가상 먼서 소개되는 표현기법인데, 각각에 대해 '어떤것을 다른것에 직접 비기는 표현수법', '나타내려는 말은 숨겨 두고 다른 뜻을 가진 말을 써서 그것을 표현하는 수법'으로 정의하면서 시작된다. 몇 개의 예를 보인 후 직유법은 흔히 《-같이, -같은, -처럼, -듯, -듯이, -만큼, -마냥, -인양》과 같은 단어나 토를 리용하여 꾸미는 반면, 은유법은 나타내려는 말은 숨겨 두고 다른 뜻을 가진 말로 그것을 표현하는 방법으로 꾸민다고 하여 직유법과 은유법은 다

같은 비유법이기는 하나 '직유법에서는 비겨 지는 말과 비기는 말이 다 나타나고 은유법에서는 비기는 말만 나타난다'고 하여 이 둘의 차이점을 명쾌하게 구별하고 있다. 직유법을 만드는 데 활용되는 단어와 문법적인 형태를 직접 제시하고 연습에 활용하도록 한 것은 매우 효율적인 교육방법이라 할 만하며, 직유법과 은유법이 같은 목적을 지닌 비유법이지만 외면적으로 어떤 차이를 보이는지 직접 비교해서 보여주는 방식은 매우 효과가 높을 것으로 판단한다.

또 직유법에 대해서는 '어떤것을 그와 비슷한 다른것에 직접 비기는 수법인것으로 하여 표현하려는것을 눈에 보는듯이 생동하게 나타낸다'고 하면서 그렇기 때문에 성구와 속담을 비롯한 말과 글에서 널리 쓰인다고 그 효과를 설명하였고, 은유법에 대해서는 《천리마를 타다.》,《종이장도 맞들면 가볍다.》, 등과 같은 성구, 속담들의 예를 들면서 은유법은 말과 글의 표현을 매우 풍부하게 해주고 뜻을 깊게 하는 수법이기 때문에 문학작품에서 많이 쓰인다고 그 쓰임새를 구체적으로 제시하고 있다.

(2) 의인법과 야유법

의인법을 설명하기 위해 먼저 '의인'은 '사람이 아닌것을 사람처럼 만든다는것'이라고 단어의 뜻을 풀이한 후 의인법이란 '동물이나 자연현상을 사람과 같이 말하게도 하고 행동하게도 하는 표현수법'이라고 정의를 내린다. 이어 의인법이 활용되는 곳으로 자연풍경을 살아 움직이는 것처럼 그리기는 데와 시나 소설, 동화나 우화들을 들고 이는 정서를 풍부히 해주는 표현 효과를 가지고 있다고 정리한다.

의인법과 같이 다루어지는 야유법에 대해서는 '단어나 문장의 뜻을 정반대로 표현하여 부정적인것을 빈정대고 비꼬아 주는 수법'이라고 하며, 문학작품에서 부정적인 인물을 조소하고 비판할 때 효과적으로 이용된다고 설명하고 있다. 이 두 가지 수사법은 문학작품에서 주로 사용된다는 점에서 공통점을 지녀 같이 묶인 것으로 보인다.

(3) 과장법과 되풀이법

과장법과 되풀이법이 같이 묶여 제시되는 이유는 두 가지 수사법이 모두 강조를 위해 사용되기 때문이다. 과장법은 '이야기하려는 내용을 실지 사실보다 더 보태거나 줄여서 표현하는 수법'으로 정의된다. 과장법이 실현되는 방법을 '이야기하려는 내용을 사실보다 더 보태거나 줄여서 표현하는 방법으로 꾸미기도 하고 비유법으로 꾸미기도 한다'며 각각의 예를 제시한 후 이 과장법은 이야기하려는 내용을 두드러지게 강조하는 데 매우 효과적이지만 이는 어디까지나 사실을 허구적으로 과장함으로써 말과 글의 표현성을 높이는 수법인 만큼, 과학적으로 정확한 표현을 요구하는 말과 글에서는 쓰지 말아야 하며 문예작품에서도 진실성이 없이 사실을 함부로 과장하는 일이 없어야 한다고 부연하고 있다.

되풀이법의 정의는 '단어나 문장을 되풀이하는 표현수법'인데 단어나 문장을 되풀이하는 방법으로 꾸민다고 하여 무엇을 반복할 것인지 그 대상을 분석적으로 제시하고 있다 되풀이법의 표현 효과로는 첫째, 문장에서 뜻을 힘 있게 강조하는 것과, 둘째, 격한 감정을 나타내는 것, 셋째, 말과 글의 음악적 율동을 보장하는 것을 들고 있다.

(4) 대구법과 대조법

이 책에서 대구법과 대조법을 같이 묶어 다루는 이유는 48쪽에서 제시하고 있듯이 '대조법은 대구법에서와 같이 하나의 말마디와 말마디를 마주 세워 꾸미기도 하고 여러개의 말마디와 표현을 마주 세워 꾸미기도 하며 문장과 문장을 마주 세워 꾸미기도 하기 때문'으로 두 가지 수사법이 모두 '무엇과 무엇을 마주 세워 꾸밈'이라는 공통점을 지니고 있기 때문이다. 이어 이 둘은 의미내용상 어떤 말마디와 표현을 마주 세우는가 하는 점에서는 다르다고 하여 둘의 차이점을 명확히 하고 있다.

대구법이란 '내용상 련관을 가진 말마디나 표현을 서로 짝을 맞추어 마주 세우는 수법'이라 정의되는데 대구법을 꾸미는 첫째 방법은 하나 혹은 여러 개의 말마디와 말마디를 마주 세워 짝을 맞추는 방법이고, 둘째로는 시작품등에서 두 줄씩 서로 짝을 맞추는 방법으로 꾸미거나 한줄 건너 다음 줄과 짝을 맞추는 방법으로 꾸미는 방법이 있다고 하여 말마디, 표현, 문장이 대구법의 대상이 됨을 구체적인 예와 함께 보여주고 있다. 대구법은 말과 글에서 감정정서와 음악성을 더욱 풍부히 하여 주는 표현 효과를 지녀 표현수법들과 함께 문예작품 특히 시에서 많이 쓰인다고 설명한다.

대조법은 '뜻에서 서로 반대되는 말마디나 표현을 맞세워 놓는 수법'으로 정의하며 대조법 역시 대구법에서와 같이 '하나의 말마디와 말마디를 마주 세워 꾸미기도 하고 여러개의 말마디와 표현을 마주 세워 꾸미기도 하며 문장과 문장을 마주 세워 꾸미기도 한다'고 그 방법을 설명한다. 이어서 특히 대조법은 사상과 주장을 명백히 드러내 보이는 표현적 효과를 지닌다고 마무리한다.

(5) 점층법과 벌림법

점층법과 벌림법이 같이 묶여 제시된 이유는 이 두 수사법이 공통점을 지니는 동시에 약간의 차이점을 지니기 때문이다. 먼저 점층법과 벌림법의 같은 점은 두 수법이 다 여러 개의 말마디들을 연이어 벌려 쓴다는 점이며, 다른 점은 어떤 말마디들을 연이어 벌려 쓰는가 하는 점이다. 즉 벌림법이 내용상 관련이 있는 여러 개의 말마디들을 연이어 벌려 쓰는 표현수법이라면 점층법은 뜻이 점차 커지거나 작아지는 방향으로 여러 개의 말마디들을 연이어 벌려 쓰는 표현수법이라는 것이다. 이처럼 서로 강한 공통점을 지닌 두 개의 수사법을 같이 설명하는 방식은 교육 효과를 한층 배가시킬 것으로 보인다.

벌림법은 그 표현성이 높기 때문에 말과 글 특히 문예작품에서 많이 쓰인다고 지적하며 말과 글의 사상을 강하게 드러내거나 말과 글의 율동을 보장하고 이야기하려는 내용을 정서적으로 펴나가는 데 효과적이라고 덧붙이고 있다.

'뜻이 점차 커지거나 작아지는 방향으로 여러개의 말마디들을 련이어 써나가는 표현수법'을 말하는 점층법은 특히 문예작품에서 많이 쓰인다고 하고 있다.

(6) 자리바꿈법과 내세움법

자리바꿈법이란 문장을 짤 때 일부러 말마디들의 자리를 바꾸어 놓는 표현수법을 말한다. 이때 앞에 놓이는 말마디는 주로 술어로, 이 수사법은 표현을 힘 있게 만들어 주고 운율을 잘 살려 주는 표현적 효과를 지닌다.

내세움법이란 문장에서 강조하려는 말마디, 즉 내세움말을 특별히 앞에 내세워 두드러지게 하는 표현수법을 말한다. 내세움법이 쓰일 때 내세움말이 놓였던 자리에 그것을 되받는 말로 흔히 지시대명사, 즉 '가리킴대명사'가 쓰인다고 설명하고 있다. 내세움법의 효과는 이야기하려는 내용을 힘 있게 강조해 주고 그 사상을 뚜렷하고 정확하게 하는 것이다.

(7) 물음법과 느낌법

이 책에서 수사법의 하나로 제시하고 있는 물음법은 단순한 의문법이 아니라 수사적인 효과를 노리고 표현되는 의문법에 제한된다. 따라서 '물음문으로써 여러가지 감정정서를 보다 효과적으로 나타내는 표현수법'이라고 정의되는데 감정정서를 강하게 나타내고 글을 읽는 사람들의 주의를 끌뿐 아니라 생각을 깊게 하여 주는 높은 표현적효과를 가지고 있다고 설명한다.

마지막으로 느낌법이란 느낌문으로 감정정서를 더욱 힘 있게 드러내 보이는 표현수법이다. 감탄형어미를 취하고 있지 않더라도 어떤 종류의 문장에나 강한 느낌이 담기면 느낌법의 문장이 되지만 많은 경우《는가, 던가, 냐, 랴》와 같은 토가 붙는 물음문으로 꾸미기 때문에 이런 문장을 물음법과 느낌법이 겹친 문장이라고 한다고 설명한다. 그밖에 느낌법은 시킴문과 추김문, 즉 명령문과 청유문으로도 꾸미는데 느낌법은 감정정서를 힘있게 드러내고 사람들의 마음을 크게 움직이게 하는 표현적 효과를 가지고 있다고 설명한다.

물음법과 느낌법을 공부한 후 접하게 되는 일차적인 연습문제는 주어진 글에 포함된 표현기법을 찾거나 특정한 표현기법을 사용해서 짧은 글을 짓는 것이고, 이차적인 연습문제는 복수의 표현기법을 동시에 사용하여 글을 짓거나 상당히 긴 길이의 글에서 표현수법들을 찾고 그 효과를 이야기하는 식으로 발전되어 가고 있어서 다양한 수사법을 활용할 수 있는 실력을 쌓기에 부족함이 없어 보인다.

V. 마무리

남한과 북한은 분단 이후 처음에는 1933년 조선어학회에서 제정한 한글맞춤법통일안을 중심으로 어문 규정의 기초를 삼았었다. 그러나 남한에서는 바뀌어 가는 언어 현실을 반영하고 규범의 미비한 점을 보완하기 위해 어문규범을 정비하고 이에 따라 학교 문법을 구성하였다. 반면에 북한에서는 1960년대 이후 주체 사상의 대두와 맞물려 북한 체재의 우월성과 민족의 중요성을 강조하면서 어문규범도 그러한 내용이 반영되도록 개정이나 수정이 이루어지고 학교 문법도 그러한 쪽으로 구성되어 왔다. 이에 따라 남북한의 학교 문법은 상당한 차이를 보이게 되었는바 통일 시대에 맞는 〈통일문법〉을 갖추기 위해서는 그 기초작업으로서 북한의 학교 문법을 철저히 분석하여 이해하고 이를 남한의 것과 면밀히 대조하여 검토하는 일이 최우선이라 할 수 있다. 이 글은 이러한 목적에 따라 북한의 고등중학교 1~3학년에서 사용되는 2002년 개정판 『국어문법: 고등중학교 1』, 『국어문법: 고등중학교 2』, 『국어문법: 고등중학교 3』을 대상으로 분석한 것이다.

  북한의 문법 교과서가 보이는 가장 큰 특징은 북한의 문법 교육은 국이 문법의 체계를 학습시키기보다는 실생활에서의 사용을 강조하고 이를 원활히 수행할 수 있는 방법의 습득을 강조하는 데 있다. 이에 따라 음운론 분야에서는 음운의 체계에 대해서는 거의 논의하지 않고 있으며 실제 말하기에 있어 중요한 요소인 고저, 음장, 강세와 같은 초분절음 관련 내용이 많이 다루어진다. 남한 교과서에는 많이 다루어지지 않는 표현 기법이 강조되고 있는 것도 같은 맥락에서 이해할 수 있다. 이러한 특성은 형태론이나 통사론 분야도 마찬가지이기는 하나 음운론만큼 두드러진 차이를 보이지는 않는다. 형태론 분야는 용어의 일부 차이가 있으나 다른 어느 분야보다도 남북한의 차이가 적다고 할 수 있다. 이는 품사론 논의가 해방 이전 문법 연구의 중요 분야였고 이러한 연구 성과들을 남북한이 공유하고 있음에 기인한 결과라 할 수 있다. 통사론 분야는 세부적으로 자못 큰 차이를 보이는바 〈통일문법〉 제정을 위해서는 많은 연구와 고찰이 필요할 것으로 판단된다. 어문규범 분야는 띄어쓰기의 차이가 두드러지나 북한에서 이미 여러 차례에 걸쳐 띄어쓰기의 개정이 이루어진바 완강한 원칙을 유지하는 것이 아님을 알 수 있다. 어문규범 관련 내용들이 모두 그러해서 얼마든지 절충과 개정의 가능성이 열려 있다고 판단된다.

통일론이 경제적 논리에 의해 뒷받침될 수도 있으나 그 기반은 민족에 있음을 누구도 부인하기 어렵다. 민족의 정체성을 결정하는 데 있어 가장 핵심적인 요소가 언어임은 자명하다. 따라서 통일을 준비하고 구체적인 방안을 모색하는 데 어문규범 및 학교 문법의 통일 문제가 핵심적인 연구거리일 수밖에 없다. 본 연구가 이러한 작업의 첫걸음에 불과하지만 앞으로의 연구를 위한 기초를 마련하였다는 점에서 그 의의를 찾고자 한다.

::참고문헌

국어연구소.『남북한 언어 차이 조사(I. 발음·맞춤법 편)』. 국어연구소, 1989.

김기종.『조선어수사학』. 료녕인민출판사, 1983.

리상벽.『화술 통론』. 조선 문학 예술 총동맹 출판사, 1964.

리상벽.『조선말화술』. 사회과학 출판사, 1975.

전수태.『북한의 언어정책』. 국립국어연구원, 1992.

서상규·박석준.『북한 국어학 용어 분류 체계에 관한 연구』. 국립국어원, 2005.

전수태.『남북한 어문 규범 비교 연구』. 국립국어원, 2004.

전수태.『남북한 어문 규범 연구사』. 국립국어원, 2005.

최호철·홍종선.『남북 언어 통일 방안 연구』. 문화관광부, 1998.

강보선 외 공저. "남북한 초등학교 문법교육 내용 비교."『우리말글』, 72, (2017). 우리말글학회, pp. 31~65.

고영근. "남북 규범문법의 통일 방안."『새국어생활』, 제11권 1호 (2001). 국립국어원, pp. 29~45.

곽충구. "남북한 언어 이질화와 그에 관련된 몇 문제."『새국어생활』, 제11권 1호(2001). 국립국어원, pp. 5~27.

김영배. "문화어의 음운 현상."『국어생활』, 15, (1988). 국어연구소, pp. 21~32.

김차균. "북한의 문화어 음운 연구의 성과."『언어』, 21(1991). 충남대학교 어학연구소, pp. 7~108.

연규동. "남과 북 공통 표기법의 조건."『새국어생활』, 제25권 2호 (2015). 국립국어원, pp. 45~66.

이관규. "남북한과 중국조선족의 문법 교과서 비교 연구." 『국어교육학연구』, 51, (2016). 국어교육학회, pp. 155~183.

이기동. "북한의 말소리연구에 대한 고찰." 『한국학연구』, 38, (2011). 고려대학교 한국학연구소, pp. 209~233.

이익섭. "띄어쓰기의 현황과 전망." 『새국어생활』, 제12권 1호(2002). 국립국어원, pp. 5~16.

이현복. "남북한 언어학 및 음성학 분야 학술 용어의 비교 연구." 『한글』, 229, (1995). 한글학회, pp. 133~150.

임홍빈. "북한의 문법론." 『어학연구』, 제28권 3호(1992). 서울대학교 어학연구소, pp. 445~597.

전수태. "서로 다른 표기법의 통일 방안." 『새국어생활』, 제11권 1호, (2001). 국립국어원, pp. 47~60.

정성희. "북한 뉴스 발화의 음운적 특성 연구"(경북대학교 석사학위논문, 2015).

최영란. "'문화어학습'으로 본 북한의 문법 교육." 『국어교육연구』, 25(2010). 서울대학교 국어교육연구소, pp. 229~269.

최호철. "서로 다른 어휘의 동질성을 위한 방안." 『새국어생활』, 제11권 1호(2001). 국립국어원, pp. 61~72.

한용운. "남과 북의 사전." 『새국어생활』, 제25권 2호(2015). 국립국어원, pp. 25~44.

황인권. "남북한 표준 발음법에 대한 음운현상 고찰(1)." 『한남어문학』, 24, (2000). 한남대학교 한남어문학회, pp. 67~99.

권재일. "남북한 언어문화의 현실과 통합 방안." 『광복70주년기념 겨레말 통합을 위한 국제학술회의 자료집』(2015). 국립국어원·겨레말큰사전남북공동편찬사업회, pp. 1~28.

:: 역사연구소(인문학연구원)

일제시기 잡지『개벽』과『삼천리』를 통해 본 북한 지역의 지리와 문화

김정인

목차

I. 북한 지역의 지리와 문화 관련 자료집 편찬의 의미와 분석 자료의 현황

II.『개벽』과『삼천리』의 위상과 북한 지역 관련 기사의 서술 방식

III. 사례 :『개벽』과『삼천리』에 나타난 평양의 사회와 문화

IV. 일제 시기 북한 지역의 사회와 문화 연구의 진전을 위하여

김정인　춘천교육대학교 사회과교육과 교수

I. 북한 지역의 지리와 문화 관련 자료집 편찬의 의미와 분석 자료의 현황

1. 북한 지역의 지리와 문화 관련 자료집 편찬의 의미

본 연구는 '통일 국토 이해를 위한 자료집 편찬'의 일환으로 분단 이전 북한 지역에 대한 지리적·문화적 인식에 대해 살피고자 일제 시기 북한 지역에 관한 자료를 추출하여 정리하고 해제를 하기 위한 목적을 갖고 있다. 오늘날 분단 상황이 지속되면서 국민들의 북한 지역에 대한 인식이 점차 엷어지고 있다. 특히 젊은 세대의 북한 지역의 지리와 문화에 대한 이해도는 매우 낮은 편이다. 대학생의 경우에도 황해도가 평안도와 경기도 사이에 있는 것으로 알고 있는 경우가 많지 않으며, 심한 경우에는 금강산이 금강과 지역적으로 연관되는 것으로 오해하기도 한다. 이러한 북한 지역에 대한 낮은 이해는 통일 의식을 약화시킴은 물론 통일 과정에서 장애가 되거나 혼란을 야기할 수 있다.

　본 연구는 일제 시기의 자료를 통해 북한의 지리와 문화의 공유의식 복원에 기여하고자 한다. 이를 위해 멀지 않은 과거에 공유되던 북한 지역의 명승지나 인문지리에 대한 사회적 기억을 복원하고자 한다. 특히, 인문지리의 바탕 위에서 북한 지역의 자연과 전통문화, 특히 지역적 개성을 구체적으로 담은 자료를 대상으로 정리하고 해제하고자 한다. 이를 위해 먼저, 번역이 필요하지 않고 근대적 문화의식이 현대와 상통하여 시민과 학생의 이해에 유리한 식민지 시기의 자료를 대상으로 하고자 한다.

　이러한 연구는 궁극적으로 시민들의 북한 지역에 대한 동질성은 물론 친밀성을 강화하는 데 기여할 것이다. 그동안 관심을 두지 않아 온 북한 지역이 오랜 기간 역사와 문화를 함께 해온 곳임을 재인식하고 나아가 통일 의식을 촉진하는 데 기여하고자 한다.

본 연구를 위해 먼저 일제 시기 잡지에서 여행기 및 기행문, 지역 및 명승지 등의 소개문, 기타 북한 지역에 대한 인문 지리적 정보를 포함한 기사를 수집하는데 주력했다. 본래는 『개벽』, 『별건곤』, 『삼천리』, 『신가정』, 『신동아』, 『신민』, 『신여성』, 『여성』, 『조광』, 『조선농민』, 『조선문단』, 『조선지광』 등을 대상잡지로 추출했다. 하지만 잡지마다 북한 지역 관련 자료의 비중이 크게 달랐다. 그리하여 일제시기를 대표하는 잡지로서 북한 지역 관련 자료가 가장 풍부히 실려 있는 『개벽』과 『삼천리』의 기사를 추출했다. 『개벽』에서는 131건의 기사를 수집했고 『삼천리』에서는 146건의 기사를 수집했다.

2. 일제 시기 잡지 『개벽』과 『삼천리』의 분석 자료 현황

『개벽』과 『삼천리』의 북한 관련 자료 정리의 기본 원칙은 다음과 같다. 첫째, 북한 지역에 해당하는 7도(道)와 그에 부속된 부(府)와 군(郡)을 기본으로 하여 정리했다. 둘째, 지역에 대한 자료를 기본으로 하고, 북한의 명승고적에 대한 자료도 포함하여 정리했다. 금강산, 백두산, 묘향산, 삼수갑산, 석왕사, 명사십리, 압록강, 두만강, 대동강 등이 이에 속한다. 셋째, 단순한 사건, 사고에 대한 기사는 제외하였지만, 이를 통하여 북한 사회를 살펴볼 수 있는 경우에는 포함시켰다. 또한, 시와 소설은 제외하는 것을 원칙으로 하였으나, 북한 사회나 북한 사람들의 정서를 엿볼 수 있는 작품, 작품의 분석에서 북한과 관련된 내용이 있는 경우에는 포함했다.

　북한이란 공간의 범주에 대해 살펴보면, 지금의 남북한은 1953년 7월 27일 한국전쟁의 정전협정에 따라 군사분계선을 경계로 나누어진 것이다. 일제시기 남북한의 지역적 정의가 지금과 어떤 차이가 있었는지 명확하게 알 수 없지만, 일제시기 잡지나 신문 등에서 '남선(南鮮)', '북선(北鮮)'이라고 하며 당시의 사람들도 한반도를 남북으로 나누어 인식하고 있었음을 알 수 있다. 하지만 일제시기 잡지나 신문 등에서 말하는 '北鮮'(북한)이 지역적으로 어디에서 어디까지인지는 정확히 알기 어렵다. 본 연구에서는 1953년 정전협정에 따라 북한지역에 속한 행정구역을 중심으로 자료를 추출했다.

　자료는 『개벽』과 『삼천리』 자료를 기사의 내용에 따라 사회, 경제, 문화, 역사, 지리로 분류하였다. 정치적인 내용의 기사는 거의 찾기 어려워 분류에서 제외되었다. 하나의 기사가 한 가지의 성격이나 내용을 가진 경우도 있었지만 대부분은 두 가지 이상의 내용을 포함하고 있었다. 사회나 문화, 역사나 지리, 사회와 역사 등 인접한 분류에 속한 기사들이 많은 것으로 나타났다.

　『개벽』에서 북한 관련 자료를 사회, 경제, 문화, 역사, 지리 등으로 나누어 살펴본 결과, 사회 관련 기사가 38%를 차지했다. 다음으로 문화에 대한 기사가 21.2%, 경제에 대한 기사가 20%로 비슷한 비율을 보였다. 역사에 대한 기사는 17.2%, 지리에 대한 기사는 3.8%를 차지한 것으로 나타났다. 『삼천리』에서 북한 관련 자료를 분석한 결과는 『개벽』 기사와 전체적으로 비슷한 경향을 나타냈다. 『삼천리』에서 북한 관련 기사 중 사회에 대한 기사가 31.3%로 가장 많으며, 다음으로 문화에 대한 기사가 27.3%를 차지했다. 그 다음으로는 역사 기사 18.1%, 경제 기사 13.3%, 지리 기사 10%로 순으로 나타났다. 『개벽』과 『삼천리』 전체 기사를 분석하였을 때에도 전체적인 경향은 개별 잡지 분석과 동일했다. 사회에 대한 기사 34.6%를, 문화 기사가 24.3%로 그 다음을 차지했으며, 역사 기사가 17.6%, 경제 기사가 16.5%로 비슷한 비율을 나타내었고, 지리에 대한 기사는 7% 정도였다.

이처럼, 『개벽』과 『삼천리』의 기사에 주목한 것은 둘이 일제시기를 대표하는 잡지들이기 때문이다. 『개벽』에는 1920년대 전반기의 북한 지역에 대한 지식인과 대중의 관심사가 잘 드러나 있다. 『삼천리』에는 1930년대에 사람들이 북한의 지리와 문화에 어떤 관심이 있었는지를 잘 보여준다.

II. 『개벽』과 『삼천리』의 위상과 북한 지역 관련 기사의 서술 방식

1. 일제 시기 잡지로서의 『개벽』과 『삼천리』의 위상

그렇다면, 『개벽』과 『삼천리』는 일제시기 잡지로서 어떤 위상을 갖고 있었을까? 『개벽』은 1920년 6월 창간되어 통권 72호를 끝으로 1926년 8월에 폐간되었다. 매호마다 평균 8천부가 판매될 정도로, 놀랄만한 대중성을 갖고 있었다. 1920년 6월 창간호부터 1924년 5월 통권 48호까지 만 5년간 판매된 『개벽』은 43만 4천여 권에 달했다.

『개벽』은 천도교청년회에서 발행하였다. 천도교청년회는 1919년 9월 천도교에서 결성한 '천도교청년교리강연부'가 1920년 이름을 바꾼 것이었다. 여기에는 이돈화, 신태련, 정도준, 박달성, 김옥빈, 박래홍, 이두성 등이 참여했다. 천도교청년회는 1923년 9월 천도교청년당으로 확대 개편되었다. 『개벽』지는 천도교 청년단체에서 발간하였지만, 천도교청년단체의 기관지라 하기 보다는 오히려 일반 시사문예 잡지의 성격이 더 강했다.

『개벽』의 창간 동인은 이돈화, 이두성, 박달성, 민영순, 차상찬, 김기전 등이었고, 창간 비용은 최종례와 변군항이라는 독지가가 거액을 기부하여 조달했다고 한다. 창간 당시 편집인은 이돈화, 발행인은 이두성, 인쇄인은 민영순, 인쇄소는 신문관, 발행소는 개벽사, 초대 사장은 최종정이었다. 발행소는 천도교 서울교구가 있던 서울 송현동 34번지였다.

『개벽』은 '신문지법'에 의해 허가받아 발간되었다. '신문지법'이란 1907년 통감부에 의해 만들어진 '광무신문지법'을 말한다. 고등경찰과장 다나카(田中武雄)는 이 잡지에 대해 "원래 『개벽』잡지로 말하면 종교잡지로 출현되었으나, 점차 정치를 언론하게 되어 논조가 항상 불온하므로 주의도 여러 번 시키고 발매금지도 여러 번 시켰다."고 했다. 이를 보면 『개벽』이 종교잡지로 출발했으나, 실제로는 학술·문예에 관련된 기사들을 실었고, 시사와 학술적인 내용의 글들도 많았다.

이후 1922년 9월 15일 『개벽』은 『신천지』, 『신생활』, 『조선지광』과 함께 보증금 300원을 내고 시사문제를 다룰 수 있는 잡지로 허가를 받았다. 『개벽』 편집진은 이에 대해 "『개벽』은 이제부터 정치 시사를 해금케 되어 내월 호부터는 금상첨화로 새로운 기사와 새로운 면목으로 독자의 앞에 신운명을 말하게 되었나이다. 우리들은 이것으로써 스스로 『개벽』의 신기원이라 하여 모든 것을 신기원답게 활동하려 하나이다." 라고 그 변모의 의미를 스스로 천명했다. 사회운동, 농촌계몽운동 등을 정면으로 다루면서 신사회 건설의 모든 책임을 부담하겠다는 것이다. 1923년부터는 사회주의 계열의 논설과 기사를 본격 게재했다. 압수와 삭제를 반복하는 기사와 논설이 대개 계급 문제와 사회주의에 관련된 것들이었으나, 이것들이 지면에서 차지하는 비중은 날로 많아졌다.

『개벽』이 민중의 아낌없는 사랑 속에 '개벽시대'를 구가하며 잡지계를 석권할 수 있었던 까닭은 천도교라는 종교 세력의 재정 지원과 거듭되는 검열의 압박 하에서도 조선인의 암울하고 부조리한 현실을 치열하게 담아내고자 한 의지와 열정, 독립과 혁명의 미래를 전망하는 사상 논쟁을 마다하지 않았기 때문이었다. 『개벽』은 청년을 지도하고 당국을 탄핵하고 시사비평에 앞장 선 '조선 유일의 대표적 사상잡지'로서 '허다한 군소잡지가 조출모몰(朝出暮沒)하고 창간호가 거의 폐간호가 되는' 당시 잡지계의 현실에서 '잡지의 모반(母盤)' 혹은 '종합잡지의 왕자(王者)'로 불릴 만큼 절대적 권위를 갖고 여론을 선도했다.[1]

『개벽』 창간 당시 편집인인 이돈화는 함남 고원 출신이었다. 『개벽』 창간 이후 편집에 참여한 이들은 북한 지역 출신이 대부분이었다. 이들을 서북파라고 불렀다. 천도교 내에서 서북파는 점차 교권을 장악하며 주류로 떠오르고 있었다. 이돈화는 서북파의 교권 장악을 통한 신구노소간의 세대교체를 선진과 문명을 향한 발전의 일환이라고 주장했다. 그가 볼 때 서울을 비롯한 이남 출신은 '모든 것을 정치적으로 판단하며 오늘의 세상을 잘 모르며 자기의 몰락이 곧 조선의 몰

---

1 김정인, "개벽을 낳은 현실, 개벽에 담긴 희망," 『역사와현실』, 57(2005), pp, 23~27.

락이라고 생각하는 구태의연한 명사'들이었다.² 즉 그들은 마땅히 퇴출되어야 할 '문명화한 야만인'에 불과했다.³ 이같은 신랄한 비판은 근대 서구 문화의 선도자로서의 서북인의 자긍심에서 비롯된 것이었다. 이돈화는 남북을 두루 답사한 뒤 '북선인은 본래부터 평민적인 생활을 영위했으므로 차별이 별로 없으나 남선인은 아직도 양반들이 음애잔설과 같은 여위(餘威)를 갖고 있다'며 '개화에 앞장서 신교육·신종교·신문명을 구하는 북선과는 달리 남선에서는 양반은 신문명을 반대하고 민중은 미신에 매달리면서 점차 신문명의 낙오자가 되고 있다'고 평했다. 즉, 북한 지역에 대한 강한 자부심을 내보였다.⁴

『삼천리』는 1929년 6월 12일 자로 조선일보 기자인 김동환이 창간한 대중잡지다. 그는 "1. 훨씬 값이 싼 잡지를 만들자 2. 누구든지 볼 수 있고 또 버릴 기사가 없는 잡지를 만들자 3. 민중에게 이익이 되는 좋은 잡지를 만들자"라는 근본 방침을 선포했다. 『삼천리』는 14년 동안에 통권 152호를 냈다. 식민지 치하의 사회상과 생활상, 조선인의 심정과 표정이 잘 담겨져 있는 '비빔밥'과 같은 종합대중지로서 『삼천리』는 높은 인기를 끌며 국내는 물론 만주·중국·일본에까지 보급되었으며, 미국 등지에서도 주문이 왔고, 도쿄와 오사카에 광고취급소를 둘 정도였다. 『삼천리』의 최고 발행부수는 1만부란 기록이 있으나 전하는 바로는 3만부가 넘었다고 한다.⁵

---

2   "화가 유할진저 위선지자이여," 『개벽』, 1923년 8월호, p.6.
3   이돈화, "문명화한 야만인," 『개벽』, 1926년 2월호, p.8.
4   창해거사, "근화삼천리를 답파하고서," 『개벽』, 1921년 1월호, pp.64~69.
5   이승윤, "삼천리에 나타난 역사기획물의 특징과 잡지의 방향성," 『인문학연구』, 46(2013), pp. 461~465; 박숙자, "1930년대 대중적 민족주의의 논리와 속물적 내러티브," 『어문연구』, 37-4(2009), pp. 335~336.

『삼천리』의 지면은 크게 세 부분으로 구성되었다. 첫째는 당대의 쟁점이나 국제정세, 사회문화와 관련된 논설과 기사들이고, 둘째는 종합 오락지로서 대중의 관심을 끌 수 있는 가십적인 기사들, 셋째는 시, 소설, 문예, 비평 등 문학 분야의 글이다. 『삼천리』는 대중잡지이면서도 당대의 쟁점을 평이하게 소개하거나, 국제 정세나 사회 문제와 관련된 기사도 다루고 있어 대중적 관심사와 시대적인 분위기를 잘 반영하고 있었다. 특히 종합 오락지로서 대중의 관심을 끌 수 있도록 시류를 재빠르게 반영하여 기사를 편집하고 가십적인 글들을 많이 실었다. 「잡담실」, 「객담실」, 「기밀실-우리 사회의 제 내막」 등은 부자들의 재산 및 가 직종의 월급, 명망가들의 동정, 사회 각 분야의 이면을 다룬 기사를 실어 독자의 호기심을 채워주는 데에 단연 독보적이었다. 아울러 『삼천리』는 대중잡지이면서도 문학작품에 많은 지면을 할애했다.

그런데 『삼천리』는 중일전쟁 전후 일본이 전쟁을 확대하는 상황에서 조선총독부의 정책을 적극 수용·홍보하는 방향으로 편집 방향을 정했다. 1936년 8월 미나미(南次郞) 총독 부임 후 나온 첫 번째 호에서 총독의 시정방침을 선전하는 편집진의 논설이 게재된 이후 1937년 중일전쟁을 계기로 지면 구성 자체가 본격적으로 체제 협력을 위한 내용으로 변화했다. 중일전쟁 이후 나온 첫 번째 호에서 「미나미총독의 훈시」, 「전시하의 시국연설」, 「전지에 출정한 조선인 청년사관, 포연탄우 속 용약분전 중의 청년 장교」 등 총독의 훈시나 시국에 관한 글들을 실었다. 이후 종간 때까지 『삼천리』에는 조선 총독 회견기나 시국특집 같은 기사들이 매호마다 많은 지면을 할애하여 실렸다.[6]

---

6 http://terms.naver.com/entry.nhn?docId=3347368&cid=41708&categoryId=58155(네이버 잡지 창간호).

『삼천리』의 창간자인 김동환은 함북 경성 출신이었다. 『개벽』 편집진 분포에서도 알 수 있듯이 일제시기 잡지계에서 북한, 즉 서북 출신의 활약이 대단했다. 그러므로 상대적으로 남한 지역보다 북한 지역에 대한 소개에 더 적극적이었던 것으로 보인다. 조선시대 이래의 지역 차별을 경험하고 근대화에 앞장서면서 신흥세력으로 부상한 서북지역 출신 지식인들의 자부심이 북한 지역의 풍경과 사람들을 소개하는 기사 속에 녹아 있는 셈이다.

2. 『개벽』과 『삼천리』에 나타난 북한 지역 관련 기사의 서술 방식

『개벽』과 『삼천리』에 나타난 북한 지역 기사는 먼저 남북을 통틀어 한반도라는 차원으로 묶여 소개되는 경우가 있다. 가령 『삼천리』는 창간한 해인 1929년에 문단에서 활약하는 37인에게 물어 '반도팔경'을 선정했다. 목적은 젊은이들까지 남의 산천을 더 낫다고 찬탄하는 풍토를 개탄하며 조선인의 자부심을 굳게 하는 데 있었다. 여기서는 한반도를 아울러 으뜸인 1경에는 금강산, 2경에는 대동강, 3경에는 부여, 4경에는 경주, 5경에는 명사십리, 6경에는 해운대, 7경에는 백두산, 8경에는 촉석루가 뽑혔다.[7] 이 중 금강산, 대동강, 명사십리, 백두산이 북한 지역에 위치하고 있다. 당시 소설가인 김동인에 따르면, 금

---

[7] "전조선문사 추천 반도팔경 발표, 그 취지와 본사의 계획," 『삼천리』, 1929년 6월호, p.34; 이경돈, "삼천리의 세와 계," 『민족문학사연구』, 42(2010), pp, 332~334.

강산은 모든 추천 인사들이 꼽아 1위로 선정되었다. 그는 선정 내용에 대해 비판적으로 평을 하면서 특히 대동강이 2등을 한 것에 의문을 표하고 묘향산이 탈락한 것에 대해 아쉬움을 나타냈다.

삼천리사의 사업으로 금강산, 대동강, 부여, 경주, 명사십리, 해운대, 촉석루, 백두산, 이렇게 여덟 곳이 반도팔경으로 뽑혔습니다. 그런데 그 가운데 당연하고도 기이한 현상으로는 금강산을 추천하지 않은 이는 하나도 없는 것이외다. 그만큼 금강산은 우리의 자랑거리이며 출중한 경개에 다름 없습니다. 그러나 다시 돌이켜 모든 다른 경치들과 금강산이 어디가 어떻게 다르냐 할 때에는 머리를 기울여 보지 않을 수 없습니다. 산이면 온갖 산, 물이면 온갖 물에 몇 개의 기암과 몇 줄기의 청계는 절경이라는 금강산을 구성한 요소로서 다만 금강산은 그 요소가 겹겹이 쌓여 있는 것뿐이겠습니다. 다시 말하자면 승경이라는 것은 기암과 청계가 있는 것이 아니고 크고 많은 것이외다. 금강산이 제1위로 당선된 데 대하여는 아무 불만이 없습니다.

그러나 제2위의 대동강은 좀 어떤가 하지 않을 수 없습니다. 산야를 조금이라도 여행해 본 이는 대동강과 모란봉 일대의 경치보다 백승한 곳을 도처에서 발견하겠습니다. 다만 대동강 일대는 평양이라 하는 도회를 끼고 따라서 교통이 편함으로 많은 눈에 띠인 까닭이겠습니다. 많은 눈에 띠지 못한 까닭에 대동강과 모란봉 일대보다 백승한 경치를 가지고도 다만 근방의 농부의 낮잠터가 되어있는 곳이 많을 줄 아나이다. 백두산이 겨우 8표로 제8위가 된 것도 그와 같은 이유겠지요. 묘향산과 다도해가 겨우 2표로 낙선

된 것도 선자의 눈이 미처 가지 못 한 까닭이겠습니다.[8]

『개벽』1924년 8월호도 전국 각지에 있는 여름에 가볼만한 명승지를 소개한 기사가 실려 있다. 북한 지역에 위치한 명승지로는 평양의 모란봉, 원산의 명사십리, 의주의 통군정을 꼽고 있다.

이 뜨거운 평양의 여름에도 모란봉은 특별히 시원합니다. 이 모란봉은 여름과 함께 어여쁘기도 하려니와 평양시 부근에는 제일 높은 명산이외다.

아 명사십리 백사의 청송은 그림과 같고 감벽의 정파는 풍악과 같구나! 내려 쪼이는 볕에, 반짝거리는 백사를 사박사박 밟아 해안 가까이 이르면 반쯤 웃는 해당화는 사람을 반기는데 앞에 망막히 벗겨 있는 양양한 창파가 하늘에 닿았음에…(중략)… 투명한 청파를 시원하게 끼여 안고 저 낙원으로 영영 잠겨가고 깊다. 거울같은 투명한 청파가 해안으로 몰려오다가 모진 암석에 부딪혀 장구를 치는 듯한 소리를 내고는 백옥같이 산산이 부서져 버리고는 한다. 아-명사십리! 아- 내 사랑!

여기(統軍亭)에 올라가면 앞으로는 삼천리 반도를 내려다보고 뒤로는 남만주 대원을 들이일어 보고 양양히 세(勢)가 무궁한 압록강을 굽어볼 수 있다고 한다.[9]

---

8 김동인, "반도팔경," 『삼천리』, 1929년 11월호, pp.22~24.
9 "각지의 여름과 그 통신," 『개벽』, 1924년 8월호, p.80, p.83.

북한 각 지역의 특색을 도 혹은 군 단위로 묶어 소개한 기사나 수필들도 등장한다. 『삼천리』 1940년 5월에는 도별 특징을 소개하고 있는데, 황해도의 경우는 경지 면적 1위의 곡창지역으로 재령평야와 연백평야를 들고 있고, 여행지로는 배천온천을 소개하고 있다. 평안남도는 밤이 유명하며 평양을 명승지로서 '4,300년 전 구도라 이르는 만큼, 평양 이름은 너무나 찬란하다'고 높이 평가하고 있다. 평안북도에는 수풍댐과 용굴이 있으며 함경남도는 명태의 어장이며 함경북도는 수산 가공업의 고장인 점을 꼽고 백두산을 소개하고 있다.[10]

군별 소개 사례를 살펴보면, 『개벽』 1920년 12월호에서는 황해도의 중심지인 해주를 '사람과 말과 돌이 많은 지역'으로 소개하고 있다.

> 황해도의 해주는 도의 수부로서 인구 3천여호에 달하며 그 시민은 특히 질검총명하여 그네의 손으로 경영하는 상업은 경기 개성의 상계와 더불어 백중하여 에로부터 그 이름이 자자하며 그 곳에서 나는 묵과 자염료는 적으나마 조선 산물계의 진품이었다. 그런데 그 곳의 표어가 있으니 왈 「인다, 언다, 석다」이다. 즉 「인다」라 함은 좋은 사람이 예부터 많이 나옴을 가리키니 충분한 예를 들 수 없으나 출천대효(出天大孝)로서 일찍이 중국 주희가 쓴 소학에 보이는 소련대련(少連大連) 형제를 시작으로 안의사(안중근), 이박사(이승만)와 같은 사람은 모두 해주인이며 「언다」라 함은 논평의 말이 많다 함이니 그 곳에는 무슨 문제가 생기면 곧 일반의 입에 올라 일종의 여론이 된다 함이며 「석다」라 함은 그 곳에는 전

---

10 "반도의 물산과 문화, 13도 각도를 전망하며," 『삼천리』, 1940년 5월호, pp. 244~258.

석이 많은 바 이는 건축용에 무쌍호자(無雙好資)로서 해주의 저명 건축은 대개 이 돌을 사용하였으며 그리고 그 곳은 수석이 대단히 아름다워 광석천 일대는 실로 조선여경(朝鮮麗景)의 하나라고 합니다.[11]

『개벽』1927년 7월호에는 천도교 지도자이자 개벽사 기자인 박달성이 평안북도 박천군의 지역적 특색과 명소를 개벽사 기자인 차상찬에게 보내는 편지 형식으로 소개한 글이 실려 있다.

청오형, 안주서 적어드린 소감 일절은 보셨는지요. 지금은 박천에 왔습니다. 맹중리는 좀 더 번창한 감이 있으나 박천읍은 별로 발전의 기색이 없습니다. 구진(舊津) 전후의 그 유명하든 건답들이 이 가문 시절에 녹수양양의 수답화가 된 것이 전에 못 보던 현상입니다.(박천수조로 인해서) …(중략)… 청오형. 박천의 명소는 대령강도 있고 원수봉도 있고 다복동도 있지만 그중 명소는 바로 이 태봉입니다. 평양의 모란봉이나 경성의 북악이나 또는 태천의 오산같이 바로 박천읍의 진산이요 주봉입니다. 송림이 우거진 천연공원입니다. 전면에는 바둑판같은 천호(千戸) 시가와 구진평야가 놓여 있고 후면은 홍경래강과 대령강이 휘돌아 있습니다. 원수봉은 바로 건너편이요 다복동은 바로 원수봉 아래입니다. 태봉 뒤편 대령강변 천장(天丈) 절벽 위에 앉어 다복동을 건너다 보며 홍경래 호한의 당년사를 추상해 보니 과연 감회무량입니다. 산하는 의구한데 인걸은 어디로 갔나 하는 탄식이 생깁니다. 원수봉을 한

---

11 "해주의 인다, 언다, 석다," 『개벽』, 1920년 12월호, p.44.

번 더 처다보고 대령강을 한 번 더 굽어보고 홍경래를 한 번 더 생각하면서 대령강변을 휘돌아 여관으로 돌아왔습니다.[12]

『삼천리』 1941년 3월호에는 문인들이 전국의 16개 도시를 다녀온 경험을 쓴 기행문이 실려 있다. 북한 지역으로는 선천(백철), 신의주(유진오), 함흥, 성진, 나남, 청진(이석훈) 등이 소개되고 있다.

선천 : 우리 일행이 선천에 들린 날 밤은 몹시 추운 밤이었다. 아마 전날의 눈 온 뒤를 이어서 오는 대륙의 강한 추위리라. 역에서 강연회장인 선천회관까지 가는 동안 우리들은 몸이 떨려서 안접을 못할 정도였다. 우리가 걸어가는 길 위는 눈과 얼음이 섞인 빙판으로 몹시 미끄러웠다. 빙판에 익숙지 못한 츠다(津田節子)여사는 내 옆에서 몇 번이나 쓰러질 뻔하면서 전전긍긍하게 걸어가는 모양이 여간 동정이 되지 않았다.

신의주 : 그전 같은 국경이라는 긴장된 느낌이 별로 없었으나 그래도 눈 덮인 경치며 가지가지 밀수에 관한 에피소드며 역시 국경도시의 느낌이 들었습니다. 물가통제 때문에 신의주는 물가는 헐하나 물자는 군색한데 반하여 대안 안동은 물자는 풍부하나 그 대신 물가가 배, 3배나 된다는 부윤의 설명도 흥미 깊었습니다. 가난한 신의주 아낙네들이 30전짜리 양말을 세 켤레씩 껴 신고 안동을 건너가 팔면 1족에 1원, 세 켤레에 3원 즉 2원여의 이익이 있다는 것입니다. 세 켤레를 다 벗어 팔고 돌아올 때는 어떻게 하는가. 설마 그 추위에 맨발은 아닐 것인데-이 점은 물어보지를 못해 지금껏 궁금해 하고 있습니다.

---

12 춘파, "서행잡기," 『개벽』, 1927년 7월호, p.103.

함흥 : 함흥은 그 심장부-군영통이 지난 봄 큰 화재로 거의 소실한 뒤, 겨우 일부분의 회복을 보았을 뿐 아직 엉성하다. 거기서 양복상을 하고 있는 러시아인 미로노프씨 부처는 눈을 둥그렇게 뜨고 그때 혼난 얘기를 하며 「빌로오-텐아파-스노!」(대단 위험했어요)를 몇 번이나 거듭한다. 이 외로운 이국인-나라 없는 나그네가 다행히 재난을 면한 것은 애오라지 나의 기쁨이었다. 함흥의 거리가 활기를 잃은 것 같은 것은 나의 선입견일까? 나

청진과 나남 : 청진의 인상은 「다이나믹」이란 한 마디로서 다한다. 움직인다. 활기있게 움직인다. 산이 헐리고 거리가 커지고 사람들이 사방에서 모여들고-거리를 다니는 사람들이 모두가 혈색 좋고 씩씩해 보인다. 그 대신 교양이라던가 「인텔리전스」의 빛은 없어 보인다. 술집에 가도 양복에 「정어리」기름이 번지르르해야 환영받는다니, 이것으로서도 신흥 청진의 성격을 짐작할 수 있지 않은가? 거기 반해서 나남은 너무나 정적이다. 잠자는 듯한 거리다. 이것이 한 부라 하니 그 대조의 극치에 놀라지 않을 수 없다. 나남의 대부분이 병영인데 어쩌면 그리도 조용할까? 까마귀 우는 소리 처량하다.

성진 : 오후 세 시를 지났을 무렵인데, 성진은 벌써 황혼이 짙은 것처럼 어슬어슬한 것 같다. 과연 위도가 높은 북국임을 알겠다. 거리가 움푹 빠진 것 같고, 나무 없는 잿빛 누런 저편으로부터 기선의 뚜-뚜-하는 기적소리가 구슬프게 흘러온다. 거리의 인상이 내지의 어느 항구 거리를 생각하게 한다. 읍사무소 앞으로는 물 적은 시내, 거기 걸린 다리 물에 빛인 가로등 불빛은 퍽 인상적이었다. 성진 오기까지의 동해안은 참으로 좋았다. 군선-쌍암-기암 일대가 더욱 인상 깊다. 어떤 어촌은 송촌(松村) 우거진 묘지와 인

접해서 바닷가에 임해 있었다. 일생 바다와 싸운 사람들이 죽은 뒤
도 물결소리를 조석으로 듣는구나 생각하니 감회 깊었다.[13]

이처럼 『개벽』과 『삼천리』에는 지역 소개 기사나 수필이 많은 비중을 차지하고 있었다. 전국 단위, 도 단위, 군 단위로 지역을 딱딱한 객관적 지표를 가지고 소개하기 보다는 답사나 유람에 바탕을 둔 기행문의 형식을 띠는 경우가 많았다는 것이 두 잡지의 특징이라 할 수 있다.

III. 사례 : 『개벽』과 『삼천리』에 나타난 평양의 사회와 문화

『개벽』과 『삼천리』에서 가장 많은 비중을 차지하는 것은 평양 관련 기사이다. 북한 지역 관련 기사의 1/5 정도를 차지한다. 여기서는 『개벽』과 『삼천리』에 나타난 북한 지역의 사회와 문화에 대한 기사 중 평양에 관한 내용을 집중 분석함으로써 일제 시기 사람들이 갖고 있는 북한 지역의 사회와 문화에 대한 인식을 평양 사례를 통해 살펴보고자 한다.

평양은 역사적으로 중요한 곳이다. 4,000여 년 전 단군왕검이 도읍지로 정한 이래로 고조선, 낙랑, 고구려, 고려 역사에서 중요한 지역으로 인식되었다. 고구려 장수왕이 수도를 평양으로 옮긴 이후 고구려 멸망 때까지 고구려의 수도로 번성했다.

---

13 "문인이 본 남북 16도시의 인상," 『삼천리』, 1941년 3월호, p. 89.

고려시대에 들어와서는 북진정책의 근거지로 중요성이 더욱 높아져 서경으로 불렀다. 공민왕 18년(1369)에 만호부를 설치하였다가 뒤에 평양부로 삼았다. 조선에서는 관찰사를 파견하였고 세조 때에 진을 두었다. 1895년 23부제가 시행되면서 평양부가 되었다가, 1896년 13도제 실시로 평안남도의 도청소재지가 되었다. 일제시기인 1914년에 평양부, 해방 후인 1946년 9월에는 평안도에서 분리되어 시로 승격했다.

여기서는 『개벽』과 『삼천리』에 등장하는 평양 기사를 고도(古都), 명승지, 가도(歌都), 경제도시로 분류하여 소개하고자 한다.

1. 고도(古都)로서의 평양

평양은 앞에서 언급했듯이 한사군의 하나인 낙랑군과 고구려의 수도였다.

> 낙랑의 군치지는 왕검(평양)이었으니 평양성 밖 대동강 부근에서 당대의 옛 기와를 다수 발견하였거니와 판연한 그 성지는 강 건너편에 있도다. 즉 평양에서 남쪽으로 약 1리쯤에 있는 대동강 철교 아래 왼편에 약 45정(丁)에 이르는 토성이 있으니 그 성지로부터 수다한 낙랑시대의 옛 기와편과 기타 유물 등을 발견한 중 옛 기와 위에 낙랑군이라는 문자가 역력히 남아 있는 것 -등은 그 성지가 낙랑군 치지임을 확인케 하는 것이로다.[14]

---

14 박종홍, "조선미술의 사적 고찰," 『개벽』, 1922년 7월호, p. 122.

(고구려가) 다년간 수도를 삼은 곳은 유리왕이 이도한 국내성이 약 206년간이요, 장수왕 때부터 이거한 평양성이 약 159년이며 그와 전후하여 평양과 평양 부근에 도읍한 것을 합하면 무릇 300여년에 달하도다. 고로 고구려의 유적, 유물 중 미술적 가치를 있는 것도 국내, 평양의 2성 부근에 있느니…[15]

『개벽』과 『삼천리』에는 낙랑과 고구려의 유적이 한창 발굴되는 상황에서 평양과 그 인근에서 출토되는 유물이 한족문화의 전래를 보여주는 것인지, 아니면 한족문화 토착화의 성공이라고 보아야 하는 것인지를 놓고 일본인과 한국인 학자들이 의견을 달리하고 있었다. 국문학자인 김태준은 당시 평안도와 황해도 일대에서 발굴되는 고분에 대해 일본인 학자들은 한문화의 일원인 낙랑의 유물이라고 주장하고 한국인 학자들은 고구려의 찬란한 문화적 유물이라고 주장하나 이는 모두 옳은 주장이 아니라고 보았다. 한문화의 영향을 받아 토착민들이 이룬 낙랑 문화라는 것이다.

평안남도와 황해도 일대의 고분에는 그것이 낙랑, 대방의 유적지라는 것이 너무도 명백하게 드러나는 것이다. 「樂浪郡址」「黏蟬碑」「帶方太守 張撫夷之墓」라는 글자가 발굴되었고 또한 한 대의 동제, 철제 무기와 거울 등 일용기구가 매우 많이 출토되고 있다. 물론 이는 다수의 한인의 이주를 말함이요, …(중략)… 사실은 이러하다. 한인이 대동강 연안에 바다에서 육지로 와서 거주하기는 퍽 오랜 일이었다. 진한시대에는 대량으로 들어왔다. 그들은 동

---

15 박종홍, "조선미술의 사적 고찰," 『개벽』, 1922년 8월호, p. 19.

제무기 기타를 가지고(그후 철기)와서 이 나라의 토민과 무역하고 정복하였다. 토민들은 아직도 석기를 쓰고 있는 씨족사회인이였다. 그들은 무안, 영변에 발견되는 명도(明刀)같은 것을 주고 남북 각지에 원시적 무역을 하였다. 그들은 간단한 농사를 시작하였다. 때로는 한인(漢人)을 잡아다가 농사를 지은 것이 염사착(廉斯鑡)의 전설로서 알 수 있다. 그들의 하호로서 정복되었던 토민들의 생산력은 증가되고 씨족제는 점점 붕괴되고 남에 마한·진한·변진·백제의 부족국가가, 동북에는 예맥·옥저·부여 등의 부족국가가 발생하여 차차로 원시국가의 완성을 이루었다. 이에 의해서만 조선의 원시국가가 성립되는 것이다. …(중략)… 이 고분은 한인의 고분이다. 그러나 그 고분은 정복된 하호노예 즉 토인들의 손에 된 것이다. 이들에 의하여 토인의 생산양식과 생산력에 큰 변천을 주었다. 다시 말하면 조선 원시사회를 깨트려준 은인적 외래인인 동시에 잔학무도한 당시의 정복자군이였던 것이다.[16]

소설가인 정인택은 낙랑고분군 발굴 현장을 직접 찾았다. 그 역시 낙랑의 문화는 소수의 한족과 함께 다수의 '반도인'이 빚어낸 것이라고 주장했다.

> 조그마한 언덕을 넘어 서니까 눈아래 쫙 보리밭이 내리 깔렸고 멀리, 가까이, 둔한 선의 굴곡이 보입니다. 새로 파헤친 새빨간 흙자리가 발굴을 시작한 고분인가 봅니다. 그 중간에 조촐한 천막이 보입니다. 거리가 있기 때문에 흙 나르는 지게차들의 움직임이 유

---

16 김태준, "낙랑유적의 의의," 『삼천리』, 1936년 4월호, pp. 154~156.

연한듯 합니다. 그외엔 아무것도 보이지를 않습니다. 국보급의 보물을 출토하는 풍경이라고는 생각할 수 없을 만큼 조용하고 침착한 게 뜻밖일 지경입니다.

한나라 무제가 반도 땅에다 낙랑 기타의 사군을 설치하였다는 것은 결코 명예스러운 일이 아닐지도 모릅니다. 그러나 그 때문에 이천년전의 한대의 문화가 거의 완전한 형태를 전할수 있었다는 것은 도리어 감사해야만 할 일입니다. 이것은 문화를 사랑하는 나의 대범한 생각에서만 나온 것이 아닙니다. 지금에 이르러는 그렇게 생각하는 것이 타당할것 같기에 말입니다.

또 낙랑시대의 출토품은 그대로 한문화의 유적이요 반도문화가 아니라고들 말합니다. 그 한에 있어선 옳습니다. 그러나 낙랑군은 421년이라는 오랜 동안 존속해 왔습니다. 그 오랜 동안 한나라의 지배가 절대적이라고는 생각할 수 없고 또 한나라로부터 그렇게 수많은 이민이 왔다고도 생각할 수 없습니다. 역시 그 당시에 온 한나라 사람들은 실권을 잡은 몇 사람의 관료와 그들의 가족 및 소수의 종자들이나 아니었던가 생각합니다. 그러면 400년이라는 장구한 세월동안 낙랑에 있어서의 한대의 문화를 실제로 키워온 사람은, 실제로 꾸며온 사람은 아무래도 반도인이 아닐 수 없습니다. 그러니까 낙랑고분에서 나오는 문화와 강서 고구려 고분에서 나오는 문화와의 거리는 역시 대동강 하나쯤 밖에, 그만 밖에 격(隔)하지 않은 것 같아 나는 한층 친근감을 더 가질 수 있었습니다.[17]

---

17 정인택, "낙랑고분군 · 기타,"『삼천리』, 1941년 11월호, p. 149.

『삼천리』에는 낙랑이나 고구려가 아닌 고조선의 역사를 증빙하는 하나의 유적이 등장한다. 바로 이광수가 쓴 「단군릉」이다. 이광수는 단군릉은 단군의 무덤으로 충분히 제대로 보전할 가치가 있으므로 이를 실행할 독지가가 나타나야 한다고 주장했다.

> 차가 강동 앞에 다다랐을 때에 강동 인사 수십 인이 나와 맞아 주었습니다. 그는 단군릉을 찾아온다는 나를 반갑게 여긴 것인 듯 합니다. 지금 세상에 일부러 단군릉을 찾아다니는 조선인은 아마 극히 드물 것입니다. …(중략)… 강동 인사들은 단군릉을 잘 수호하지 못한 책임을 누누이 변명하면서 우리를 단군릉으로 인도하였습니다. …(중략)… 단군릉이냐, 아니냐하는 문제가 없지 아니합니다. 그러나 이조에서도 해마다 강동현령으로 하여금 치제를 하여 왔고 민간에서도 입에서 입으로 이 무덤이 단군릉인 것을 전하여 왔으니 단군릉이 아니겠습니까. 유식한 체하는 무리들로 하여금 제 멋대로 단군의 존재를 의심하게 하고 단군릉의 존재를 의심하게 하라 하시오. 그러하더라도 우리에게 국가생활을 처음으로 주시고 360사의 문화생활을 처음으로 가르치신 단군은 엄연한 실재시오 또 단군이 실재시면 다른 데 그 어른의 능이 발견되지 아니하는 동안 강동이 단군릉 밖에 우리가 단군릉으로 생각할 곳이 없지 아니합니까. 그러므로 강동의 단군릉은 우리 시조 단군의 능침으로 존숭하고 수호할 것이 아닙니까. 조선인은 조선(祖先)을 숭배한다고 합니다. 간 곳마다 조상의 분묘 앞에는 많은 재물을 들여서 석물을 하여 놓고 제각을 지어 놓고 산지기를 두어 수호를 하고 춘추로 성묘를 합니다. 그러하신 바는 조상의 조상이신 단군릉은 쑥밭이 되게 내버려두고 민족의 은인인 모든 위인의 분묘는 있는

곳조차 알지 못하게 되었습니다.…(중략)…… 지금이라도 어느 재산 있는 조선인이 돈 10,000원이나 내어서 단군릉을 수축수호하게 하고 조선사를 편찬 발행하게 하고 조선어의 사전과 문전을 발행하게 하고 단군에게는 좋은 자손이요 우리에게는 높은 형조인 모든 민족적 위인들의 유적을 찾아 기념하고 전기를 편수하여 발행케 할 특지가는 없는가. 얼마 안되는 돈. 10,000원이면 족할 일. 이만한 일을 할 자손은 없는가. 이만한 일을 할 자손은 없는가. 강동 인사들은 단군릉의 수축존호를 위해 의연금을 모집하였으나 모 사정으로 중지가 되고 있습니다. 한 사람이 나서시오, 한 사람이![18]

일제 시기 내내 평양이 낙랑군과 고구려의 수도로서 갖고 있는 유물과 유적에 대한 대중적 관심이 컸음에도 단군릉에 대해서는 관심이 상당히 적었다는 것을 알 수 있다.

2. 명승지로서의 평양

평양은 뛰어난 경치를 갖고 있어 관서지역의 승지라 불렸다.[19] 여성 기독교 운동가인 황애시덕은 자신의 고향인 평양을 동양의 베니스라 불렀다.[20] 김동인은 『삼천리』 1932년 2월호에서 부벽루를 중심으로

---

18 이광수, "단군릉," 『삼천리』, 1936년 4월호, pp. 70~76.
19 "반도의 물산과 문화 13도 각도를 전망하며," 『삼천리』, 1940년 5월호, p. 256.
20 "그리운 내 고향," 『삼천리』, 1931년 12월호, p. 32.

대동강의 명승지를 다음과 같이 소개하고 있다.

남원의 광한루는 춘향 때문에, 진주의 촉석루는 론개 때문에 유명해졌거니와 평양의 부벽루는 무엇 때문에 저렇듯 이름을 날리는고. 생각건대 700년 묵은 저 두리기둥에는 대동강에 몸을 던지던 의기 계월향의 마지막 눈물이 뿌려졌을 것이요, 혼신 열에 타던 대성학교 학생의 「답보로」 하던 구둣발 소리가 널마루에 울렸을 것이요, 독립협회 때 안도산 등의 비분강개한 연설이 그대로 천정에 서리어 있는 까닭이겠다.

뒷날 「심순애」란 음부가 부벽루에 나타나지 않았던들, 또 영명사 모란봉으로 내리 흐르는 달빛을 안고 「수심가」를 부르고 앉아 있는 애수의 서도기생이 나타나지 않았던들 부벽루는 우리의 사랑하는 최고의 정신적 양식이 되지 않았을까.

아아, 저- 강물 위로 분주히 노를 저어오던 사공조차 부벽루 아래 와서는 배젓기를 잊고 「후유-」 한숨을 쉬며 날마다 풍우에 씻겨가는 이 다락을 바라고 섰구나. 천년고도에 쓰러져가는 것만 보이니 이 슬픔을 보지 말고 차라리 목석 되기를 원함이 아니던가.

승호리 위로 육군비행기에 쫓기듯 넘어 오던 한 덩이 구름도 사마 그대로 지나지 못하여 칠성문과 영명사와 부벽루이 머리 위에 허리를 걸치고 가로 누워 잠잠하다. 저 구름이 비되어 떨어지면 이 강산 사람의 눈물을 재촉하는 것과 같이 되고 그냥 지나버리면 무정하다 할까 하여 그러함인가, 어렵구나, 제 것을 가지지 못한 산천의 하늘 위에 뜬 구름덩이의 발자취는. 그러나 저기 능라도 강 언덕에 풀이 파래지는 것이 보인다. 저 풀이 나중에 이 땅 사람의 솟아오르는 생명의 풀이 되지 말란 법이 있겠느냐. 봄아 부벽루

를 웃게 하여다오!²¹

여기에 등장한 부벽루, 모란봉, 능라도는 평양을 대표하는 명승지였다. 시인이자 언론인인 주요한은 평양 일대를 자연공원이라 부르며 부벽루의 장단점과 연계하여 대동강 일대의 명승지를 소개하고 있다. 평양의 자연미에 서양화에 따른 인공미가 덧붙여지고 있지만, 아직은 부자연스러움도 비판한다.

> 모란봉을 중심으로 한 평양의 자연공원 일대는 일루 일각 또는 일구 일류의 승경으로 볼 것이 아니요 누각은 물론, 송림과 구강(丘岡)과 강류(江流) 등등이 혼연일체가 되어서 평양 남녀노소의 매일의 매계의 매년의 「메카」가 되는 것이다. 부벽루는 말하자면 종합적 경승의 한복판, 아마 정 중심처에 처한 일개의 누각이니 언뜻 생각에 가장 절승한 지위를 차지하였으리라 생각되나 기 실은 가장 보잘 것 없는 중심인 것을 어이하랴. 금수산의 절경은 누가 뭐라 하더라도 모란봉 꼭대기에서 사방을 조망하는 것이 아니면 대동강 위에 일엽을 띄워 석양을 배경으로 한 절벽과 청봉 및 그 사이에 점재한 누각들을 앙망하는 것이다. 그래서 모란봉위에는 일시 훼철되었던 경승대(景勝臺)가 연전에 재건되어 명실상부한 경승의 지위를 차지하고 있다. 조망으로 보아서는 이 외에 을밀대(乙密臺)와 읍취각(把翠閣)이 있고 한좌(閑座)를 위해서는 기자림(箕子林)의 밀송과 그 사사에 신설된 유원지가 있고 임수로 본다더라도 연광정이 부벽루를 이긴다. …(중략)… 경승대가 없어도

---

21 "고도의 봄빛," 『삼천리』, 1932년 2월호, pp. 80~81.

금수산의 경개가 추호도 손상됨이 없을 것이요 을밀대조차 가히 없어도 무방하다고 할 수 있으니 읍취각, 전금문쯤이야 문제될 것도 없다. 그러나 만일에 부벽루로 하여금 지금 서있는 그 자리에서 없어진다고 하면 금수공원의 가치가 반락할 것은 의심이 없다. 오호라 부벽루의 진가를 알았노라. 있으되 그 공을 모르고 없으면 그 허를 통감할 것이니 평양의 부벽루는 그 혼이 산하로 더불어 비길 만하다 할 것이다. 부벽루를 보고자 하는 이는 석양에 대동문에서 배를 띄우고 서서히 상류로 거슬러 오르면서 모란봉 일대의 구도를 사진틀이나 화면에 상상하면 그 중심 전경(前景)의 중점될 자리에 반드시 이를 발견할 수 있나니 필자의 번거로운 묘사를 기다릴 필요가 없다. 오직 한 가지 부탁은 부벽루에서 이 구상미 한 가지 이외에는 아무 것도 기대하지 말라는 것이다. 건축미라든가 고적이라든가 사담이라든가 필적이라든가 혹은 또 우리들 범부가 요구하는 승경미라든가 애수라든가 장쾌라든가 아무 것도 요구하지 말라는 것이다. 이는 또한 절묘한 자연의 구상과 가장 빈곤한 인공의 합작인 평양의 성격 그것을 나타낸 것이다.[22]

주요한이 부벽루보다 낫다고 한 연광정에 대해 김성목은 다음과 같은 시로 예찬했다.

> 연광정 밤이 되니 덕암(德岩)도 고요해라
> 계월산 그리워서 왔음을 모르는지
> 향은 간곳이 없고 바람만 소매친다

---

22 "양류 5월의 누대," 『삼천리』, 1941년 6월호, pp. 151~152.

대동강 깊은 물은 연광정 품에 안고

향이라 절개가인을 여기에 놀게 하니

능라도 수양버들 저절로 아니 너울[23]

소설가 전영택은 능라도와 연광정에서 부벽루까지 늘어섰던 능수버들의 아름다움을 이렇게 회고했다.

> 나는 평양은 옛날 도산께서 교장철에 대성학교에 다닐 적인데 부벽루 높은 다락에 학생들과 함께 올라서 바라다보면 푸른 강물 위로 양털 같은 솜송이가 흩어지는 것이 참으로 좋더군요. 그때 철에는 능라도뿐 아니라 연광정에서부터 저 멀리 부벽루 올라가는 데까지 대동강변에 버드나무가 쭉 늘어섰지요.[24]

국문학자인 양주동은 패강이라고 불린 대동강에 대한 예찬을 펼치며 이를 널리 세상과 후세에 알린 노력이 필요하다고 주장했다.

> 무릇 승지가 승지됨에는 세 가지 조건이 필요하다고 본다. 첫째는 천성(天成)의 영구(靈區)로써 절경과 기관(奇觀)을 가진 것이오, 둘째는 사적의 다름과 인사의 묘가 가히 후인 유람의 자취가 될 만한 것이오, 셋째는 이상의 두 가지를 혹은 글로서 혹은 노래로서 널리 천하 후세에 알리고 자랑함이다. 그런데 패강은 어떠

---

23 "관서팔경 두루 돌아, 평양에서 약산동대까지," 『삼천리』, 1935년 10월호, p. 193.

24 "반도산하를 말하다," 『삼천리』, 1939년 4월호, p. 82.

한가. 패강은 첫째 조건으로 보아 천하의 으뜸이 될 만하다. 건방진 옛날의 지나 사신들이 속으로는 경탄을 마지않으면서도 겉으론 작은 나라의 것이라 하여 소전당(小錢塘)이니 무엇이니 하였지만은 공정한 안목으로 볼 때에 이 강의 절경을 저 전당, 서호 따위에 비할 것이 아니다. 그러면 둘째 조건은 어떠한가. 패강을 중심으로 한 조선의 고문화-고조선은 물론 구려와 낙랑, 고려의 서경, 이조의 평양, 상하 수천년 간의 문화사적 의의, 사상(史上)에 점철된 수많은 유적과 삽화, 어느 것으로 보거나 미상불 동방 문화의 중요한 추점 아님이 없다. …(중략)… 이러한 지리적. 역사적 수많은 장점과 특색과 아울러 유적을 가진 서경, 서경에도 대동강-이는 확실히 반도 유일의 명승이오 동시에 족히 천하에 일컬을 만한 승적이라 하리라. 그러나 이로써 다만 유자(游子) 일시의 산책. 유람의 고장을 삼는 이상으로 참으로 이를 승적화(勝蹟化)하고 명구화(名區化)하려면 우리는 다시 전술한 셋째 조건을 상기치 않을 수 없으니 이 명구와 승적을 절세의 대문장 혹은 경인(驚人)의 거편(巨篇)으로서 능히 천하 후세에 널리 알리고 자랑할 자는 누구요.[25]

이처럼 대동강을 낀 평양은 당대의 유명한 학자나 문인들로부터 명승지로서 찬사를 받던 곳이었다. 천혜의 자연환경과 그 사이에 자리한 누각에 대한 찬미는 평양에 스며드는 서양화의 물결에 대한 우려와 함께 했다.

---

25 양주동, "기행 대동강, 초하의 패강을 예찬하며," 『삼천리』, 1940년 5월호, pp. 108~111.

3. 가도(歌都)로서의 평양

일제시기 평양은 대중가요의 중심지이자 가수의 도시였다. 『삼천리』 1935년 11월호에 따르면 대부분 레코드 가수가 평양 기생 출신이었다. 그 이유로는 평양 사람들이 고구려의 수도로서의 문화적 전통 속에 음악적 기질이 다분하다는 점을 든다.

> 오늘날 레코드가수 중에서 그 거의를 평양이 차지하고 있는 것만은 사실이다. 하기는 한 사람을 내놓고는 모두 여가수들일 것이다. 여기에다가 그들의 이름을 늘어놓을 것까지 없겠지만, 참고로 생각나는 대로 써보면 王壽福, 鮮于一扇, 崔姸姸, 金蓮月, 崔昌仙, 韓晶玉, 金福姬, 崔明珠 등등을 꼽을 수 있다. 그리고 여기서 한 가지 또 말해두고 싶은 것은 이들의 전부가 현재의 기생이라는 점이다.(崔昌仙은 아닌 것 같지만). 조선 가수들이 모두 몇명인지 일일이 꼽아나갈 겨를을 가지지 못했지만은, 오늘날의 레코드계를 평양기생들이 리드하는 것만 사실일 것이다. …(중략)…이렇게 다른 아무 지방보다 평양에서, 가수가 늘어가는 것이다. 그다지 필요치 않은 생각일런지 모르겠지만은 이것은 웬일일까, 하는 생각을 우리는 가지게 된다. 평양이 오늘날에 있어서 가수를 낼만한 어떠한 요소를 내포하고 있는가. 평양이 오늘날 여가수의 출현지, 좀 더 나쁘게 말한다면 발굴지라면, 그 발굴지(?)될 만한, 어떠한 요소가 이 평양이라는 곳에 잠재해 있는가, 하는 문제이다. 이것이 무슨 중요한 문제 중에 하나는 아니겠지만, 흥미있는 문제 중에 하나일 것이다. 다시 말한다면, 평양은 왜 여가수가 많이 나나? 하는 문제쯤은 적어도 저널리즘이 내다 걸만한 문제일 것이다. …(중략)…

평양이 기생의 발상지라는 점, 그 외에 평양이 옛날부터 풍류객이 많았다는 점들을 여기서 들 수 있을 것이다. 그보다도 더 들어가서 생각해 볼 필요가 있다. 원래 사람이라는 것은 그 사는 지방에 따라서 기질-기풍이라 함이 타당할까, 기풍이 각각 다르다. 그 원인을 다시 말하자면 거기의 풍토, 습관, 전통 등등에 따라서 달라지는 것이겠다. 한데, 평양사람의 기풍으로 말하면 대원군이 평한 『맹호출림(猛虎出林)』의 기풍이라고 한다. 그러나 이 평이 전혀 남자를 상대로 해 가지고 말한 평이란 것은 두말 할 것도 없다.

그러면 평양의 여자란 어떠한가? 섬약한가, 강인한가, 어떠한가. 나는 여기서 한 마디로 평하기를 주저하지 않겠다. 평양여자의 기풍은, 좀스럽지 않은 것이 특징이요, 얼굴이 요염치는 않지만, 대개 평양의 산수처럼 수려하다는 점이다. 이런 말은 내가 평양에 앉아서 하기에는 부적당하겠는지 모르겠지만. 그런데 여기에 있어서, 또 한가지 생각해 보아야 될 점은, 평양사람이 다른 지방사람보다 음악적 천분을 많이 가지고 있다는 것이다. 이것은 나뿐만이 아니라 우리 사회의 모모하는 이들도 말했던 것으로 나는 기억한다. 평양엔 문인은 적게 나도, 음악가는 많이 난다는 말을 나는 어느 분한테서 들은 일이 있다. 이렇게 말하고 보니, 여기에서 또 한가지 문제되는 점이 있다. 그렇다면, 평양은 무슨 까닭으로 음악가가 많이 나느냐 하는 문제일 것이다. 여기에 대해서는 평양인이 옛적부터 음악적 정서를 다분히 가지고 있다고 하는 말밖에 할 수 없다. 어째서 그러냐고? 거기에 대해서는 상당한 전문적 연구가 필요할 것이다. 그러나 한마디로 말한다면, 평양을 중심으로 하여 근방 사람들은 옛날부터 여기의 산자수명(山紫水明)한 영향을 받아서 노래 부를 줄을 알고, 또한 의(義)를 위하여는 싸울 줄을 불연

중 배운 것이다. 그리고 평양이 우리나라에서 가장 오랜 역사를 가지고 있고, 따라서 고대문화의 발상지라고 해도 과언이 아니겠으니 마침 옛날부터 문화적으로 깨인 전통을 가지고 있었다고 말할 수 있을 것이다. 문화적이라는 말이 막연하다면 사람의 물질적 생활 이외의 정신적 생활-내지는 정서적 생활. 이런 것들이 남달리 발달되어 있던 것을 어찌 부인하랴.

이러던 것이 한양조에 와서 서북도 사람은 억누르는 바람에, 가슴에 뭉친 울분은 참을지언정, 전통으로 가지고 있는 정서는 버릴 수 없었다. 그것은 인간본능으로서의 정당한 코스를 나가는 정서적 생활이 못되고, 피압박적 생활로 말미암아 아주 왜곡된 정서적 생활(참 이런 것이 있겠다!)로 나가지 않을 수 없었다. 그러면서 그 압박이 심하면 심할수록 이런 이상도(異常道)의 정서적 생활궤도일 망정, 더욱 성장 발달돼 내려왔다. 수심가, 배따라기...등등은 결코 그전에 생긴 노래가 아닐 것이다. 이러한 음악적 전통을 받은 오늘날의 평양인은 태산교악(泰山喬嶽)적인 남도소리가 아니라, 안타까운 하소연같이 애끓는 노래-수심가를 남녀 할 것 없이 불렀다. 오늘날까지도 중류 이하의 사람들은 소리면 으레 수심가인 줄 안다. 기생보고도 맨 처음 수심가부터 하라는 것이 상례이다. 이것이 평양인의 고유한 정서다. 본시 노래라는 것에 기쁜 노래와 슬픈 노래 두 가지가 있다는 것은 내가 또 다시 말할 필요도 없는 일일 것이다. 그러나 기쁜 노래보다도 슬픈 노래에 우리는 보다 많은 정서적 영향을 우리는 받는다고 생각한다. 물론 사람이란 그때그때의 시대적 반영으로 그 부르는 노래에도 나타날 것이겠지만. 이렇게 생각해 본다면, 오늘날은 불안의 시대이며, 전술한 바와 같은 전통을 가진 평양인-더구나 평양인들 중에서도 가장 전통적으로 음악적 생활을 해내려 오는 기생들이 오늘날에 있어서, 중류 이하의 대중적-보편적이라고 함이 타당할런지. 음악가로서 다른 아무 지방 사람보다 많이 배출되고 있다는 그것이 그다지 기이한 현상은 아닐 것이다. 다시 말한다면, 자고로 페이소스한 정서적 전통을 음악적 학문에서 받은 평양기생들이, 오늘날 기업가한데 자기네의 이익을 위하여 소위 기업가적 안목에 제일 선착으로 들어간다는 것은 당연한 길일 것이다. 그리고 본래 기생이란, 맨 먼저 얼굴이 예뻐야 한다. 얼굴에 아무 자신이 없으면 당초에 기생되기부터 않았을 것이다. 그러니까, 오늘날에 있어서, 기업가의 자본주의적 상품으로서 시장에 내놓음에 있어서, 이왕이면 레코드 가수로 택하겠는데, 더구나 음악적 전통까지 가지고 있을 뿐만 아니라, 사실에 있어서 시켜보면 한결 잘하는데 있어서랴. 음성도 음성이려니와 얼굴까지 예쁘면 그야말로 첨상금화일 것이다. 더구나 평양기생하면, 듣기만 해도 노래는 잘 부를 걸로 상상된다는 것은 전술한 바와 같은 이유로서 무리는 아닐 것이다. 여기에서도 우리는 오늘날 자본주의사회에 있어서 한 개의 상품은 그 상품을 종으로 횡으로 연관돼 있는 사물과 밀접한 관계가 있다는 걸 잊을 수 없다.[26]

위와 같이 평양이 가수의 도시가 된 것을 서북 차별에 대한 한의 정서와 연관시키는 경우도 있지만, 명승지로서의 평양의 풍광과 연계한 해석도 존재했다.

---

26 김삼룡, "가수의 도(都) 평양," 『삼천리』, 1935년 11월호, pp. 214~216.

현재 조선에 있어서 레코-드 가수의 태반은 평양출신이다. 더구나 여류가수에 있어서 그 경향이 일층 농후하다. 그야 1, 2회씩 취입한 가수들 단위로 잡는다면 물론 경성이 조선에 있어서 수위의 도시일 것이요, 문화의 중심지임으로 단연 그 수가 많겠지만은 전속가수로서는 도저히 경성은 평양을 따르지 못하는 것이 사실이다. 현재 여류전속가수로서의 대표적인 존재를 빛내고 있는 자들을 열거한다면 王壽福, 鮮于一扇, 崔硏硏, 金蓮月, 崔昌仙, 韓晶玉, 金福姬, 崔明珠 등등 모다 평양에서 출생하였고 더구나 그들이 모다 기생이라는 것이다.

대체로 평양은 어찌된 연고로 이렇듯 수많은 가수를 가지고 있을까? 실로 흥미있는 문제이다. 요컨대 패성에는 자고로 소위 풍류객들이 많이 출생하였고 운집하여온 땅이다. 그것은 평양의 풍토, 습관, 전통 등이 자연히 이 땅의 주민으로 하여금 예술적 소질을 기르게 하였다고나 할 것이다. 오늘날 풍광절미의 고장으로 제일 먼저 연상되는 곳은 평양이다. 이만치 패성은 승지강산이다. 그래서 예로부터 평양의 산수는 평양의 여성들로 하여금 천성적 수려를 구현시켰고 특징으로 남녀가 모두 음악적 소질을 힘입고 있다.[27]

이 기사에도 나타나듯이 평양 출신 가수는 대부분 기생이었다. 『개벽』과 『삼천리』에는 평양 기생과 관련한 많은 기사들이 실려 있다. 이를 통해 당시 평양 기생에 대한 대중적 호기심이 상당했음을 알 수 있다.

---

27 "삼천리 행화촌," 『삼천리』, 1936년 8월호, pp. 232~233.

4. 경제도시로서의 평양

평양은 또한 경제도시로 대동강 유역의 풍부한 자연 자원으로 바탕으로 산업이 발달했다. 농업에 유리한 토양을 가지고 있어 논농사와 밭농사 모두 잘 되는 곳이었지만, 상업도 활발히 이루어진 곳이었다. 일본 사람들은 평양을 조선의 오사카라고 불렀다. 그만큼 일본인들이 공업 분야에 많이 진출했다. 그럼에도 조선인에 의해 양말제조업이 가장 크게 발달한 곳도 평양이었다.

> 평양을 가는 사람으로 한번 대동강의 건너편을 본다 하면 대안의 이상한 발전에 악연하리라. 그런데 그것은 순 일인 측의 경제적 활동의 실적이다. 그러나 조선인 측의 경제적 활동은 여하한가. 별로 이것이라 할 것이 없다. 그런데 자못 묘한 일이 아니리요. 순조선인 경영의 양말제조업이 이상한발전을 하여 금년 상반기의 생산고가 이미 육십오만 오천오백원에 달하였으며 그 판로도 비상히 확장되어 조선 도처에서 거의 평양 양말을 보지 못하는 곳이 없게 되었다. 과연 묘한 사업의 묘한 발전이다. 하나라도 좋고 둘이라도 좋다. 한가지씩 두가지씩 우리의 경제적 진작을 꾀하는 것이 우선 세일이다. 오호라 조선의 평양을 일본의 오사카로부터 구축할 이가 누구?.[28]

이처럼 공업이 발달한 평양에는 서울에 화신백화점이 있었듯이 평안백화점이 들어섰다.

---
28 "6호통신,"『개벽』, 1922년 12월호, p. 33.

누구나 금수강산이란 서도 평양에 나타나 그 번화한 시가를 한 번 구경한 이는 남대문통 조선은행이나 그밖에 은행회사가 열립한 양층가 속에 4층 고루로 우뚝 솟은 당당한 흰 건물을 바라보고 놀라지 않을 사람이 없으리라. 바로 백보 안에는 대동강변에 우뚝 솟은 3층 고루(古樓)의 대동문이 서있고, 또 만고절경이라는 연광정이 서있어, 조망의 미관도 제일지로 꼽힐만 하야, 유경유객(柳京柳客)치고 이 양관루상에 올라 대평양을 굽어보지 않은 사람이 또한 드물 것이다. 이렇듯 좋은 이 양관이란 서울의 화신과 대칭되는 조선사람의 서도 유일의 평안백화점이다. …(중략)… 인구 20만을 넘게 가진 대평양에서, 더구나 서도 물산이 가장 많이 집산하는 이 대도회에서 백화점이 서지 못할 리 없다고 생각하여 개설되어 있는 三中井, 三越 丁字屋등을 상적(商敵)으로 돌리면서, 남대문통에 임시 영업소를 만들어 영업을 개시하는 한편, 신사옥을 건축하여, 정말 개업함에 이르렀다. …(중략)… 이 평안백화점이 당시 평양소매상계에 어떻게나 큰 충동을 일으켰는가 하면 모모 서문통 및 관관리의 중소상업가들은 소매상연맹같은 것을 만들어 평안백화점에 대항하여 사입(仕入)도 도쿄, 오사카에 공동출장원을 두고 판매도 서로 연락을 취하고, 광고도 상품배달이나 모두 공동으로 하여, 적은 비용을 들여가면서, 이 대규모의 백화점에 대항하라 하였다. 이리하야, 손쉬운 것으로 석감 등속은 실행까지 되어 갔었다. 그리고 단오나 추석같은 명절에 경품을 걸고 덤핑적 대렴매시를 백화점에서 벌이면 비록 상품은 빈약하나마, 그 역시 남을 따라 모두 염매시(廉賣市)를 벌이어 상품시장을 빼앗기지 말기에 노력했다. 이것은 도쿄나, 오사카나, 서울이나, 어디서든지 백화점이 처음 출현할 때에는, 그 위협에 놀라는 소매상인측에서 의례히 한 번은 생각하고 또 실행하여 보는 문제였다. 그러나 차츰 서울서 소매상측 대 화신 모양으로, 평양서도 백화점이 밟는 길과 소매상이 밟는 길이 얼마큼은 다른 것을 알아 안도하였다[29]

이처럼 평양은 양말제조업이 번창하고 서울 이외 지역으로는 유일하게 백화점이 들어선 경제도시였다.

일제시기에 평양은 고도로서 빼어난 풍광을 갖고 있는 동시에 공업과 상업이 발달하는 등 근대화의 선구로서 서울과 함께 조선을 대표하는 도시로 자리하고 있었다.

IV. 일제 시기 북한 지역의 사회와 문화 연구의 진전을 위하여

앞 장에서처럼 『개벽』과 『삼천리』의 관련 기사를 중심으로 일제 시기 평양의 사회와 문화를 들여다 볼 수 있었듯이, 양적인 뒷받침이 되는 지역의 경우는 잡지 분석을 통해서도 충분히 연구가 가능하다. 『개벽』과 『삼천리』의 북한 지역 관련 기사 분석을 통해 이와 같은 지역별 접근과는 다른 방식의 연구가 가능한 지를 검토해보자.

앞서 얘기한 것처럼, 서북, 즉 북한 지역 출신들이 서울로 진출하

---

29 "평안백화점은 어찌 망했는가," 『삼천리』, 1935년 11월호, pp. 144~146.

여 언론인으로 활약하기 시작하면서 신문과 잡지에서 북한 지역에 대한 소개가 매우 활발하게 이루어졌다. 서북 차별을 극복하기 위한 목적도 있었지만, 근대화에 앞선 지역으로서 신문과 잡지의 독자들이 많이 살던 곳이기도 했기 때문이다. 그러므로『개벽』과『삼천리』의 소개된 북한 지역 관련 기사는 타자의 시선으로 관찰한 것이라기보다는 '자신'을 선전하기 위한 목적으로 작성된 경우가 많았던 것으로 보인다. 그러므로『개벽』과『삼천리』에 나타난 북한 지역의 사회와 문화에 주목한 연구의 하나로 북한 지역을 바라보는『개벽』과『삼천리』편집자들의 시선을 전제하고 그에 맞추어 주제를 추출하여 기사를 선별하는 분석하는 연구가 가능하다 이처럼 그들이 보여주고자 했던 북한의 모습은 어떠했는지에 초점을 맞출 경우, 분량이 적은 기사일지라도 의미부여가 가능할 것으로 보인다.

또 하나의 연구로는『개벽』의 도호 특집을 골간으로 하여『삼천리』의 기사를 선별하여 덧붙이는 방식도 가능할 것으로 보인다. 이 때는 1920년대라는 시간과 1930년대라는 시간이 가져온 '변화'를 엿볼 수 있을 것이다.

『개벽』은 1923년부터 조선 문화의 기본조사를 실시하여 각 도별로 특집을 내놓는 기획을 시도했다.

> 우리는 입만 열면, 붓만 들면 다같이 가로되 조선을 위한다 하며 사회를 위하노라 한다. 그러나 자기의 한 몸도 아니요 또 한 집도 아닌 사회나 민족이 그렇게 쉽게 위해질 것인가. 한 집을 위하는 사람은 천하의 어떠한 사람보다도 그 집의 가장된 그 한 사람이 가장 잘 그 집을 위한다. 이것은 가장된 그 사람뿐이 그 집의 정형을 가장 잘 아는 까닭이다. 가장 잘 아는 사람이 아니고 가장 잘 감

동되는 사람이 될 수 없으며 가장 잘 감동된 사람이 아니고 가장 위하는 사람이 될 수 없는 것이다. 이것 뿐은 진언이라 믿어도 잘 못은 아니겠지.

우리는 지금 그러한 생각 밑에서 이러한 일을 시행하기로 한다. 즉 조선의 일반현상을 근본적으로 답사하여서 그 소득을 형제에게 공개하기로 한다. 이것은 한 달에 한 도를 답사할지요 답사한 그것은 그 익월호의 『개벽』에 부록으로써 공개할 것이다. 무슨 특별한 뜻이 있으리오. 조선의 혈손된 누구의 머리에나 조선의 금일 정형을 그대로 감명케 하여서 우리들 일반 이제 각히 분명한 조선의 호주되게 하자 함이며 제각기 조선과 결혼하는 자 되게 하자 함이다.

우리가 각도에 있어 실지로 답사할 표준은 인정풍속의 여하, 산업교육의 상태, 제사회 문제의 원인 및 추향, 중심인물 및 주요 사업기관의 소개 및 비평, 명승고적 및 전설의 탐사, 기타의 일반 상세에 관한 관찰과 비평.

우리는 대체로 위와 같은 표준의 밑에서 각도 각군의 실지답사를 행하되 오는 춘 3월의 제일로서 먼저 경상남도의 실황을 표출할지며 다시 호를 따라 경상북도, 전라남도로 미치어 명년 갑자의 3월 1일로서 조선 전면에 대한 답사를 종료할 계획이라. 이에 대한 상세한 사항은 형편을 따라 다시 발표하리라.[30]

이에 따라 북한지역의 경우, 평북(1923년 8월호와 9월호), 함북도

---

30 "조선문화의 기본조사, 각도도호의 간행," 『개벽』, 1923년 1월호, pp. 102~103.

호(1924년 1월호), 평남도호(1924년 9월호), 함남도호(1924년 11월호), 황해도호(1925년 6월호)가 각각 발행되었다. 바로 이 5개의 특집호를 모으면 일제시기 북한지역의 지지(地誌)를 구성하는 게 가능해 보인다. 일단 여기서는 이들 특집호의 구성과 내용을 간단히 살펴보고자 한다.

『개벽』1923년 8월호와 9월호에는 평북 특집이 실렸다. 8월호에 실린 「압강 이남 청천 이북을 대체로 말하면」에서는 평안북도의 위치, 지세, 하천, 연혁, 동서남북단 등을 싣고 있다.「평북의 산업, 농·공·상·축·임·광」등의 산업을 소개하는 기사를 마련하고 「일고일하한 평북의 2대계」에서는 침체한 교육계와 활발한 종교계를 대비하고 있다. 박달성은 「내가 본 국경의 1부 7군」에서 신의주부, 의주군, 삭주군, 창성군, 벽동군, 초산군, 희천군, 강계군을 소개하고 있다. 그리고는 평북의 국경일대를 다룬「동양의 일대보고 국경냉안의 대삼림」, 국경지대 답사 에피소드를 담은 「국경에서 얻은 잡동사니」가 실려 있다. 박달성이 쓴 「일천리 국경으로 다시 묘향산까지」이라는 기행문이 9월호에서는 「묘향산으로부터 다시 국경천리에」라는 기행문으로 이어진다. 한편 9월호에는 「내가 본 평북의 각군, 용천-철산-선천-정주-구성-영변-박천」이 실려 있다. 홍경래에 대한 이야기를 담은 「청강이북과 홍경래장군」을 다룬 기사도 있는데, 평북호에서 가장 많이 등장하는 인물이 홍경래이다.

『개벽』1924년 1월호에는 함북 특집이 실려 있다. 먼저 박달성이 47일간 함북을 돌아보고 쓴 「함북종관 47일」은 42쪽에 걸쳐 함북 지방을 관찰한 얘기를 자세히 싣고 있다. 「그러면 함북의 대체는 어떠한가」에서는 함북의 역사와 지리를 다루고 있다. 「함북사람이 본 함북과 기자가 본 함북」이라는 기사의 내용도 흥미롭다. 「한을 남겨둔 무산과 온성」은 무산과 온성을 답사하지 못한 아쉬움을 담고 있다. 「최후로 몇 조각 잡동사니」에서 답사를 다니며 생긴 에피소드를 적고 있다.

『개벽』1924년 9월호에는 평남 특별을 싣고 있다. 「조선문화기본조사(제8)-평남도호」에서는 평남의 지역 상황 전반을 다루었다. 기사로는 「서경야화」, 「녹족부인 계월향 옥개」, 「평양부의 번병인 대동군」, 「서선과 남선의 사상상 분야, 정치운동에 앞장서고 사회운동에 운동에 뒤떨어진 서선」, 「듣던 바와 다른 서도의 빈부 격차, 자본벌의 횡행, 지주급의 무렴!」, 「만주 속에 목을 매는 세민의 생활고 쓸 것은 많아가고 벌이는 줄고」, 「평남의 2대 민폐 잠견공동판매와 도로경진회」 등이 실려 있다.

『개벽』1924년 12월호에 실린 함남 특집은 종전과 다르게 구성되었다. '함남열읍대관'이라는 제목아래 각 군별로 함남수부인 함흥군, 일신일흥의 신흥군, 산장수장한 장진군, 함흥과 신흥 사이에 있는 정평, 명주명산지인 영흥군, 연어명산지인 고원군, 함남의 목탄고인 문천군, 원산의 울타리 덕원군, 명태왕국인 원산부, 대두특산지인 안변군으로 나누어 싣고 있다. 차상찬의 함남답사기인 「북국천리행」과 「함흥과 원산의 인물백태」를 실어 '함남열읍대관'에 없는 내용을 보충하고 있다.

『개벽』1925년 6월호에는 황해도득집이 실러 있다. 차상친괴 박달성이 함께 「황해도답사기」를 싣고 있다. 여기에는 황해도의 총관(위치, 지세, 연혁, 호구, 교육, 종교, 산업 기타에 대하여), 해주는 제2의 개성, 벽성여담, 장단군은 황해도 약초지, 옹진군은 해서의 처녀지, 송화는 거피(去皮) 30리, 재령은 기독교 천하, 신천은 온정세계, 안악은 농민의 복지, 황주는 능금국, 봉산은 황해도 중심지, 서흥은 유기명산지, 수안은 금으로 명천하, 곡산은 곡산, 신계도 산고유심, 평산은 황해도의 반향 금천은 대두자랑 등의 제목으로 구성되어 있다. 함북 특집의 구성을 그대로 따르고 있음을 알 수 있다. 황해도에 한하여 일본인 세력이 농업·임업·광업·어업·상업·금융업 등에 진출해 있음에 주목한 「가경할 황해도내 일본인 세력」이라는 기사가 독특하다. 박달성이 황해도를 답사하면서 생긴 에피소드를 엮은 「황해도에서 얻은 잡동사니」도 실려 있다.

처음 문화기본조사를 할 때는 '인정풍속의 여하, 산업교육의 상태, 제 사회 문제의 원인 및 추향, 중심인물 및 주요사업기관의 소개 및 비평, 명승고적 및 전설의 탐사, 기타의 일반상세에 관한 관찰과 비평' 등을 시도했으나, 도별 조사의 형편에 따라, 또는 식민지 조선에서 각도가 차지하는 위상이 다름에 따라 일관된 조사가 이루어지지는 못했다. 하지만 조선총독부의 통치 차원의 양적 조사가 아니라, 조선인 스스로 자신을 알고자 하는 의욕에서 출발한 조사로 도별로 기사가 균일하지는 않음에도 불구하고 일제시기 북한 지역의 사회와 문화를 전반적으로 파악하는 데는 좋은 자료라고 할 수 있다. 여기에 『삼천리』의 기사를 지역별로 대조하여 분석한다면 지역별로 변화를 추출할 수 있을 것으로 보인다.

이상과 같이 일제시기를 대표하는 잡지인 『개벽』과 『삼천리』의 북한 지역 관련 기사를 추출하면서 일제시기와 관련하여 절반, 아니 그 이상일 수 있는 공간의 기억과 역사가 지워지고 있는 것은 아닌지 당혹감을 느끼게 된다. 분단이 가져온 비극이기는 하나, 조선시대보다 오늘에 더 가까운 시간임에도 불구하고 오히려 일제시기 역사와 기억 속에서 북한 지역이 조선시대사보다 더 많이 지워졌다는 인상을 지울 수 없다. 본 연구를 통해 추출한 북한 관련 기사 하나하나가 더욱 소중히 다루어 잊히거나 혹은 잃어버린 일제시기 북한에 관한 기억을 재현하도록 해야 할 것이다.

::참고문헌

김정인. "개벽을 낳은 현실, 개벽에 담긴 희망." 『역사와현실』, 57(2005), pp. 23~27.

박숙자. "1930년대 대중적 민족주의의 논리와 속물적 내러티브." 『어문연구』, 37-4(2009), pp. 335~336.

이경돈. "삼천리의 세와 계." 『민족문학사연구』, 42(2010), pp. 332~334.

이승윤. "삼천리에 나타난 역사기획물의 특징과 잡지의 방향성." 『인문학연구』, 46(2013), pp. 461~465.

:: 한국어문학연구소(인문학연구원)

통일 시대 탈북 문학의 접근과 전망

서세림

목차

I. 서론

II. 〈탈북문학 연구의 새로운 지평〉 국제학술대회 개최 성과

III. 목록화 작업 및 DB 구축 사업

IV. 남북한작가 인권 소설집/ 탈북작가 시선집 발간

V. 결론

서세림 서울대학교 한국어문학연구소 공동연구원

I. 서론

이 글은 서울대학교 통일기반구축사업의 하나로 서울대학교 한국어문학연구소에서 진행한 연구사업을 소개하는 것을 목적으로 한다. 서울대학교 한국어문학연구소(연구책임자-국어국문학과 방민호 교수)에서는 〈통일 시대 탈북 문학의 접근과 전망〉이라는 제목으로 2016부터 2017년까지 2년간 연구사업을 실시하였다. 이 사업은 20세기 한반도 역사의 조망과 21세기 미래 가치 지향 및 통일 대비 사회적 인식 재구축을 목적으로 하여 연속 진행되었다. '탈북 문학'이라는 개념의 정립과 관련 자료 조사 사업 전개, 학술대회 개최, 탈북 문학 창작 소설집과 시집 출판 등 탈북 문학과 관련된 다양한 사업들을 진행하였으며, 이 글에서는 연구사업의 세부 내용과 의미에 대해 설명하고자 한다.

우선, 이 사업의 목적은 다음과 같다.

첫째, 탈북 문학 연구를 통해 남북통일의 사회적 의미를 재인식한다. 본 연구 사업은 20세기 한반도 역사의 조망과 21세기의 미래 가치 지향 및 통일 대비 사회적 인식 재구축을 목적으로 하여 연속 진행되었다. 탈북 문학인들의 체험을 기반으로 한 문학 작품들, 탈북과 관련한 남북한 문인들의 작품 및 다양한 서지 자료들을 발굴, 소개하며 정리하고 이를 아카이브화하여 전문 연구자들에게는 새로운 연구의 장을 열게 하고, 우리 사회 전체에는 통일 대비를 위한 인식의 중요한 한 축을 마련하게 하기 위한 2016년도 1차 연구사업이 진행되었다. 2017년도 2차 사업에서는 연속적으로 DB 구축의 확장과 연구 범위의 확대 및 연구 수준의 심화를 추구하였다. 문학 작품을 통하여 남북

통일의 세계사적 의미와 그 중요성에 대해 인식하게 하고자 하였다. 이를 통해 한국 사회의 모든 구성원들에게 평화의 인문학의 가능성을 제시하고 통일의 본질적 필요성에 대해 재확인하는 것을 목적으로 하였다.

둘째, 탈북 문학의 문학사적 의미를 재구축하고 세계사적 의미를 확인하여 세계문학으로서의 탈북 문학의 장을 형성 및 공표한다. 이 사업에서는 탈북 문학 관련 아카이브 구축의 심화를 통하여 탈북 문학의 다채로운 성격을 한국 사회 전반에 알릴 수 있도록 하였다. 특히 반체제 문학, 증언 문학 및 수용소 문학 등의 특성을 찾아볼 수 있는 탈북 문학의 세계사적 의미를 지속적으로 심화 탐구하여 한국문학 전체의 위상 향상에 더욱 기여하고자 했다. 탈북 문학 연구를 통하여 서로 다른 이념의 사회에서 하나의 공동체로 합치되는 과정에서 나타날 수 있는 생활양식 변화와 정서적 대응을 이해할 수 있다. 한국의 탈북 문학 연구에 가장 큰 기반이자 자산이 될 수 있도록 핵심적 아카이브의 구축과 심화를 추진하였다. 이는 2016년도 사업의 소설, 수기류의 장르와 함께 2017년도 사업의 시, 영화, 희곡, 아동문학 등의 장르 합산과 융합을 통해 완성시킬 수 있다.

셋째, 탈북 문인과 남한 문인의 문학작품 창작, 발표를 통해 북한의 인권 문제와 북한 사회를 이해하고, 대중에게 통일의 중요성을 고취하여 통일의 염원을 사회적으로 확장·재생산시킨다. 탈북 작가와 남한 작가들이 함께 모여 남북한 작가들의 화합을 이루며, 공동 창작 작업을 통해 탈북 문학의 개념을 널리 알리고, 남북한 문학의 관계에 대하여 사회적 인식을 고취시키고자 하였다. 이 사업을 통해 진행한 남북한 작가들의 공동 창작 소설집 출판은 통일과 북한 인권 문제에 대한 한국 사회 전반의 관심을 촉구하는 데에 크게 기여하고 있다. 문학 작품을 통해 북한의 인권 문제를 일반 대중에게 환기시키고, 통일의 필요성에 대한 사회적·대중적 관심을 확대시킨다. 도래할 통일의 비전을 제시할 수 있는 문학을 사회 전반에 알림으로써 각 개인이 통일의 주역으로 거듭날 수 있는 토대를 마련한다.

이러한 목적의식을 기반으로 하여, 이 사업은 다음의 내용들을 추진하여 실행하였다.

첫째, 탈북 문학인 단체 소속 작가들과 그 외 탈북 작가들의 작품 관련 목록 정리 작업을 실행하여 아카이브를 구축한다. 탈북 문학의 창작 작품들 중 소설, 수기, 시, 영화, 희곡, 아동문학 등을 대상으로 목록 조사 및 정리 사업을 실시하였다. 탈북 경험의 구체성을 확인할 수 있는 소설과 수기를 대상으로 2016년에 연구사업을 진행하였으며, 2017년도의 사업에서 시, 영화, 희곡, 기타 장르 및 인접 학문 분과와의 융합 연구 등을 포함하며 그 성과를 계속적으로 확산시켰다.

대상 작품들의 발표 시기와 관련하여, 북한 사회 '고난의 행군' 시기 전후 탈북이 급격히 증가하며 본격적으로 대한민국 내 탈북민 유입이 이루어진 1990년대 이후부터 현재까지의 시기를 탈북 문학 형성에 중요한 분기점으로 보며, 이 시기 탈북 문학 작품들에 대한 데이터베이스화 작업을 실시하였다. DB 구축의 대상이 되는 작품들은 등단 또는 기타의 기준에 따라 현재 문학작품으로 인정되는 창작 활동을 하고 있는 작가들을 중심으로 선정하였다. 실제 창작 활동을 하고 있는 탈북 작가들을 발굴하여 그들의 작품 활동에 대한 데이터베이스를 만들어, 향후 연구자들이 이를 토대로 탈북 문학 연구에 지속적으로 활용 가능하도록 했다. 또한 다양한 매체를 통해 발표된 영화작품에 대한 조사 및 연구를 병행하여 문학과 인접 장르의 융합적 토대 조사를 실시하였다. 이에 따라 작가, 작품명, 장르 구분, 서지사항, 발생

기관, 발표 시기 등을 조사 및 정리하여 데이터베이스화 하는 작업을 진행하였다.

이와 함께 탈북 체험 및 관련 현실을 소재로 한 한국 작가, 작품들의 목록에 대한 데이터베이스화 작업을 수행하였다. 한국 작가들의 소설, 수기, 시, 영화, 희곡, 아동문학 등 문학 및 영화 작품들에 대한 목록 정리 사업을 실시하였다. 1990년대 이후부터 현재에 이르기까지, 한국의 문단에 등단하여 활동하고 있는 작가들과 활동 중인 영화인을 대상으로 하여 탈북 문학 작품을 선정하였다. 실제 활발히 창작 활동을 하고 있는 작가들의 작품들을 분석하여 탈북 문학인들의 작품과 함께 목록을 정리함으로써 탈북 문학이라는 새로운 문학 연구의 장을 생성하였다. 또한 탈북 관련 영화 작품의 DB 구축을 통하여 학문 분야의 융복합 연구가 가능할 수 있게 함과 동시에 예술적 장르의 확산적 이해를 도모하였다.

둘째, 탈북 문학의 주요 성과를 분석·점검하고 학문적 연구 기반을 확립하기 위한 국제학술대회 개최를 개최하였다. 남북한 분단 역사와 밀접한 연관이 있는 한·중·일 3개국의 연구자들을 초청하여 탈북 문학과 관련한 발표와 토론을 진행하며, 이를 통해 탈북 문학이 한국문학의 특정 대상에 머무는 것이 아니라, 한국문학의 의의와 위상을 갱신할 수 있는 영역이 되도록 하였다. 탈북 문학의 난민 문학적 성격, 반체제 문학적 성격, 증언 문학적 성격 등을 더욱 깊이 있게 연구하여 한국 문학을 풍요롭게 하는 것은 물론, 세계 문학적 성격을 새로이 발견하고자 하였다.

이에 따라 〈탈북 문학 연구의 새로운 지평〉이라는 주제로 2017년 8월 31일, 서울대학교 신양인문관 국제회의실에서 국제학술대회를 개최하였다. 한국문학 내에서 중요한 의미를 지니는 인접 개념들인

월남문학, 귀순문학, 난민문학 등을 함께 논하면서 '탈북 문학'의 개념을 규정하고 대상 작품들에 대하여 학술적 논의를 진행하였다. 경험을 바탕으로 하는 탈북문학의 고유한 성격을 장르적 고찰을 바탕으로 규명하였고, 탈북 문학이 가지고 있는 '반체제 문학', '수용소 문학', '디아스포라', '난민문학' 등의 성격을 고찰함으로써 탈북문학이 가진 세계 문학으로서의 보편성을 확인하였다.

셋째, 탈북·남한 문인이 함께 하는 공동소설집과 시선집 단행본을 발간하고 기념낭독회를 개최한다. 탈북 소설가와 남한 소설가가 북한의 인권 문제 등을 다룬 공동소설집을 출판하였다. 2017년도 사업의 결과로 북한의 인권 문제와 도래할 통일의 비전 제시를 주제로 남북한 총 10명의 소설가들이 참여하여 공동소설집 〈꼬리 없는 소〉(예옥)를 발행하였다. 참여 소설가로는 남한 소설가 정길연, 방민호, 이성아, 유영갑, 이정 등 5인과 탈북 소설가 도명학, 설송아, 이지명, 김정애, 박주희 5인, 총 10인이다.

이와 함께, 북한 인권 문제 및 탈북의 현실 등을 다룬 탈북 공동 시선집 〈엄마 발 내 발〉을 출판하였다. 탈북 과정의 고통과 가족에 대한 그리움 및 꿈꾸며 기다리는 통일을 주제로 현재 활발히 활동 중인 탈북 시인들의 시 작품들을 선정하여 시선집에 수록하였다.

넷째, 탈북 작가와 남한 작가들을 초청하여 소설작품집/시선집 출간 기념낭독회를 개최한다. 2015년에 이어 2016년에도 지속적으로 탈북 문학 관련 창작을 증진하는 데에 기여하고 단행본 출판의 성과를 낼 수 있었다. 2017년에도 소설집과 시선집 등 단행본 2권을 출판하고 그 출판기념회와 기념낭독회를 개최하여 소설집 참여 작가와 시선집 참여 작가 및 언론, 독자들을 초청한다. 출간 기념회 행사를 통해 소설집 출판의 의의를 다지고, 모든 참여 작가들 및 언론 기자, 방청

객 등을 초청하여 남북한 문인 협력과 네트워크의 의미를 재확인한다.

이를 통해 이 연구사업에서 기대하는 효과는 다음과 같다.

첫째, 사회적 측면에서, 남북통일의 실제적 중요성을 체감할 수 있는 계기를 제공하고 통일에 대한 인식 전반을 향상시킨다. 탈북 문학 연구를 통하여 실질적으로 북한의 현실과 통일의 필요성을 절실히 체감할 수 있게 하며, 사회 인식 전반에 영향력을 미치는 동시에 제도적, 경제적 측면에서도 그 필요성을 드러내도록 한다. 본 연구 사업의 결과는 문학작품에 나타난 체험으로서의 현실 뿐 아니라, 탈북인들의 탈북 전후를 비교하는 작업도 가능하여 이를 통해 향후 통일 시대 준비를 위한 토대와 초석을 마련할 수 있게 한다.

사회적·경제적·제도적·환경적 측면에서, 현재 북한의 현실을 명확히 이해할 수 있게 하는 동시에 한국 사회에 새롭게 다가올 통합의 비전을 제시하는 데에도 탈북 작가들 및 탈북 문학 연구자들의 역할은 중요하다. 이들의 작업을 정리하는 과정을 통하여 한국 사회 전반에 통일과 통합의 가능성과 필요성을 동시에 제시하여 21세기 평화의 가치를 정착시킨다. 이를 통하여 분단의 구조를 이해하고 나아가 한국 사회를 통일 준비 사회로 분명히 인식시키는 효과를 갖는다.

둘째, 학술적 측면에서, 탈북의 의미를 재조명함으로써 탈북 관련 학술계 제반에 새로운 연구의 장을 생성하는 효과를 갖는다. 인문학적 기반을 바탕으로 시작한 연구에서 나아가, 사회과학, 자연과학, 예술분야까지 포괄하는 총체적·미래지향적 담론 창출에 기여하게 된다. 학문 제반 분야에서 탈북 체험과 문학적 성취를 활용하여 새로운 시각을 제시한다. 탈북인들 및 탈북 작가들의 체험과 그들을 면밀히 관찰, 취재한 한국 작가들의 작업은 종합적으로 한국 사회의 미래 담론의 창출을 위해 꼭 필요한 자양분이 된다. 실제 한국어문학연구소의 통일기반구축사업 2016년도 1차 사업분에서 탈북 경험의 구체성을 분명히 확인할 수 있는 소설과 수기 장르를 대상으로 발굴, 조사를 실시하였다. 이를 통해 구축한 방대한 DB 누적은 탈북 문학 기반 자료로서 중요한 가치를 지닌다. 연속하여 2017년도 2차 사업분에서 시, 아동문학, 희곡, 영화 등 장르의 확장과 심화를 통해 DB 구축의 완성을 이룸으로써 탈북 관련 문학 자료 연구 및 해석에 핵심적인 토대가 될 수 있을 것이다. 이는 탈북 문학 연구라는 새로운 학문의 장 형성에 크게 기여할 수 있다. 또한 전국 각 지역의 대학 및 연구기관에 소속된 다양한 연구자들이 모여 학술 발표와 토론을 진행하는 학술대회를 개최함으로써 탈북 문학을 중요한 연구 주제로 자리매김할 수 있게 하였음을 널리 공표한다. 이를 통해 한국의 탈북 문학 연구의 장이 세계사적으로도 중요한 의미를 지니고 있음을 드러냄으로써 한국 학술 연구의 전반적 가치를 향상시킨다.

셋째, 문학적 측면에서, 세계문학으로서의 탈북 문학의 위치를 재정립하여 한국문학 전반의 위상을 향상시킨다. 세계사적 의미를 지니는 탈북의 중요한 문학적 의미를 재확인함으로써, 한국문학이 세계문학으로 발돋움하는 기틀을 마련한다. 향후 한국문학의 세계화를 위하여 이는 지속적으로 중요한 의미를 지닌다. 2016년도 사업을 기반으로, 2017년도 사업에서는 탈북 문학에 대한 이해의 심화를 추구하여 반체제 문학 및 증언 문학, 수용소 문학 등으로서의 탈북 문학/북한 문학에 대한 자료 조사 및 연구를 수행하여, 한반도 사회·문화·정치 각 영역에 기여할 수 있는 탈북 문학의 의미를 한국과 세계에 알린다. 또한 통일에 대비하여 탈북을 중심으로 새로운 문학 연구의 장을 만들고 지속적으로 연구하는 것은, 향후 연구자들의 활동 분야를 넓혀 학문 공동체 전반의 폭을 확장시킨다. 체제 선전 위주의 북한 내부 실상과 문학예술 등에 대한 비판 및 평가의 작업과 함께 그것을 넘어 평화와 화합으로 나아갈 수 있는 방향과 그 중요성을 탐구한다. 이를 통하여 다른 체제에 대한 이해를 넓히고 향후 통일 시대를 대비할 수 있는 인식론적 기반을 마련한다.

넷째, 탈북·남한 문인과 일반 대중이 함께 소통할 수 있는 장을 마련함으로써 통일에 대한 염원을 사회적으로 확장시킨다. 남북한 작가들의 공동 소설 창작집, 탈북 작가 시선집 출간 및 출판기념 낭독회 개최를 통해 통일 이전과 이후의 한반도 아젠다를 인문학적 차원에서 모색하고, 통일이라는 주제를 문학적으로 풀어감으로써 일반 대중에게 친숙하게 접근한다.

국내 탈북 문인에게 사회적 참여 기회를 제공하여 탈북 문인에 대한 대중적·사회적 이미지를 긍정적인 방향으로 발전시킨다. 탈북 작가들의 적극적 활동을 통하여, 탈북인들이 분리와 차별의 대상이 아닌 협력과 상생의 대상임을 긍정적으로 인식하게 한다. 통일의 주역이 될 일반 대중들이 함께 참여할 수 있는 기회를 제공함으로써 통일의 중요성을 사회적으로 인식시킨다.

II. 〈탈북문학 연구의 새로운 지평〉 국제학술대회 개최 성과

1. 국제학술대회의 성과

1) 탈북문학 연구의 방법론적 탐색

2017년 8월 26일, 서울대학교 신양인문관 국제회의실에서 오전 10시부터 저녁 6시까지, 〈탈북 문학 연구의 새로운 지평〉이라는 제목으로 국제학술대회를 개최하였다. 이번 학술대회는 1990년대 이후 급증하는 탈북문학 연구의 새로운 시각을 마련하기 위해 개최되었다. 학술대회가 주목한 것은 '난민 문학', '증언 문학'이라는 관점이다. 먼저, 서울대학교 "방민호" 교수는 기존 문학사에서 독립적 개념이자 대상으로 자리 잡고 있는 '분단문학', '월남문학'의 함의를 살펴보고, 이들과의 연속선상에서 탈북문학 연구의 방법론을 개괄하였다. 한국전쟁 후부터 남북한 관계의 중요한 사건을 살피고, 이를 역사화함으로써 분단부터 지금에 이르기까지 시기구분과 그에 따른 문학사적 개념 창안의 방법론적 시론(試論)을 제시하였다. 한편, 일본 동경외대 "이효덕" 교수는 '망명문학'을 참조로 하여 탈북문학이 세계사적 · 동아시아적 맥락에서 어떤 고유성이 있는지를 고찰하였다. '탈북' 현상을 분석할 수 있는 기존의 사회학적 개념을 참조하여, 탈북 문학 연구의 시각을 제안한다. 이러한 논의를 통해 아직 학계에서 충분히 논의되지 않은 '탈북 문학'이라는 개념을 마련하는데 기여할 수 있었다.

2) 탈북문학의 국제적 위상

더불어, 2부와 3부에서는 탈북문학의 문학사적·국제적 위상을 살펴보았다. 단국대 "배개화" 교수는 영미권에 나타나는 탈북 여성 문학의 현황을 소개하고 그 특징을 분석하였으며, 중국 중앙민족대 "최유학" 교수는 중국에서의 탈북자 정책과 북한 문제를 소개하고, 접경 지역의 탈북자 문제 등을 문학 및 수기와 관련하여 발표하였다. 중국 산동대의 "후이잉" 교수는 한국의 탈북자 소재 문학과 대만의 문학을 비교함으로써 근대 국민국가의 '비국민'이라는 관점으로 탈북문학 연구 시각의 한 사례를 보여주었다. 국민/국가에서 벗어나는 존재이자, 이에 저항하는 반체제적 존재로서 탈북자들을 조명하고, 문학적 재현의 의의를 밝히는 자리가 되었다.

3) 탈북 문학 연구의 확장과 심화

마지막으로, "이상숙", "서세림", "이지은" 발표자는 탈북 문학의 범위를 확장하고 심화된 논의를 하는데 기여했다. 가천대 "이상숙" 교수는 탈북 시의 범주와 현황에 관해 발표하였다. 탈북 문학은 주로 소설 장르에 한해서 연구되어 왔다. 이상숙 교수는 현재 발표 및 출간되어 있는 탈북 시를 조사하여, 이것이 이미 문학의 한 범주로 자리 잡고 있음을 보여주었다. 더불어 탈북시들을 분석함으로써 그 문학성을 타진하였다. "서세림" 연구자는 탈북자 수기에 나타난 감정과 도덕에 관한 발표를 하였다. 탈북자 수기는 기존의 탈북 소설 연구에 비해 본격적으로 논의되지 않은 장르이다. 서세림의 발표는 탈북자 수기도 한국 문학의 대상으로 범주화될 수 있음을 보여준다. 마지막으로 "이지은"의 발표는 기존 '탈북자'라고 뭉뚱그려 불렸던 이들의 세대구분을 시도하였다. 더하여 남한과 북한의 국민국가 건설 운동의 상동성을 제시하고, 이러한 이데올로기적 교육을 받지 않은 2세대 마이너리티들이 국가 출신을 횡단하여 연대할 수 있음을 제시하였다. 이를 통해 탈북 문학 연구가 한국문학에서 단지 대상화된 범주가 아니라 인종, 계급, 젠더를 아우르는 소수자의 목소리 중 하나로 인식될 수 있음을 보여주었다.

2. 학술 심포지엄을 통한 탈북 문학 연구 영역 확대와 활용방안

1) 통일선도대학의 과제– '탈북문학'의 영토 마련

서울대학교는 지난해 통일교육 선도대학에 선정되어 통일교육 활성화에 기여하고 있다. 이에 서울대학교 국어국문학과 한국어문학연구소에서는 통일평화연구원의 통일기반 구축사업의 일환으로 탈북문학의 개념을 정의하고 그 대상을 선정하여 DB로 구축하는 작업을 진행해오고 있다. 2016년부터 진행된 〈통일 시대 탈북 문학의 접근과 전망〉 사업의 성과로 한국문학연구소는 탈북자를 소재로 하거나 탈북자가 직접 쓴 수기 및 소설 목록을 확보하였으며, 2년 연속 남북한 인권 소설집을 발간하고 있다. 한국문학사에 '탈북문학'의 자리를 마련하는 것은 한국 문학을 더욱 풍요롭게 가꾸는 것은 물론, 통일 시대를 대비한 기반 사업이 될 것이다. 더불어 통일 선도 대학의 교육 프로그램을 마련하는데 연구 기반으로 활용될 것이라 생각된다.

2) 탈북문학의 담론 마련

한국 문학사에 북한 문학은 '월남문학', '귀순문학'으로 인식되었다. 지난 시대는 월경자들에게 이데올로기를 앞세워 작가의 창작을 봉쇄하거나 왜곡하는 경향이 짙었다. 이에 비해 1990년대 이후 탈북자들은 자신의 경험을 증언하고 반인권적 현실을 폭로하고 있다. 그러나 여전히 담론은 이러한 현실을 반영하지 못하고 있다. 비평과 연구는 인권수호라는 대명제 아래에서 탈북문학을 평가하고, 반체제적 저항정신을 분석하기 위해 새로운 언어를 발견해야 한다. 지난 시대의 정치 지형에 얽매인 언어가 아니라 새로운 관점과 시선으로 탈북문학을 연구해야 한다. 이러한 문제의식에 기반하여 본 학술대회는 '증언문학', '난민문학', '저항문학'이라는 시각으로 탈북문학에 접근하여 새로운 담론을 형성하였다고 본다.

3) 한국문학의 세계문학적 보편성 탐구

탈북작가들의 작품에는 반인권적 체제에 대한 증언과 난민으로서의 고통이 드러난다. 1990년대 이후 '탈북문학'은 난민문학, 증언문학으로서의 성격을 가지며, 이는 소련의 반체제 문학, 유럽의 수용소 증언록 등과 함께 폭력에 저항하고 인권을 수호하는 문학의 본령과 맞닿아 있다. 따라서 한국문학에서 '탈북문학'의 자리를 마련하는 것은 '월남' 문학 이후 한국문학의 폭을 넓히는 뿐만 아니라, 세계문학으로서 한국문학의 면모를 심화하는 일이기도 하다.

4) 탈북문학의 국제적 시각 확보

본 학술대회는 '탈북문학'의 영토를 마련하기 위해 인접 개념인 '증언

문학', '난민문학', '디아스포라' 등의 시각으로 탈북문학을 살피고자 하였다. '탈북'이라는 명칭이 보여주듯, 탈북문학은 특정 지향점을 가지는 것이 아니라 '~로부터'의 탈출이라는 개념을 가진다. 난민으로서 탈북인들은 가깝게는 아시아, 멀게는 유럽, 아메리카대륙으로 떠나가고 있다. 탈북문학을 살피기 위해 국제적 시각을 확보하는 일이 긴급한 까닭이다. 이에 본 학술대회는 탈북의 경로가 되며 탈북문학의 주요 배경이 되는 중국과 함께, 한국과는 다른 역사적·정치적 지형에서 북한과 관계를 맺어왔던 일본의 사정을 살펴보았다. 중국과 일본에서 번역·유통되고 있는 탈북문학의 현황을 한국 학계에 발표하였으며, 현지 학자들의 견해를 청해 들었다. 국제적 시각을 확보하는 것은 탈북 문학을 단지 '한국어 문학'이라는 물질적 테두리에 한정하는 것을 넘어, 난민 문학과 같은 세계 문학으로서 탈북 문학의 일면을 살필 수 있는 시각을 제시하였다.

III. 목록화 작업 및 DB 구축 사업

탈북 문학 자료 조사 작업 결과, 크게 소설, 수기, 시, 아동문학, 희곡 및 극양식 등으로 나누어 다음과 같은 성과를 거두었다. 장편소설 및 단편소설, 단행본 및 연속간행물 수록 작품 포함 소설 총 262편의 자료에 관한 데이터베이스(이하 DB) 구축을 완료하였다. 단행본 및 연속간행물 수록 수기 406편, 인터뷰/취재/르포/증언 등 수기 인접 장르 72편 등 수기 관련 자료 총목록 478편의 자료에 관한 DB 구축을 완료하였다. 시집 단행본 포함 시 205편, 아동문학 98편, 희곡 89편 등 확장·융합 장르에 관한 DB 구축을 완료하였다. 이는 모두 2016~2017년 사업의 연속성을 고려하여 진행되었다. 이에 따라 총 작품수 1,132편에 이르는 방대한 데이터베이스 구축의 결과를 누적시켰다.

DB 구축 사업 진행으로 누적된 총 1,132편에 이르는 결과물은 향후 한국 탈북 문학 연구에 있어 가장 기본이 되는 자료가 될 것으로 기대된다. 또한 DB의 목록에 존재하는 모든 자료들에 대하여 분야별로 통계적 분석 작업을 실시하였다. 분야별 다양한 주제를 추출하여 총목록의 통계 자료를 분석하였다.

가장 많은 비중을 차지하는 소설과 수기의 구체적 분석 양상을 소개하면 다음과 같다. 우선 소설 분야의 경우, 작품을 발표한 작가의 출신지별 통계를 보면 남한 작가 64%, 탈북 작가 35%, 기타 1%의 비율을 확인하였다. 장르별로는 장편 56%, 단편 43%, 기타 1%의 양상을 보였다. 발간 매체 형태별로는 단행본 63%, 연속간행물 37%로 구분되었다. 또한 소설 작품의 발표 시기별 통계를 보았을 때, 1994년 이후 지속적으로 증가 양상을 보이며 특히 2010년대 이후 급증하는 형태를 띠고 있음을 확인할 수 있었다.

수기의 경우, 발표 작가의 90%가 탈북 작가로 압도적인 비중을 차지하는 점에서 소설과 차이를 보였다. 그 외 남한 작가 6%, 기타 4%의 비율이었다. 실제 체험을 기반으로 한 수기 장르의 경우 소설 등에 비해 탈북자 출신 작가들의 참여도가 훨씬 높았음을 알 수 있다. 발간 매체 형태는 단행본 65%, 연속간행물 35%로 나타났다. 수기의 작품 발표 시기는 1990년대 이후 점차 증가하여 1999~2000년 경에 가장 활발히 나타났으며 2010년 이후로는 조금씩 증가세가 둔화되었다.

이와 같은 자료와 통계들은 탈북 관련 문학 자료 연구 및 해석에 중요한 기반으로 활용될 수 있다. 탈북 작가 및 탈북 소재 작품에 대한 DB 구축 및 기반 자료 목록이 존재하지 않는 상황이었으므로, 이 결과물은 향후 한국 탈북 문학 연구에 의미있게 활용될 수 있을 것이다. 문학 연구자들은 해당 DB 구축 자료를 열람 및 활용하여 탈북 문학과 한국문학 연구에 적극적으로 활용할 수 있으며, 이는 탈북 문학 연구라는 새로운 학문의 장을 형성하는 데 긍정적으로 기여할 수 있다. 또한 탈북 문학 연구를 위한 기반 자료 DB 및 통계 분석 등을 학문적·대중적으로 활용할 수 있도록 하는 방안을 지속적으로 모색하고 있다.

이와 같이 탈북 문학 작품들을 소개, 발굴하며 정리하고 이를 데이터베이스화 하여 전문 연구자들에게는 새로운 연구의 장을 열게 하고, 우리 사회 전체에는 통일 대비를 위한 인식의 중요한 한 축을 마련하게 하였다.

IV. 남북한작가 인권 소설집/ 탈북작가 시선집 발간

1. 남북한작가 공동 소설집 발간 연례화를 통한 창작 지원 활성화

서울대학교 통일기반구축사업의 지원을 통해 2015년 『국경을 넘는 그림자』에 이어 2016년에도 남북한 작가 공동 소설집『금덩이 이야기』를 출간함으로써, 지속적으로 탈북 문학 관련 창작을 증진하는 데에 기여하고 단행본 출판의 성과를 낼 수 있었다. 소설집『금덩이 이야기』에서는 더욱 다양한 작가들의 참여를 통해 남북한 작가 네트워크를 공고화했다. 이지명, 도명학, 김정애, 윤양길, 설송아, 곽문안 작가 등 탈북 문인 6인의 소설과 이경자, 박덕규, 이대환, 유영갑, 이성아, 정길연, 방민호 등 남한 문인 7인의 소설, 총 13편을 수록하였다. 문학평론가 노태훈의 해설, 서울대 통일평화연구원장 정근식 교수의 축사가 같이 수록되어 있다. 또한 출간 기념회를 통해 소설집 출판의 의의를 다지고, 모든 참여 작가들 및 언론 기자 등을 초청하여 남북한 문인 협력과 네트워크의 의미를 재확인하며 대내외적으로 남북한 문인들의 화합의 성과물을 널리 알려 탈북 문학에 대한 대중적 인식을 확산시켰다.

본 연구사업을 통해 지속적으로 탈북 문학 관련 창작 증진에 기여함으로써 2017년도 사업의 결과물로 세 번째 단행본 소설집『꼬리 없는 소』를 2018년 1월 31일 출판하였다. 탈북 소설가과 남한 소설가 10인이 함께 모여 이지명, 도명학, 김정애, 설송아, 박주희 작가 등 탈북 문인 5인의 소설과 이정, 유영갑, 이성아, 정길연, 방민호 등 남한 문인 5인의 소설, 총 10편을 수록하였다. 소설집『꼬리 없는 소』에서는 새로운 작가의 합류를 통해 더욱 다양한 주제의식을 보여주었다. 이와 함께 문학평론가 이지은의 해설, 서울대 통일평화연구원장 정근식 교수의 축사가 같이 수록되어 있다. 이를 통해 탈북 작가들에게 안정적 발표 지면과 소통의 창구를 마련해주고 탈북 문학의 성과를 대내외적으로 널리 확산시킬 수 있게 될 것이다.

2. 남북한 공동 소설집/탈북 시선집 발간 및 출판기념회 개최

남북한 공동 창작 소설집을 정기적으로 출판하여 안정적으로 남북 문인 네트워크 구성하고 작품 창작에 기여하고 있다. 2016년 남북한 공동소설집 『금덩이 이야기』를 출판한 데 이어 2017년에도 남북한 공동소설집 『꼬리 없는 소』를 발행하였다. 『꼬리 없는 소』에는 남한 출신 작가 정길연, 방민호, 이성아, 이정, 유영갑과 탈북자 출신 작가 도명학, 설송아, 이지명, 김정애, 박주희 등 10인이 함께 참여하여 새로운 창작 성과를 발표하였다.

또한 북한 인권을 이야기하는 탈북 시 작품들을 선정하여 시선집 『엄마 발 내 발』을 발간하였다. 북한에서의 생활, 탈출기, 남한 정착기, 제3국 생활 등의 내용을 담고 있다. 이를 바탕으로 남북한 작가 소설집/탈북 시선집 출판 기념회와 작품 낭독회 행사를 실시하여 창작자와 대중, 언론 등의 만남을 주선하였다.

이를 바탕으로 2017년 2월 2일 인사동 '선천'에서 소설집 『금덩이 이야기』의 출판 기념회 및 낭독회가 개최되었다. 출간 기념회 행사를 통해 소설집 출판의 의의를 다지고, 모든 참여 작가들 및 조선일보, 동아일보, 경향신문, 연합뉴스 등 주요 언론 기자, 방청객 등을 초청하여 남북한 문인 협력과 네트워크의 의미를 재확인하는 시간을 가졌다. 여러 언론 매체의 관심 속에서 출판 기념회를 성황리에 진행하였으며, 2018년 2월에도 새로운 소설집 『꼬리 없는 소』와 탈북 시선집 『엄마 발 내 발』 출판기념회 및 작품 낭독회 행사가 개최되었다.

이와 같은 작업을 통해 탈북 문학의 안정적 발표 지면을 확보하는 동시에 탈북 문학의 작품성을 향상시킬 수 있다. 남북한 공동 창작 소설집을 연례화함으로써 탈북 작가들이 수준 높은 작품을 안정적으로 발표할 수 있게 하고, 남한 문인들의 경우에도 탈북 및 탈북자, 통일에 대한 관심을 고취시켰다. 남북한 문인 네트워크를 지속적으로 확장시켜 한국 문학계의 안정적인 연구 및 창작 네트워크로 기능할 수 있도록 계속 관리하여, 연구 및 창작 분야에 도움이 되도록 할 것이다.

V. 결론

지금까지 살펴본 바와 같이, 한국어문학연구소의 본 연구사업에서는 탈북 문학 작품들을 소개, 발굴하며 정리하고 이를 데이터베이스화하여 전문 연구자들에게는 새로운 연구의 장을 열게 하고, 우리 사회 전체에는 통일 대비를 위한 인식의 중요한 한 축을 마련하게 하였다. 탈북 작가들의 증언적 성격을 면밀히 검토하여 탈북 문학의 세계사적 의미를 재확인함으로써, 한국문학 전체의 위상을 끌어올릴 수 있다. 또한 탈북 문인과 남한 문인의 문학작품을 대중과 공유함으로서 통일의 염원을 사회적으로 확장하게 된다.

데이터베이스(DB) 구축 사업 진행으로 총 작품수 1,132편에 이르는 방대한 DB 구축의 결과를 누적시켰으며, 이것은 탈북 문학 자료 조사 토대 사업의 결과물인 동시에 탈북 문학 연구와 전개를 위한 주요 자료로 활용될 수 있다. 또한 한·중·일 3국의 저명 학자들 및 전국 각지의 대학에 소속된 다양한 연구자들이 모여 국제학술대회를 개최하여 학술적 발표와 진지한 토론을 진행함으로써 탈북 문학을 중요한 연구 주제로 활용할 수 있음을 널리 알리게 되었다.

그리고 서울대 통일평화연구원의 후원으로 2015년 출판되었던 소설집 『국경을 넘는 그림자』와 2016년 『금덩이 이야기』에 이어 세 번째로 남북한 작가 공동 소설집 『꼬리 없는 소』를 출판하였다. 이와 같이 지속적으로 탈북 문학 관련 창작 증진에 기여하고 단행본 출판의 성과를 낼 수 있었다. 더불어 북한 인권을 말하는 탈북 시선집 『엄마 발 내 발』을 출판하여 시 장르를 통해서도 탈북 문학의 창작 증진에 기여할 수 있게 되었다.

문학 연구자들은 본 사업에서 구축한 해당 DB 자료를 열람 및 활용하여 탈북 문학과 한국문학 연구에 적극적으로 활용할 수 있으며, 이는 탈북 문학 연구라는 새로운 학문의 장을 형성하는 데 긍정적으로 기여할 것이다. 이 결과물은 향후 한국 탈북 문학 연구의 기본 자료가 될 수 있을 것으로 기대된다.

2015년과 2016년에 이어 2017년에도 지속적으로 탈북 문학 관련 창작 증진에 기여하고 단행본 출판의 성과를 낼 수 있었다. 특히 2017년에는 소설집과 시집 총 두 권의 단행본을 출판할 수 있었다. 이를 안정적으로 정착시켜, 남북한 공동 창작 소설집을 연례화함으로써 탈북 작가들이 수준 높은 작품을 안정적으로 발표할 수 있게 하고, 남한 문인들의 경우에도 탈북 및 탈북지, 통일에 대한 관심을 고취시키기도록 할 수 있다.

부록 1

2015~2017년 남북한 작가 공동소설집 단행본 출판 현황

- 2015년 공동 소설집 『국경을 넘는 그림자』 발간(◀)
- 2016년 공동 소설집 『금덩이 이야기』 발간(▲)
- 2017년 공동 소설집 『꼬리 없는 소』 발간(▶)

부록 2

2017년 〈탈북 문학 연구의 새로운 지평〉 국제학술대회 개최 현황

〈탈북 문학의 연구의 새로운 지평〉 학술대회 개회

인사말 10:00~10:10	서울대학교 통일평화연구원장 정근식	
연구책임자 인사 10:00~10:20	연구책임자 서울대학교 국어국문학과 교수 방민호	
제1부 탈북문학의 새로운 지평: 난민과 증언		
제1부	10:20~ 10:45	북한문학 및 탈북문학을 보는 시각 발표: 방민호(서울대)
	10:45~ 11:35	탈북문학의 고유성-망명문학을 참조축으로 발표: 이효덕(일본 동경외대)
	11:45~ 12:30	토론: 홍기돈(가톨릭대), 권철호(국민대)
제2부 탈북문학의 문학사적 · 국제적 위상 Ⅰ		
제2부	13:30~ 13:55	영미권 탈북 여성 문학의 현황과 특징 발표: 배개화(단국대)
	13:55~ 14:20	근대 국민국가의 '비국민'들-『찔레꽃』과 우줘류의 『아시아의 고아』를 중심으로 발표: 후이잉(중국 산동대)
	14:20~ 14:45	탈북자 수기에 나타난 감정과 도덕 발표: 서세림(광운대)
	14:55~ 15:25	토론: 천춘화(명지대), 오현숙(충북대)
제3부 탈북문학의 문학사적 · 국제적 위상 Ⅱ		
제3부	15:35~ 16:00	숭국에서의 탈북자 정책과 북한 문제 인식 발표: 최유학(중국 중앙민족대)
	16:00~ 16:25	탈(脫)-주체들의 주체화 발표: 이지은(서울과기대)
	16:25~ 16:50	탈북 시의 범주와 현황 발표: 이상숙(가천대)
	17:00~ 17:30	토론: 김민선(동국대), 카게모토 츠요시(연세대)
	17:30~ 17:50	종합토론

사회 (제1부): 연남경(이화여대)
사회 (제2부): 김우영(세종대)
사회 (제3부): 고명철(광운대)

:: 동아시아교류개발센터(건설환경종합연구소)

북한 도시와 건축에 대한 관심과 연구 성과__

전봉희 · 허유진

목차

I. 서론

II. 대상의 분류 : 유산과 현상

III. 형식의 분류 : 잡지, 전시회, 강연회와 심포지엄

IV. 맺음말

전봉희 서울대학교 건축학과 교수, 건설환경종합연구소 동아시아교류개발연구센터장
허유진 서울대학교 건축학과 박사수료

I. 서론

이 글은 북한 자료가 우리나라에 조금씩 소개되기 시작한 1980년대 말부터 2017년 현재에 이르기까지 약 30여 년간 북한 도시와 건축에 대한 관심과 그 연구 성과가 국내에서 어떠한 양상으로 전개되었는지를 살피는 것을 목표로 한다. 자료 수집의 대상은 건축학 분야뿐만 아니라 미술사학, 국사학, 도시계획학, 사회학, 정치학, 문학 등 북한의 도시와 건축과 관련된 주제라면 분야를 가리지 않았으며, 관련 성과물의 형식 역시 단행본, 북챕터, 발표논문, 학술지논문, 석박사 학위논문, 기고문, 전시창작물 등 차별 없이 수집하였다. 이 작업을 통해 총 221건의 성과물에 대한 목록을 만들 수 있었다.

수집한 각 성과물은 매우 다양하고 서로 위계가 균등하지 않다. 북한에 소재한 문화유산을 개괄적으로 소개하는 사진집에서부터 사회주의 도시계획과 건축의 특징에 대한 연구, 현재의 평양의 모습과 통일 미래의 구상안, 북한의 도시와 건축의 일면을 소상히 보여주는 자료 해제집과 이미지 위주의 전시창작물 등 그 대상과 형식, 내용의 밀도 등이 모두 상이하다. 그럼에도 불구하고 이러한 조사는 지난 30년간 북한 도시와 건축에 대한 관심과 연구 성과가 축적되어 가는 과정을 전체적으로 볼 수 있게 해준다는 점에서 의의가 있다.

목록을 만들어간 방법은 다음과 같다. 우선 한국건축역사학회에서 발행한 『한국건축사연구1』(2003)에 수록된 이왕기의 "북한 건축" 편을 활용하여 2000년대 초까지의 우리나라의 북한 고건축 연구성과 목록을 파악하였다. 이후 시기의 것은 학술연구정보서비스(RISS)와 각종 단행본과 논문의 참고문헌 등을 통해 수집하였다. 이를 통해 북한 고건축에 대한 성과뿐만 아니라 사회주의 체제 하의 북한의 현대 건축과 도시에 관한 성과물들도 보완하였다. 검색키워드를 '북한', '평양', '개성', '도시', '건축', '공간'으로 한정하되, 건축 분야뿐만 아니라 국사학, 사회학, 미술사학, 지리학 등 타 분야의 성과 또한 포함하였다. 정리하면, 건축 분야의 성과물이 총 127건이 조사되었으며, 타 분야에서는 국사학 22건, 북한학 20건, 도시계획학 16건, 사회학 14건, 정치학 6건, 문학 5건, 지리학 4건, 미술사학 4건, 토목학 2건, 행정학 1건 등으로 조사되었다.[1] 그리고 단행본과 연구논문 이외에 국내 건축계에 영향을 미쳤던 해외 전시와 국내외 잡지 기고문, 관련된 각종 강연회 등도 포함하였다. 누락된 성과물이 없지 않겠지만, 전체적인 흐름을 파악하는데 무리가 없을 것으로 생각된다.

II. 대상의 분류 : 유산과 현상

221건의 성과물들이 다루고 있는 대상은 크게 '유산' 관련과 '현상' 관련으로 분류할 수 있다. 여기서 '유산' 관련의 성과라 구분한 것은 고대부터 일제강점기까지 과거의 도시와 건축을 대상으로 하는 것을 말하며, '현상' 관련으로 분류하는 것은 해방 이후 현재에 이르기까지

---

[1] 이번 조사는 북한학 전 분야에 대한 것이 아니라, 북한 도시와 건축에 한정된 성과를 대상으로 하였다. 분야의 구분은 대부분 주저자의 최종학력 전공을 기준으로 하였다.

사회주의와 주체사상 체제에서 계획 및 건설된 북한의 도시와 건축을 대상으로 한 것을 말한다. 물론 이 두 대상에 걸친 성과물도 있으나 그 수가 많지 않고, 대부분의 성과물들이 한쪽에 치우쳐 있다. 수집한 221건 중에서 유산 관련의 성과물은 76건, 현상 관련의 성과물은 145건으로 나뉘며, 전반적으로 보면 유산에 관한 관심에서 현상에 대한 관심으로 옮아가는 현상을 확인할 수 있다.

1. 유산을 대상으로 한 연구성과들

유산에 대한 성과는 북한에 있는 문화유산에 대한 소개와 해설서에서 시작하여 고구려 및 고려의 도성과 유적, 조선시대의 성곽과 목조건축물, 그리고 근대의 도시 등 해당 분야를 연구하는 연구자들의 논문이 비교적 이른 시기부터 꾸준히 이어져 왔다. 건축학보다는 고고학과 국사학 분야의 연구가 다수를 차지하는 것도 특징이다.

문화유산은 남과 북의 공동의 것으로서, 남과 북의 대치가 치열하였던 1980년대 말 이전에 이미 초기적인 접근이 있었다. 즉, 1978년, 1983년, 1985년에 각각 1건씩의 성과가 있었으나[2], 이 시기의 것은 아직 간접적인 자료를 통한 것이었고, 본격적으로 성과물이 나오는 것은 북한 자료가 직접 소개되기 시작하는 1990년 이후로 볼 수 있다. 1990년 한 해에만 국립문화재연구소의 『북한의 문화유산(1)/(2)』와 『북한의 문화재관계문헌휘보』, 한국문화예술진흥원의 『북한의 문

---

2   한국불교연구원, 『북한의 사찰』(일지사, 1978); 김동현, 「고구려의 정릉사지」, 『전통문화』(1983); 국립문화재연구소, 『북한문화재 실태와 현황』(1985).

화유산 1 / 2』 등 총 5권의 서적이 발간되었다.[3] 한국문화예술진흥원의 단행본에서 건축 파트의 저자는 당시 문화재연구소의 보존과학실장이었던 김동현이었는데, 그는 1980년대 초 동경대학 유학시절 북한 자료를 다수 접한 후[4] 1983년에 고구려 정릉사지에 대한 글을 남겼으며, 1992년에도 한국건축가협회의 『건축가』지에 북한의 건축문화재를 소개하는 글을 4회에 걸쳐 연재하는 등, 이 시기 북한 문화유산에 관한 연구에서 중심적인 역할을 하였다. 이후 국립문화재연구소에서는 『북한문화유적발굴개보』(1991), 『북한문화재 도록』(1993) 등을 연이어 발간하였다.

1990년부터 북한 문화유산에 대한 소개 콘텐츠가 증가하게 된 배경으로는 당시의 정치적 상황의 변화를 언급하지 않을 수 없다. 이 시기는 독일의 통일과 소련의 붕괴로 대표되듯 동구권 사회주의가 몰락하고, 이에 맞추어 러시아 및 중국 등 옛 공산권 국가들과의 국교를 수립하고 교류를 활발히 하는 등 북방정책을 시행함으로써, 한반도에서도 통일이 그리 먼 일이 아니며 곧 다가올 것이라는 기대와 함께 오랫동안 금기시 되었던 북한에 대한 관심이 폭발적으로 일어났던 시기이다.

노태우 정권의 첫해인 1988년, '민족자존과 통일번영을 위한 특별선언'(일명 7·7선언)은 통일 논의를 사회 전반에 이끌어내었고, 그 일환으로 1989년에는 통일부 북한자료센터가 개설되어 그동안 엄격

---

3 『북한의 문화유산(1)』, 『북한의 문화유산(2)』(국립문화재연구소, 1990); 『북한문화예술의 이해 9: 북한의 문화유산 1』, 『북한문화예술의 이해 10: 북한의 문화유산 2』(한국문화예술진흥원, 1990).

4 『와본 김동현 구술집』(건축도시공간연구소 국가한옥센터, 2015), p. 165

히 제한했던 북한 자료를 공개하는 창구가 공식적으로 생겨나게 되었다.[5] 김동현과 문화재연구소의 작업은 이와 같은 상황 속에서 정부 기관이 북한 관련 연구를 선도했음을 보여준다.

이 시기의 중요한 사건으로 리화선의 『조선건축사』(1989)와 같은 북한에서 출판된 단행본들이 복제되어 남한 학계에 소개된 것을 빠트릴 수 없다.[6] 이들 자료를 이용한 초기의 종합적인 연구로 이왕기의 『북한에서의 건축사연구』(1993)가 있으며, 이와 함께 영국 런던대학의 아시아아프리카 연구소(SOAS)가 소장한 한국건축사 관련 북한 문헌을 소개한 김봉렬의 글(1992)[7]과 북한의 한국건축사 서술을 남한의 그것과 비교한 전봉희의 글(1993)[8]이 있다.

김대중 정부 시기(1998~2003)에는 대북 화해 협력 기조에 힘입어 한국과 북한의 연구자들이 간접적으로나마 협력하여 자료를 공

---

5   http://unibook.unikorea.go.kr/guide/history.

6   1993년 기준 국내에서 복간된 북한의 건축사 관련 서적의 주요 목록은 다음과 같다. 괄호 안은 남한의 출판사명과 출판년도이다(전봉희, 각주 9번 글 참조).

　　1.『조선건축사』, 과학백과사전종합출판사, 1989(발언, 1993).
　　2.『조선미술사』, 과학백과사전종합출판사, 1987(한미당, 1989).
　　3.『조선전사』, 과학백과사전종합출판사, 1977(청년사, 1989).
　　4.『조선통사(상)』, 과학백과사전종합출판사, 1977(오월, 1988).
　　5.『조선문화사』, 사회과학종합출판사, 1963(오월, 1988).

7   김봉렬, "북한내 한국건축사 연구현황에 관한 자료소개," 『건축역사연구』, 1-1(1992).

8   전봉희, "북한의 건축사 서술에 관한 연구," 『무애이광노교수 정년퇴임기념논총』(1993).

유함으로써 한층 더 새롭고 정밀해진 북한 문화유산 관련 서적이 나올 수 있게 되었다.[9] 국립문화재연구소에서는 연구자의 설명이 보완된 『북한문화재해설집』을 석조물편(1997), 사찰건축편(1998), 일반건축편(2002)으로 나누어 출간하였고, 서울대학교 출판부에서는 북한에서 1991년에 발간한 『조선유적유물도감』(전20권)을 『북한의 문화재와 문화유적』(전5권)으로 재편집하여 출간하였다. 그리고 1997년에 중앙일보 통일문제연구소를 통해 북한을 다녀온 유홍준와 최창조의 북한 문화유산 답사기가 연재 후 이듬해 단행본으로 각각 출간되었다.[10] 이것은 분단 이후 없었던, 한국 학자의 직접 북한 방문에 의한 성과물이라는 점에서 의미가 깊다. 노무현 정부 시기(2003~2008)에는 남북역사학자협의회가 만들어져, 남북한 학자들의 교류와 한국 학자의 북한 방문 기회가 늘어났다. 개성역사유적 세계문화유산 등재 지원을 위한 남북공동학술대회가 2005년에 개최되었고, 2007년부터 고려궁성(만월대) 남북공동발굴조사가 실시되었다.[11]

국사학 분야의 김창현은 2002년 고려 개경에 대한 연구서[12]를 출

---

9   문화재연구소 간의 『북한문화재해설집』 시리즈의 집필에는 북한 측 연구자들이 새롭게 만들어 보내준 최신 사진 자료와 현황 조사 자료를 이용할 수 있었다.

10   최창조 글 · 김형수 사진, 『최창조의 북한 문화유적 답사기』(중앙 M&B, 1998); 유홍준, 『나의 북한 문화유산 답사기』(상),(하)(중앙M&B, 1998, 2001).

11   개성역사유적지구는 2013년 6월 세계유산에 등재되었으며, 2007년부터 2015년까지의 개성역사유적지구 발굴조사 성과는 박성진의 "개성 고려궁성 남북공동발굴조사의 최신 조사성과," 『서울학연구』, 제63호(2016)에 잘 정리되어 있다.

12   김창현, 『고려 개경의 구조와 그 이념』(신서원, 2002).

간하였고, 2004년부터 2014년까지 한국연구재단 과제를 수행하면서 고려시대 평양과 개경에 대한 연구를 지속적으로 진행했다. 구체적인 논문으로는 고려시대의 평양, 북한지역 고려시대의 문화(2008), 고려 도읍과 동아시아 도읍의 비교 연구(2013/2014) 등이 있다. 건축학 분야에서는 고려정궁에 관한 김동욱의 논문 1건과 우성훈의 논문 5건이 목록에 포함되었다.[13]

한편 강영환은 1996년과 1997년에 탈북자 설문조사를 통한 황해도, 평안도, 함경도의 전통주거 연구논문을 『건축역사연구』에 2회 게재하였다.[14] 그리고 당시 수집한 우편설문지 원본과 그 내용을 재작도한 도면을 포함하여 2010년부터 2012년까지 지역별로 구성된 3권의 단행본을 순차적으로 출간하였다.[15] 이것은 1990년대 중반 이후 급증한 탈북자의 지식과 경험을 이용한 새로운 연구 방법으로 기록될 만하다.

최근 도시사적 관점의 성과물들이 근대시기로 점차 확대되고 있다. 예를 들면 국사학 분야의 박준형의 개항기와 일제강점기의 평양

---

13 북한 지역을 대상으로 한 연구문헌을 검색할 때에 다른 학문분야와 일관된 기준을 맞추기 위하여 연구논문 제목에 도시명이 포함된 경우로만 제한하였기 때문에, 한국건축사의 부문으로서 북한 소재의 사례를 포함한 많은 경우가 누락이 된 것으로 보인다.

14 강영환, "북한지역 전통주거에 관한 연구 1," 『건축역사연구』, 10(1996); "북한지역 전통주거에 관한 연구 2," 『건축역사연구』, 13(1997).

15 강영환, 『북한의 옛집 1-그 기억과 재생: 함경도 편』(한국학술정보, 2010); 강영환, 『북한의 옛집 2-그 기억과 재생: 평안도 편』(이담북스, 2011); 강영환, 『북한의 옛집 3-그 기억과 재생: 황해도 편』(이담북스, 2012).

에 주목한 연구(2013/2015)[16], 건축학 분야의 김민아·정인하의 조선 후기 평양의 도시 형태에 관한 연구(2013)와 일제강점기 토지구획정리사업의 환지방식에 대한 연구(2014) 등이 있다.[17]

2. 현상을 대상으로 한 연구성과들

1990년대 전반기까지만 해도 해방 이후 북한의 도시와 건축, 즉 현상을 다룬 성과는 미미했다. 문화유산과 달리 분단 이후의 북한 도시와 건축은 사회주의 체제 선전과 직접적인 관련이 있기 때문에 조심스러웠을 뿐만 아니라, 일제시기의 자료 등을 통하여 이미 알고 있던 문화유산 관련 대상이 아닌 분단 이후의 현상에 대한 자료는 더더욱 구하기 힘들었기 때문이다. 건축 분야의 경우에는 일본인들의 짤막한 북

---

16 박준형, "개항기 평양의 개시과정과 개시장의 공간적 성격,"『한국문화』, 64(2013); 박준형, "1899년 평양 개시 이후 평양성 외성 공간의 재편 과정,"『한국학연구』, 39(2015); 박준형, "청일전쟁 이후 일본인의 평양 진출과 평양성 내에서의 "잡거" 문제-일본인 신시가의 형성 과정을 중심으로,"『비교한국학』, 23-3(2015); 박준형, "메이지시기 조선지도에 표기된 단군묘와 기자전,"『인문학연구』, 28(2015).

17 김민아·정인하, "조선 후기 이후 평양의 도시형태 변천에 관한 연구: 평양성도와 1914년 평양부 지적원도의 비교를 통해,"『대한건축학회논문집 계획계』, 29-11(2013); 김민아·정인하, "조선 후기 이후 평양의 도시형태 변천에 관한 연구: 일제강점기 평양부 토지구획정리사업의 환지방식에 관한 연구 -제1토지구획정리사업지를 중심으로,"『대한건축학회논문집 계획계』, 30-12(2014)

한 방문기에서 북한의 현대건축을 엿볼 수 있는 정도였다.[18]

한국인으로서 평양의 건축을 직접 목격하고 국내 건축계에 처음으로 소개한 사람은 재미 건축가 유걸[19]이었다. 1992년 북한의 한 병원 신축 사업에서 미국에 발주한 의학자재 기업의 컨설팅 자격으로 평양을 다녀온 그를 민족건축미학연구회가 초청하여 강연회를 열었고, 그때의 강연 내용이 채록되어 『민족건축미학연구』 제2호에 실렸다. 유걸이 방북시 가져온 건축 관련 서적으로 리화선의 『조선건축사』가 국내 건축 학자들에게 전해졌다. 이듬해 6월 16일, 대한건축학회 건축계획위원회 주최의 탈북 건축가 김영성[20]의 특별강연회는 동시대의 북한 도시와 건축의 모습을 보다 생생하게 국내 건축계에 알린 계기가 되었다. 1993년 김영성은 평양의 현대건축을 양식별로 선보이고, 주요건물을 설계한 건축가 및 설계집단, 김정일의 건축사상과 얽힌 일화 등을 상세하게 소개하였다.[21]

김대중 정부가 출범한 해인 1998년, (주)삼우설계의 북한도시건

---

18   『공간』지 1994년 1월호에는 일본의 건축학자 후노 슈지(布野修司)의 북한건축기행이 실렸고, 이듬해 4월호에는 S. CHANG이라는 도쿄 거주 저널리스트의 북한 미술전당 방문기가 실렸다.

19   유걸(1940~)은 아이아크 공동대표이며, 서울특별시청 신청사(2012)의 설계자로 잘 알려진 원로 건축가이다.

20   김영성(1934~?)은 평양 출신으로서 프라하공대 건축학부에서 구조를 전공하고 50대 중반에 독일에 건너가 근무하다 1992년 귀순하였다. 1993년의 강연회 이후 추가로 몇 편의 글을 더 남겼고 회고록 『오 수령님 해도 너무 합니다 : 북한 탈출 김영성의 고백』(조선일보출판부, 1995)를 출간하기도 하였다.

21   『건축』, 37(4)에 김영성이 해당 강연회를 위해 작성한 원고 전문이 게재되어 있다.

축연구회는 『건축문화』지에 북한 건축에 대한 기고문을 실었다.[22] 또한 평양 광복거리와 그 주변의 도로 및 교량, 주체사상탑 건설에 참여한 탈북 토목설계사 장인숙[23]도 1998년에 대한토목학회지에 북한의 건설계의 실상에 대한 글을 남겼다.[24]

1990년대 도시계획학 분야의 초기 북한 연구자로는 김원과 김현수가 있다. 1988년 UC버클리에 머물렀던 김원은 사회주의 국가의 도시계획에 관한 자료를 처음 접하고 이후 10년간의 연구 성과를 모아 『사회주의 도시계획』(1998)으로 출간하였다. 1장에서는 사회주의 도시계획의 이념을, 2장부터 4장까지 각각 소련, 동구권, 중국의 도시계획에 대한 분석을 서술한 후, 마지막 5장에서 평양을 중심으로 한 북한 도시를 다뤘다. 1994년 김현수의 서울대학교 도시공학과 박사학위논문[25]은 북한도시계획의 실상을 전문적으로 분석하고 통일 대비를 위한 도시 및 국토계획분야의 기초성과가 되었다.

건축계에서 북한의 현대건축을 본격적으로 알리기 시작한 사람은 이왕기이다. 그는 앞서 유산에 대한 연구를 진행하면서 동시에 현상에 대한 자료도 수집해온 것으로 보인다. 1995년 『플러스』지에 4회

---

22 삼우설계 북한도시건축연구회, "테마연재4: 북한건축," 『건축문화』(1998).
23 장인숙(1941~)은 평양김책공업대학 운수공학부를 졸업하고 평양도시설계사무소에서 근무했다. 1982년에 완공된 주체사상탑 건설 참가로 김정일 표창을 수상했다. 소련에서 유학하던 큰아들의 귀순으로 평양에서 추방된 후 1997년 귀순하였다. "탈북 여성 건축인 장인숙씨 인터뷰," 『건축문화신문』, 2014년 4월.
24 장인숙, "북한 건설계의 실상," 『대한토목학회지』, 46-7(1998).
25 김현수, "북한의 도시계획에 관한 연구"(서울대학교 도시공학과 박사학위논문, 1994).

에 걸쳐 기고한 "북한의 현대건축 1~3", "남과 북의 건축문화", 발표논문 "북한의 사회주의적 사실주의 건축양식"을 기반으로 단행본『북한 건축, 또 하나의 우리 모습』(2000)을 출간하였다. 이 책은 이후에 등장하는 거의 모든 연구자들에게 인용됨으로써 북한 건축 연구의 필수 참고문헌이 되었다.

2002년 이화여자대학교 건축학과 오연주의 석사학위논문(지도교수: 임석재)은 북한의 공동주거를 건축학적으로 고찰한 최초의 학위논문이다.[26] 2003년 북한자료센터의 연구원 송승섭은 논문 "북한의 도서관 건축유형과 특징,"『한국문헌학정보학회지』, 37-1(2003)에서 인민대학습당과 김책공업대학 도서관 등과 같은 북한 지역의 중요한 도서관의 평면을 다수 분석하였는데, 건축학보다 먼저 공공건물에 대한 개별적 분석을 행했다는 점에서 주목할 만하다.

안창모는 2005년 평양을 방문한 이후, 이듬해 발간한 북한연구학회의 단행본에 "사회주의 이데올로기와 북한의 도시·건축"을 실었다.[27] 2007년의 논문 "민족을 표방하는 남과 북의 건축"에서는 일제강점기부터 해방 이후 각기 다른 방식으로 전통건축을 강조했던 남한과 북한의 상황을 비교하였다.[28]

2004년부터 2006년까지는 경남대학교 극동문제연구소(연구책임

---

26 오연주,『북한의 건축이론, 사회적 배경에 기반한 북한 공동주거계획에 대한 연구』(이화여자대학교 대학원 건축학과 석사학위논문, 2002).

27 안창모,「사회주의 이데올로기와 북한의 도시·건축」, 북한연구학회 편,『북한의 방송언론과 예술』(경인문화사, 2006).

28 안창모,「민족을 표방하는 남과 북의 건축」,『공간과 사회』, 통권 128호 (2007).

자: 함택영)는 한국연구재단 연구과제 〈북한의 도시 변화 연구: 청진, 신의주, 혜산을 중심으로〉를 수행하였고, 경남대학교 극동문제연구소 북한연구시리즈 중 단행본 3권을 도시 관련 연구 성과로 발간하였다.[29] 참여연구진 중 사회학 분야의 장세훈의 논문 3편이 특히 주목할 만한데, 북한의 도시화 과정과 공간구조 변화를 다루기 때문이다.

경남대학교 극동문제연구소와 긴밀한 협조관계에 있는 북한대학원대학교는 2005년 서울 삼청동에 설립된 전문대학원이다.[30] 이곳에서 배출한 북한의 도시와 건축 관련 석사학위논문으로는 "김정일 후계체계 구축기 북한건축의 특성"(이윤하, 2009), "북한 주택시장의 형성과 발전에 대한 연구"(홍성원, 2014), "북한 살림집 정책에 관한 연구"(이규철, 2014) 등이 있다.

한편, 미국 보스턴에서 활동 중이었던 건축가 임동우의 『평양, 그리고 평양 이후』(효형출판, 2011)은 출간과 동시에 건축계는 물론 타 분야에서도 많은 관심을 받았다. 평양의 물리적 환경을 다양한 맵핑과 통계자료, 당시만 해도 쉽게 볼 수 없었던 평양 시내의 사진들을 풍부한 그래픽과 함께 엮어낸 저서이다. 이 책은 그동안 국내에서 평양을 연구하는데 있어서 시각적이고 객관적인 자료에 대한 갈증을 상당 부분 해결해 주었다.

---

29 최완규 편, 『경남대학교 극동문제연구소 북한연구시리즈 21: 북한 도시의 형성과 발전 : 청진, 신의주, 혜산』(한울아카데미, 2004); 최완규 편, 『경남대학교 극동문제연구소 북한연구시리즈 23 북한 도시의 위기와 변화』(한울아카데미, 2006); 최완규 편, 『경남대학교 극동문제연구소 북한연구시리즈 29 2000년대 청진, 신의주, 혜산』(한울아카데미, 2007).

30 북한대학원대학교 홈페이지 학교연혁 참조(http://www.nk.ac.kr/kor/INT/INT_0101V.aspx).

외국 연구자들의 적극적인 접근도 현상에 대한 연구의 한 특징이다. 2012년에는 건축가 필립 뮈제아(Philipp Meuser)의 *Architectural and Cultural Guide Pyongyang*(2011)이 국내에서 『이제는 평양건축』이란 제목으로 번역·출간되었다.[31] 독일 베를린에서 활동하는 건축가이자 출판인인 필립 뮈제아는 여타 도시들과 마찬가지로 평양을 바라보고 해석하고자 의도하였다고 한다. 또한 안창모와 크리스천 코스토퍼가 각기 쓴 북챕터는 풍부한 도판과 함께 구성되어 전문서적으로서의 성격을 두텁게 했다. 필립 뮈제아는 평양 이외에도 세계 여러 도시의 건축가이드북을 독일어판과 영문판으로 출간하였는데, 현재까지 줄곧 이 평양편이 가장 높은 판매고를 기록하고 있다고 한다.[32] 임동우·라파엘 루나 편저의 『북한 도시 읽기(North Koreans Atlas)』(2012)는 평양을 비롯한 8개의 주요 도시와 19개의 주변 도시의 다양하고 객관적인 데이터의 나열을 표방하는 저서이다. 지형, 인구, 인프라, 산업 관련 자료와 각 도시조직 및 공간, 70여개의 건축물들을 방대한 분량의 그래픽으로 시각화하여 분석하였고, 이를 국내외 다양한 연구자의 글과 함께 편집하여 국문/영문 병기로 출간하였다. 2014년 DAM건축도서상을 수상하였고, 제14회 베니스 비엔날레 국제 건축전 한국관 〈한반도 오감도〉전에 전시되었다.

현상에 대한 탐구가 도시를 매개로 타 분야의 연구자들과의 협업으로 발전된 성과도 있다. 정치학, 사회학, 지리학, 북한학 등 다양한 분야의 국내 학자들로 구성된 동국대학교 북한도시사연구팀은 2012

---

31   필립 뮈제아, 윤정원 역, 『이제는 평양건축』(담디, 2012).

32   Dom-publishers 홈페이지 참조(https://dom-publishers.com/collections/architekturfuhrer?sort_by=best-selling).

년부터 2014년까지 한국연구재단 연구과제 〈북한의 도시사 아카이브 구축과 연구방법론 개발: 함흥·평성의 비교도시사 연구토대 구축〉(연구책임자: 고유환)을 수행하였다. 해당 연구과제의 성과물로서 『사회주의 도시와 북한: 도시사연구방법』(한울아카데미, 2013), 『함흥과 평성: 공간·일상·정치의 도시사』(한울아카데미, 2014)를 출간하였다. 두번째 단행본에는 건축가 임동우도 참여하였고, 2013년에는 두 권의 자료해제집도 출간하였다.[33] 이렇듯 동국대학교 북한도시사연구팀은 학제 간 연구를 통하여 한 단계 진보한 북한 도시 연구 성과를 남겼다.

최근 현상을 다루는 연구 성과물의 생산 주체가 민간에서 국가기관으로 넘어가고 있는 추세이다. 이것은 유산에 대한 연구가 초기 국가기관 주도에서 점차 민간으로 넘어가고 있는 것과 대비된다. 2015년과 2016년, 건축도시공간연구소, 통일부 통일교육원, 서울연구원, 국토연구원 등은 북한 건축과 도시계획관련 연구보고서를 집중적으로 발간하였다.[34] 이는 남북관계가 경직되었던 이명박 정부(2008~2013) 이후 박근혜 정부의 2014년 3월의 드레스덴 선언이 계기로 작용한 것으로 보인다. 현재에도 기본적으로는 이와 같은 대북정책 기조가 이어지고 있으므로, 앞으로 정부연구기관에서 주도하는

---

33   고유환·박희진, 『동국대북한학연구소총서 007: 북한도시 함흥·평성 자료해제집 1』, 『동국대북한학연구소총서 008: 북한도시 함흥·평성 자료해제집 2』(도서출판 선인, 2013).

34   엄운진·여혜진·임현성, "한반도 통일시대 기반구축을 위한 건축분야 기초연구"(2015); 전상인, 『북한, 도시로 읽다』(통일부 통일교육원, 2016); 서울 연구원, 『평양 도시계획 이해하기』(2016); 박세훈 외, 『북한의 도시계획 및 도시개발 실태분석과 정책과제』(국토연구원, 2016).

북한 도시와 건축을 다루는 더 많은 성과와 자료가 구축될 것으로 예상된다.[35]

III. 형식의 분류 : 잡지, 전시회, 강연회와 심포지엄

이상 221건의 북한 도시와 건축에 대한 성과물들을 '대상'으로 나누어 살펴보았다면, 이 장에서는 '형식'의 시각에서 나누어 살피고자 한다. 성과물의 형식은 크게 단행본, 연구논문, 잡지, 전시회, 강연회, 심포지엄 등으로 나눌 수 있는데, 성과물의 대다수를 차지하는 단행본과 연구논문 형식은 이미 '대상' 편에서 살펴본 셈이니, 이 장에서는 잡지와 전시회, 강연회, 심포지엄을 중점적으로 다룰 것이다. 책과 논문이 주로 학술적 동인에 기댄다면, 이들 형식의 성과물은 좀 더 수요자의 대중적인 관심도가 반영된 결과라는 점에서 서로 비교해 살펴볼 필요가 있다.

---

35   2017년 현재 북한에 대한 정보를 제공하는 다양한 인터넷 사이트들이 있다. 해외사이트의 경우 구글맵이 2014년부터 북한 전역을 대상으로 길찾기 기능을 추가했으며, 그밖에 개인이 운영하는 다수의 사이트 중 360DPRK.com는 평양의 가로변과 주요건물 실내의 360도 사진을 제공한다. 국내사이트의 경우 국가공간정보유통시스템 브이월드(http://map.vworld.kr)는 북한주요도시 3d맵을 제공하고 있다. 이외에도 통일부에서 운영하는 북한정보포털(nkinfo.unikorea.go.kr)도 유용하다.

1. 잡지의 특집기획

북한의 도시와 건축에 대한 가장 이른 시기의 특집 기획은 2000년 대한건축사협회의 『건축사』 3월호와 4월호에서 찾아볼 수 있다. 각기 "지역건축탐방: 북한(상)", "지역건축탐방: 북한(하)"로 구성되어 일찍이 북한의 현대건축 연구를 주도했던 이왕기의 디렉팅으로 김현수, 김봉건, 김병석,[36] 서우석, 장인숙, 김나영[37] 등 다양한 분야의 연구자와 실무자가 글을 기고하고 좌담회도 하였다. 그러나 『건축사』는 대중적인 잡지와는 거리가 멀었기 때문에 파급력은 그다지 크지 않았던 것으로 보인다.

오히려 그 이후에 컬러사진으로 평양의 모습을 담은 해외 디자인 전문잡지들이 화제가 되었다. 특히 이탈리아 건축잡지 『DOMUS』 882호(2005)는 주체사상탑에서 바라본 김일성광장 전경사진을 표지에 실었고, 본문에서 공사가 중단된 류경호텔의 삭막한 모습을 구원할 재건 아이디어를 모집했다. 또한 평양의 전후복구과정, 도시경관의 특징을 서술한 아티클[38]과 주체사상탑에서 바라본 동대원 전경, 노동당창건기념비 원경과 근경사진, 통일거리, 고려호텔에서 바라본 서성거리, 만경대어린이궁전 내부, 영광역 내부 등을 담은 다양한 컬러사진들에 상당한 페이지를 할애하였다. 그리고 이듬해 2006년 893호에서는 '태평양의 피라미드(Pacific Pyramid)'는 제목으로 세계 각

---

36 당시 (주)삼우설계 실장, 현 (주)삼우설계 상무.

37 (주)현대아산 기술관리부.

38 Andrea Petrecca, "Pyongyang Photoshop Urbanism," *DOMUS*, Vol. 882(2005).

국에서 모집된 류경호텔 아이디어 공모 선정작을 공개하고, 건축가 승효상을 포함한 여러 건축가와 건축학자들의 류경호텔에 대한 단상을 실었다.

그 다음으로 북한의 도시와 건축에 대한 특집기획으로 주목할 만한 것은 『SPACE』지 2013년 2월호(통권 543호) 「북한과 평양, 호기심과 추상을 넘어」이다. 2013년은 2장에서 살핀 바와 같이 건축학, 도시계획학, 사회학, 북한학에서의 연구논문과 주요 단행본이 출간된 이후였으며, 2014년에 있을 베니스 비엔날레 국제건축전 한국관의 주제로 남북한의 건축이 추진되고 있던 중이었다. 그동안의 연구 성과 축적에 기여한 안창모, 김현수, 송승섭이 이 특집의 집필자 명단에 포함되었다.[39] 그리고 베니스 비엔날레 국제건축전은 2014년 6월부터 11월까지였는데, 대한건축학회의 『건축』지 8월호에는 "특집 : 북한도시·건축의 오늘과 미래"가 구성되었다. 김현수, 안창모, 임동우를 비롯한 건축학, 도시공학, 한국학 등의 국내외 전문가 8명의 글이 실렸다.[40]

---

39 해당 집필진과 글 제목은 다음과 같다. 안창모, "평양의 도시와 건축에 새겨진 이상과 현실"; 김현수, "사회주의 도시 평양의 변화"; 이상준, "미래 한반도와 평양"; 심영규·심미선, "북한에서 건축하기"; 송승섭, "북한 건축 관련 자료의 이해와 활용"; 이우영, "평양에 대한 오랜 관심 그리고 새로운 시각" 등.

40 해당 집필진과 글 제목은 다음과 같다. 이석, "2000년대 북한경제의 구조와 실태"; 김원배, "한반도 공간발전 전망"; 김현수, "통일과 북한도시의 변화 : 평양을 중심으로"; 안창모, "북한건축의 이해-북한사회 연구의 지속성 확보를 위한 제언"; 라이너 도르멜스, "북한의 공업지구에 대한 연구"; 임동우, "평양건축의 미래"; 이상준, "미래 한반도와 평양" 등.

2. 전시회

북한의 도시와 건축에 관한 전시는 해외에서 먼저 시작되었다. 일단 2005년부터 『DOMUS』에서 모집한 120여개의 류경호텔 응모안 중 일부가 2006년 밀라노 트리엔날레와 베니스 건축전 비엔날레에 전시된 것을 꼽을 수 있다.[41] 그리고 2010년 오스트리아 빈에 위치한 MAK에서 열린 〈김일성 주석께 드리는 꽃 : 조선민주주의 인민공화국의 미술과 건축(Flowers for Kim Il Sung : Art and Architecture from the DPRK)〉은 평양조선미술박물관과 백두산건축연구원의 협조를 통해 북한 미술과 건축이 외부 세계에 공식적으로 처음 공개된 전시로 알려져 있다.[42]

우리나라의 경우는 2006년에 국립중앙박물관 특별전 〈북녘의 문화유산-평양에서 온 국보들(Treasures from The Korean Central History Museum, Pyongyang)〉이 열렸다. 노무현 정부 출범 이후 조직된 남북역사학자협의회와 국립중앙박물관, 평양 조선중앙력사박물관의 협력으로 추진되어 고려 태조상을 비롯한 북한의 주요 문화재 90여점이 분단 이후 최초로 우리나라에서 전시되었다. 2장에서 살핀 연구 성과들과 마찬가지로, 전시 분야에서도 현상보다 유산에 대한 접근이 먼저 이루어졌음을 알 수 있다. 이는 현상에 대한 전시가 먼저였던 해외의 사례와 대비된다.

---

41 "평양 유경호텔 리모델링, 기상천외한 제안 120가지," 『한겨레』, 2006년 12월 12일.

42 『한반도 통일시대 기반구축을 위한 건축분야 기초연구』(건축도시공간연구소, 2015), p.127.

현상을 다룬 우리나라 -하지만 해외에서의- 최초의 전시는 2014년 베니스 비엔날레 국제 건축전 한국관의 〈한반도 오감도(Crow's Eye View: The Korean Peninsula)〉이다. 이 전시는 최고 영예인 황금사자상을 수상하여 국제적으로 큰 주목을 받았고, 2015년 대학로 아르코미술관에서 열린 귀국전에도 많은 인파가 몰렸다. 커미셔너 조민석, 큐레이터 배형민과 안창모, 참여작가로 국내외 30여명이 참가하였으며 북한에서 가장 규모가 크고 엘리트들로 구성된 백두산건축연구소와의 교류합작이 성사되었다는 점, 최초의 남북 공동 건축전이라는 점에서 의미가 크다. 한국전쟁 이후 서울과 평양의 발전 양상을 비교하며 대등하게 다루고자 의도하였음에도 불구하고 생경한 평양의 건축과 도시풍경에 더 많은 관심과 이목이 집중되었다.[43]

얼마 전에 막을 내린 2017 서울도시건축비엔날레의 일환으로 동대문디자인플라자에서 열린 〈도시전: 공동의 도시〉는 전 세계 50여 개 도시의 현황과 문제점 등을 전시하였는데, 이중 평양전이 특히 화제가 되었다. 이 〈평양살림〉전(큐레이터: 임동우, 캘빈 촤)은 평양의 일상으로의 접근을 시도한 첫 국내 전시였으며, 실제 평양의 아파트 내 가구, 벽지, 전자제품, 소품 등을 중국에서 제작·수입하여 재현하였다.

3. 강연회와 심포지엄

1992년과 1993년에 각각 재미 건축가와 탈북 건축가의 강연회가 열

---

[43] 안창모, "북한건축의 이해-북한사회 연구의 지속성 확보를 위한 제언," 『건축』, 58-8(2014), pp. 28-29.

린 적은 있었으나, 보다 대중적인 강연회가 활발해진 시점은 2010년대 시각자료가 한층 풍부해진 단행본들이 출간된 이후이다. 강연회는 학술적 연구논문과 달리 양질의 이미지가 다량 필요하기 마련인데, 흥미로운 내용과 그래픽적 요소를 두루 갖춘 단행본의 저자들이 강연회의 주역이 되었다.

건축가 임동우는 『평양, 그리고 평양 이후』(2011) 출간 이후 다수의 강연회에 초청되었다. 대표적으로 2011년 11월의 정림건축사옥에서 열린 강연회와 2013년 영추포럼을 들 수 있다. 정림건축사옥에서의 강연은 (사)한국도시설계학회 역사문화연구위원회(위원장: 안창모)가 한국건축가협회 북한건축연구위원회와 공동으로 개최하였고, 황두진건축사사무소의 영추포럼은 2013년 주제를 북한의 도시와 건축으로 선정하고 6회의 강연을 진행했다.[44]

독일교포 신동삼은 2013년 전후 복구의 북한의 모습이 담긴 사진집[45]을 출간하였고 그해 서울대, 동국대, 인천대, 조선대, 목포대에서 순회강연을 하였다. 2011년 독일에서 평양 가이드북 출간한 필립 뫼제아는 그 해 10월 주한독일문화원에서 한국건축가협회와 한국건축학회의 후원으로 〈동베를린과 평양-사회주의 건축의 유토피아 강연회〉를 열었고, 이듬해 한국어판 단행본이 출간되었다.

---

44 2013년 영추포럼의 강연자와 강연주제는 다음과 같다. 53회 안창모, 〈건축과 도시에 새겨진 이상과 현실-평양을 중심으로〉, 54회 이형재, 〈평양과학기술대학건립사례로 본 북한의 건축문화〉, 55회 임동우, 〈변화하는 평양과 한국 건축가의 역할〉, 56회 송승섭, 〈자료로 본 북한의 도시와 도서관 건축〉, 57회 신은미, 〈서방에 의해 왜곡된 북한인들의 잘못된 이미지와 오해〉, 58회 조영서, 〈경제 특구를 통한 남북 경협〉.

45 신동삼, 『신동삼 컬렉션: 독일인이 본 전후 복구기의 북한』(눈빛, 2013).

대중적인 강연회와 거리가 멀지만, 각종 세미나와 심포지엄도 북한의 도시와 건축에 관련한 특정한 주제 아래 만들어진 주요 성과물이다. 2013년 정림건축문화재단과 서울대학교 환경계획연구소가 공동으로 주최한 「평양, 도시로 읽다」 심포지움에는 이우영, 전상인·조은희·김미영, 임동우가 참여하여 각각 평양의 도시문화, 북한의 도시계획, 평양의 도시계획이라는 주제의 연구를 발표했다.[46]

2014년부터 매년 우리나라 통일부가 주최하고 북한연구학회가 주관하는 세계북한학학술대회가 열리게 되었다. 1차 대회(2014)와 3차 대회(2016)에 참여한 북한 도시 관련 연구자로는 찰스 암스트롱, 엘레나 프로콥빅, 라이너 도멜스 등이 있다.[47]

2017년 11월 1~2일, 서울도시건축비엔날레의 평양살림전과 연계프로그램으로서 국립현대미술관 서울관에서 평양살림 심포지엄이 진행되었다. 국내외 30여 명의 연사와 토론자들이 참가하였고 '평양의 문화와 도시', '역사 속 다시 새겨진 평양', '토론: 평양을 체험하다', '평양의 포스트 사회주의 주거 개발과 문화', '현대도시로서의 평양'

---

46 이우영, "평양의 도시문화: 평양과 평양시민의 삶"; 전상인·조은희·김미영, "북한의 도시계획"; 임동우, "평양의 도시계획,"『서울대학교 환경계획연구소 '평양, 도시로 읽다' 심포지엄 자료집』(2013).

47 Charles K. Armstrong, "The history of cities in north Korea and the impact of the 1990s economic crisis on urban life,"『2014 세계북한학학술대회』; Jelena Prokopijevic, "Overcoming isoslation of Juche Architecture : Formal and conceptual exchange between North Korea and the exteiror in the field of architecture and urbanism,"『2014 세계북한학학술대회』; Reiner Dormels, "북한도시의 내부구조에 관한 연구,"『2016 세계북한학학술대회』(http://kiss.kstudy.com/journal/list_name.asp?key1=30254&key2=3078 참조).

등 총 5개의 세션으로 구성되었다. 이 심포지엄은 평양의 건축과 도시에 집중하여 더욱 구체적이고 발전적인 모습을 보였으며, 비엔날레라는 큰 행사의 연계프로그램으로서 심포지엄의 대중화 가능성을 보였다.

IV. 맺음말

이상 북한 도시와 건축과 관련하여 조사한 221건의 성과물들을 크게 대상과 형식으로 구분하여 살펴보았다. 대상을 다시 '유산' 관련과 '현상' 관련으로 나누어 살펴본 바에 따르면, 시기적으로 1990년대 초에 유산에 대한 관심에서 시작하여, 2000년대 들어서는 현상에 대한 관심으로 중심이 이동하는 것을 확인할 수 있다. 이에 맞추어 성과물의 형식 역시 초기에는 유산에 관련된 것이 대개 책과 논문의 형식을 가졌다면, 최근 들어 현상에 대한 관심이 전시와 심포지엄의 형식으로 발현된다는 점이 대비된다.

흥미로운 점은 이러한 변화에 국가기관의 개입 혹은 지원이 큰 역할을 한다는 점이다. 전기의 유산에 관련한 대규모의 출간 사업이 정부 기관의 직접 혹은 간접 지원에 의한 것이었던 것처럼, 후기의 현상에 대한 전시와 심포지엄 역시 정부 기관의 지원에 기대고 있다. 이러한 상황은, 아직 구체적인 수요처가 없는 북한에 대한 연구는 여전히 정부의 지원에 대한 의존도가 높다는 의미로 읽힌다.

또 하나 자료들을 정리하면서 느낀 점은, 북한에 접근하는 내부자적 시선과 외부자적 시선의 이중성이다. 다소 모호한 구분이지만, 거칠게 이야기하면 내국인과 외국인, 그리고 외국시민권자 등 연구자의 출신에 따른 구분으로 볼 수 있다. 북한 관련 자료는 국내보다는 국외에서 접근하기가 훨씬 수월하다. 이것은 북한이라는 지역이 갖는 독특한 성격 때문이며, 한국학의 다른 분야와 매우 구분되는 지점이다. 특히 '유산'이 아닌 '현상'의 경우에는 더더욱 그렇다. 때문에 북한에 대한 접근에서 외부자적 시선은 내부자적 시선과 거의 동등한, 특히 최근 10년간처럼 남북 간의 교류가 약할 때에는 더욱 활발한 모습을 보이는 것을 확인할 수 있다.

이와 함께, 혹은 이보다 더 심각한 이중성은 보존과 개발에 대한 태도의 이중성으로 볼 수도 있다. 가령 현상으로서 평양과 북한의 도시건축의 일반을 보는 시각에 있어서도, 극단적으로 그것이 유네스코 세계유산으로서의 가치를 높이 평가하여 보존하여야 한다는 입장과 '통일은 대박'이라는 말초적인 기대에 가득한 개발론적 입장이 병존한다. 이러한 차이는 학자의 관점과 건축가의 관점이 다른 것과도 다소 연결되어 있는 것으로 보인다.

이상으로 살펴본 바와 같이 지난 30년에 가까운 시간 동안 국내에서는 북한 도시와 건축에 관한 이런저런 성과가 있었고, 제한된 상황 속에서 가능한 거의 모든 대상과 형식이 다루어짐으로써 연구의 토대가 갖추어졌다. 초기의 연구가 통일에 대한 섣부른 환상에서 출발하였다면, 최근의 것은 오지의 것을 들여다보는 호기심이 주된 동력이 된다. 대상과 형식, 주체와 지향의 모든 면에서 중첩되어 있는 북한 연구의 이중성은 어디서 비롯한 것일까? 남도 아니고 그렇다고 우리도 아닌 북한의 정체성이 갖는 이중성이야말로, 기존의 북한 관련 성과물이 보여주는 이중성의 근원이다. 때문에 이 문제가 선결되지 않는 한, 이와 같은 북한 연구의 이중성은 계속될 것이다.

[1978-2017 북한 도시와 건축에 대한 국내 성과물 목록(221건)]

연번	대상	형식	저자	제목	게재지/출판사/학교명	연도	분류
1	유산	단행본	한국불교연구원	북한의 사찰	일지사	1978	문화재
2	유산	기고글	김동현	고구려의 정릉사지	전통문화	1983	건축학
3	유산	단행본	국립문화재연구소	북한문화재 실태와 현황	국립문화재연구소	1985	문화재
4	유산	단행본	정재훈·이융조 外	북한문화예술의이해9 : 북한의 문화유산 1	한국문화예술진흥원	1990	문화재
5	유산	단행본	정재훈·조유전, 김동현 外	북한문화예술의이해 10 : 북한의 문화유산 2	한국문화예술진흥원	1990	문화재
6	유산	단행본	국립문화재연구소	북한문화재관계문헌휘보	국립문화재연구소	1990	문화재
7	유산	단행본	국립문화재연구소	북한의 문화유산(1)	국립문화재연구소	1990	문화재
8	유산	단행본	국립문화재연구소	북한의 문화유산(2)	국립문화재연구소	1990	문화재
9	유산	단행본	국립문화재연구소	북한문화유적발굴개보	국립문화재연구소	1991	문화재
10	유산	기고글	김동현	북한의 건축문화재 1	건축가	1992	문화재
11	유산	기고글	김동현	북한의 건축문화재 2	건축가	1992	문화재
12	유산	기고글	김동현	북한의 건축문화재 3	건축가	1992	문화재
13	유산	기고글	김동현	북한의 건축문화재 4	건축가	1992	문화재
14	유산	기고글	김봉렬	북한내 한국건축사 연구 현황에 관한 자료 소개	건축역사연구1-1	1992	건축학
15	현상	강연	유걸	평양 탐방기	민족건축미학연구 제2호	1992	건축가
16	현상	강연	김영성	건축계획위원회 북의 특별강연회 : 북의 건축양식들	건축 37-4	1993	건축가
17	유산	단행본	국립문화재연구소	북한문화재 도록	국립문화재연구소	1993	문화재
18	유산	단행본	이왕기	북한에서의 건축사연구	발언	1993	건축학
19	유산	학술지 논문	전봉희	북한의 건축사 서술에 대하여	무애이광노교수 정년퇴임기념논총	1993	건축학

연번	대상	형식	저자	제목	게재지/출판사/학교명	연도	분류
20	유산	단행본	정대혁·신법타	북한 불교답사기	민족사	1994	문화재
21	현상	학위논문(박사)	김현수	북한의 도시계획에 관한 연구	서울대학교 대학원 도시공학과	1994	도시계획학
22	현상	기고글	후노 슈지	북한 건축 기행(북한 농가, 평양, 개성, 묘향산, 건축 교육, 현대건축, 평양건설대학교)	SPACE 315(1994.1)	1994	건축학
23	현상	기고글	김현수	오늘의 북한: 북한의 도시계획과 그 변화	北韓, Vol.- No.282	1995	도시계획학
24	유산	단행본	박상철·김창규	북한의 문화재보호관계법제	한국법제연구원	1995	문화재
25	유산	단행본	양태진	미리 가보는 북한의 문화유적 순례	백산출판사	1995	문화재
26	현상	기고글	이왕기	북한의 현대건축(1)	플러스 94호 (1995.2)	1995	건축학
27	현상	기고글	이왕기	북한의 현대건축(2)	플러스 95호 (1995.3)	1995	건축학
28	현상	기고글	이왕기	북한의 현대건축(3)	플러스 97호 (1995.5)	1995	건축학
29	현상	기고글	이왕기	남과 북의 건축문화	플러스 100호 (1995.8)	1995	건축학
30	현상	기고글	S. Chang	Report from Tokyo : 북한 미술전당의 방문	SPACE 330(1995.4)	1995	건축학
31	현상	기고글	이왕기	북한 현대건축의 사회주의적 성향과 조형성	합 1996년 겨울호	1996	건축학
32	유산	학술지논문	강영환	북한지역 전통주거에 관한 연구 1	건축역사연구 10	1996	건축학
33	유산	학술지논문	강영환	북한지역 전통주거에 관한 연구 2	건축역사연구 13	1997	건축학
34	유산	학술지논문	김동욱	11, 12세기 고려 정궁의 건물구성과 배치	건축역사연구 13	1997	건축학
35	현상	기고글	이정우	통일 후 북한의 기념비적 건축에 대한 보존문제	이상건축(1997.9)	1997	사회학
36	현상	기고글	이왕기	통일 후 평양의 도시건축에 대하여	이상건축(1997.9)	1997	건축학
37	현상	기고글	이왕기	북한 현대건축의 전통해석과 표현문제	대청마루 15호 (1997.9)	1997	건축학
38	유산	단행본	국립문화재연구소	북한문화재해설집 1- 석조물 편	국립문화재연구소	1997	문화재

연번	대상	형식	저자	제목	게재지/출판사/학교명	연도	분류
39	유산	단행본	국립문화재연구소	북한문화재해설집 2-사찰건축 편	국립문화재연구소	1998	문화재
40	현상	단행본	이우영	김정일 문예정책의 지속과 변화	민족통일연구원	1998	사회학
41	현상	단행본	김원	사회주의도시계획	보성각	1998	도시계획학
42	현상	기고글	삼우설계 북한도시건축연구회	테마연재4: 북한건축	건축문화	1998	건축가
43	유산	단행본	최창조	북한 문화유적 답사기	중앙 M&B	1998	문화재
44	현상	발표논문	이왕기	북한의 사회주의적 사실주의 건축양식	한국건축역사학회 추계학술발표대회	1998	건축학
45	현상	기고글	이왕기	김일성이 총애한 건축가 김정희	이상건축(1998,2)	1998	건축학
46	현상	기고글	장인숙	북한의 건설계 실상	대한토목학회지 46-7	1998	토목학
47	현상	단행본	이왕기	북한건축, 또하나의 우리 모습	서울포럼	2000	건축학
48	현상	단행본	에리히 레셀 사진·백승종 글	동독 도편수 레셀의 북한 추억 : 50년대의 북녘, 북녘 사람들	효형출판	2000	국사학
49	현상	기고글	장성수	북한의 건설산업과 주택건설	건축 44-7	2000	건축학
50	현상	기고글	이왕기	북한 현대건축의 변천	건축사 2000-3	2000	건축학
51	현상	기고글	김현수	북한의 도시계획과 그 전망	건축사 2000-3	2000	건축학
52	현상	기고글	김봉건	북한건축 답사기	건축사 2000-3	2000	건축학
53	현상	기고글	김병성	북한건축 어떻게 접근할 것인가?	건축사 2000-3	2000	건축학
54	현상	기고글	서우석	북한의 주거실태와 주택정책에 대한 평가	건축사 2000-4	2000	건축학
55	현상	기고글	장인숙	북한의 건설현황에 대하여	건축사 2000-4	2000	건축학
56	현상	기고글	김나영	금강산에서의 건설경험	건축사 2000-4	2000	건축학
57	현상	좌담회	김병성, 김봉건, 김현수, 서우석, 장인숙, 이왕기 좌담회	좌담회 : 북한의 건축과 도시, 통일을 위한 준비	건축사 2000-4	2000	건축학
58	유산	단행본	서울대학교 출판부	북한의 문화재와 문화유적 1	서울대학교 출판부	2000	문화재

연번	대상	형식	저자	제목	게재지/출판사/학교명	연도	분류
59	유산	단행본	서울대학교 출판부	북한의 문화재와 문화유적 2	서울대학교 출판부	2000	문화재
60	유산	단행본	서울대학교 출판부	북한의 문화재와 문화유적 3	서울대학교 출판부	2000	문화재
61	유산	단행본	서울대학교 출판부	북한의 문화재와 문화유적 4	서울대학교 출판부	2000	문화재
62	유산	단행본	서울대학교 출판부	북한의 문화재와 문화유적 5	서울대학교 출판부	2000	문화재
63	유산	단행본	유홍준	나의 북한 문화유산 답사기(상)	중앙 M&B	2000	문화재
64	유산	단행본	유홍준	나의 북한 문화유산 답사기(하)	중앙 M&B	2001	문화재
65	현상	학술지 논문	김영재 최정환 한동수 동정근	해방이후, 서울과 평양의 도심공간구조와 그 특성에 관한 비교연구 -공간의 정치경제학적 관점을 중심으로	대한건축학회 계획계 17-10	2001	건축학
66	유산	학술지 논문	김창현	고려 서경의 성곽과 궁궐	역사와 현실 41	2001	국사학
67	유산	학술지 논문	김창현	고려시대 개경 황성의 구조	역사연구 67	2002	국사학
68	유산	학술지 논문	김창현	고려시대 개경 궁성 안 건물의 배치와 의미	한국사연구 117	2002	국사학
69	유산	단행본	김창현	고려개경의 구조와 그 이념	신서원	2002	국사학
70	유산	단행본	국립문화재연구소	북한문화재해설집 3-일반건축 편	국립문화재연구소	2002	문화재
71	현상	학위논문 (석사)	오연주	북한의 건축이론, 사회적 배경에 기반한 북한 공동주거계획에 대한 연구	이화여자대학교 대학원	2002	건축학
72	유산	북챕터	오수창	조선후기 평양과 그 인식의 변화 [조선의 정치와 사회]	집문당	2002	국사학
73	유산	학술지 논문	민덕식	고구려 평양성의 도시 형태와 설계	고구려발해연구 15	2003	국사학
74	현상	학술지 논문	송승섭	북한의 도서관 건축운영과 특징	한국문헌정보학회지 37-1	2003	문헌
75	현상	학술지 논문	이주철	선택받은 도시, 평양과 평양사람들	역사비평 65	2003	국사학
76	유산	학술지 논문	신상화 · 장희순	평양의 도시형성에 관한 연구-평양성의 축성 경위를 중심으로	지역개발연구 12	2004	도시계획학

연번	대상	형식	저자	제목	게재지/출판사/학교명	연도	분류
77	현상	학위논문 (석사)	전동명	북한의 체제와 공간의 정치경제	동국대학교 대학원 북한학과	2004	북한학
78	현상	북챕터	장세훈	공간구조 변화를 통해 본 북한 지방대도시의 도시화 과정	[경남대학교 극동문제연구소 북한연구시리즈 21 북한 도시의 형성과 발전 : 청진, 신의주, 혜산], 한울아카데미	2004	사회학
79	현상	학술지논문	이왕기	북한 현대건축의 '민족성' 표현방법론 연구	대한건축학회 논문집 계획계 20-7	2004	건축학
80	현상	북챕터	이왕기	평양과 서울의 건축과 역사 조형물 [분단의 두 얼굴 : 테마로 읽는 독일과 한반도 비교사]	역사비평사	2005	건축학
81	유산	학술지논문	전봉희	북한지역 건축유적의 지역적 전통과 시기적 변천 시론	대한건축학회 논문집 계획계 21-8	2005	건축학
82	현상	학술지논문	장세훈	한국전쟁과 남북한의 도시화 : 서울과 평양의 전후복구과정을 중심으로	사회와역사 67	2005	사회학
83	현상	기고글	Andrea Petrecca	Pyongyang Photoshop Urbanism	DOMUS 882	2005	건축학
84	유산	학술지논문	김창현	고려시대 평양의 동명 숭배와 민간신앙	역사학보 188	2005	국사학
85	유산	학술지논문	김창현	고려 서경의 사원과 불교신앙	한국사학보 20	2005	국사학
86	유산	학술지논문	민덕식	고구려 평양성과 신라왕경의 구역분할제 비교	백산학보 75	2006	국사학
87	현상	전시	전시	류경호텔 프로젝트 [밀라노 트리엔날레]	밀라노 트리엔날레	2006	건축학
88	현상	기고글	Stefano Boeri	Monument-Antenna-Bridge	DOMUS 893	2006	건축학
89	현상	기고글	David Elliott	Interview with Ryugyong Hotel, Pyongyang	DOMUS 893	2006	미술사학
90	현상	기고글	John Foot	Demanding the Impossible. Imagining the end of Ryugyong 'Hotel'	DOMUS 893	2006	건축학
91	현상	기고글	Seung H-sang	Ryugyong Hotel Modern Remains	DOMUS 893	2006	건축가

연번	대상	형식	저자	제목	게재지/출판사/학교명	연도	분류
92	현상	기고글	Qingyun Ma	It should not be a socialist skeleton on which to hang corpses of capitalist utopia	DOMUS 893	2006	건축학
93	현상	전시	전시	류경호텔 프로젝트 [베니스 건축 비엔날레]	la Biennale di Venezia	2006	건축학
94	현상	북챕터	안창모	사회주의 이데올로기와 북한의 도시·건축	[북한의 방송언론과 예술], 북한연구학회, 경인문화사	2006	건축학
95	현상	북챕터	김기호	북한의 도시계획 [남북한 환경정책 비교연구(2)]	서울대학교 출판부	2006	도시계획학
96	현상	북챕터	최완규	북한 도시의 재구조화	[경남대학교 극동문제연구소 북한연구 시리즈 23 북한 도시의 위기와 변화], 한울아카데미	2006	북한학
97	현상	북챕터	장세훈	북한 도시 주민의 사회적 관계망 변화	[경남대학교 극동문제연구소 북한연구 시리즈 23 북한 도시의 위기와 변화], 한울아카데미	2006	사회학
98	유산	학술지 논문	우성훈·이상해	고려정궁 내부 배치의 복원 연구	건축역사연구 15-3	2006	건축학
99	유산	단행본	대한불교조계종 총무원	북한의 건축문화재(사찰건축편·일반건축편)	조계종 출판사	2006	문화재
100	유산	학술지 논문	진준현	평양성도	대한토목학회지 54-5	2006	미술사학
101	유산	전시	국립중앙박물관	북녘의 문화유산	국립중앙박물관	2006	문화재
102	현상	학술지 논문	이신철	사회주의 '조선의 심장' 평양의 동아시아 도시로의 변화 가능성	한국사연구 137	2007	국사학
103	유산	단행본	국립문화재연구소	북한문화재관계 문헌휘보(증보판, 1990~2006)	국립문화재연구소	2007	문화재
104	유산	학술지 논문	김창현	고려 서경의 행정체계와 도시구조	한국사연구 137	2007	국사학
105	현상	학위논문 (석사)	유경호	평양의 도시발달과 그 역구조의 변화	고려대학교 교육대학원	2007	지리학
106	현상	학술지 논문	안창모	민족을 표방하는 남과 북의 건축	공간과 사회 통권 제128호	2007	건축학

연번	대상	형식	저자	제목	게재지/출판사/학교명	연도	분류
107	현상	북챕터	장세훈	체제전환기 북한의 도시화 추이와 전망	[경남대학교 극동문제연구소 북한연구 시리즈 29 북한의 '도시정치'의 발전과 체제 변화 : 2000년대 청진, 신의주, 혜산], 한울아카데미	2007	사회학
108	현상	학술지 논문	조은희	북한의 답사행군을 통해 본 혁명전통의 의례 만들기	현대북한연구/북한대학원대학교	2007	사회학
109	현상	북챕터	이왕기	북한의 건축	[북한의 문화예술], KBS 남북교류협력단	2008	건축학
110	현상	학위 논문 (석사)	이윤하	김정일 후계체제 구축기 북한건축 특성 연구	북한대학원대학교	2009	건축학
111	현상	단행본	대한토목학회	북한의 도시 및 지역 개발	보성각	2009	토목학
112	유산	학술지 논문	김윤정, 서치상	광무 6년의 평양 풍경궁 창건공사에 관한 연구	대한건축학회논문집 계획계 25-9	2009	건축학
113	유산	학술지 논문	손명희	조선시대 평양성도를 통해 본 평양의 모습과 지역적 성격	한국고지도연구 1-1	2009	미술사학
114	유산	학술지 논문	정원철	고구려 장안성의 성벽 축조 과정에 대한 재검토	동북아연구 25-1	2010	국사학
115	현상	전시	Museum of Applied Arts	김일성 주석께 드리는 꽃 : 조선민주주의 인민공화국의 미술과 건축 FLOWERS FOR KIM IL SUNG : Art and Architecture from the DPRK	Museum of Applied Arts (MAK), Vienna	2010	건축학
116	유산	학술지 논문	오태영	평양의 토포필리아와 고도의 재장소화-이효석의 [은은한 빛]을 중심으로	상허학보 28	2010	문학
117	유산	학술지 논문	우성훈	고려시대 개경 시장의 도시사적 위치에 관한 연구	대한건축학회논문집 계획계 26-5	2010	건축학
118	유산	단행본	강영환	북한의 옛집 1-그 기억과 재생 : 함경도 편	한국학술정보	2010	건축학
119	유산	단행본	강영환	북한의 옛집 2-그 기억과 재생 : 평안도 편	이담북스	2011	건축학

연번	대상	형식	저자	제목	게재지/출판사/학교명	연도	분류
120	현상	강연회	Philipp Meuser	동베를린과 평양-사회주의 건축의 유토피아 강연회	2011년 10월 31일 주한독일문화원 한국건축가협회, 한국건축역사학회 후원	2011	건축가
121	현상	단행본	임동우	평양, 그리고 평양 이후	효형출판	2011	건축가
122	현상	강연회	임동우	북한건축세미나(평양 그리고 평양 이후)	2011년 11월 23일 정림건축 세미나실	2011	건축가
123	유산	단행본	강영환	북한의 옛집 3-그 기억과 재생 : 황해도 편	이담북스	2012	건축학
124	유산	학술지 논문	장필구, 전봉희	풍경궁과 화성행궁의 자혜의원 전용에 관한 연구	대한건축학회 논문집 계획계 28-12	2012	건축학
125	현상	학술지 논문	차문석	북한 문헌 자료의 도시사적 재발굴	북한학연구 8-2	2012	북한학
126	현상	북챕터	필립 뮈제아, 윤정원 역	[이제는 평양건축 (Architectural and Cultural Guide: Pyongyang)]	담디	2012	건축가
127	현상	기고글	안창모	평양의 도시와 건축에 새겨진 이상과 현실	SPACE 543 (2013. 2)	2013	건축학
128	현상	기고글	김현수	사회주의 도시 평양의 변화	SPACE 543 (2013. 2)	2013	도시계획학
129	현상	기고글	이상준	미래 한반도와 평양	SPACE 543 (2013. 2)	2013	도시계획학
130	현상	기고글	심영규 · 심미선	북한에서 건축하기	SPACE 543 (2013. 2)	2013	건축학
131	현상	기고글	송승섭	북한 건축 관련자료의 이해와 활용	SPACE 543 (2013. 2)	2013	문학
132	현상	기고글	이우영	평양에 대한 오랜 관심 그리고 새로운 시각	SPACE 543 (2013. 2)	2013	사회학
133	현상	발표논문	안창모	건축과 도시에 새겨진 이상과 현실-평양을 중심으로	제53회 영추포럼	2013	건축학
134	현상	발표논문	이형재	평양과학기술대학 건립 사례로 본 북한의 건축문화	제54회 영추포럼	2013	건축가
135	현상	발표논문	임동우	변화하는 평양과 한국 건축가의 역할	제55회 영추포럼	2013	건축가
136	현상	발표논문	송승섭	자료로 본 북한의 도시와 도서관 건축	제56회 영추포럼	2013	문학

연번	대상	형식	저자	제목	게재지/출판사/학교명	연도	분류
137	현상	발표논문	이우영	평양의 도시문화: 평양과 평양시민의 삶, [서울대학교 환경계획연구소 '평양, 도시로 읽다' 심포지엄 자료집]	서울대학교 환경계획연구소	2013	사회학
138	현상	발표논문	전상인, 조은희, 김미영	북한의 도시계획 [서울대학교 환경계획연구소 '평양, 도시로 읽다' 심포지엄 자료집]	서울대학교 환경계획연구소	2013	사회학
139	현상	발표논문	임동우	평양의 도시계획 [서울대학교 환경계획연구소 '평양, 도시로 읽다' 심포지엄 자료집]	서울대학교 환경계획연구소	2013	건축가
140	유산	단행본	국립문화재연구소	개성의 문화유적	국립문화재연구소	2013	문화재
141	유산	학술지논문	김민아·정인하	조선 후기 이후 평양의 도시형태 변천에 관한 연구: 평양성도와 1914년 평양부 지적원도의 비교를 통해	대한건축학회논문집 계획계 29-11	2013	건축학
142	현상	학술지논문	박희진	함흥시 도시공간의 지배구조와 탈주체의 삶	북한연구학회보 17-2	2013	북한학
143	현상	북챕터	이종호	1장 도시 : 두 도시 공공영역의 상보성	[평양이 서울에게, 서울이 평양에게], EAI 북한연구시리즈	2013	건축가
144	현상	북챕터	조동호	2장 경제 : 서울보다 경제력 집중이 심한 도시, 평양	[평양이 서울에게, 서울이 평양에게], EAI 북한연구시리즈	2013	북한학
145	현상	북챕터	변창흠	5장 미래 : 서울과 평양의 미래	[평양이 서울에게, 서울이 평양에게], EAI 북한연구시리즈	2013	행정학
146	현상	단행본	신동삼	신동삼 컬렉션 : 독일인이 본 전후 복구기의 북한	눈빛	2013	건축가
147	현상	강연회	신동삼	구동독 함흥시 재건-도시설계(1954-1962)	서울대, 동국대, 인천대, 조선대, 목포대 순회 특강	2013	건축가
148	현상	단행본	고유환·박희진	동국대북한학연구소 총서 007: 북한도시 함흥·평성 자료해제집 1	도서출판 선인	2013	북한학
149	현상	단행본	홍민	역사적 다양체로서 사회주의 도시의 이해	[사회주의 도시와 북한 : 도시사연구방법], 한울아카데미	2013	정치학

연번	대상	형식	저자	제목	게재지/출판사/학교명	연도	분류
150	현상	단행본	민유기	서양 도시사 연구 흐름과 북한 도시사 연구를 위한 제언	[사회주의 도시와 북한: 도시사연구방법], 한울아카데미	2013	사회학
151	현상	단행본	안재섭	도시지리학의 주요 연구 방법과 북한 도시	[사회주의 도시와 북한: 도시사연구방법], 한울아카데미	2013	지리학
152	현상	단행본	홍민	북한 연구에서 '공간' 이해와 도시사의 가능성	[사회주의 도시와 북한: 도시사연구방법], 한울아카데미	2013	정치학
153	현상	단행본	차문석	문헌자료를 통해서 본 북한의 도시 역사	[사회주의 도시와 북한: 도시사연구방법], 한울아카데미	2013	정치학
154	현상	단행본	조정아	구술자료를 활용한 북한 도시 연구	[사회주의 도시와 북한: 도시사연구방법], 한울아카데미	2013	북한학
155	현상	단행본	박희진	북한 도시를 보면서 읽는 방법	[사회주의 도시와 북한: 도시사연구방법], 한울아카데미	2013	북한학
156	현상	단행본	고유환·박희진	동국대북한학연구소 총서 008: 북한도시 함흥·평성 자료해제집 2	도서출판 선인	2013	북한학
157	현상	학위논문 (박사)	곽인옥	북한 회령시장의 공간적 구조와 기능 변화에 관한 연구	고려대학교 대학원 북한학과	2013	북한학
158	유산	학술지 논문	우성훈	고려 성종대 개경의 변화와 도성구조에 관한 검토	대한건축학회논문집 계획계 29-5	2013	건축학
159	유산	학술지 논문	박준형	개항기 평양의 개시과정과 개시장의 공간적 성격	한국문화 64	2013	국사학
160	현상	단행본	임동우	북한 주요 도시의 공간 구조와 다이어그램	[함흥과 평성: 공간·일상·정치의 도시사], 한울아카데미	2014	건축가
161	현상	단행본	안재섭	수치지형도를 활용한 북한의 평성과 함흥의 도시구조	[함흥과 평성: 공간·일상·정치의 도시사], 한울아카데미	2014	지리학
162	현상	단행본	박희신	함흥 도시 공간의 지배구조와 탈주체의 삶	[함흥과 평성: 공간·일상·정치의 도시사], 한울아카데미	2014	북한학
163	현상	단행본	홍민	북한 아파트 건설 역사와 도시정치: 통치와 욕망의 공간적 변주	[함흥과 평성: 공간·일상·정치의 도시사], 한울아카데미	2014	정치학

연번	대상	형식	저자	제목	게재지/출판사/학교명	연도	분류
164	현상	단행본	박희진	북한 평성의 공간적 변화와 도시성 탐구 : 하차시장 생활 경험을 중심으로	[함흥과 평성 : 공간·일상·정치의 도시사], 한울아카데미	2014	북한학
165	현상	학위논문(석사)	한병수	남·북한 공공건축에 나타난 '전통'개념의 표현 경향에 관한 비교 연구 : 1945~1980년대를 중심으로	한양대학교 대학원 건축학과	2014	건축학
166	현상	학술지논문	김기혁	도로 지명을 통해 본 평양시의 도시 구조 변화 연구	문화역사지리 26-3	2014	지리학
167	현상	전시	조민석(커미셔너), 배형민, 안창모(큐레이터)	CROW'S EYE VIEW: THE KOREAN PENINSULA, [근대성의 흡수 : 1914~2014] 한국관 전시	la Biennale di Venezia	2014	건축학
168	현상	북챕터	이상준	한반도의 미래와 북한 국토 공간개발의 과제	[북한도시읽기], 담디	2014	도시계획학
169	현상	북챕터	조은희	북한의 상징적 공간과 국가의례	[북한도시읽기], 담디	2014	사회학
170	현상	북챕터	김동세	비무장시대 백서: 몇 가지 사실들과 미래를 위한 질문들	[북한도시읽기], 담디	2014	건축가
171	현상	북챕터	임동우	사회주의 도시의 교훈	[북한도시읽기], 담디	2014	건축가
172	현상	북챕터	이윤하	김정일 시대의 북한건축은 어떻게 탄생하였나?	[북한도시읽기], 담디	2014	건축가
173	현상	북챕터	임동우	북한건축과 유형	[북한도시읽기], 담디	2014	건축가
174	현상	기고글	임동우	평양건축의 미래	건축 58-8	2014	건축가
175	현상	기고글	김현수	통일과 북한도시의 변화 : 평양을 중심으로	건축 58-8	2014	도시계획학
176	현상	기고글	안창모	북한건축의 이해 : 북한사회 연구의 지속성 확보를 위한 제언	건축 58-8	2014	건축학
177	현상	학위논문(석사)	이동창	북한 공동주택 평면구성 특징에 관한 연구	한양대학교 공학대학원	2014	건축학
178	현상	학위논문(석사)	이규철	북한 살림집 정책에 관한 연구	북한대학원대학교	2014	북한학

연번	대상	형식	저자	제목	게재지/출판사/학교명	연도	분류
179	현상	학위논문(석사)	홍성원	북한 주택시장의 형성과 발전에 관한 연구-아파트 건설 및 매매를 중심으로	북한대학원대학교	2014	북한학
180	유산	학술지논문	김민아·정인하	일제강점기 평양부 토지구획정리사업의 환지방식에 관한 연구 - 제1토지구획정리사업지를 중심으로	대한건축학회논문집 계획계 30-12	2014	건축학
181	현상	발표논문	곽인옥	북한의 도시공간과 통일국가건설: 북한 경제구조 변화에 따른 도시공간의 재구조화 : 함북 회령시를 중심으로	북한연구학회 동계 학술발표논문집	2014	북한학
182	현상	발표논문	찰스 암스트롱	The history of cities in North Korea and the impact of the 1990s economic crisis on urban life	2014 세계북한학 학술대회	2014	북한학
183	현상	발표논문	옐레나 프로콥빅	Overcoming isoslation of Juche Architecture : Formal and conceptual exchange between North Korea and the exteiror in the field of architecture and urbanism	2014 세계북한학 학술대회	2014	북한학
184	유산	학술지논문	김윤희	조선후기 가사에 형상화된 평양의 지리 문학적 표상과 그 변모 양상	동방학 31	2014	문학
185	현상	학술지논문	전상인, 김미영, 고은희	국가 권력과 공간 : 북한의 수도계획	국토계획 50-1	2015	사회학
186	현상	전시	조민석(커미셔너), 배형민, 안창모(큐레이터)	CROW'S EYE VIEW: THE KOREAN PENINSULA, [근대성의 흡수: 1914~2014] 한국관 귀국전시회	아르코미술관	2015	건축학
187	현상	학술지논문	박희진	김성은 체제의 도시와 도시건설: 개방·관광·상품화	평화학연구 16-1	2015	북한학
188	현상	단행본	엄운진, 여혜진, 임현성	한반도 통일시대 기반 구축을 위한 건축분야 기초연구	건축도시공간연구소	2015	건축학

연번	대상	형식	저자	제목	게재지/출판사/학교명	연도	분류
189	현상	기고글	이왕기	김정은 시대의 건축의 계승과 변화	land &housing Insight 21, 한국토지주택공사 토지주택연구원	2015	건축학
190	유산	학술지 논문	우성훈	개경의 도시 변화와 지배구조 개편의 관계에 관한 검토	대한건축학회논문집 계획계 31-3	2015	건축학
191	유산	학술지 논문	박준형	1899년 평양 개시 이후 평양성 외성 공간의 재편 과정	한국학연구 39	2015	국사학
192	유산	학술지 논문	박준형	청일전쟁 이후 일본인의 평양 진출과 평양성 내에서의 "잡거" 문제-일본인 신시가의 형성 과정을 중심으로	비교한국학 23-3	2015	국사학
193	유산	학술지 논문	이도학	삼국사기의 고구려 왕성 기사 검증	한국고대사학회	2015	국사학
194	유산	학술지 논문	박준형	메이지시기 조선지도에 표기된 단군묘와 기자전	인문학연구 28	2015	국사학
195	현상	학위 논문 (석사)	김성원	평양의 공간구조 변화와 통일 후 과제에 관한 연구	서울시립대 국제도시과학대학원 첨단녹색도시개발학과	2016	도시계획학
196	현상	학술지 논문	신규철	북한의 '건축예술론'에 대한 비평적 연구-남북한 건축교류에 대비한 북한건축의 이해를 위한 배경분석	대한건축학회지회연합회논문집 18-5	2016	건축학
197	현상	단행본	전상인	북한, 도시로 읽다	통일부 통일교육원	2016	사회학
198	유산	학술지 논문	백종오	평양기성도를 통해 본 평양성의 구조와 현황	백산학보 104	2016	국사학
199	현상	단행본	서울연구원	평양 도시계획 이해하기	㈜휴먼컬처아리랑	2016	도시계획학
200	현상	단행본	박세훈 외	북한의 도시계획 및 도시개발 실태분석과 정책과제	국토연구원	2016	도시계획학
201	현상	학술지 논문	정일영	북한에서 전시(展示)적 도시의 건설과 한계에 관한 연구-김정은 시대의 유희오락시설 건설을 중심으로	현대북한연구 19-1	2016	정치학
202	현상	발표 논문	정일영	북한에서 "도시통제체제"의 형성	북한연구학회 하계학술발표논문집	2016	정치학

연번	대상	형식	저자	제목	게재지/출판사/학교명	연도	분류
203	현상	발표논문	라이너 도멜스	북한도시의 내부구조에 관한 연구	2016 세계북한학 학술대회	2016	북한학
204	유산	학술지논문	복기대	고구려 후기 평양위치 관련 기록의 검토	일본문화학보 69	2016	국사학
205	유산	학술지논문	우성훈	고려시대 개경의 지역단위에 대한 기초적 검토	대한건축학회논문집 계획계 32-1	2016	건축학
206	현상	학술지논문	Gunsoo Shin, Inha Jung	Appropriating the Socialist Way of Life : The Emergence of Mass Housing In Post-war North Korea	The Journal of Architecture 21-2	2016	건축학
207	현상	학술지논문	Mina Kim, Inha Jung	The Planning of Microdistricts in North Korea : Space, Power, Everyday Life	Planning Perspective 32-2	2017	건축학
208	현상	발표논문	남형식·우동선	기 들릴의 [평양] (2003)에 나타난 인쇄만화의 서사적 속성과 평양의 이미지	한국건축역사학회 학술발표대회	2017	건축학
209	유산	기고글	박현	근현대 동아시아 도시이야기 일제강점기 평양의 도시 공간 분석	레디앙 4월호	2017	국사학
210	현상	강연	길광혁	북한 도시 공간의 변화 : 시장화 전후	서울대학교 통일평화연구원 [북한의 기초과학 현실과 전망]	2017	건축학
211	현상	전시	배형민·임동우	평양전-평양살림 [서울도시건축비엔날레 도시전]	2017 서울도시건축비엔날레 도시전	2017	건축학
212	유산	발표논문	마샤 하우플러	평양에서 지워진 중국 정체성의 추적	2017 서울도시건축비엔날레 평양살림 심포지엄	2017	미술사학
213	현상	발표	안창모	잠재적 세계유산, 서울과 평양의 현재와 근미래	2017 서울도시건축비엔날레 평양살림 심포지엄	2017	건축학
214	현상	발표	안드레 수미트	평양아파트의 무엇이 사회주의적인가?	2017 서울도시건축비엔날레 평양살림 심포지엄	2017	건축학
215	현상	발표	정인하	김정일 시대의 새로운 주거설계방식	2017 서울도시건축비엔날레 평양살림 심포지엄	2017	건축학
216	현상	발표	옐레나 프로콥빅	최근 변화하는 평양 도시형태 분석	2017 서울도시건축비엔날레 평양살림 심포지엄	2017	도시계획학

연번	대상	형식	저자	제목	게재지/출판사/학교명	연도	분류
217	현상	발표	최희선	평양 건축의 현대 주거 개념	2017 서울도시건축 비엔날레 평양살림 심포지엄	2017	건축학
218	현상	발표	박희진	북한의 평양시 개발과 현대화 구상 : 기술발전과 도시적 대응	2017 서울도시건축 비엔날레 평양살림 심포지엄	2017	북한학
219	현상	발표	김현수	평양, 사회주의 도시로부터 메트로폴리스까지	2017 서울도시건축 비엔날레 평양살림 심포지엄	2017	도시계획학
220	현상	발표	로버트 윈스텐리-체스터즈	사회주의 도시, 평양의 공공 공간	2017 서울도시건축 비엔날레 평양살림 심포지엄	2017	도시계획학
221	현상	발표	애니 패드렛	미래도시, 평양 2050	2017 서울도시건축 비엔날레 평양살림 심포지엄	2017	도시계획학

* 참고문헌을 위 표로 대신함.

:: 종합약학연구소

남·북한 약용식물 자원의 산업적 활용을 위한 기반 연구

주승재 · 권성원 · 성상현 · 김진웅 · 박정일

목차

서론

I. 『조선민주주의인민공화국약전』(이하 북한약전)과 『대한민국약전』(이하 대한약전)의 비교

II. 북한약전과 대한약전 및 한약(생약)규격집의 생약 비교

III. 북한약전의 고려약제제와 약용식물자원 개발 전망

IV. 결론

주승재 서울대학교 약학대학 겸임교수, 연구 및 집필   권성원 서울대학교 약학대학 교수, 연구자
성상현 서울대학교 약학대학 교수, 연구자   김진웅 서울대학교 약학대학 교수, 연구자
박정일 서울대학교 약학대학 겸임교수, 연구책임자

서론

북한은 약용식물 자원을 이용한 의약품을 "동약" 또는 "고려약재"라 명칭하고 국가적 차원에서 약용식물자원의 연구와 활용을 적극 장려하고 있는 것으로 알려져 있다.[1] 이를 위해 북한 국가과학원 산하 식물학연구소가 식물학에서 공통적으로 쓰이는 학명과 식물명을 북한과 외국의 문헌자료에 기초해 확정하는 작업을 진행해오는 것으로 알려져 있으나, 약용식물학 분야의 경우 남·북한 간의 오랜 단절로 학문적으로 교류가 없었던 데다가 전통의학에 의거한 사용 예 및 약리적/임상적 결과들을 반영함에 따라 국내 용어와의 불일치 및 약리적 용도의 부정확성 등이 많이 나타나고 있다. 따라서 앞으로 북한과의 교류가 확대되어 북한산 약재의 수입이 허용되고 시장에 유통될 경우 상당한 혼란이 야기될 수 있다. 또한 북한산 약재의 약리작용과 응용이 과학적인 평가와 검증을 거치지 않은 채 전승, 전통 의학적 측면에서 대부분 이루어지고 있는 실정이므로, 통일 시대를 준비하는 입장에서 그 기원의 추적과 동일성 여부 판정, 성분상의 평가와 안전성 연구 등이 시급하다.

다음은 1998년, 북한산 생약의 반입 실적을 표로 나타낸 것인데, 2010년, '승마' 525kg, '위령선' 19,445kg 등 두 건의 반입을 마지막

---

1 "…새로운 약초자원을 적극 찾아내고 그에 대한 연구사업을 강화하여 효능이 높은 고려약을 많이 만들어내도록 하여야 하겠습니다." - 김일성, 『김일성선집』, 제4권(평양: 조선로동당출판사, 1960), p. 127.

으로 북한산 생약은 거래 실적이 없는 것으로 확인되었다.[2]

표 1 북한산 생약의 반입 실적(1998)

생약명	단위(kg)	생약명	단위(kg)
결명자	22,500	위유	13,162
금은화	13,860	유백피	20,842
반하	12,905	음양곽	3,000
백출	180,000	지실	1,988
복령	10,000	지황	214,455
복분자	74,160	차전자	140
시라자	3,120	창출	300,000
시호	11,054	토사자	65,320
애엽	4,488	행인	3,280
오가피	4,720	황정	60,000
오공	198,000pcs	회향	12,280
오미자	30,000		

출처 : 한국의약품수출입협회, 〈www.kpta.or.kr〉

한편, 다양한 임상적/산업적 활용이 활발함에도 교류가 단절되어 제대로 알려지지 않은 북한의 약용식물 자원과 활용 경험은 우리의 천연물 바이오산업 분야의 좋은 자원으로 활용될 가능성이 높을 것으로 기대되고 있다.

이를 위해 본 연구에서는 북한 약용식물 자원을 활용한 남·북한 공동 천연물 바이오 의약품개발의 기초적 작업의 출발점으로 북한의 식물학 및 약용식물 관련 문헌의 분석과 남·북한 생약의 비교 조사를

---

2 2017, 한국의약품수출입협회(02-2162-8000), 〈www.kpta.or.kr〉.

진행하였다. 1차적 연구대상으로 『조선민주주의인민공화국약전』(제7판, 2011) 제1부의 "고려약재"와 『대한민국약전』(11개정, 2017) 및 『대한약전외한약(생약)규격집』(10개정, 2015)에 수재된 "생약"(한약재 포함)을 정하고 이에 대해 비교 분석을 하였다. 이는 약전이 각 나라의 국민 보건 상 꼭 필요한 의약품에 대하여 각각의 유효성과 필요한 품질을 확보함을 목적3으로 하여 그 규격과 시험법 등에 대한 기준과 기타 중요사항을 집대성한 것으로 국가에서 제정한 의약품에 대한 법전이므로4, 남·북한의 주요한 생약 및 의약품에 대한 공인된 정보를 얻을 수 있다고 보았기 때문이다.

---

3 "대한민국 약전은 국민보건향상에 기여하기 위하여 국가에서 제정한 의약품에 관한 법전이며, 질병의 치료 및 예방에 사용되는 의약품의 제법·성상·성능·품질 및 저장 방법의 적정을 기하여 안전하고 유효한 품질이 확보된 의약품을 공급하는데 그 목적이 있다." 식품의약품안전처 약전편찬위원회, "머릿말," 『대한민국 약전』, 11개정(신일북스, 2017), p. ix.

"《조선민주주의인민공화국 약전》은 국가의 기본의약품규격집이며 의약품규격시험법의 기준서이다." 조선민주주의인민공화국약전위원회, "연혁," 『조선민주주의인민공화국 약전』, 제7판(의학과학출판사, 2011), p. 3.

4 약사법 제51조(대한민국약전) 1항: "식품의약품안전처장은 의약품등의 성질과 상태, 품질 및 저장 방법 등을 적정하게 하기 위하여 중앙약사심의위원회의 심의를 거쳐 대한민국약전을 정하여 공고한다."

I. 『조선민주주의인민공화국약전』(이하 북한약전)과 『대한민국약전』(이하 대한약전)의 비교

그림 1 북한약전과 대한약전의 표지
출처: 국립중앙도서관 북한자료센터

1. 북한약전의 체계와 변천

북한약전은 머리말, 연혁, 제1부, 제2부, 부록, 부표, 찾아보기[5]로 구성되어 있고, 제1부에는 통칙, 총칙(제제총칙 포함), 일반시험법, '고려약재', '고려약제제'를, 제2부에는 '신약 및 그 제제'를 수록하고 있다. 그 체계에 있어서는 제1부와 제2부에 수재된 약물의 순서가 바뀐

---

5 조선민주주의인민공화국약전위원회, 『조선민주주의인민공화국 약전』, 제7판(의학과학출판사, 2011), pp. 7~24.

것[6]을 제외하면 대한약전과 크게 다르지 않다. 전통의학과 동약을 중요시하고 지속적으로 연구해 온 북한[7]에서 고려약을 제1부에 다룬 것은 어쩌면 당연한 일일지도 모른다.

북한약전은 1960년 8월에 제1판[8]이 출판되었는데, 여기에는 북한에서 생산하는 의약품을 기본으로 총 392종(고려약제와 그 제제 104종, 신약과 그 제제 288종 포함)이 수록되었다. 제2판은 1967년과 1969년에 각각 제1부(신약편)과 제2부(고려약편)로 나누어 출판되었고, 제1부는 총 501종으로, 그중 신약과 그 제제 435종, 제약원료로 쓰는 고려약재 66종을 등재하였으며 제2부는 고려약재와 그 제제 649종을 포함하였다. 이때 전통적으로 내려오면서 써오던 고전 처방들을 많이 수집 선별하여 등재하였다고 한다. 1972년과 1976년에 출판된 제3판 제1부와 제2부에서는 북한에서 생산되지 않는 수입약초들을 삭제하였으며(고려약재 383종) 고전 처방은 부록으로 옮기고 통칙, 몇몇 일반시험법, 부표 등 기본적인 약전의 구성체계를 갖추었다.[9]

제4판은 제1부를 '고려약편'(고려약재 및 그 제제 724종)으로 제

---

6 대한약전에서는 의약품 각조 제1부에 빈번하게 사용되는 의약품을, 제2부에 생약 및 생약제제 등을 다루고 있다

7 "우리나라의 의학은 유구한 전통을 가지고 있다. 우리 선조들은 이미 수천년 전부터 실제 생활을 통하여 얻은 고귀한 경험들로《향약집성방》과《동의보감》등과 같이 최초의 약전형식으로 서술된 우수한 고전들을 발간하여 널리 보급하였다. …" - 위의 책, p. 3 숭에서.

8 대한약전은 1958년 10월에 제1개정(총 635품목)이, 중국약전은 1953년에 초판이 발행되었다.

9 위의 책, pp. 3~4.

2부를 '신약편'(신약 및 그 제제 633종)으로 하여 1982년에 출판되었는데, 이 때부터 북한약전이 대외적으로 공개되기 시작하였다. 이후 출판된 제5판, 제6판에서 특이할만한 사항은 정량법, 안정성시험법, 생물약제학적 시험법들이 새로 도입되었고 국가가 규정한 독약과 마약, 극약의 표식을 한다는 점, 고려약의 이름을 알기 쉽게 고쳐 쓴 것 등이며, 부록의 '고려약고전처방'에는 『동의보감』을 비롯한 고전의서에 실려 있는 237개의 주요 처방들이 수록되었다.[10]

제7판(2011)의 의약품은 총 1,607종이고 제1부에 실린 고려약재가 471종, 고려약제제 254종이며, 제2부에 수록된 신약 및 그 제제는 882종이다. 의약품의 이름에 라틴명을 표기하였는데, 약재부위를 먼저 표시하였다.[11]

한편, 대한약전(2017)의 의약품은 총 1,559 품목으로, 이중 제1부가 1,159 품목, 제2부는 400 품목이 수록되었다. 이처럼 생약의 품목이 적어진 것은, 동물 보호 정책의 일환으로 녹용, 웅담, 사향 등 동물생약이 제외된 데다가 아리스톨로킨산[12]의 발암성 및 신장독성 때문에 마두령과 청목향이 삭제되었고, 또 산모로부터의 병원성 미생물 등 감염의 우려가 있어 자하거[13]도 삭제되었기 때문이다.[14]

---

10 위의 책, pp. 4~5.

11 위의 책, p. 5.

12 aristolochic acid. 쥐방울덩굴속 식물에 함유된 알칼로이드. 마두령은 쥐방울덩굴의 열매, 청목향은 뿌리이다.

13 건강한 사람의 태반을 건조한 것으로, 『동의보감』 등 한의학 문헌에서 만성소모성질환의 치료에 사용되어왔다.

14 식품의약품안전처, 〈www.mfds.go.kr〉.

2. 북한약전과 대한약전의 제제용어

〈표 2〉에서 비교해놓은 바와 같이, 북한약전과 대한약전의 제제총 칙에 규정된 제제용어 간에 언어적 이질성을 보인다.[15] 이 중에는 교갑약(캡슐제), 교제(겔제), 싸락약(과립제)처럼 도무지 알 수 없는 용어도 있고, 눈방울약(점안제), 단물약(시럽제), 끼움약(좌제), 입안알약(트로키제)처럼 추측이 가능한 용어들도 존재한다. 제형의 다양성 면에서는 대한약전의 경우보다 다소 떨어지는 것으로 보인다.

표 2   제제용어의 비교

북한약전	대한약전	북한약전	대한약전
가루약	산제	알약	정제 환제
경피흡수붙임제	경피흡수제	약술	주정제
교갑약	캡슐제	연고	연고제
교제	겔제	입안알약	트로키제
굳은 고약	페이스트제	엑스제	유동엑스제
눈방울약	점안제	주사약	주사제
눈연고	안연고제	차제	다제
단물약	시럽제	탕약	전제 및 침제
로숀제	로션제	팅크제	틴크제
문지름고약	크림제	파프제	카타플라스마제
젖제	유제	향기물약	방향수제
주사약	주사제	현탁제	현탁지
차제	다제	끼움약	좌제
탕약	전제 및 침제	싸락약	과립제
팅크제	틴크제	알약	정제 환제

---

15 최명신 등, "남·북한 약전에 대한 비교조사연구,"『약제학회지』, 제34권 5호(2004), pp, 427~428.

북한약전	대한약전	북한약전	대한약전
파프제	카타플라스마제	약술	주정제
향기물약	방향수제	연고	연고제
현탁제	현탁제	입안알약	트로키제
끼움약	좌제	엑스제	유동엑스제
싸락약	과립제		
막제			가글제 관류제
바르는막제			껌제
합제 약엿			리니멘트제
			액제
	-	-	에어로솔제
			엘릭서제
			이식제 점비제
			점이제 첩부제
			투석제 흡입제

출처 : 『조선민주주의인민공화국 약전』(제7판, 2011); 『대한민국 약전』(11개정, 2017).

3. 기타 일반시험법 및 생약 용어 비교

이밖에 북한약전과 대한약전은 시험법 종류[16] 및 시험도구 등에서 차이를 보이고(표 3), 열(쓸개), 옹근풀(전초) 등 생약 응용 부위에 있어서도 용어의 차이를 보인다(그림 2). 여기서는 약용식물자원에 대한 연구이므로 생약시험법만 비교해보았다. 그러나 시험법이나 용어의 차이보다는 적합한 기준의 차이가 더 국민의 안전에 영향을 끼칠 수 있는 요인이며 독성이 강한 약재의 경우 반드시 확인해야 할 것이다. 통일 이후를 대비하여 시험법 및 허용 기준의 적합성과 적정선을 검

---

16 위 논문, pp. 429~430.

토하고 표준화된 규정을 마련하는 작업과 대한약전에 수록되지 않은 북한약전 생약에 대한 연구 또한 절실하다.

표 3 일반시험법 중 생약시험법 비교

북한약전 고려약시험법	대한약전 생약시험법
• 약재의 성상시험법 • 약재의 구조시험법 • 가루고려약제제의 현미조직학적시험법 • 고려약의 형광시험법 • 고려약의 순도시험법(혼입물, 건조감량, 회분, 유해원소, 농약) • 엑스분측정법 • 정유측정법 • 탄닌정량법 • 돌꾸올증규법 • 절편과 알갱이의 크기와 허용편차 한도시험법	• 현미경시험 • 순도시험(이물, 중금속, 잔류농약, 이산화황, 곰팡이독소, 벤조피렌) • 건조감량 • 회분 • 산불용성 회분 • 엑스함량 • 정유함량

출처 : 『조선민주주의인민공화국 약전』, 제7판(2011);『대한민국 약전』, 11개정(2017).

> **곰 열**
> **FEL URSI**
> 웅담
>
> 이 약재는 곰 *Ursus thibetanus* Cuvier 또는 큰 곰 *Ursus arctos* L. (곰과 Ursidae)의 열[17]이다. 동물을 잡아 열주머니를 떼내여 바람이 잘 통하는 곳에서 그대로 말린다.
>
> **마 디 풀**
> **HERBA POLYGONI AVICULARIS**
> 편축
>
> 이 약재는 마디풀 *Polygonum aviculare* L. (여뀌과 Polygonaceae)의 옹근풀[18]이다. 여름철 꽃필 때 옹근풀을 베어 바람이 잘 통하는 그늘에서 말린다

그림 2   약재 부위 용어 차이의 예
출처 : 『조선민주주의인민공화국 약전』, 제7판(2011).

II. 북한약전과 대한약전 및 한약(생약)규격집[19]의 생약 비교

북한약전 총칙의 '고려약총칙'에서는 고려약을 다음과 같이 설명하고

---

17   열: 쓸개. 예로는 곰열(웅담), 개열(구담), 메돼지열(저담) 등이 있다.
18   전초. 예로 냉이(제채), 마디풀(편축), 익모초 등이 있다.
19   식품의약품안전처, "의약품 각조 제1부", 『대한약전외 한약(생약)규격집』, 10개정(신일북스, 2015).

있다.

> "고려약은 고려약재와 고려약제제로 나눈다.
> 고려약재란 동식물의 약으로 쓰는 부분, 세포내용물, 분비물, 추출물과 금속성 및 비금속성광물 등(약재)을 말한다."[20]

따라서, '고려약재'는 다음의 『생약학』에서 말하는 '생약'과 그 의미가 상통한다고 볼 수 있다.

> "생약은 자연으로부터 얻어지는 동물, 식물, 광물 및 미생물과 그 대사생성물을 의약품으로 쓰기 위하여 이들을 간단히 가공하거나(절단, 분쇄, 연마, 추출 등) 또는 부패, 품질저하를 방지하기 위하여 적당한 훈증제를 분무하는 등 그 본질이 변하지 않은 상태의 천연물이거나 유효성분을 추출하거나 제제를 만들기 위하여 사용되는 천연물들을 일컫는다."[21]

1. 남·북한 약전의 생약 기재항목 비교

북한약전의 고려약재는 우리말이름, 라틴명, 동의명, 기원, 성상, 구조, 확인시험, 순도시험, 정량법, 법제, 성미와 귀경, 작용과 쓰는데, 쓰는량, 보관의 체계로 되어있고, 고려약제제는 우리말이름, 만드는법, 성상, 확인시험, 순도시험, 정량법, 작용과 쓰는데, 쓰는량, 보관의 순서로 기술하고 있다. 국내외에 잘 알려진 '고려인삼'을 예로 들면 〈그림 3〉과 같다.

---

20 위의 책, p 32.
21 생약학교재편찬위원회, 『생약학』(동명사, 2014), p 3.

```
                        고려인삼
                     RADIX GINSENG

   이 약재는 개성지방에서 재배한 6년생 인삼 Panax Ginseng C.A.
   Mey. (Panax coreensis Mak.) (오갈피나무과 Araliaceae)의 뿌리이다.
   뿌리를 가을에 캐서 물에 씻어 그대로(인삼) 또는 원뿌리에서 잔뿌리와
   코르크층을 다듬고(백삼) 해볕에 말린다.
     약재에는 긴쎄노지드가 Rb1(C54H92O23)가 0.4% 이상 들어있다.
     [성 상] …
     [구 조] …
     [확인시험] …
     [순도시험] …
     [정량법] …
     [성미와귀경] 달고 약간 쓰고 따뜻하다. 비경, 폐경
     [작용과 쓰는데] 보기약으로서 기를 보하고 진액이 생겨나게 하며…
     [쓰는량] 하루 2~12g
     [보 관] 바람이 잘 통하는 마른곳에 둔다.
```

그림 3 　북한약전의 고려약재 기재항목의 예
출처 :『조선민주주의인민공화국 약전』, 제7판(2011).

대한약전 생약의 경우, 한글명, 영명, 한글별명 또는 라틴명, 기원, 성분의 함량규정 또는 표시규정, 제법, 성상, 확인시험, 시성치, 순도시험, 건조감량, 강열감량, 수분, 강열잔분, 회분, 산불용성회분, 정량법, 저장법의 순으로 기재하고 있고 생약제제는 한글명, 영명, 성분의 함량규정 또는 표시규정, 제법, 성상, 확인시험, 시성치, 순도시험, 건조감량, 강열감량, 수분, 함량시험, 저장의 순서로 기재되어있다. 위의 '고려인삼'과 같은 생약인 '인삼'의 예를 보면 다음과 같다.

가장 큰 차이를 보이는 항목은 북한약전 고려약재와 고려약제제

> 인삼(人蔘)
> # Ginseng
>
> Ginseng Radix
> 이 약은 인삼 *Panax ginseng* C.A. Meyer (두릅나무과 Araliaceae) 의 뿌리로서 그대로 또는 가는 뿌리와 코르크층을 제거한 것이다.
> 이 약은 정량할 때 환산한 건조물에 대하여 진세노시드 Rg1 ($C_{42}H_{72}O_{14}$: 801.01) 0.10 % 이상 및 진세노시드 Rb1 ($C_{54}H_{92}O_{23}$: 1109.29) 0.20 % 이상을 함유한다.
> **성 상** …
> **확인시험** …
> **순도시험** …
> **건조감량** …
> **회 분** …
> **엑스함량** 묽은 에탄올엑스 14.0 % 이상
> **정 량 법** …
> **저 장 법** 밀폐용기.

그림 4 대한약전의 생약 기재항목의 예
출처 : 『대한민국 약전』, 11개정(2011).

의 '성미와 귀경', '작용과 쓰는데'[22], '쓰는량'[23] 등 전통의학문헌과 경험적 의학에 바탕을 둔 부분이다.[24] 이는 남·북한 약학의 발달사에 있어서 그 중요시하는 관점과 방향성이 달랐기 때문이라고 본다. 향

---

22 약리작용과 응용.

23 약용량.

24 "우리 인민이 오랜 기간 사용하고 습관화된 동약을 깊이 연구하며 그 우수한 점을 섭취하여 대중보건사업에 리용하도록 하여야 하겠습니다." 김일성, 『김일성전집』, 제19권(평양: 조선로동당출판사, 1995), p. 161.

후 그 차이를 줄이기 위해서는 이 항목들에 대한 반복적 임상 연구를 통한 과학적 규명이 필요할 것이다.

2. 남·북한 약전의 생약명이 상이한 경우

같은 기원식물, 같은 약용부위를 쓰는 생약의 명칭은 동일하여야 약재의 유통에 혼란을 가져오거나 오용될 소지가 없다. 동양권에서는 일반적으로 한자로 된 약재명이 통용되고 있는데, 서로 통일되지 않은 경우가 많아 뜻하지 않은 큰 피해를 입기도 한다. 북한약전 고려약재는 한자명은 없으나 약재명 밑에 표기해놓은 '동의명' 또한 한국에서 쓰이는 생약명과 달라 혼동을 야기할 수 있으므로, 북한약전 수재 고려약재를 대한약전과 비교하여 정리하는 작업의 필요성이 제기되었다. 본 연구에서는 북한약전 수재 생약 리스트를 작성하고 기원식물, 과명, 한국 생약명(또는 식물명) 등을 대비하였다. 그 결과, 북한약전 고려약재 중에서 대한약전 또는 한약(생약)규격집에 수재된 생약으로서 생약명이 상이한 생약은 다음 표와 같다.

표 4 남북한 명칭이 상이한 생약

북 한	남 한	북 한	남 한
가시오갈피뿌리	자 오 가	산 골	자 연 동
가중뿌리껍질	저 백 피	산해박뿌리	서 장 경
가위톱뿌리	백 렴	선귤껍질	청 피
갈 뿌 리	노 근	소리쟁이뿌리	양 제 근
강냉이수염	옥촉서예	소회향열매	시 라 자
강호리뿌리	강 활	소 열	우 담
갖 풀	아 교	속 새	목 적

북한	남한	북한	남한
거마리	수질	손잎풀	목적
겨자	개자	솔풍령	현초
겨우살이	곡기생	순비기열매	복령
골풀속살	등심초	실고사리씨	만형자
곰열	웅담	새삼씨	해금사
곱돌	활석	생당쑥	토사자
길짱구	차전초	생치나물뿌리	산인진
길짱구씨	차전자	쇠비름	전호
개암풀열매	보골지	쉽싸리	마치현
갯사철쑥	청호	자리공뿌리	택란
갯완두싹	대두황권	장구채	상륙
게루기	제니	젖풀	왕불류행
과남풀뿌리	용담	조릿대풀	백굴채
광나무열매	여정실	조뱅이	담죽엽
남가새열매	질려자	조피열매껍질	소계
남생이배딱지	귀판	주염나무가시	산초
너삼	고삼	주염열매	조각자
노야기	향유	진득찰	조협
농마	감자,밀,옥수수전분	집함박꽃뿌리	희렴
느릅뿌리껍질	유백피	차조기	작약
단국화	감국	차조기열매	자소엽
단너삼	황기	참나무뿌리버섯	자소자
닭위속껍질	계내금	참대속진	저령
독뱀열	사담	천마싹	천축황
돌비늘	운모	청미래덩굴뿌리	적전
들맨드라미씨	청상자	큰노랑꽃자리풀씨	토복령
등칡줄기	통초	팥꽃나무꽃망울	호로파
대나물뿌리	은시호	한삼덩굴잎	원화
대암풀뿌리	백급	향오동열매	율초
댑싸리열매	지부자	화삼나무가지	자실
댕댕이덩굴뿌리	목방기	황경피	귀전우
돼지열	저담	홰나무꽃망울	황백
마디풀	편축	홰나무열매	괴화
만삼	당삼	까마중	괴각

북한	남한	북한	남한
말벌집	노봉방	꽃다지씨	정력자
말초리풀	마편초	따두릅뿌리	정력자
머구리밥풀	부평	딱지꽃뿌리	독활
목향뿌리	토목향	찔광이	위릉채
메돼지열	저담	약쑥	산사자
메함박꽃뿌리	작약	엄나무껍질	애엽
바구니나물뿌리	길초	엉겅퀴	해동피
바꽃뿌리	초오	역삼열매	대계
방아풀	곽향	오독도기뿌리	마인
버들옻뿌리	대극	오디	낭독
벌풀	프로폴리스	오징어뼈	상심자
범고비뿌리줄기	관중	우엉뿌리	해표초
범부채뿌리줄기	사간	우엉열매	우방근
범싱아뿌리	호장근	은조롱뿌리	우방자
범꼬리풀뿌리줄기	권삼	이스라치씨	백수오
병꽃풀	연전초	익모초열매	욱리인
사슴풀갓풀	녹각교		충위자

출처: 『조선민주주의인민공화국 약전』, 제7판; 『대한민국 약전』, 11개정; 『대한약전외 한약(생약)규격집』, 10개정.

3. 기원식물이 상이한 생약

다음은 대한약전 및 한약(생약)규격집에 수재되지 않은 고려약재로, 기원식물이 상이한 경우를 포함한다.(괄호 안은 한국 생약명 또는 식물명)

- 갈매나무열매(서리자), 감나무잎, 고수열매(호유실), 골병풍뿌리줄기(개병풍),

- 금전화(금잔화), 개열(구담), 괴싱아뿌리(산모근), 관동잎, 나래박쥐나물,

- 나무타르(목타르), 넓은잎정향나무잎(수수꽃다리), 노가지열매(두송실),

- 노루풀뿌리(노루오줌), 누리장나무잎, 느티나무속줄기, 냉초뿌리(냉초),

- 냉이(제채), 다릅속줄기(다릅나무줄기속), 다릅껍질, 닥풀뿌리(황촉규),

- 달맞이꽃씨, 달맞이꽃씨기름(달맞이꽃종자유), 도토리(상실), 도토리집(상각),

- 독말풀씨(다투라씨), 돌부채, 돌꽃뿌리, 두릅껍질(총목피), 대추잎, 대합조가비(대합),

- 련꽃열매집(연방), 령능향정유(영릉향유), 령사(영사), 마가목열매(마아실),

- 목화뿌리껍질(면근피), 물황철싹눈, 물쑥, 물오리나무열매, 미나리(수근),

- 매자나무가지(황염목), 바다가쑥(큰비쑥), 바다나물뿌리, 밤송이집(율모각),

- 방울풀뿌리(청목향), 방울풀열매(마두령), 버들잎, 벌풀(프로폴리스), 범뼈(호골),

- 보가지알(복어알), 보리수잎(호퇴자엽), 복숭아꽃(백도화), 복풀(복수초),

- 봇나무버섯(자작나무버섯), 부채마(천산룡), 분지(애초), 붉은조롱뿌리(적하수오),

- 비쑥, 백두산불로초(오리나무더부살이), 백리향, 백리향정유, 백산차, 베라비아초,

- 벨라돈나(벨라돈나엽), 사리풀잎(히오스엽), 사시나무껍질(백양수피),

- 산련풀뿌리(선황련), 산수유씨, 산죽(산죽엽), 산양뿔(산양각), 살구나무진,

- 살구씨기름(행인유), 살모사, 삼정향잎, 삼칠뿌리(토삼칠), 상사화비늘줄기,

- 석결명씨(망강남), 석웅황(웅황), 소회향정유(시라자유), 소뿔(우각), 송라, 송진,

- 수박껍질(서과피), 수선화비늘줄기, 숫잔대, 새모래덩굴뿌리, 생당쑥정유(인진호유),

- 쉬땅나무가지잎, 자귀나무잎(합환엽), 잔잎쑥(황화호), 잠두싸리(야결명), 장미열매,

- 절구대열매(남자두), 젖풀뿌리(애기똥풀뿌리), 주목껍질(주목수피), 죽사초잎(박락회),

- 지모잎, 진교뿌리(망사초), 진주조가비(진주모), 짚신나물뿌리줄기(낭아초근),

- 제비쑥(모호), 참나물, 참대잎(죽엽), 참오동잎(동엽), 창포뿌리줄기, 철쭉꽃, 철쭉잎,

- 칡줄기, 캄파풀, 큰만병초잎(만병초잎), 털독말풀씨, 털여뀌(홍초), 파란여로(여로),

- 패모비늘줄기(패모), 향나무속줄기, 향꿀풀정유(바질오일), 형개, 호박씨(남가자),

- 해바라기기름, 까치무릇비늘줄기(산자고), 꽃고비, 꿀풀(하고초), 께묵, 꽈리(산장),

- 땅두릅뿌리껍질(땃두릅나무), 뽀뿌라싹눈(평양뽀뿌라나무), 싸리버들옷(일엽추),

- 쌀기름(미강유), 찔광나무잎(산사나무잎), 아마씨기름(아마인유), 아카시아꽃(자괴화),

- 아편, 아편꽃열매깍지(앵속각), 야콘덩이뿌리(야콘), 얼룩엉겅퀴열매(밀크티슬),
- 오미자씨, 은방울꽃(영란), 익지열매(익지인), 원추리뿌리(훤초근), 월귤잎(월귤엽) 등 140 종이다.

위에 밑줄 표시한 약재들은 같은 이름 때문에 혼용 또는 오용될 수 있는 약재들이다. 실제로 약재 시장 및 유통과정에서 오용 및 오칭되고 있는 생약이 적지 않은데, 이는 정확한 치료를 방해할 뿐 만 아니라 위험성까지 내포하고 있어 빠른 시일 내에 바로잡아야 할 문제이다.

북한약전에 수재된 '삼칠뿌리'(동의명: 토삼칠)는 한약(생약)규격집에 수재된 '삼칠'과는 전혀 다른 생약이다. 한국 '삼칠'의 기원식물은 *Panax notoginsengs* (Burk) F. H. Chen (두릅나무과 Araliaceae)의 뿌리 및 뿌리줄기이나, 북한약전의 '삼칠뿌리'는 국삼칠이라고 해서 국화과 식물 *Gynura segetum* (Lour.) Merr. 의 뿌리를 사용한다(그림 5).

북한에서는 미나리아재비과의 '황련' 대신 매자나무과의 '산련풀뿌리'(동의명: 황련)를 사용한다. '산련풀뿌리'는 선(鮮)황련 또는 조(朝)황련이라고 불리기도 하는데, 기원식물은 *Plagiorhegma dubium* 으로 대한약전에 수재된 황련의 기원식물 *Coptis japonica* 와는 전혀 다른 생약이다(그림 6).

또한, 북한약전에 수재된 '진교뿌리'는 기원식물이 미나리아재비과의 *Lycoctonum pseudo-laeve, L. longicassidatum* 으로 망사초 및 흰진범 등으로 불린다. 한약(생약)규격집에 수록된 용담과인 '진교'(기원식물: 대엽용담 *Gentiana macrophylla*)와는 달리 독성이 강한 약재이므로, 혼입되지 않도록 각별히 주의해야한다.

그림 5 북한약전 '삼칠뿌리'와 대한약전외 한약(생약)규격집 '삼칠'
사진출처: ⟨www.google.co.kr⟩

그림 6 북한약전 '산련풀뿌리'(황련)와 대한약전의 '황련'
사진출처: ⟨www.google.co.kr⟩

　　북한약전의 '새모래덩굴뿌리'(동의명: 산두근)는 새모래덩굴과 식물 *Menispermum dahuricum*을 그 기원으로 하는 반면, 한약(생약) 규격집에 수록된 '산두근'은 콩과 식물인 *Sophora tonkinensis* 의 뿌리를 쓴다(그림 7).

'삼릉'의 기원식물 또한 서로 남·북한 간에 차이가 있다. 북한에서는 흑삼릉(흑삼릉과)과 매자기(사초과)를 쓰지만, 한국에서는 흑삼릉(흑삼릉과)만 쓴다. 또 '석결명씨'(동의명: 망강남)는 콩과의 식물로 전복과 오분자기 껍질인 '석결명'(진주모)과는 전혀 다른 생약이다. 북한약전의 '제비쑥'(동의명: 청호)은 기원식물이 *Artemisia japonica* 로,

그림 7 북한약전 '새모래덩굴뿌리'(산두근)와 한약(생약)규격집의 '산두근'
사진출처: ⟨www.google.co.kr⟩

한약(생약)규격집의 '청호'의 기원식물인 *Artemisia annua* 와 종에서 차이가 난다. 또, 북한약전의 '까치무릇비늘줄기'(산자고)의 기원식물은 백합과의 *Tulipa edulis*로, 난초과의 약난초를 기원식물로 쓰는 한약(생약)규격집의 '산자고'와는 동명이인인 셈이다.

4. 과명이 다르거나 약용부위가 상이한 생약

남·북한의 과명이 서로 다른 경우, 즉 한글명과 라틴명이 모두 다른 경우와, 표기를 달리 하는 경우, 즉 라틴명은 같은데 한글명만 다른 경우가 있다. 북한약전의 '결명씨'는 차풀과(Caesalpiniaceae)인데 반하여 대한약전에 수록된 '결명자'는 그 기원식물이 같은 *Cassia obtusifolia* 인데 콩과(Leguminosae)이다. 후자의 경우, 같은 Araliaceae를 북한약전에서는 오갈피나무과로, 대한약전에서는 두릅나무과로, 또 Rutaceae를 북한약전에선 초피나무과, 대한약전에선 운향과로 쓰는 것을 예로 들 수 있다. 두 가지 경우 모두 표로 정리해보았다.(표 5, 6)

표 5 과명이 다른 생약

북 한 약 전		대한약전 및 한약(생약)규격집	
결명씨	차풀과(Caesalpiniaceae)	결명자	콩과(Leguminisae)
부추씨	수선화과(Amarylidaceae)	구자	백합과(Liliaceae)
모과열매	사과나무과(Malaceae)	목과	장미과(Rosaceae)
지모뿌리	지모과(Haemodoraceae)	지모	백합과(Liliaceae)
살구씨 (행인)	벚나무과(Amygdalaceae)	행인	장미과(Rosaceae)
한삼덩굴 (률초)	삼나무과(Cannabinaceae)	율초	뽕나무과(Moraceae)
이스라치씨 (욱리인)	벚나무과(Amygdalaceae)	욱리인	장미과(Rosaceae)
참대속진 (천죽황)	대과(Bambusaceae)	천축황	벼과(Gramineae)
새삼씨 (토사자)	새삼과(Cuscutaceae)	메꽃과	Convovulaceae
청미래덩굴뿌리 (토복령)	청미래덩굴과 (Smilacaceae)	토복령	백합과(Liliaceae)

보존명[25]이 존재하는 미나리과(산형과), 십자화과(배추과), 국화과의 경우, 한국에서는 보존명을 따라서 Umbelliferae, Cruciferae, Compositae로 표기하고, 북한에서는 합법명에 따라 Apiaceae, Bras-

---

25 conserved name, 保存名. 어떤 분류균의 정명을 폐기하고 다른 학명을 고를 필요가 생겼을 때 뽑힌 학명이 원래 정명의 synonym(동명이종)으로 폐기되는 입장에 있는 경우에 식물학의 경우 그 학명은 보존의 취급을 받아 명명규약의 부록에 있는 보존명 목록에 등록하면, 이후는 정명으로 취급된다. 학명의 보존은 동물, 식물, 세균, 바이러스의 각 분야에 공식적으로 마련되어 있는 국제명명위원회에 의해 결정되며, 각 생물학분야의 총회 승인을 거쳐 실시한다. 강영희 외 공저, 『생명과학대사전』, (서울: 여초, 2014).

sicaceae, Asteraceae 라고 표기하는 것을 알 수 있었다.

표 6 과명의 표기가 다른 경우

북한약전	대한약전 및 한약(생약)규격집	북한약전	대한약전 및 한약(생약)규격집
란과	난초과	버들옻과	대극과
초피나무과	운향과	패랭이꽃과	석죽과
구멍버섯과	구멍장이버섯과	말초리풀과	마편초과
바구지과	미나리아재비과	자리공과	상륙과
아편꽃과	양귀비과	정향과	정향나무과
방울풀과	쥐방울과	마합과	석패과
모란과	작약과	나리과	백합과
오갈피나무과	두릅나무과	목란과	목련과
화살나무과	노박덩굴과	청오동나무과	벽오동과
무궁화과	아욱과	오징어과	갑오징어과
더부살이과	열당과		

북한약전의 '자귀나무잎'(동의명: 합환엽)은 대한약전외 한약(생약)규격집에 있는 '합환피'(자귀나무의 줄기껍질)와 사용부위가 다른 생약이다. 일반적으로 약용식물도감[26]에서는 자귀나무의 줄기껍질과 꽃(합환화)을 각각 채취하여 약으로 쓴다고 하는데 줄기껍질이 아닌 잎을 약전에 수재한 이유를 납득하긴 쉽지 않은 일이다. [작용과 쓰는 데]를 보면 제제원료로 쓴다고 되어있으나 분명 다른 이유가 있지 않을까 한다.

'지모잎'은 대한약전이나 한약(생약)규격집에는 수재되어있지 않

---

[26] 박종희, 『한국약초도감』(신일북스, 2004); 배기환, 『한국의 약용식물』(교학사, 2000).

지만 '지모뿌리'와 다른 약효가 있다.[27] 지모뿌리는 폐염성 기침, 당뇨, 변비 등에 쓰고 지모잎은 급·만성 기관지염에 쓴다고 되어있다.

일반적으로 약용으로 쓰지 않는 약재부위를 쓰는 예가 또 하나 있다. '칡줄기'인데, 칡의 꽃인 '갈화'는 한약(생약)규격집에, 칡의 뿌리인 '갈근'은 대한약전에 수재되어있으며 '칡꽃', '칡뿌리' 모두 북한약전에 수록되어 있다. '칡줄기'는 풍열감기, 당뇨, 설사, 홍역, 주독, 고혈압 등에 쓰인다고 한다.

'꿀풀'(동의명: 하고초)의 경우, 기원식물의 종이 다르고 쓰는 부위도 다르다. 북한약전에 의하면 기원식물 *Prunella asiatica* 의 옹근풀[28]이라고 하는데, 대한약전에서는 *Prunella vulgaris* 의 꽃대로 정하고 있다.

III. 북한약전의 고려약제제와 약용식물자원 개발 전망

북한 약전의 고려약제제 편에는 대한 약전 및 대한약전외한약(생약)규격집에서 접해보지 못한 새로운 제제들이 다수 수록되어 있는데, 제법과 약리작용과 응용, 약용량까지 모두 명시되어있으므로(그림 8) 이들의 약효가 과학적으로 입증되면 새로운 천연물 신약 개발 후보군

---

27   '지모뿌리'는 대한약전에 수재되어있다.
28   전초.

```
              재배산삼불로약술

[만드는법] 재배산삼        한뿌리    삼지구엽초(음양곽) 60g
          만년버섯(영지)  30g       사탕              150g
          오갈피          30g       알코올            적당량
만년버섯과 오갈피로 팅크제의 일반적 사항에 따라 각각 팅크를 만든다.
…
[성 상] … 액체 안에 원형 재배산삼 한뿌리와 원형 만년버섯자실체 한
개가 들어있다.
[확인시험] …
[상대밀도] …
[알콜함량] 35~40%
[작용과쓰는데] 보약으로 일반허약, 병후 허약, 신경쇠약, 건망증, 백혈
구감소증, 고혈압, 저혈압, 동맥경화, 간염, 음위증, 월경장애, 관절염에
쓴다.
[쓰는량] 한번에 15mL, 하루 3번, 재배산삼과 만년버섯은 그대로 말려
서 가루내어 먹는다.
[보 관] 기밀그릇에 넣어둔다.
```

그림 8   고려약제제의 기재항목
출처 : "고려약제제," 『조선민주주의인민공화국 약전』, 제7판, pp. 650~651.

이 대거 수면 위로 등장할 수도 있다.

이 중 대표적인 몇 가지를 소개하면: '가시오갈피지드면역부활주사약', '오징어뼈감초궤양알약', '길초호프진정팅크', '자귀잎취장염알약', '뽀뿌라싹눈대장염피막알약', '택사간염약엿' 등이다.

'가시오갈피지드[29]', '오징어뼈', '길초'는 이미 효능이 알려진 생

---

29   가시오갈피나무의 줄기껍질과 뿌리껍질에서 얻은 총 배당체이며 sy-ringin을 함유하고있다.

약 및 그 추출물로, 각각 면역력 강화 근육주사제, 다른 서너 가지 생약[30]과 섞어서 제산제 알약을, 호프(홉)와 섞어서 진정·진경 팅크제를 만든 것이다. 반면, '자귀잎', '뽀뿌라싹눈'은 우리나라 공정서에 수재되어있지 않은 생약으로 그 약효 및 응용이 입증된 바가 없다. 북한 약전에 수재된 것을 보면, 고전의약문헌에 근거를 두고 오랫동안 경험적 치료에 써온 생약일 것이다. 고려약재편에서 [작용과 쓰는데]에 "제제원료로 쓴다"고 기재했던 '자귀나무잎'이 고려약제제편 [작용과 쓰는데]에선 "췌장염[31]약으로 만성취장염약으로 쓴다"고 한다. 이것이 '합환피'(자귀나무의 줄기껍질)를 제치고 약전에 수록된 이유일 것이라 감히 추측해 본다. '뽀뿌라싹눈'[32] 또한 고려약제편에선 제제원료로 쓴다고 했던 생약인데 급·만성 대장염 치료제로 쓰인다고 한다. (그림 9, 10)에 '자귀잎취장염알약'과 '뽀뿌라싹눈대장염피막알약' 원문을 간략하게 소개한다.

---

30 감초, 단너삼, 독풀뿌리, 흰삼주의 엑스에 오징어뼈가루를 배합하여 제조.
31 췌장염.
32 '평양포플라나무'의 새순.
"평양포플라나무는 이태리포푸라(이탈리아에 나는 포푸라)의 중국 엔벤 방언." 이우철, 『한국 식물명의 유래』(일조각, 2005), p. 574.

> **자귀잎취장염알약**
>
> 이 제제에는 퀘르치트린이 표시량의 80~120% 들어있다.
> [만드는법] 자귀나무잎가루　　250g　　　　농마(전분)　　적당량
> 　　　　　덱스트린　　　　적당량　　스테아린산마그네슘　적당량
> 자귀나무잎가루에 덱스트린과 농마풀을 넣어 싸락33을 만들고 60℃아래에서 말린 다음 스테아린산마그네슘을 넣어 압축하여 만든 알약의 일반적 사항에 따라 전량 1000알을 만든다.
> [성 상] …
> [확인시험] …
> [정량법] …
> [작용과 쓰는데] 취장염약으로 만성취장염에 쓴다.
> [쓰는량] 한번에 2알씩 하루3번 식사 전 30분에 먹는다.
> [제 품] 0.3g/알
> [보 관] 밀폐그릇에 넣어 마른 곳에 둔다.

그림 9　고려약제제 - '자귀잎취장염알약'
출처 : "고려약제제," 『조선민주주의인민공화국 약전』, 제7판, pp. 644~645.

한편, '택사'는 한방에서 신장과 방광을 원활하게 하여 몸 안의 수기(水氣) 배출을 돕는 이뇨약으로 쓰여 왔다. 그런데 북한약전에 보면 이뇨약 외에도 만성 간염, 황달 등에 쓴다고 명시해놓고 있다. 여기에 마가루, 율무 및 꿀을 배합하여 만성 간염, 간경변 치료제를 만들었다. 약엿이란 제형 또한 독특하다(그림 11).

다만, 곰열34주사약, 인삼주사약, 은행잎심장주사약35 등 제조과

33　과립.

34　웅담.

35　심장질환개선치료제. "지질낮춤약, 혈관확장약으로 동맥경화, 고지혈증,

> **뽀뿌라싹눈대장염피막알약**
>
> 이 제제에는 총플라보노이드가 크리진으로 계산하여 표시량의 90~110% 들어있다.
> **[만드는법]** 뽀뿌라싹눈엑스가루 125g 덱스트린 적당량 농마(전분) 적당량 스테아린산마그네슘 적당량
> 뽀뿌라싹눈을 1% 수산화나트리움용액으로 추출하고 10% 류산용액으로 pH5~6까지 중화시킬 때 떨어지는 앙금을 걸러 엑스가루를 만든다. 엑스가루에 부형제를 섞어 싸락을 만든 다음 압축하여 만든 알약의 일반적 사항에 따라 전량 1000알을 만들고 피막을 입힌다.
> **[성 상]** …
> **[확인시험]** …
> **[정량법]** …
> **[작용과 쓰는데]** 대장염약으로 급성 및 만성대장염, 세균성적리, 식중독에 쓴다.
> **[쓰는량]** 한번에 4알, 하루4번
> **[제 품]** 0.26g(속알 0.25g)/알
> **[보 관]** 기밀그릇에 넣어둔다.

그림 10   고려약제제 – '뽀뿌라싹눈대장염피막알약'
출처 : "고려약제제," 『조선민주주의인민공화국 약전』, 제7판, pp. 668~669.

정 및 임상적으로 안전성이 확인되어야 할 제제들도 다수 있어서 향후 국민의 안전을 위해서 반드시 그 안전성 여부를 입증하고 임상시험법의 규정 및 표준화 또한 단계적으로 수행해나가야 할 과제로 보인다(그림 12, 13).

관상동맥순환장애, 심근허혈, 심근경색, 협심증, 뇌동맥경화성치보, 어지럼증, 건망증, 로인성치보, 동맥경화성말초피순환장애에 의한 팔다리저림에 쓴다". - "고려약제제," 『조선민주주의인민공화국 약전』, 제7판, p. 688.

```
                    택사간염약엿

[만드는법] 택사가루 150g 마가루 25g
율무쌀(법제한것)가루 25g 꿀 적당량
우의 가루약재들을 골고루 섞은 다음 꿀로 약엿의 일반적 사항에 따라
전량 1000g을 만든다.
[성 상] …
[확인시험] …
[순도시험] …
[작용과 쓰는데] 간염약으로 만성간염, 간경변증에 쓴다.
[쓰는량] 한번에 20~30g, 하루 3번
[보 관] 기밀그릇에 넣어 서늘한 곳에 둔다.
```

그림 11   고려약제제 – '택사간염약엿'
출처 : "고려약제제," 『조선민주주의인민공화국 약전』, 제7판, p 655.

```
                    곰열주사약

이 제제는 곰열의 유효성분분획의 멸균수용액이다.
제제에는 곰열의 유효성분분획이 표시량의 90.0~110.0% 들어있다.
[만드는법] 곰열의 유효성분분획 10g 방부제 적당량
염화칼리움 3g 주사용증류수 적당량
곰열의 말린가루를 수욕에서 알코올로 환류추출한 추출액을 거르고
알코올을회수한 찌끼를 무극성용매로 처리하고 수욕에서 용매의 냄새가
나지 않을 때까지 졸여 곰열의 유효성분분획을 얻는다. 무수물로 계산한
곰열의 유효성분분획으로 주사약의 일반적 사항에 따라 전량 1000mL를
만든다. 100℃에서 30분 동안 류통증기멸균한다.
제제 1mL에는 곰열 유효성분분획 0.01g이 들어있다.
[성 상] …
[확인시험] …
[순도시험] …
[정량법] …
```

[이상독성] 몸질량이 18~20g인 흰생쥐 5마리에게 매일 한번 0.4mL씩 4일동안 근육주사할 때 죽거나 비정상적인 상태가 나타나서는 안된다.
[작용과 쓰는데] 열물내기약[36]으로 만성간염, 간경변증, 담석증에 쓴다.
[쓰는량] 한번에 2~4mL, 하루 한번 (근육주사)
[제 품] 1% 2mL, 4mL, 2% 2mL, 4mL
[보 관] 밀봉그릇에 넣어 서늘한 곳에 둔다.

그림 12 고려약제제의 안전성 - 곰열주사약
출처 : "고려약제제," 『조선민주주의인민공화국 약전』, 제7판, pp. 567~568.

인삼주사약

이 제제는 인삼지드[37]의 멸균수용액이다.
제제에는 인삼지드가 표시량의 90.0~110.0% 들어있다.
[만드는법] 인삼지드 20g 주사용증류수 적당량
폴리소르비트 802.5g
인삼지드로 주사약의 일반적 사항에 따라 전량 1000mL를 만든다.
제제 1mL에는 인삼지드가 0.02g 들어있다.
[성상] …
[확인시험] …
[순도시험] …
[정량법] …
[작용과 쓰는데] 보약, 방사선보호약으로 심한 허약, 병후 허약, 음위증, 당뇨병, 근무력증, 방사선피해에 쓴다.
[쓰는량] 한번에 20mg, 하루 1~2번(근육주사)
[제품] 20mg/1mL
[보관] 밀봉그릇에 넣어둔다.

그림 13 고려약제제의 안전성 - 인삼주사약
출처 : "고려약제제," 『조선민주주의인민공화국 약전』, 제7판, pp. 694~695.

36 이담제.
37 인삼배당체.

IV. 결론

남·북한은 분단 후 반 세기가 넘게 서로 다른 체제 속에서 발전해 왔고 의료, 보건 분야, 특히 공정서 분야에서는 그 발전 방향이 많이 달랐다. 북한은 동의학을 중심으로 관리를 해 온 반면 한국은 서양의학을 중심으로 발전해왔고 이상의 남·북한 약전에 수재된 생약들을 비교 분석한 결과, 북한 약전에 수록된 다수의 생약에서 용어와 분류 체계 및 기원식물 명칭, 시험법과 시험도구 등이 다른 것이 확인되었으며, 산련풀뿌리, 삼칠뿌리, 진교뿌리 등과 같이 오용 또는 오칭되는 경우도 찾아볼 수 있었다. 따라서 향후 통일에 대비하여 이들 남·북한 생약을 비교하여 정리하는 작업과 나아가 같은 공정 시험법을 통해 표준화하는 작업 또한 절실하다.

한편, 북한 약전 고려약재 및 고려약제제 중에는 약리작용과 응용, 약용량까지 명시된 우리나라 공정서에 수재되지 않은 새로운 생약들이 다수 수록되어 있어 이들의 약효가 과학적으로 입증되면 새로운 천연물 신약 개발 자원의 보고(寶庫)가 될 수 있다. 동시에 웅담주사약, 인삼주사약 등 시중에 곧바로 유통되기엔 안심할 수 없는 제제들도 있으므로, 그 유효성 뿐 아니라 과학적 임상연구를 통한 안전성 확보에도 주력해야 할 것이다. 이들에 대한 비교 분석과 논의는 남·북한 국민들의 보건 향상과 북한의 약용식물 자원/경험을 기반으로 한 남·북한 관련 천연물과학 및 바이오산업분야의 발전에 기여할 수 있을 것으로 기대된다.

::참고문헌

강병화.『한국생약자원생태도감 1. 2. 3권』. 지오북. 2008.
강병화·심상인.『한국자원식물명 총람』. 고려대학교 민족문화연구소. 1997.
강영희 외 공저.『생명과학대사전』. 서울: 여초, 2014.
김남일·신동원.『한권으로 읽는 동의보감』. 도서출판 들녘. 2012.
김일성.『김일성선집』, 제 4권. 평양: 조선로동당출판사. 1960.
김일성.『김일성전집』, 제19권. 평양: 조선로동당출판사. 1995.
김종원.『한국식물생태보감 1』. 자연과생태. 2013.
김창민 외 공저.『한약재감별도감』. 내부형태. 아카데미서적. 2015.
김태정·신재용.『우리 약초로 지키는 생활한방』, 1·2·3권. 도서출판 이유. 2003.
도봉섭·임록재.『식물도감』. 평양: 과학출판사. 1988.
문관심·문성철.『조선약초전서1』. 평양: 의학과학출판사. 2009.
문관심·문성철.『조선약초전서2』. 평양: 의학과학출판사. 2009.
박종희.『한국약초도감』. 신일북스. 2004.
배기환.『한국의 약용식물』. 교학사. 2000.
생약학교재편찬위원회.『생약학』. 동명사. 2014.
식품의약품안전처 약전편찬위원회.『대한민국 약전』(11개정). 신일북스. 2017.
식품의약품안전처. "의약품 각조 제1부".『대한약전외 한약(생약)규격집』(10개정). 신일북스. 2015.
신전휘·신용욱.『향약집성방의 향약본초』. 계명대학교 출판부. 2006.
이경순 외 공저.『남·북한산 생약의 생물학적·생약학적 비교연구』.

한국과학기술단 체총연합회. 2000.

이상태. 『식물의 역사』. 지오북. 2010.

이우철. 『한국 식물명의 유래』. 일조각. 2005.

임두순 외 공저. 『약초의 약리작용과 응용』. 평양: 의학과학출판사. 2012.

임록재. 『조선약용식물지』. 평양농업출판사. 1999.

임록재 외 공저. 『조선식물지』. 증보판. 평양: 과학기술출판사. 2000.

조선민주주의인민공화국약전위원회. 『조선민주주의인민공화국 약전』(제7판). 의학과학출판사. 2011.

한의학대사전편찬위원회. 『한의학대사전』. 도서출판 정담. 2010.

최명신 등. "남·북한 약전에 대한 비교조사연구." 『약제학회지』, 제34권 5호(2004), pp. 427~433.

국립수목원 국가생물종 지식정보시스템〈http://www.nature.go.kr〉.

두산백과〈http://www.doopedia.co.kr〉.

문화원형백과: 한의학 및 한국 고유의 한약재(문화콘텐츠닷컴. 2004)
〈http://www.culturecontent.com〉.

한국전통지식포탈〈http://www.koreantk.com〉.

:: 국토문제연구소

북한의 토지황폐화와 지속가능한 발전을 위한 의사결정시스템 구축

안유순·박수진

목차

I. 서론

II. 북한의 토지황폐화 실태와 인과관계

III. 북한 토지황폐화 모형구축 방안

IV. 북한 토지황폐화 저감을 위한 의사결정모형 구축사례와 발전방향

V. 결론

안유순 서울대학교 지리학과 박사수료, 서울대학교 국토문제연구소 연구원
박수진 서울대학교 지리학과 교수, 서울대학교 아시아연구소장
      서울대학교 국토문제연구소 통일기반 구축사업 연구책임

I. 서론

북한은 1990년대 중반 김일성의 사망을 전후로 "고난의 행군"으로 칭하는 전대미문의 식량 위기를 겪었다. 가뭄, 홍수 등의 연속적인 자연재해가 촉발시킨 이 식량 위기로 인해 북한의 식량생산량은 평소의 3분의 1 수준으로 감소하였으며, 북한의 주민들은 기아의 고통을 겪었다. 북한의 식량위기로 인한 기아는 약 25만~69만 명 정도 수준[1], 최대 300만 명에 이르는[2] 사망자를 낸 것으로 예상할 정도로 참혹하였으며, 그 후유증은 지금까지 이르고 있다. 북한의 식량위기의 원인은 앞서 설명한 자연재해 이외에도, 1980년대 후반부터의 대외정세의 변화로 인한 고립과 이에 따른 에너지 수급의 변화, "주체농법"으로 표현되는 농업 정책, 다락밭과 비탈밭 같은 잘못된 토지 이용 등으로 인해 토지생산성이 악화되어 발생하였을 것으로 추정된다.[3]

북한의 식량위기와 유사한 사건은 한반도의 역사에서 여러 차례 있어 왔다. 그 중 대표적인 것은 조선 후기인 17세기의 경신대기근[4]

---

[1] 이석, "1980년대 북한의 식량생산, 배급, 무역 및 소비: 식량위기의 기원," 『현대북한연구』, 제 7권 1호(2004), pp. 41~86; EM-DAT ⟨http://www.emdat.be/⟩ 에는 60만 명으로 언급됨.

[2] Andrew Natsios, *The Politics of Famine in North Korea* (Washington: USIP Special Report, 1999).

[3] 부경생 외 공저, 『북한의 농업: 실상과 발전방향』(서울: 서울대학교출판부, 2001).

[4] 1670년(경술년), 1671년(신해년)의 갑자를 딴 명칭.

과 을병대기근[5]이다. 이 대기근은 당시 인구의 10% 이상이었던 인구가 100만 명 이상이 감소하였다는 기록이 전해져 올 정도로 참혹하였다.[6] 역사학계 및 고기후학계에서는 이 대기근을 당시 전세계를 강타한 소빙기(小氷期) 기후에 의한 피해로 설명한다.[7] 하지만 그 이외에도 당시 한반도의 토지생산성 악화 문제 또한 대기근의 원인으로 예상된다. 당시 인구의 급격한 증가로 인한 농업의 집약화와 산림 개간, 난방 연료 및 퇴비 수요의 증가로 인한 산림 벌채량의 증대는 토지의 재해취약성을 높이고 생태계 균형을 파괴하였을 것으로 보인다.[8] 결과적으로는 토지생산성이 나빠진 상태에서 기후변화의 영향을 받아 이토록 치명적인 피해를 입은 것이 그 당시 대기근의 주원인이라 볼 수 있다.

결국 다른 시기에 한반도에서 발생한 이 두 식량 위기는 토지생산성 저하가 주요 요인이었다는 공통점을 가진다. 따라서 북한의 식량 위기와 토지생산성의 악화 문제는 역사적으로 한반도 전반에 걸친 문제의 연장선상으로서 이해하고, 북한만의 문제가 아닌 통일 한반도 전체의 문제일 수도 있다는 관점에서 접근해야 할 필요가 있다.

---

5   1695년(을해년), 1696년(병자년)의 갑자를 딴 명칭.

6   문기, "17세기 중국과 조선의 기근과 국제적 곡물유통,"『역사와 경계』, 제 85권(2012), pp. 323~367.

7   김문기, "기후변동과 역사: 17세기 중국과 조선의 재해와 기근,"『이화사학연구』, 제 43권(2011), pp. 71~129.

8   이우연, "18·19세기 산림황폐화와 농업생산성,"『경제사학』, 제 34권(2003), pp. 31~57; 김흥순, "조선후기 산림정책 및 산림황폐화: 시장주의적 고찰과 그에 대한 비판,"『한국지역개발학회지』, 제 20권 2호(2008), pp. 169~192.

토지생산성의 악화 문제는 1960~70년대의 기록적인 아프리카 사헬 지역 대기근으로 인해 이슈가 되기 시작한 토지황폐화(Land Degradation)의 주요 사례이기도 하다. 토지황폐화는 자연환경 및 인간의 영향으로 토양 침식, 토양 염류화, 장기간에 걸친 자연 식생과 생물다양성의 저하 등에 의해 토지가 생·물리적 또는 경제적인 관점에서 생산 능력을 잃어버리는 것을 말한다.[9] 대체로 토지황폐화의 개념은 건조·반건조지의 사막화와 토양침식, 식생감소를 나타내는 말로 쓰여 왔으나, 현재는 온대 지역을 포함한 전 지역의 토양 침식과 자연환경의 악화를 포괄하는 개념으로 사용된다.[10]

토지황폐화의 문제는 자연적인 과정에서 발생하기도 하지만, 대체로 인간의 부적절한 토지 이용이 주요 원인으로 제기되며, 특히 인간의 영향에 의한 기후변화는 토지황폐화를 가속화시키는 원인이 되고 있다. 이에 따라 토지황폐화는 미래에도 중요한 환경 문제로 작용할 것으로 보인다.[11] 토지황폐화를 저감하기 위하여 유엔사막화방지협

---

9 Eswaran, H. and Lal, R., eds., "Land degradation: an overview," in Bridges, E.M., Hannam, I.D., Oldeman, L.R., Pening de Vries., F.W.T., Scherr, S.J., Sompatpanit, ed. *Responses to Land Degradation*. Proc. 2nd. *International Conference on Land Degradation and Desertification*(New Delhi: Oxford Press, 2001).

10 Nkonya, E. and Gerber, N., eds., "The Economics of Desertification, Land Degradation, and Drought - Toward an Integrated Global Assessment,"(International Food Policy Research Institute Discussion Paper, 2011).

11 Eswaran et al., "Land degradation: an overview,"

약(UNCCD[12])이 설립되는 등 다양한 노력이 있어 왔으나, 토지황폐화 저감 노력들은 여러 차원에서 한계를 지적받고 있다.[13]

북한의 토지황폐화는 북한의 현재를 이해할 수 있다는 점에서 중요한 부분이다. 북한의 토지황폐화로 인한 식량 위기는 현재에도 그 영향이 유지되고 있다. 단적으로, 1990년대에 성장기를 보낸 북한의 20~30대들은, 주변 한·중·일의 같은 세대보다 10cm 이상 평균 신장이 작다.[14] 또한 북한의 토지황폐화 문제는 식량 위기 문제에 국한되지 않는다. 2016년 두만강 유역에서 발생하였던 대형 홍수 피해는 북한 지역에 집중되었으며, 북한보다 산림환경 조건이 나은 중국에서는 산사태 및 토사유출 피해가 발생하지 않았다. 뿐만 아니라 앞서 언급한대로 북한 토지황폐화 문제는 앞으로 한반도 어디서나 발생할 수 있는 미래의 문제이기도 하다.

하지만 북한의 토지황폐화 문제는 다양한 이유로 연구가 제한되

---

12 United Nations Convention to Combat Desertification.

13 박수진 외 공저, "UN 사막화방지협약(UNCCD) 이행의 한계와 한국의 역할," 『국제개발협력연구』, 제5권 1호(2013), pp. 35~74.

14 2017년 교육부에서 발표한 한국 고3 남학생의 평균신장은 173cm이나, 최근 언론에 보도되고 있는 북한 군복무 남성 평균키는 157cm 남짓으로 추정된다. Wikipedia에 정리된 세계 평균 신장 통계에 따르면, 2010년 기준 중국 본토의 19세 남성 평균신장은 172.1cm, 일본의 2013년 기준 17세 남성 평균신장은 170.7cm로 확인되어, 남한과 유사하다. 출처 : Wikipedia-List of average human height worldwide(https://en.wikipedia.org/wiki/List_of_average_human_height_worldwide); "기생충 득실·옥수수로 연명·北 최정예 JSA 병사의 현실, 귀순병 170cm·60kg로 北선 건장한 체격," 『세계일보』, 2017년 11월 15일 〈http://www.segye.com/newsView/20171115004371〉.

어 왔다. 첫째, 북한의 토지황폐화에 대한 정보가 제한적이다. 북한은 기초적인 정보만 제한적으로 공개하고 있을 뿐, 대부분의 자료를 공개하지 않고 있다. 특히 토지황폐화 문제는 현장 연구가 필요하나 이는 현실적으로 불가능한 실정이다. 따라서 제한적인 자료, 위성영상 등의 간접자료, 2차 또는 3차 자료를 통한 유추 등으로 자료 구득 및 연구가 제한되어 있다. 둘째, 북한의 토지황폐화 문제는 인문사회적인 요소와 자연환경의 요소들이 영향을 미쳐 발생한 문제라는 점이다. 앞서 언급하였듯 토지황폐화 문제는 토지의 생·물리적 저하와 경제적 저하를 포괄하는 개념인 데다가, 그 원인 또한 자연적인 프로세스와 인간의 영향이 복합적이기 때문이다. 이런 토지황폐화 문제와 같은 인간과 자연환경의 상호작용과 관련된 문제는 사회-생태 시스템[15]으로서, 이에 대한 연구는 인간과 자연의 복잡한 상호작용으로 인한 복잡성(Complexity), 다변량성(Multivariable), 비선형성(Nonlinearlity), 스케일 간 문제(Cross-scale) 등이 제기된다.[16] 따라서 토

---

15 Social-Ecological System, 인간과 자연의 복잡한 상호작용에 의해 만들어진 체계이며, 인간과 자연을 통합하는 시스템(Coupled Human and Natural System)이라고 불리기도 함. 대부분의 환경 시스템과 자원관리 시스템이 가지고 있는 시스템적 속성이니, 이 때문에 최근 학제간 통합 연구의 필요성이 대두됨.

16 Liu J. and Diets, T., eds., "Complexity of Coupled Human and Natural Systems," *Science* vol. 317(2007), pp. 1,513~1,516; Agrawal, A. and Chhatre, A., eds., "Changing Governance of the World's Forests," *Science*. vol. 320(2008), pp. 1,460~1,462; Ostrom, E. "A Diagnostic Approach for Going Beyond Panaceas," *The National Academy of Sciences*, vol. 104 no. 392007), pp. 15,181~15,187; Ostrom, E. "A General

지황폐화의 연구는 복잡하여, 토지황폐화의 원인과 결과, 변화상황에 대한 과학적 명확성이 뒷받침되기 어렵다는 점이 지적되고 있다.[17]

본고는 통일 시대 한반도의 미래의 지속가능한 환경에 중요한 가치가 있는 북한 토지황폐화 문제를 고찰하고, 이에 대처할 수 있는 의사결정시스템을 구축하는 것을 목표로 한다. 이를 위해 먼저 북한의 토지황폐화의 실태에 대한 기존 통계 및 문헌자료를 정리함으로써, 북한의 토지황폐화 실태를 알아보고자 한다. 그 후 북한의 토지황폐화의 요인들을 인과관계에 따라 정리함으로써, 현재까지 우리가 알 수 있는 수준에서 북한의 토지황폐화의 프로세스를 살펴보고자 한다. 그 후 북한의 토지황폐화 저감을 위한 의사결정시스템의 예를 제시하고 향후 연구방향을 알아보고자 한다.

II. 북한의 토지황폐화 실태와 인과관계

북한의 환경에 관한 연구는 북한에 대한 정치, 군사, 경제적 연구에 비해 상대적으로 부족한 실정이며, 지표환경에 대한 현장연구가 뒷받

Framework for Analyzing Sustainability of Social-Ecological Systems," *Science*, vol. 325(2008), pp. 419~422.

17 Adeel. Z. and Dent. D., eds., "Revitalizing the UNCCD,"(Hamilton Ontario: UNU-INWEH, 2009).

침 되어야 하는 토지황폐화에 대한 연구는 많은 제약이 있어 왔다.[18] 대신 북한의 토지황폐화 경향에 대한 추정은 위성영상·지형도 등을 활용한 거시적인 차원의 생·물리적 변화 또는 통계자료를 바탕으로 한 간접적인 경제적 토지황폐화 경향에 초점이 맞춰져 왔다. 이 장에서는 이처럼 토지황폐화를 산림지황폐화 중심의 생·물리적 토지황폐화 실태와 식량생산 저감 중심의 경제적 토지황폐화로 나누어, 경향과 실태에 대한 자료 및 연구를 정리하여 보고자 한다.[19] 그 후 이 요인들 간의 상호작용을 통해 인과관계를 정리해 보고자 한다.

1. 생·물리적 토지황폐화의 실태

북한의 생·물리적 토지황폐화 경향은 문헌자료와 위성영상 자료로만 추정해 볼 수 있을 뿐 현장자료는 부족하다. 현재 쉽게 구입이 가능한 인공위성의 식생피복 자료와 지형적인 특성을 통해 분석한 북한의 토지황폐화 예상지역을 추정해보면 〈그림 1〉과 〈그림 2〉와 같다.[20] 북

---

18   공우석, 『북한의 자연생태계』(서울: 집문당, 2006); 이민부 외 공저, "임진강유역의 토지이용에 따른 지표침식에 관한 연구," 『대한지리학회지』, 제43권 3호(2008), pp. 263~275.

19   이 장의 내용은 다음의 석사학위논문 2장을 바탕으로, 자료를 최신화하고 본 논고의 내용에 맞게 수정하는 형태로 구성되었다. 안유순, "다행위자 시스템(Multi-Agent System)을 이용한 북한 토시황폐화의 모형구축 및 분석"(서울대학교 지리학과 석사학위논문, 2013).

20   박수진 외 공저, "북한 토양특성 분석," 정형섭·박수진 외, 『인공위성자료를 활용한 북한 산림현황 분석 보고서』(서울: 한국임업진흥원, 2015), pp. 125~211.

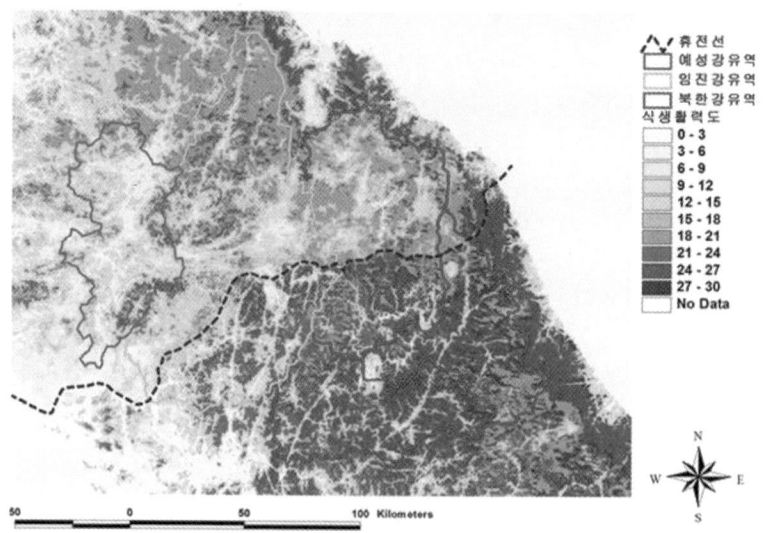

그림 1　식생지수(NDVI)로 확인할 수 있는 남한과 북한의 현격한 차이
출처 : MODIS 자료(미국 지질조사국) 변환

한지역의 산림피복(NDVI[21]) 상태는 휴전선이 없이도 북한과 남한의 경계를 구별할 수 있을 정도로 불량하다(그림 1). 특히 침식이 활발하게 진행되는 지역에 개간되어 있는 농경지 등을 비교하면 북한지역의 황폐화 수준이 심각하다는 것을 간접적으로나마 추정해볼 수 있다. 남한의 토지황폐화 위험지역은 주로 도로를 중심으로 선상으로 나타나는 경향이 있지만, 북한의 경우에는 유역전체에 집중적으로 나타난다는 사실을 쉽게 알 수 있다(그림 2). 이렇게 집중되어 있는 토지황폐화는 집중호우 혹은 태풍과 같은 기후상황에서는 사면에서 침식되

21　Normal Distribution Vegetation Index, 정규화식생지수. 위성영상이나 항공사진으로 지역의 적외선과 가시광선을 촬영한 결과를 이용해 만든 지수로, 광범위한 지역의 식생의 건강도와 분포를 추정할 수 있음.

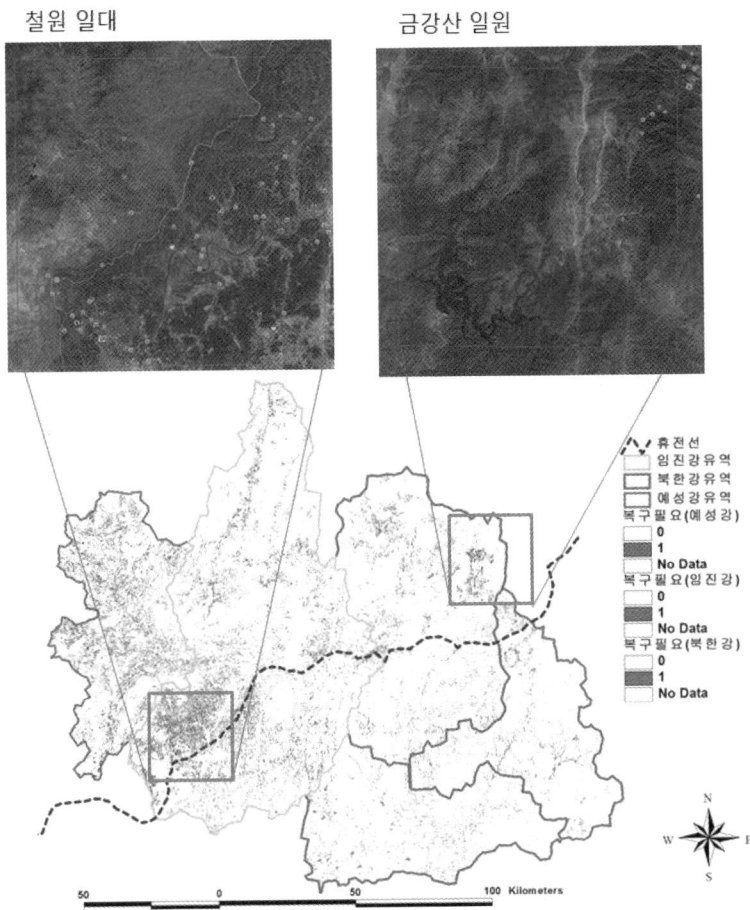

그림 2 지형분석을 통해 추정한 토지황폐화 취약지역
출처 : 박수진 등(2015)
주 : 사각형 안쪽은 토지황폐화가 특히 취약한 지역으로 서쪽은 철원 일원, 동쪽은 금강산 일원임.

어 운반된 토사가 하천에 퇴적됨으로 인해서 심각한 자연재해로 이어질 가능성이 매우 높아지게 된다.

북한의 생·물리적 토지황폐화(산림지황폐화)에 대한 연구는 통계적인 자료의 한계 때문에 산림지황폐화에 집중되어 있다. 과거에는 북한 자체 발간, 국제기구 자료 등의 통계 자료를 활용해 왔지만, 이 통계 자료는 정기적으로 구득하기 어려울 뿐만 아니라 신뢰성의 문제가 있다. 이에 기술이 발달한 1980년대 이후에는 위성영상을 이용한 북한 산림황폐지 분포를 추정하는 연구가 많이 이루어졌다(표 1). 위성 영상들은 우리가 눈으로 관찰할 수 있는 가시광선뿐만 아니라, 지표나 식생이 방출하는 적외선 또한 촬영할 수 있다. 따라서 식생의 변화가 어떠한지를 관찰할 수 있고, 이를 통해 토지황폐화의 정도를 관찰할 수 있다. 다만 위성의 기술적 한계에 따라 영상의 공간해상도[22]와 시간해상도[23]·광학해상도[24]간에는 교환관계(Trade-off)가 있기 때문에 다양한 영상이 활용되어 왔다. 다시 말하면 위성영상의 종류와 특성에 따라 한계가 있어, 위성영상을 이용한 정확한 산림지황폐화 분류에는 어려움이 있다.

표 1 북한 산림면적의 변화

연도	산림면적 (km^2)	자료원	비고
1910	87,632	조선임적조사자료(배재수, 1997)	1910 조선임야분포도
1942	93,430	1948년 한국은행 조선경제년보(김운근, 1997)	북위 38도 이북
1970	97,726	중국 '조선주요기상대점자료'(김운근, 1997)	북한발표자료 인용
1980	94,990	남북한경제사회상 비교(통계청, 1997)	정부
1986	90,070	한국과학시술단체총연합회(오봉국 외, 1991)	정부

---

22 Spatial Resolution, 지표면을 얼마나 자세하게 또는 선명하게 촬영하였는지를 나타내는 지표.

23 Temporal Resolution, 한 위치를 얼마나 자주 촬영하는지를 나타내는 지표.

24 Spectral Resolution, 지표면을 얼마나 다양한 해상도로 촬영할 수 있는지를 나타내는 지표.

연도	산림면적 (km^2)	자료원	비고
1987	89,650	FAO 한국협회(김운근, 1997)	FAO
1987	88,700	북한의 임업, 사회주의 임업(하연, 1993)	구 동독 발표
1991	62,980	중국 임업부 북한출장보고서(김운근, 1997)	중국정부
1996	84,460	임업연구원(임업연구원, 1996)	위성자료(1991~1994)
1996	89,060	북한발표자료(State of the Environment, 2003)	북한/UNEP
1997	85,076	위성영상 분석자료(Landsat TM)	홍석영 등(2008)
1998	75,330	북한발표자료(UNDP/FAO, 1998)	북한/UNEP
1999	75,340	임업연구원(임업연구원, 1999)	위성자료(1997~1999)
2001	73,861	위성영상 분석자료(MODIS)	김도형(2006)
2005	89,273	Environment and Climate Change Outlook(Ministry of Land and Environmental Protection, MLEP,DPRK, 2012)	북한/UNEP
2005	66,686	위성영상 분석자료(MODIS)	김도형(2006)
2008	96,160	위성영상 분석자료(MODIS)	유재심(2009)

출처 : 임업연구원(1999); 박종화(2008)에서 재인용; MLEP.DPRK(2012), 이승호 등(1998), 홍석영 등(2008), 김도형(2006), 유재심(2009)

위성영상 및 과거 통계자료를 바탕으로 북한 산림의 양적 변화를 분석한 결과는 〈표 1〉과 같다. 산림의 정의, 산림의 구분방법 등의 차이로 인해 이들을 일률적으로 비교하는 것은 문제의 여지가 있다. 하지만 1970년대 이후부터 최근까지 자료들을 정리하여 보았을 때 〈그림 3〉에 나오는 회귀식과 같이 북한의 산림지는 지속적으로 감소하여 왔으며, 극단적으로는 북한 면적의 5분의 1이자 여의도 면적의 10,000배에 달하는 30,000km^2 이상의 산림이 파괴되었다(그림 3). 일부 극단치들 예를 들면 1990년대 조사된 UNEP의 결과는 연구과정에서 북한 정부가 개입이 되었기 때문에 일부 과상이 이투어신 것으로 보인다.

앞서 살펴본 북한 산림 면적 변화를 통해 산림지의 양적 황폐화를 확인할 수 있었다. 하지만 질적 변화에 대한 자료는 제한적인데, 최근

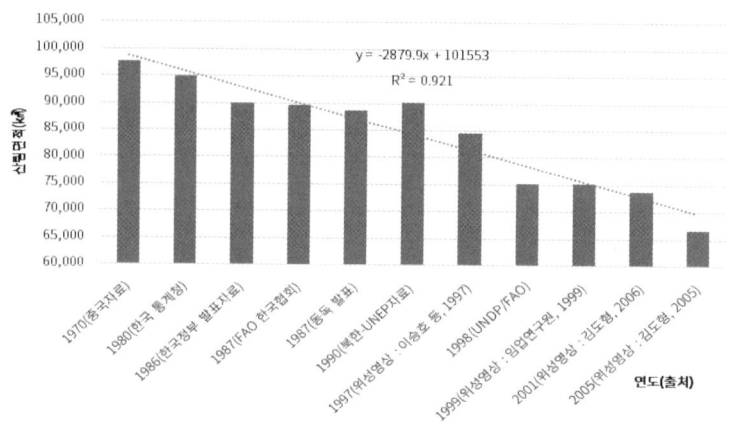

그림 3 북한 산림면적 변화의 경향
주 : 〈표 2〉의 내용 중 일부를 그래프로 표현

몇몇 통계 자료와 MODIS와 같은 높은 시간스케일(일 또는 주 단위)의 위성영상을 이용하여 북한의 산림을 세밀하게 분류한 연구 결과를 통해 북한 산림지의 질적인 변화를 추정해 볼 수 있다. 유엔환경계획의 2003년 자료와 이승호의 2004년 연구, 박종화·유재심의 2009년 연구에서는 산림을 상록침엽수림, 낙엽침엽수림, 낙엽활엽수림, 혼효림, 무립목지 등 세밀하게 분류하였다. 이 중 무립목지는 산림을 그대로 방치하거나 지속적인 땔나무 채취 등으로 인해 산림의 피복율이 낮고 관목 상태로 남아있는 지역을 뜻 한다.[25] 이 무립목지가

---

25   이승호, "북한 산림자원의 황폐화 현황과 남·북한 임업협력의 발전방향," 『농업생명과학연구』, 제 38권 3호(2004), pp. 101~113; 무립목지의 면적은 양적인 지표이지만, 질적으로 저하된 산지를 뜻하는 무립목지가 산림에서 차지하는 비중을 확인한다면 산림의 질적 황폐화의 경향을 간접적으로 확인할 수 있다.

분포하는 지역을 조사해 본 결과 1996년 대비 2008년 세 배(4,360 → 13,878km^2, 5.32 → 15.38%)가 증가하는 모습을 볼 수 있다. 이는 1990년대에서 2000년대를 거치면서 산림의 질적 측면 또한 크게 떨어졌다는 것을 알 수 있게 해 준다.

생·물리적 토지황폐화에서 중요한 요소로 판단할 수 있는 토양의 생·물리적 변화에 대한 연구는 접근이 어렵고, 토양조사 자료 등이 남한과 기준이 달라 비교가 어려워 많이 진행되지 못하였다.[26] 하지만 북한의 토양 특성을 정리한 몇몇 단행본[27]의 내용 중 북한의 생·물리적 토지황폐화 경향과 관련된 부분을 정리한다면 물리적으로는 북한의 밭토양 및 산림토양은 사양질 또는 양질로 구성되었으며, 특히 다락밭이 그러하여 폭우에 의해 비교적 침식되기 쉽다는 문제가 있다.[28] 화학적으로는 인산비료의 사용이 적고 현무암 같은 모재로 인해 토양 내 인산함량이 남한에 비해 적다는 취약점을 가진다는 점이다.

2. 경제적 토지황폐화(식량생산량 저하)의 실태

북한의 생·물리적 토지황폐화의 경향은 북한의 식량위기를 확인할 수 있는 간접적인 역할을 수행하며, 반대로 식량생산량의 변화는 북한의 생·물리적 토지황폐화의 경향을 간접적으로 파악하고 원인을 설명할 수 있는 변수가 될 수 있다. 또한 식량생산량의 저하는 토지의

---

26 부경생 외 공저, 『북한의 농업: 실상과 발전방향』.
27 위의 글; 신동완 외 공저, 『북한의 농업기술』(서울: 오성출판사, 1998).
28 위의 글.

경제적인 생산능력의 저하를 나타내며 경제적 토지황폐화에 해당하는 변수이다.

그림 4는 북한의 식량생산량에 대한 유엔식량농업기구(FAO)의 통계, 한국 통계청의 통계, 북한이 발간한 통계(연감, 신년사 등)를 정리한 것이다. 이 세 결과는 상당한 차이가 있지만, FAO와 북한통계는 경향 자체는 유사하다. 이 둘은 대체로 1980년대까지는 완만한 성장세를 보이다가, 1980년대 중반 정체하는 추세를 보이고, 모든 통계에서 1990년대 중반에 급격하게 감소하는 모습을 보인다. 반면 통계청의 자료는 1960년대 이후 정체하는 모습을 보이다가, 1990년대 이후

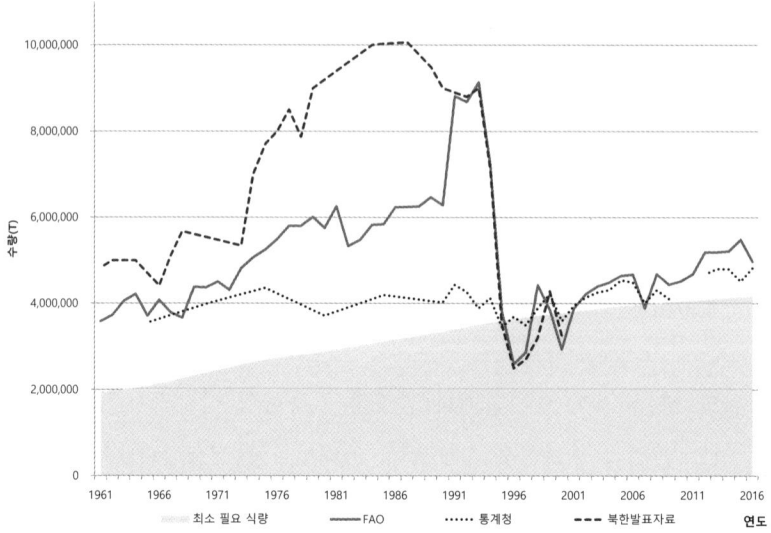

그림 4 북한 식량생산량 추세
출처 : FAOSTAT(http://faostat.fao.org)
통계청 북한통계(http://kosis.kr/bukhan)
Lee and Shim(2004), 이석(2004)에서 재인용
주 : 최소 필요 식량은 김연철(1997)의 UN이 정한 1인당 하루 최소 식량 권장량인 450g에 북한 인구로 곱하여 연 단위로 환산한 값임

인구의 증가에 따라 부양능력 이하로 떨어진 것으로 나타난다.

북한 자체 발표자료는 집단농업화를 완료한 1960년대 이후부터 1990년대 초반까지는 체제불안을 숨기고자 하는 목적으로 대체로 과장되었을 것으로, 반대로 식량위기 이후인 1990년대 후반에는 외부지원을 목적으로 축소되었을 것으로 추정된다.[29] 반면 통계청의 자료는 북한이나 FAO의 통계에서의 식량생산량의 증가요인과 감소요인을 보수적으로 반영하였기 때문에 이러한 결과가 나타난 것으로 예상해 볼 수 있다. 어떤 결과가 북한의 현실을 반영했는지에 대한 사실을 알 수 없다. 하지만 북한이 식량위기 이전에 시행하던 배급제가 1970년대 이미 불안정한 상태였다는 지적으로 미루어 보았을 때, 1960년대 이후 정체 상태였다는 통계청의 발표가 더 신뢰도가 높을 것으로 추정해 볼 수 있다.[30] 단 FAO자료가 타 자료와의 호환성이 높아 더 활용성이 높다는 측면이 있으며, 1990년대 중반 이후에는 이 자료들의 수치와 형태가 유사한 속성을 보이고 있어 특별히 신뢰성을 논하기가 어렵다.

결과적으로 북한은 1960년대 이후로 식량증산을 위해 지속적으로 노력해왔지만, 식량증산이 실제로 이루어지지 않았거나 이루어졌더라도 제한적이고 불안정한 형태였을 것으로 추정된다. 이 때문에 북한은 특유의 "자력갱생" 기조에도 불구하고 100만 톤 전후의 곡물을 해외 수입에 의존하여 왔다. 그럼에도 불구하고 식량위기가 있던 1990년대 중반에는 곡물수입량도 감소하는 모습을 띠었으며, 식량위

---

29 이석, "1994-2000년 북한 기근: 초과 사망자 규모와 지역별 인구변화," 『국가전략』, 제 10권 1호(2004), pp. 117~145.

30 이석, "1980년대 북한의 식량생산, 배급, 무역 및 소비: 식량위기의 기원," 『현대북한연구』, 제 7권 1호(2004), pp. 41~86.

기의 원인 중 하나라고 볼 수 있다. 하지만 식량생산량의 감소폭보다는 훨씬 적었기 때문에 주된 원인이라 보기는 어려울 것으로 보인다. 반면 단위면적당 식량생산량의 경향을 보았을 때, 단위면적당 생산량이 1990년대 중반 급격하게 떨어지는 모습을 보인다. 이는 1990년대 중반 식량위기가 농작면적의 감소 등에서 유래한 것이 아닌, 토지의 경제적 질 저하, 즉 토지황폐화에서 왔다는 것을 보여 준다.

북한의 식량생산량 감소의 정체와 감소는 북한의 사회상에 많은 영향을 끼쳤다. 첫째 1990년대 식량위기 전까지 유지되던 식량배급제도의 불안정성을 야기하였다. 북한의 식량배급의 양은 제도상으로는 식량위기를 겪기 전인 1990년대 초반까지, 일반 노동자 1일 배급량 700g을 중심으로 연령별, 직업별로 차등을 둔 배급제도를 운영해 오고 있었으나, 실제로는 1973년 이후 전쟁비축미 공제, 1987년 이후 절약미 공제 제도를 운영함으로써 실질 배급량이 일반노동자 기준 1일 547g 이하로 감소하였다고 한다.[31] 이에 대한 안정성 분석을 진행한 한 연구에서는 1960~1970년대 북한의 배급제는 외부 영향에 의해 안정성에 영향을 받을 수 있는 상태에서 유지되다가, 1986년을 기점으로 추세가 전환하여 1990년대에 이르러서는 식량배급을 유지할 수 없을 정도로 안정성이 떨어졌을 것으로 추정한다.[32] 이러한 불안정성은 다락밭 개간, 토지의 과도한 집약적 이용과 같은 부적절한 토지 이용을 초래하였고, 이는 1990년대 초 홍수·가뭄·산사태 등과 같은 현상과 결합하여 북한의 식량위기를 초래하는 원인으로 작용하였다.

---

31 김연철, 『북한의 배급제 위기와 시장개혁 전망』(서울: 삼성경제연구소, 1997).

32 이석, 『현대북한연구』(2004).

3. 토지황폐화에 영향을 미치는 요인

앞서 제기하였던 생·물리적 토지황폐화(산림지황폐화)와 경제적 토지황폐화(식량생산량 감소)와의 관계는 〈그림 5〉에서 확인할 수 있다. 이 그림에서 확인할 수 있듯 이 둘의 상관관계는 분명하게 드러나지 않는다. 다만 생·물리적 토지황폐화는 지속적으로 감소하는 반면, 경제적 토지황폐화는 갑작스러운 저하로 나타난다는 점에서 큰 차이가 있다. 이것은 산림지황폐화로 나타내는 생·물리적 토지황폐화는 북한 토지가 가지고 있는 잠재성과 자연재해에 대한 취약성을 나타내는 지표로 볼 수 있으며, 취약성이 점차적으로 증가하고 과정에서 나타나는 외부의 충격에 의해 경제적인 토지황폐화가 발생한다고 해석할 수 있다. 즉, 1990년대 후반에 빈번하게 발생했던 집중호우와 태풍으로 인해, 토양이 가지고 있는 임계치(Threshold)를 넘게 되어 대규

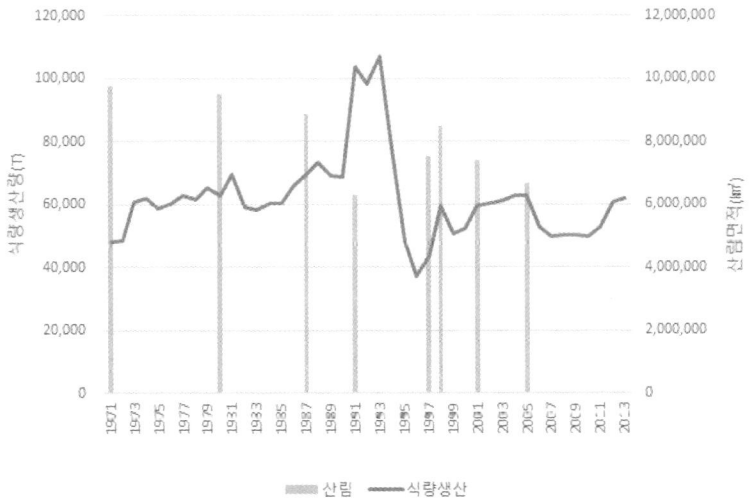

그림 5 생·물리적 토지황폐화와 경제적 토지황폐화와의 관계
출처 : 임업진흥원(1999). FAOSTAT 〈http://faostat.fao.org〉.

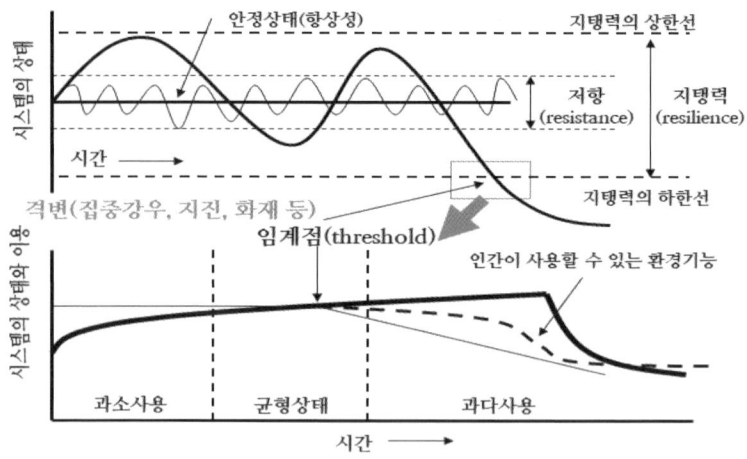

그림 6 지탱력(Resilience)과 임계점

모 산사태 발생과 급격한 토양침식, 그리고 이어지는 하천의 홍수피해로 연결되었다는 해석이 가능하다(그림 6).

생 물리적 토지황폐화와 경제적 토지황폐화의 연결고리로서 이해되는 다락밭의 면적 변화 경향은 〈표 2〉와 같다. 북한 정권은 북한의 불리한 지형 및 기후조건을 극복하기 위하여 1960년대부터 산지 개간 정책을 적극적으로 권장하였으며, 이에 따라 산지가 다락밭으로 개간되었다.[33] 하지만 1980년대 15도 이상의 과도한 경사도의 산림에 다락밭을 개간하여 산사태 위험이 높아지는 등 산림지황폐화의 문제가 드러나자, 1980년대 후반 북한 정권은 다락밭 정책이 산림황폐화로 이어질 수 있다는 인지하였으며 더 이상의 증가를 억제하고자 하였다.[34] 그러나 1980년대부터 2005년까지의 추세는 증가 추세로, 제

---

33 부경생 외 공저, 『북한의 농업 : 실상과 발전방향』(2001).

34 박경석 외 공저, "북한의 경제사회적 여건을 고려한 황폐산림복구 기본방향 연구," 『한국임학회지』, 제 100권 3호(2011), pp. 423~431.

한에 대한 북한 정권 자체 의지 부족이나, 1990년대 식량위기로 인해 통제 자체가 불가능해졌다고 보는 것이 타당해 보인다. 한 예로 일부 북한 산불발생 분포에 대해 위성영상을 통해 연구한 논문에서는 화전을 위한 인위적인 화재일 가능성이 높은 화재를 다수 발견하였으며[35], 근래에 북한을 방문하였거나 압록강·두만강 일원을 관광한 이들의 증언에 따르면 다락밭 확장이 계속되고 있음을 확인할 수 있다.

표 2 다락밭 개간 면적의 변화

구분	1984		2001		2005	
	면적(Ha)	비율(%)	면적(Ha)	비율(%)	면적(Ha)	비율(%)
강원도	13,791	11.84	69,601	8.97	77,787	7.87
개성시	1,500	1.29	11,085	1.43	20,372	2.06
남포시	1,148	0.99	7,620	0.98	6,031	0.61
양강도	9,103	7.81	70,595	9.09	99,666	10.09
자강도	15,118	12.98	101,140	13.03	143,751	14.55
평안남도	14,997	12.87	111,305	14.34	109,872	11.12
평안북도	11,003	9.45	82,057	10.57	75,887	7.68
평양시	3,587	3.08	24,801	3.19	16,677	1.69
함경남도	10,305	8.85	95,408	12.29	165,715	16.77
함경북도	10,971	9.42	55,207	7.11	116,232	11.76
황해남도	8,846	7.59	54,218	6.98	57,133	5.78
황해북도	16,114	13.83	93,216	12.01	99,021	10.02
합계	116,483	100	776,253	100	988,144	100

출처 : 1984년 북한자료; 이승호(2004)에서 재인용, 박종화(2006)
주 : 1984년 자료는 16도 이상 경사를 가진 밭을 의미하며, 2001년과 2005년은 15도 이상 경사를 가진 밭을 의미한다는 것을 고려하여 해석에 유의해야 함

---

35 박종화·유재심, "원격탐사를 이용한 북한의 산림황폐화 현황 조사," 『환경논총』, 제 48권, pp. 3~24.

다락밭 확장의 지역적인 차이를 살펴보면, 1984년에서 2001년 사이에는 다락밭 확장이 모든 지역에서 크게 나타나 지역별 차이가 크게 의미가 없다. 하지만 2001년과 2005년 사이에는 평양 및 그 주변지역의 다락밭의 면적이 감소하는 반면, 그 외 지역에서는 다락밭의 면적이 여전히 증가하고 있으며, 평양에서 거리가 멀어질수록 증가의 폭은 더 커져 함경북도의 경우 2001년 대비 2006년 다락밭 면적은 두 배 이상이다. 이는 2000년대 이후 북한 정권의 다락밭에 대한 통제가 주변지역으로 갈수록 그 정도가 약화됨으로써 토지황폐화의 지역적 차이가 발생하게 됨을 보여준다.

앞서 언급하였듯 1980년대부터 이어진 동구권의 몰락에 따른 북한의 대외관계 고립은 북한의 토지황폐화 및 식량위기를 일으킨 주요한 원인으로 제기된다. 실제 북한의 식량수입량 또한 이 시기에 미세하게 감소한 것을 앞서 장에서 확인하였다. 그러나 이를 구체적으로 드러내는 지표는 〈그림 7〉에서 확인할 수 있는 에너지 자원 지표일 것이다. 북한의 1인당 에너지 소비량은 1985년을 기점으로 감소세를 보이고 있으며, 현재는 1980년대의 절반 수준이다. 북한의 에너지 소비 및 수급의 감소세와 식량생산량 급감은 약 10년의 시차를 보이며 서로 관계가 있는 것으로 보이나, 산림면적의 감소와는 밀접한 연관관계는 없어 보인다.

북한의 에너지 수급 감소세는 비료와 농약의 생산, 농기계 가동에 영향을 미쳐 식량생산량에 영향을 미쳤을 것으로 보인다. 북한은 과거부터 높은 수준의 비료생산능력을 가지고 있었고, 1990년대 초반까지 연간 80여만 톤의 비료를 생산하여 왔다.[36] 하지만 1990년대 초

---

36 부경생 외 공저, 『북한의 농업 : 실상과 발전방향』(2001).

그림 7 에너지 자원과 경제적 토지황폐화와의 관계
출처 : UNSD(http://unstats.un.org). FAOSTAT(http://faostat.fao.org)

반 비료생산능력은 10만 톤 이하로 떨어져 에너지 수급이 몇 년의 시간에 거쳐 북한의 비료 및 농업용 화학제품(살충제, 제초제 등)수급에 치명적 영향을 끼쳤다는 사실을 확인할 수 있다.[37] 또한 1980년대까지 북한의 농업수리시설과 농업기계는 협동농장 체계에 맞추어 대형화되었으며, 이에 따라 북한의 농업 기반 시설은 고에너지 구조를 가지게 되었다. 이러한 이유로 에너지 수급 부족이 농업생산성의 약화를 야기하였다고 볼 수 있다.

북한의 생·물리적 토지황폐화의 경향을 통해 북한의 토지황폐화를 유발하는 것으로 예상되는 요인은 다락밭의 개간과 이로 인한 토양 침식의 증가, 연료 및 기타 경제적 이유를 목적으로 하는 벌채 등이었다. 또한 식량생산량의 경향을 통해 추가로 에너지 자원의 부족과 이로 인한 비료 생산량의 저하가 식량생산량의 저하(경제적 토지

---

37 FAOSTAT 〈http://faostat.fao.org〉.

황폐화)와 생·물리적 토지황폐화의 원인이 될 수 있다고 보았다.

하지만 이외에도 북한의 토지황폐화와 식량생산량의 저하를 유발하는 요인에 대한 많은 가설이 제기되며, 앞서 확인한 토지황폐화의 요인과 함께 정리해 보면 다음과 같다.

첫째, 자연환경 조건의 근본적인 취약성이다. 북한은 남한에 비해 평탄지의 비율이 낮고 해발 고도가 높아 개발 가능 지역이 상대적으로 적다. 또한 상대적으로 높은 위도에 위치해 있으며, 대륙에 영향을 많이 받아 남한에 비해 기온이 낮고 강수량이 부족하다. 이 때문에 북한은 남한에 비해서 농업에 있어서 상대적으로 취약한 환경에 노출되어 있다.[38]

둘째, 농업정책의 실패이다. 다락밭의 개간은 앞서 언급한 대로 1960년대부터 북한 정권이 장려한 정책으로 대표적인 농업정책의 실패 사례이다. 또한 토질을 고려하지 않은 과도한 밀식(密植)재배, 옥수수[39] 재배 비중의 무리한 확대 등과 같은 주체농법은 토질을 나쁘게 하고 생산량을 감소시켜 토지황폐화와 식량위기를 불러왔다는 지적을 받는다.[40] 또한 1960년대에 완성되어 현재까지 유지되고 있는 협동농장 체제 또한 개인들의 근로의욕을 저하시키고 식량생산의 저하를 불러왔다.

---

38 이민부 외 공저, 『북한의 환경변화와 자연재해』(서울: 도서출판 한울, 2006).

39 옥수수 재배는 앞서 언급한 문헌들에서 뿌리가 깊지 않아 산지에서 재배할 경우 토양침식을 과도하게 유발시키기 때문에, 옥수수 중심의 재배는 북한의 농업정책의 실패 중 하나로 지적된다.

40 부경생 등, 『북한의 농업 : 실상과 발전방향』(2001); 남성욱, "북한의 식량난과 인구변화 추이," 『현대북한연구』, 제2권 1호(1999), pp. 1~20.

셋째, 고립으로 인한 경제난의 문제이다. 1990년대 소련과 동구권의 붕괴로 인해 북한은 정치적·경제적으로 고립은 앞서 확인했던 에너지 자원의 부족과 식량 수입의 감소, 이로 인한 다락밭의 개간과 산림벌채를 가속화하는 원인이 되었다. 또한 북한의 정치적 고립은 1990년대 북한의 외교 전략에 변화를 초래하였으며 특히 군사적인 부분을 활용하여 체제유지와 대외협상용을 위해 사용하였다.[41] 군사 부분의 강조는 상대적으로 농업 부분의 투자를 어렵게 만드는 요인으로 작용했을 것이다.

정책 실패·고립으로 인한 경제난·자연환경의 근본적인 취약성의 문제는 서로 복잡하게 연관되어 있는 문제이다. 일예로 자연환경 조건의 근본적인 취약성은 다락밭, 주체농법 등의 무리한 농업정책을 유발한 원인이 되며, 1990년대 말 발생했던 경제난에는 고립뿐만 아니라 협동농장 체제의 비효율성의 문제도 원인이 될 것으로 보인다. 각 요인들은 서로 간에 영향을 주며 북한의 토지를 황폐화시키고 토지생산성을 저하시켰으며 자연환경을 취약하게 만들었다. 이로 인한 결과가 1990년대에 연속해서 발생된 자연 재해이며[42], 연속된 자연재해로 인해 토지황폐화 문제는 식량위기의 문제로 발전하였다.

---

41 이종석, 『새로 쓴 현대북한의 이해』(서울: 역사비평사, 2000).

42 자연 재해를 북한 토지황폐화나 식량 위기의 주요 원인으로 보는 견해가 많으나, 정책 실패, 고립으로 인한 경제난, 자연환경의 근본적인 취약성에 따라 자연환경의 지탱력(resilience)이 저하되면서 발생한 결과라고 보는 것이 타당해 보인다.

III. 북한 토지황폐화 모형구축 방안

본 연구에서는 앞선 장에서 정리한 북한 토지황폐화의 경향과 요인을 바탕으로 북한 토지황폐화의 프로세스가 어떤 파급효과를 미치는지 파악하고, 미래의 토지황폐화의 양상이 어떠한지 확인하는 모형을 구축하고 있다. 이를 바탕으로 북한의 인문사회환경 및 자연환경 변화 시나리오를 적용하여 비교해 봄으로써, 북한 토지황폐화 저감방안을 도출할 수 있는 정책의사결정모형으로 발전시킬 수 있다. 이 장에서는 북한 토지황폐화 저감을 위한 의사결정모형의 최적 방안을 고찰하고, 앞선 장에서 정리한 북한 토지황폐화의 요인을 바탕으로 개념 모형을 구축하였다. 이를 바탕으로 구축한 기본 모형을 살펴봄으로써 북한 토지황폐화 저감을 위한 의사결정모형 구축방안을 마련하고자 한다.

1. 토지이용 변화 모델링과 다행위자시스템 모형

토지황폐화 문제에 대한 모형화에는 다양한 문제가 존재한다. 먼저 토지황폐화 문제는 공간적 차이와 이질성(Spatial Heterogeneity)이 존재한다는 사실이다. 토지황폐화 문제에 관여하는 인과관계와 요인을 파악하고 있더라도, 이 요인들 각각의 프로세스는 서로 다른 스케일(Scale)에 기반을 두고 있으며, 다른 공간 스케일에서 이질적으로 나타난다. 또한 토지황폐화 문제는 다양한 요소들이 서로 상호작용하여 만들어지는 복잡하지만 특정한 질서가 나타나는 복잡적응계(Complex-adaptive system)적 속성을 가지고 있다. 앞서 언급하였듯 토지황폐화 문제는 사회경제적인 문제와 자연환경의 문제가 복합적으로 작용하는 사회-생태 시스템적 속성을 가지고 있으며, 이들은 최근의 복잡적응계적 문제 중 하나이다.

토지황폐화 문제의 공간적 이질성 문제를 해결하기 위해서는, 토지황폐화 저감 의사결정모형은 공간모형이어야 한다. 그 중 토지황폐화 문제는 토지이용 및 토지피복의 변화가 원인이 되고, 결과라는 점에서 토지이용 및 토지피복의 변화(LUCC[43])에 대한 모델링(LUCC Modeling)에 주목할 필요가 있다. LUCC Modeling은 사회경제적 변화 및 자연환경의 변화로 인해 발생하는 공간구조 변화의 시·공간적 변화양상과 그 요인을 파악하고자 하는 모델링 기법이다.[44]

전통적인 LUCC Modeling은 토지이용변화와 관련된 수식을 이용하거나, 통계자료를 이용하여 변화를 예측하는 등의 방법론이었으나, 현실의 복잡성(complexity)과 비선형성(nonlinearity)을 반영하지 못한다는 한계가 지적되어 왔다.[45] 뿐만 아니라, 북한에 대한 정보

---

[43] Land-Use and Land-Cover Change

[44] Veldkamp, A., Lambin, E.F. "Predicting Land-use Change," *Agriculture, Ecosystems and Environment*. vol. 85(2001), pp. 1~6; Verburg, P. and Kok, K., eds., "Pixels or agents? Modelling land-use and land-cover change," *IHDP Newsletter*. vol. 3(2005), pp. 8~9.

[45] Parker, D. C. and Manson., eds., "Multi-agent system for the simulation of land-use and land-cover change: a review," *Annals of the Association of American Geographers*. vol. 93(2003), pp. 314~337; Heckbert, S. and Baynes, T., eds., "Agent-based Modeling in Ecological Economics," *Annals of the New York Academy of Sciences*, vol. 1,185(2010), pp. 39~53; An, L. "Modeling human decisions in coupled

의 부족은 북한의 토지이용의 시공간적 변화 예측의 불확실성을 증대시키고, 오히려 복잡성을 더 크게 하는 결과를 초래하기 때문에, 북한의 토지이용변화에 대한 연구에는 활용되지 못하여 왔다.

최근에는 기존 모델의 한계를 보완하기 위해 다행위자시스템(Multi-Agent System for Land-Use and Cover Change) 기법이 활발하게 사용되고 있다. 다행위자시스템은 행위자와 환경을 정의하고 행위자 간의 상호작용을 구현하는 모형으로, 이를 통해 기존의 모형에서 반영하지 못했던 현실의 복잡성과 비선형성을 반영한다는 장점이 있다.[46] 또한 다행위자시스템은 다른 모형과의 결합·수정이 용이하여 학제간 연구 성과를 종합하는 틀로서 활용할 수 있다는 강점이 있다.[47] 특히 최근에는 정부의 정책을 시나리오로 설정하여, 정책의 변화에 따른 각 행위자 및 환경의 반응을 모의하는 공간의사결정지원시스템(Spatial Decision Support System; SDSS)으로 활용되고 있다.[48] 다행위자시스템은 정보의 부족으로 불확실성과 복잡성이 큰 북한의 공간구조 변화와 남한 북한을 아우르는 통일시대 국토공간을 관리하는 틀로 활용 가치가 높을 것으로 예상된다.

---

human and natural systems : Review of agent-based models," *Ecological Modelling*. vol. 229(2012), pp. 25~36.

46 *Ibid.*

47 Le, Q. B and Park, S. J., eds., "Land-Use Dynamic Simulator(LUDAS): A Multi-agent system model for simulating spatio-temporal dynamics of coupled human-landscape system. I. Structure and theoretical specification," *Ecological Informatics* vol. 3(2008), pp. 135~153.

48 Parker, D. C. and Manson., eds., "Multi-agent system for the simulation of land-use and land-cover change: a review,"(2003).

2. LUDAS Framework

LUDAS (Land-Use DynAmic Simulator) 모형은 주로 소유역을 대상으로 다양한 농업-산지관리 정책이 지역에 미치는 영향을 모의하는 공간의사결정시스템이다. LUDAS는 베트남의 홍하(Hong Ha)유역의 마을에서 농업정책 및 토지관리 정책에 따라 사람들이 어떻게 반응하고, 결과적으로 자연환경에 어떠한 파급효과를 끼치는지를 분석하기 위해 개발된 모형이다.[49] LUDAS는 유사한 다른 다행위자시스템 기반 공간의사결정시스템에 비해서 자연환경 요소와 인간 행위자가 동적으로 상호작용하는 특성을 가지고 있다는 강점이 있어, 인도네시아, 가나, 내몽골 등 다양한 지역에 적용되어 왔다

LUDAS의 구성은 <그림 8>과 같이 크게 네 가지 부분으로 이루어져 있다. 첫째, 행위자와 행위자의 의사결정 체계를 뜻하는 인간시스템(human-system)으로, 모형의 행위자로 선정된 가구(household)의 행위패턴을 정의하는 시스템이다. 행위자는 세 가지 유형의 집단(논농사기반 가구, 밭농사 및 목축기반 가구, 비 농경 및 부유한 가구)으로 구분되며 각각 다른 특성을 보인다. 행위자는 제한된 합리성[50]에 따라 토지이용에 관한 의사결정과정을 한다. 둘째, 다양한 속성을 포함하고 있는 각각의 격지로 구성된 자연환경(Landscape System)

---

49 Le, Q.B., "Multi-Agent System for Simulation of Land-Use and Land Cover Change: a Theoretical Framework and Its First Implementation for an Upland Watershed in the Central Coast of Vietnam," *Ecology and Development Series*. NO. 29(2005).

50 제한된 합리성은 일부 행위자가 최적의 대안을 선택하지 않고, 가장 좋은 대안을 선택할 가능성이 높다는 것을 의미하며, 따라서 위험성을 포함한다.

- **Example : LUDAS Framework**(Le, Park and Vlek, 2008; 2010)

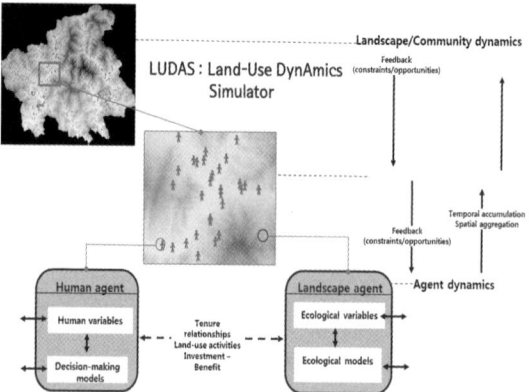

그림 8 LUDAS 모형 구조
출처 : Le et al.(2008)

시스템이다. 특히 LUDAS의 자연환경시스템이 다른 다행위자시스템의 환경 요소와 차별적인 것은 환경에 대한 요소 하나하나 또한 행위자(Agent)로서 기능한다는 점으로, LUDAS의 자연환경 시스템을 구성하는 격자들은 행위자 및 외부 정책요인과 주변 환경에 영향을 받아 동적으로 변화한다. 셋째, 토지이용선택에 중요한 정책요인이다. 넷째, 가구와 환경, 정책에 대한 정보를 행위자의 토지이용 선택으로 통합하는 의사결정 절차로 구성된다.

3. 북한 토지황폐화 프로세스 개념모형 구성

북한의 토지황폐화를 유발한 요인들 중 상당 부분은 아직 현재 진행형이다. 북한을 둘러싼 대외 정세는 시시각각 변화하고 있으며, 자연환경이 취약한 북한의 환경에 앞으로 예상되는 기후 변화 또한 큰 문제로 작용할 수 있다. 이에 대해서 앞서 살펴 보았던 북한 토지황폐화의 인과관계를 단선적으로 연결한 결과는 〈그림 9〉와 같다.

하지만 북한 토지황폐화의 프로세스는 한 방향의 원인과 결과로 연결되지 않는다. 일예로 산림 개간에 의한 생·물리적 토지황폐화는 토지의 질의 악화와 자연재해를 유발함으로써 경제적 토지황폐화를 유발하지만, 반대로 경제적 토지황폐화로 인해 사람들이 식량수급에 대한 압력을 받는다면 다시 산림 개간에 나서게 되며, 결과적으로 이 둘은 결과이자 원인이 된다. 북한 토지황폐화의 프로세스는 이러한 수많은 되먹임 고리(feedback-loop)이 존재하며, 실제로는 〈그림 9〉보다 훨씬 복잡한 인과관계의 고리가 형성될 것이다.

이러한 북한 토지황폐화 문제의 복잡한 인과관계와 프로세스를 정리하고자 하는 방향으로, 유럽연합 환경기구(EEA)에서 개발한 환경문제 접근 틀인 DPSIR Framework를 참고해 볼 필요가 있다. 이는 토지황폐화 문제와 같은 환경문제가 다양한 물리적 요소와 사회경제

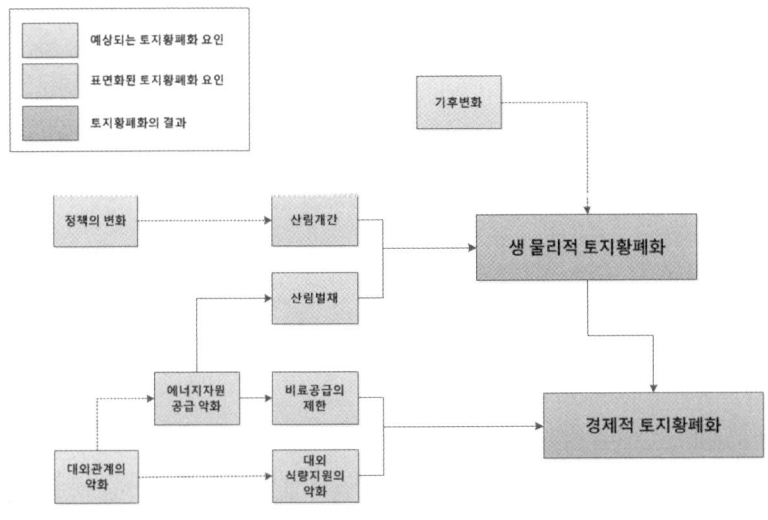

그림 9 북한 토지황폐화의 단선적 프로세스

적 측면을 가지고 있다는 점에서 착안하여, 환경문제의 인과관계 요소를 구동력, 압력, 상태, 영향, 대응의 다섯가지로 구분하여 이들간의 관계를 살펴봄으로써, 기존의 접근법이 간과하였던 이들 간의 관계를 종합적으로 관찰하고자 개발되었다(그림 10). 1990년대 유럽의 다양한 환경문제에 대해서 이를 적용한 후, 현재 다양한 환경문제 및 환경-인간의 상호작용 문제를 다루는데 활용되고 있다.

앞서 〈그림 10〉에 기술한 북한 토지황폐화의 요인들을 DPSIR Framework으로 정리한 것은 〈그림 11〉와 같다. 북한 토지황폐화의 요인인 기후변화, 환경재해. 대외관계의 변화는 구동력으로 작용하여, 식량 및 에너지 수급 문제 등 북한의 토지황폐화 요인의 압력요인에 영향을 주게 된다. 이에 따라 다락밭 또는 연료목 공급을 위한 산림 개간과 벌채가 일어나는지, 농업을 위한 비료와 농업자재가 공급이 되는지를 영향을 주게 된다. 산림 개간 문제는 산림지황폐화로 대표되는 생·물리적 토지황폐화에 영향을 주게 되고, 이 요인과 비료와 농업자재는 경제적 토지황폐화에 영향을 미치게 된다. 이 결과는 북한 사람들에게 토지이용을 변화시키고, 노동력과 자원의 투입을 변화시키며, 대외관계에 변화를 미치게 된다. 이는 다시 외부 환경의 구동

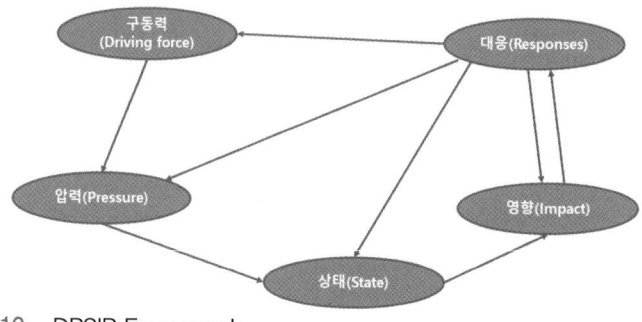

그림 10   DPSIR Framework
출처 : Bosch *et al.*(1999)

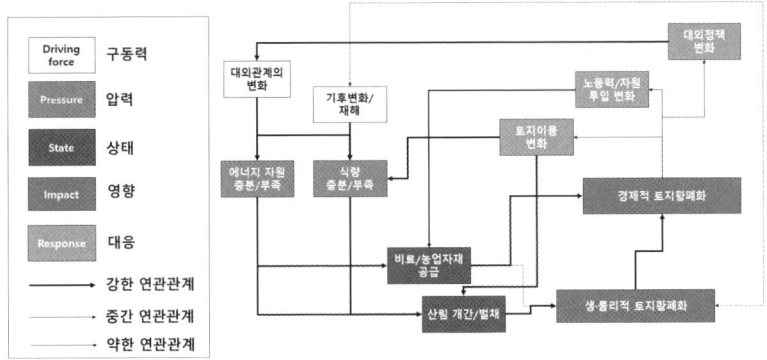

그림 11　DPSIR Framework을 활용한 북한 토지황폐화 요인

력들과 압력에 영향을 주게 된다.

IV. 북한 토지황폐화 저감을 위한 의사결정모형 구축사례와 발전방향[51]

본 장에서는 북한 토지황폐화 저감을 위한 의사결정모형의 구축사례를 소개하고, 이를 바탕으로 북한 토지황폐화 저감을 위한 의사결정모형 구축사례를 살펴본다. 먼저 모형의 기본적인 구조, 모형의 결과와 해석에 대해서 살펴보고, 향후 의사결정모형으로 구축하기 위한 발전방향을 살펴보도록 한다.

51　안유순, "다행위자시스템(Multi-Agent System)을 이용한 북한 토지황폐화의 모형구축 및 분석"(서울대학교 지리학과 석사학위논문, 2013).

1. 북한 토지황폐화 저감 모형 설계와 구축

이 모형은 앞서 언급하였던 LUDAS Framework의 스케일을 확장하여, 북한일원의 토지황폐화와 식량문제에 대한 모형을 구축하는 것을 목표로 하였다. 먼저 연구 지역은 북한의 공간 자료가 충분히 갖춰져 있지 않다는 한계를 고려하여, 비교적 자료접근 이용이한 평양과 그 주변(평안남도)로 한정하였으며, 이에 따라 모형의 스케일도 자료의 스케일 및 북한 체제 특성을 고려하여, 행위자의 스케일은 각 행정구역 단위로 변경하였다. 자연환경시스템은 생·물리적 토지황폐화 모형과 경제적 토지황폐화(식량생산) 모형으로 구성하였다. 자연환경시스템 내에서 행위자는 자연환경에서의 토양의 질, 본인이 느끼는 식량에 대한 압박 정도에 따라 토지에 대한 노동력 배분을 바꾸거나, 토지 이용을 바꾸는 형태로 의사결정을 진행하도록 하였다. 토지에 대한 노동력 배분 변경 및 토지 이용의 변경은 다시 자연환경에 영향을 주는 형태로 설계하였다. 정책시나리오로서 북한 내부의 토지황폐화와 식량문제를 해결하려는 정책대안(다락밭 경작제한), 북한 외부의 토지황폐화 저감 및 식량문제 해결을 위한 정책대안(식량지원), 기후변화를 반영하였다(그림 12).

　이는 북한 지역의 토지황폐화 프로세스 모형을 앞서 언급한 DP-SIR Framework에 따른 설계이다. 외부환경 요소(Driving Force)의 변화에 따라, 먼저 토양의 물리적 환경조건(Pressure)과, 토양의 질(State)이 영향을 받고, 사람들은 이에 따라 식량소출에 영향(Impact)을 받으며, 결과적으로 이 모형에서의 인간 행위자는 토지이용을 변화시키는(Response) 형태로 반응하고 이것이 다시 토양의 물리적 환경조건에 영향을 미친다.

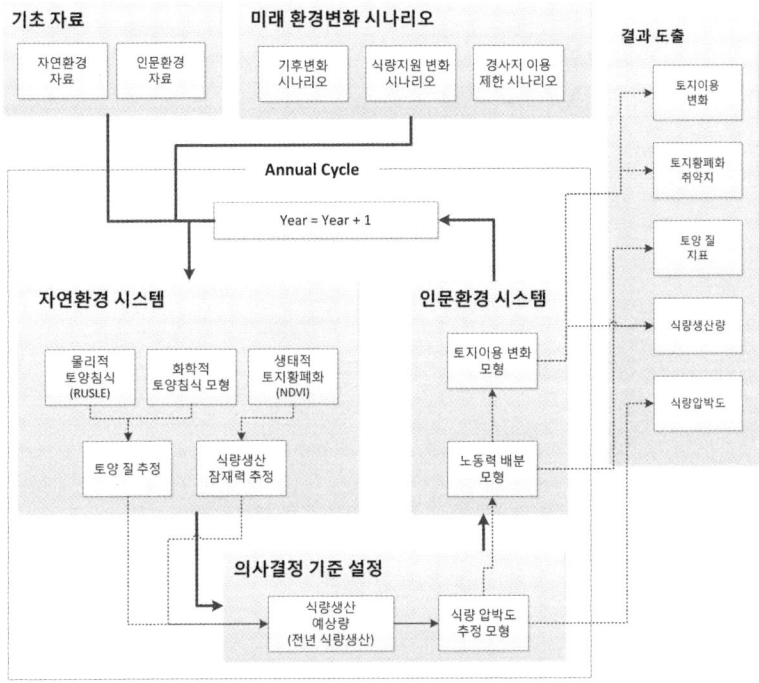

그림 12   안유순(2013)의 북한 토지황폐화 모형 구조

　모형 구축은 다행위자시스템·행위자모형의 구축 스크립트 언어인 Netlogo 4.1.3으로 실시하였다. 자연환경시스템의 자료는 위성영상자료로 구득한 기후, 지형, 식생자료를 바탕으로 격자 형태로 구축하였으며, 행위자의 자료는 최대한 통계 및 기존연구자료를 바탕으로 구축하였으나, 일부 자료의 부족으로 가정을 기반으로 구축한 내용 또한 존재한다. 모형은 〈그림 12〉에서 알 수 있듯이 1년을 1회로 구동된다. 모형은 〈그림 13〉와 같이 정책결정자와 같은 사용자들이 구동하고 결과를 확인하기 쉽도록 설계하였다.

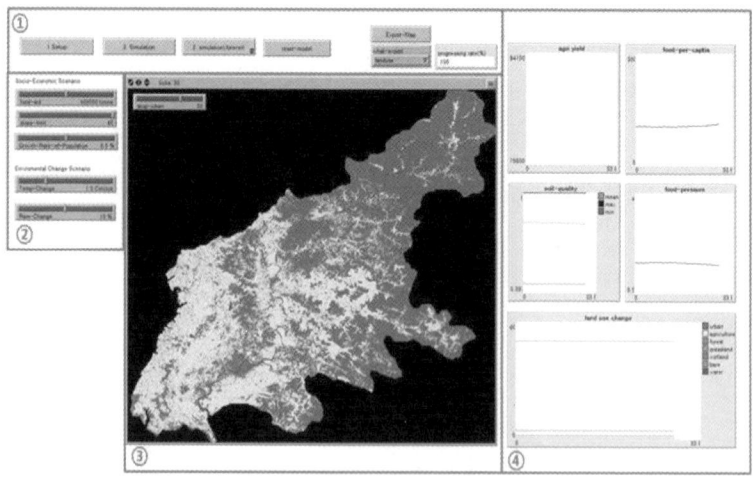

그림 13 LUDAS Framework의 북한 적용 구동 환경
출처 : 안유순(2013)
주 : ① 모형의 구동부, ② 시나리오 설정부, ③ 공간변화 확인 창, ④ 전역적 결과변화 확인 창

2. 북한 토지황폐화 저감 모형 구동 결과 사례

모형의 결과도출을 위해서, 위 모형에서 설계한 세 가지 미래환경 변화 요인을 바탕으로 향후 30년간의 미래상을 도출하였다. 자료의 부족으로 모형의 구조에는 임의성이 반영되어 있으며, 모형의 특성상 창발현상의 발현이 있을 수 있기 때문에, 모형은 각 시나리오마다 스무 번 이상 구동하여 이를 종합한 결과로 도출하였다.

북한 토지황폐화의 경향을 연구지역 전체에 대해서 모의한 결과는 〈그림 14〉와 같다. 그 결과 최소한 북한의 생·물리적 토지황폐화 경향에 영향을 끼치는 강도는 식량지원, 기후변화, 토지이용 제한 정책의 순으로 컸다. 다시 말해서, 식량 지원이 더 많을수록 토지황폐화

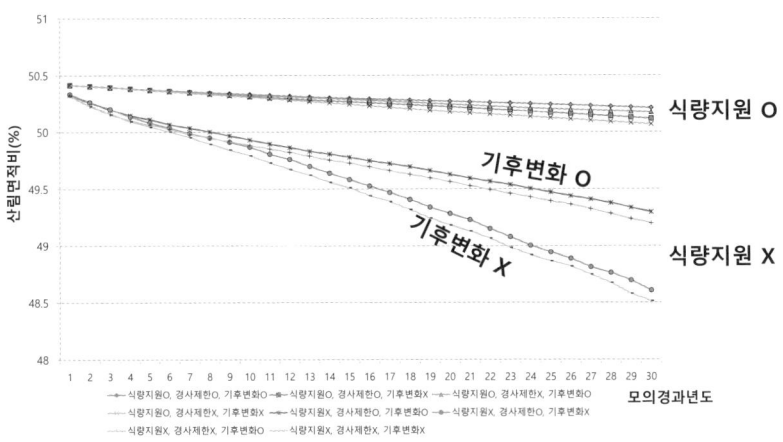

그림 14 북한 토지황폐화 모형의 구동결과 : 산림면적 비율의 변화
출처 : 안유순(2013)

의 경향은 약화되었으며, 다른 외부환경 및 정책 시나리오는 토지황폐화 경향에 큰 영향을 끼치지 않았다. 이는 북한이 폐쇄계로써 자력갱생을 추구하는 것 보다는 외부의 지원, 특히 식량지원 또는 수입을 받는 것이 북한의 토지황폐화 저감에 필수적이라는 것을 보여 주는 결과이다.

또한 북한 토지황폐화의 취약도를 확인하여 보니, 지역별 차이가 분명하게 나타났다. 〈그림 15〉의 빨간색 지역은 어떠한 시나리오에도 토지황폐화가 심각하게 나타나는 지역을 나타내고, 초록색 지역은 어떤 시나리오에서도 토지황폐화가 비교적 덜 일어나는 결과가 도출되었다. 빨간색 지역은 대체로 소도시 일원으로, 이는 북한의 1990년대 중반 식량위기 시 취약계층이었던 사무직 요원이 많이 거주할 것으로 예상되는 지역으로, 이 부분의 취약성을 반영한 결과라 볼 수 있다.[52]

---

52 1990년대 중반 북한의 식량위기 시 가장 많이 피해를 본 계층은 식량수

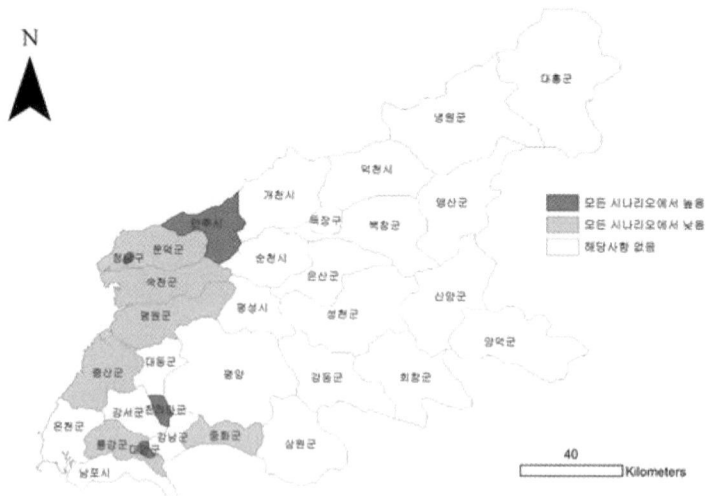

그림 15 북한 토지황폐화 모형의 구동결과 : 토지황폐화 취약지역과 미취약지역
출처 : 안유순(2013)

반면, 덜 취약한 초록색 지역은 평안남도 서부의 저구릉 지대로 상대적으로 기후가 온화하고 농업지역이 넓어 상대적으로 덜 취약한 지역으로 나타났다. 결과적으로는 북한 토지황폐화의 경향은 지역별 이질성이 크며, 앞으로의 저감 대책에 이를 적극적으로 반영해야 한다는 것을 보여 준다.

급을 배급에 의존하며, 소득 수준이 높지 않아 암시장에서 식량을 수급하기도 어렵고, 농업활동을 할 토지가 적은 도시의 사무직 요원(하층 사무원, 교원, 보건 업무 종사자 등)이었다. 김연철,『북한의 배급제 위기와 시장개혁 전망』(서울: 삼성경제연구소, 1997).

3. 북한 토지황폐화 저감 의사결정시스템으로의 발전방향

앞서 소개한 안유순의 연구는 북한의 토지황폐화 저감 의사결정시스템의 틀로서 의의를 가진다. 향후 연구에서는 추가적인 자원과 자료를 투입한, 본격적인 토지황폐화 저감 의사결정시스템으로 설계하고, 이를 구축함으로써, 북한 토지황폐화 저감과 향후 통일 한반도의 토지황폐화 위험 저감을 위한 기반으로 활용하여야 한다. 이를 위해 의사결정시스템이 추구해야 하는 목표는 다음과 같다.

첫째, 북한 토지황폐화에 영향을 끼치는 사회경제적·자연적 요인을 종합적으로 검토하는 공간의사결정 모형을 구축하야 한다. 지금까지 사회경제적 현상과 자연적 현상은 서로 독립적으로 발생하는 문제라고 여겨지는 것이 일반적이었다. 하지만 토지황폐화의 문제는 앞서 수 차례 언급하였듯 이 요소 모두가 반영될 요소이다.

둘째, 스케일 문제가 해결된 모형이어야 한다. 많은 의사결정모형들은 의사결정이 영향을 미치는 특정한 파급효과에 주목하여 연구를 진행하였으며, 이에 따라 의사결정의 스케일과 의사결정의 파급효과가 미치는 스케일간의 불일치가 발생하였을 때, 이에 대해서 대처하지 못하는 경우가 있었다.[53] 따라서 본 연구에서 추구하는 공간의사결정지원시스템은 유사 스케일뿐만 아니라 스케일 간에 발생하는 프로세스 또한 반영되는 모형이어야 한다.

---

53 Rotter, R.P and van den Berg., eds., "Combining farm and regional level modelling for Integrated Resource Management in East and South-east Asia," *Environmental Modelling & Software*. vol. 22 no.

셋째, 결과는 시·공간적으로 제시되어야 한다.[54] 기존 의사결정모형에서는 시간적 변화가 무시되거나 공간적인 맥락이 누락된 경우가 많았다. 의사결정자들이 모형에서 나온 결과를 바탕으로 올바른 판단을 하기 위해서, 또는 잘못된 판단을 회피하기 위해서는 결과를 통해 기회 또는 위기가 되는 시간 및 공간을 직관적으로 파악하게 하는 것이 필요하다.

넷째, 모두가 다루기 쉬우면서도 가능한 다양한 측면을 고려할 수 있는 의사결정시스템이어야 한다. 모두가 다루기 쉽기 위해서는 관련된 인터페이스 등이 쉽게 다룰 수 있도록 설계가 되어야 하고, 모든 측면을 반영하기 위해서는 새로운 측면이 쉽게 모형에 반영되거나, 새로운 측면을 반영하기 위해 모형의 구조가 쉽게 바뀔 수 있는 유연성을 가져야 한다.

V. 결론

본고에서는 북한의 1990년대 식량 위기의 근본 원인인 북한의 토지황폐화 문제에 대한 연구를 정리하고, 북한의 토지황폐화 문제에 대

2(2007), pp. 149~157.

54　Jankowski, P. and Nyerges, T., eds., "Design Considerations and Evaluation of a Collaborative, Spatio-Temporal Decision Support System," *Transactions in GIS*, vol. 10, no.3(2006), pp. 335~354.

한 인과관계를 밝힘으로써, 앞으로 발생할 수 있는 북한 및 한반도의 토지황폐화 위험을 저감하기 위한 연구 방향을 제시하고자 하였다. 현재 연구 및 통계자료로 미루어 보았을 때, 북한의 생·물리적 토지황폐화는 1900년대 초부터 지속적으로 심화되고 있는 문제이며, 이에 따라 경제적 토지황폐화의 위험성이 지탱력을 초월하여 식량위기로 발전하였다. 북한 토지황폐화의 요인은 단순한 인과 관계로 연결되어 있지 않으며 각각이 원인과 결과로서 복잡하게 얽혀 있었다. 따라서 DPSIR Framework와 다행위자시스템을 적용하여 보고 앞으로의 연구 발전 방향을 살펴보았다.

인류는 17세기 이후 산업·농업 혁명을 바탕으로 역사상 전례 없는 풍요를 얻게 되었다. 한반도에서도 최소한 남한만큼은 단군 이래에 최고로 풍요로운 시기를 경험하고 있다. 하지만 풍요의 이면에는 다양한 환경문제가 있으며, 이 문제는 언제든 이 풍요의 기반을 무너트릴 수 있다. 북한의 토지황폐화 문제는 이러한 문제를 나타내는 일면이며, 앞으로 남한에서 통일국토에서 재현될 수 있으며 극복해야 하는 문제이다. 단적으로 인구가 두 배 차이나며, 면적의 차이는 크지 않은 남한과 북한의 2017년 현재 곡물생산량은 비슷한 수준이다. 앞으로 에너지자원의 수급이 변화하거나 곡물수입이 어렵게 되는 문제가 발생한다면, 우리도 비슷한 문제를 충분히 겪을 수 있다.

본 연구에서 얻은 자료와 개념 모형을 바탕으로 향후에는 북한 토지황폐화 저감대책에 관한 정책의사결정지원 시스템을 개발하고자 한다. 이를 바탕으로 단기적으로는 북한의 토지황폐화 문제의 해결책을 제시하고, 장기적으로는 앞으로 한반도 및 동북아시아 지역에 있을 수 있는 토지황폐화 문제를 예측하고, 이에 대한 방지 대책을 수립할 수 있도록 하는 것이 목표다. 이를 바탕으로 정책결정자들이 토지황폐화 저감을 위해 슬기롭게 대응한다면 현재 북한의 토지황폐화 문제와 앞으로 닥칠지 모르는 토지황폐화 문제를 극복해 나갈 수 있을 것으로 기대된다.

::참고문헌

공우석. 『북한의 자연생태계』. 서울: 집문당, 2006.

김도형. "MODIS 다중 시기 영상을 이용한 북한 지역의 토지피복 변화 분석"(서울대학교 환경대학원 환경조경학과 조경학석사 학위논문, 2006).

김문기. "17세기 중국과 조선의 기근과 국제적 곡물유통." 『역사와 경계』, 제 85권(2012), pp. 323~367.

김문기. "기후변동과 역사: 17세기 중국과 조선의 재해와 기근." 『이화사학연구』. 제 43권(2011), pp. 71~129.

김상욱. "지형조건을 고려한 북한지역 산림황폐화 변화조사." 『통일과 국토』. 제 10권(2002), pp. 125~134.

김연철. 『북한의 배급제 위기와 시장개혁 전망』. 서울: 삼성경제연구소, 1997.

김원주. "자연환경 관련 공간변수를 이용한 한반도 토지피복 분류"(서울대학교 환경대학원 박사학위 논문, 2003).

김흥순. "조선후기 산림정책 및 산림황폐화: 시장주의적 고찰과 그에 대한 비판." 『한국지역개발학회지』, 제 20권 2호(2008), pp. 169~192.

남기덕. "한반도 식생의 연중 변화 고찰을 위한 Global NDVI 자료의 보정 방법 연구"(서울대학교 환경대학원 석사학위 논문, 1999).

남성욱. "북한의 식량난과 인구변화 추이." 『현대북한연구』, 제 2권 1호(1999), pp. 1~20.

박경석 외 공저. "북한의 경제사회적 여건을 고려한 황폐산림복구 기본방향 연구." 『한국임학회지』, 제100권 3호(2011), pp. 423~431.

박수진 외 공저. "UN 사막화방지협약(UNCCD) 이행의 한계와 한국의 역할." 『국제개발협력연구』, 제5권 1호(2013), pp. 35~74.

박수진 외 공저. "북한 토양특성 분석." 정형섭·박수진 외. 『인공위성 자료를 활용한 북한 산림현황 분석 보고서』. 서울: 한국임업진흥원, 2015, pp. 125~211.

박종화. "제3장 위성영상을 이용한 북한지역의 다락밭 분석." 윤여창·박동균·박종화·전효택·최종근·허은녕·윤순진. 『남북한 환경정책 비교연구 1』. 서울: 서울대학교출판부, 2008.

박종화·유재심. "원격탐사를 이용한 북한의 산림황폐화 현황 조사." 『환경논총』, 제48권, pp. 3~24.

부경생 외 공저. 『북한의 농업: 실상과 발전방향』. 서울: 서울대학교출판부, 2001.

신동완 외 공저. 『북한의 농업기술』. 서울: 오성출판사, 1998.

안유순. "다행위자시스템(Multi-Agent System)을 이용한 북한 토지황폐화의 모형구축 및 분석"(서울대학교 지리학과 석사학위논문, 2013).

유재심. "생물계절 의사결정 분지도에 의한 북한 토지피복 분류기법 연구"(서울대학교 환경대학원 환경조경학과 조경학석사학위논문, 2010).

이민부 외 공저. "임진강유역의 토지이용에 따른 지표침식에 관한 연구." 『대한지리학회지』, 제43권 3호(2008), pp. 263~275.

이민부 외 공저. 『북한의 환경변화와 자연재해』. 서울: 도서출판 한울. 2006.

이석. "1994-2000년 북한 기근: 초과 사망자 규모와 지역별 인구변화."『국가전략』, 제 10권 1호(2004), pp. 117~145.

이석. "1980년대 북한의 식량생산. 배급. 무역 및 소비: 식량위기의 기원."『현대북한연구』, 제 7권 1호(2004), pp. 41~86.

이성구. "MODIS 시계열영상을 이용한 한반도 토지피복 분류"(서울대학교 환경대학원 석사학위 논문, 2003).

이승호. "북한 산림자원의 황폐화 현황과 남·북한 임업협력의 발전방향."『농업생명과학연구』, 제 38권 3호(2004), pp. 101~113.

이승호 외 공저. "원격탐사에 의한 북한의 산림자원조사."『산림과학논문집』, 제 58권(1998), pp. 1~13.

이우연. "18·19세기 산림황폐화와 농업생산성."『경제사학』, 제 34권 (2003), pp. 31~57.

이종석.『새로 쓴 현대북한의 이해』. 서울: 역사비평사, 2000.

홍석영 외 공저. "위성영상을 이용한 북한의 농업환경 분석 I. Landsat TM 영상을 이용한 북한의 지형과 토지피복분류."『한국환경농학회지』, 제 27권 2호(2008), pp. 120~132.

황순욱. "NOAA/AVHRR 자료를 이용한 북한지역 지피식생 및 농경지 모니터링"(서울대학교 환경대학원 석사학위논문, 1997).

Adeel. Z. and Dent. D., eds., "Revitalizing the UNCCD."(Hamilton Ontario: UNU-INWEH, 2009).

Agrawal, A. and Chhatre, A., eds., "Changing Governance of the World's Forests." Science. vol 320(2008), pp. 1,460~1,462.

An, L. "Modeling human decisions in coupled human and natural systems : Review of agent-based models." Ecological Modelling. vol. 229(2012), pp. 25~36.

Bosch, P. and Büchele, M., eds., *Environmental Indicators : Typology and Overview*(Copenhargen: European Environmental Agency, 1999).

Eswaran, H. and Lal, R., eds., "Land degradation: an overview." in Bridges, E.M., Hannam, I.D., Oldeman, L.R., Pening de Vries., F.W.T., Scherr, S.J.. Sompatpanit, ed. *Responses to Land Degradation*. Proc. 2nd. *International Conference on Land Degradation and Desertification*(New Delhi: Oxford Press, 2001).

Heckbert, S. and Baynes, T., eds., "Agent-based Modeling in Ecological Economics." *Annals of the New York Academy of Sciences*, vol. 1,185(2010), pp. 39~53.

Jankowski, P. and Nyerges, T., eds., "Design Considerations and Evaluation of a Collaborative, Spatio-Temporal Decision Support System." *Transactions in GIS*, vol. 10, no.3(2006), pp. 335~354.

Le, Q. B and Park, S. J., eds., "Land-Use Dynamic Simulator(LUDAS): A Multi-agent system model for simulating spatio-temporal dynamics of coupled human-landscape system. I. Structure and theoretical specification." *Ecological Informatics* vol. 3(2008), pp. 135~153.

Le, Q.B., "Multi-Agent System for Simulation of Land-Use and Land Cover Change: a Theoretical Framework and Its First Implementation for an Upland Watershed in the Central Coast of Vietnam." *Ecology and Development*

Series. NO. 29(2005).

Liu J. and Diets, T., eds., "Complexity of Coupled Human and Natural Systems." *Science* vol. 317(2007), pp. 1,513~1,516.

Ministry of Land and Environment Protection, Democratic People's Republic of Korea(MLEP, DPRK). *Democratic People's Republic of Korea Environment and Climate Change Outlook*(Pyoungyang: Democratic People's Republic of Korea, 2012).

Natsios, Andrew. *The Politics of Famine in North Korea*(Washington: USIP Special Report, 1999).

Nkonya, E. and Gerber, N., eds., "The Economics of Desertification, Land Degradation, and Drought - Toward an Integrated Global Assessment."(International Food Policy Research Institute Discussion Paper, 2011).

Ostrom, E. "A General Framework for Analyzing Sustainability of Social-Ecological Systems." *Science*, vol. 325(2008), pp. 419~422.

Ostrom, E. "A Diagnostic Approach for Going Beyond Panaceas." *The National Academy of Sciences*, vol. 104 no. 39 2007), pp. 15,181~15,187.

Parker, D. C. and Manson., eds., "Multi-agent system for the simulation of land-use and land-cover change: a review." *Annals of the Association of American Geographers*. vol. 93(2003), pp. 314~337.

Rotter, R.P and van den Berg., eds., "Combining farm and regional level modelling for Integrated Resource Management in East and South-east Asia." *Environmental Modelling & Software*. vol. 22 no. 2(2007), pp. 149~157.

United Nations Environment Programme Regional Resource Centre for Asia and the Pacific(UNEP RRC.AP). *DPR Koera : State of Environment*(Klong Luang, Pathumthani: United Nation Environment Programme, 2003).

Veldkamp, A., Lambin, E.F. "Predicting Land-use Change." *Agriculture, Ecosystems and Environment*. vol. 85(2001), pp. 1~6.

Verburg, P. and Kok, K., eds., "Pixels or agents? Modelling land-use and land-cover change." *IHDP Newsletter*. vol. 3(2005), pp. 8~9.

통계청 북한통계 ⟨http://kosis.kr/bukhan/⟩.
EM-DAT ⟨http://www.emdat.be/⟩.
FAOSTAT ⟨http://faostat.fao.org⟩.
UNSD ⟨http://unstats.un.org⟩.
USGS Earth Explore ⟨http://earthexplorer.usgs.gov/⟩.

:: 에너지자원신기술연구소

북한 아연광산의 경제성과 태양광 발전부지 가능성 평가

송재준 · 박형동 · 윤동호 · 이용기 · 최채순 · 오명찬 · 구영현

목차

I. 서론

II. 분석대상 선정

III. 경제성 평가 및 민감도 분석

IV. 지질재해 위험성 평가

V. 태양광 발전부지 평가

VI. 결론

송재준   서울대학교 에너지자원신기술연구소   박형동   서울대학교 에너지자원신기술연구소
윤동호   서울대학교 에너지시스템공학부   이용기   서울대학교 에너지시스템공학부
최채순   서울대학교 에너지시스템공학부   오명찬   서울대학교 에너지시스템공학부
구영현   서울대학교 에너지시스템공학부

I. 서론

우리나라는 광물자원 부존량이 적어 석회석 등의 일부 비금속 자원을 제외한 대부분의 자원을 수입에 의존하고 있기 때문에 자원 가격의 변동에 상당히 취약한 산업구조를 가지고 있다. 최근 치솟는 국제 원자재 가격으로 인해 자원 수입에 소요되는 비용은 나날이 증가하고 있다. 반면에 북한은 상대적으로 풍부한 광물자원을 보유하고 있는 것으로 알려져 있으며, 이러한 자원들을 경제성장의 밑거름으로 삼아 다양한 산업을 육성할 수 있는 잠재력을 지니고 있다.

이런 북한의 광물자원은 국경을 맞대고 있는 남한에게 상당히 매력적인 투자 대상이다. 남북 간의 교역과 투자가 확대된다면 다양한 산업 원료의 안정적인 수급이 가능하게 될 것이다. 특히 저렴한 노동력과 근거리의 지리적 이점으로 인해 저렴한 가격에 원자재를 공급받는다면 국제시장에서 국내 기업들의 경쟁력이 크게 상승하게 될 것이다. 또한, 이는 북한의 경제 회생으로 이어져 평화적 통일 비용을 절감하는 데 기여할 수 있을 것이다. 현재 북한의 노후화된 설비 및 인프라 여건과 미비한 투자 제도, 공산주의 기반의 기업 체제, 그리고 국제적 흐름과 다른 상거래 관행 등은 대북 광산 투자를 어렵게 만드는 장애물이지만, 향후 남북관계가 개선되거나 통일이 이루어져서 투자 안정성이 확보될 경우를 대비하여 북한 광물자원에 대한 정보를 지속적으로 수집하고 사전에 개발 계획을 수립할 필요가 있다.

자원 개발 투자 계획을 세우기 위해서는 지형이나 지질학적 정보 및 인프라 시설 등에 대한 정보 수집이 매우 중요하다. 본 연구에서는 북한의 최대 아연 매장지로 알려진 검덕 광산을 대상으로 자료를 수집하고 경제성 평가 및 민감도 분석을 수행하여 투자가치를 산정하였다. 이와 더불어 GIS를 통해 간접적으로 획득한 정보를 활용하여 광산 개발 시 발생할 수 있는 지질재해 위험성을 분석하였고, 불안정한 전력 공급으로 생산량이 저하되는 북한의 에너지 수급 현실을 고려하여 효과적인 에너지 수급을 위한 신재생에너지 발전단지 도입 가능성을 추가로 검토해 보았다. 본 연구 대상인 검덕광산뿐만 아니라 북한을 대표하는 여러 다른 광산에도 이와 같은 연구를 수행하여 여러 가지 가능성을 미리 평가해본다면 앞으로 있을 경제협력이나 통일 이후의 광물자원 개발 세부 계획 수립 시 참조할 수 있는 시나리오 모델을 얻을 수 있을 것이다.

II. 분석대상 선정

1. 아연 광석

아연은 철, 알루미늄, 구리 다음으로 인류가 가장 많이 사용하는 금속 중 네 번째 금속으로 도금, 함석, 방부제 다이캐스팅이나 합금 등의 다양한 용도로 기계, 전자, 화학 등 여러 산업 분야에 이용되는 필수적인 금속이다. 유리된 금속으로는 존재하지 않지만 지각 속에 널리 분포하고 있으며, 지구상에 대략 50여 종의 아연광물이 존재하는데, 그중 섬아연석이 가장 널리 분포하고 있으며 아연 총생산량의 90% 이상을 차지하고 있다. 국내에서 아연의 수요는 용도별로 도금용 65%, 합금용 15%, 다이캐스팅용 10%, 그밖의 용도가 10% 정도이며 최근 들어 아연 소비는 선진국형 소비 구조에 가깝게 변모하고 있다.

자원량으로 약 19억 톤 가량의 아연이 세계 각지에 부존해 있을 것으로 추측하고 있으며, 약 2.2억 톤 가량의 아연 매장량이 확인되어 있다(금속량 기준). 국가별 아연 매장량 상위 11위를 살펴보면 호주(63백만 톤), 중국(40백만 톤), 페루(25백만 톤), 멕시코(17백만 톤), 미국(11백만 톤), 카자흐스탄(11백만 톤), 인도(10백만 톤), 캐나다(5.7백만 톤), 볼리비아(4백만 톤), 스웨덴(3백만 톤), 아일랜드(1.1백만 톤) 등이다(괄호 안은 경제성 있는 아연 매장량, USGS(2017)).

북한의 아연 매장량은 평가기관마다 각기 수치가 조금씩 다르지만 대략 15~27백만 톤으로 알려져 있으며 이는 세계 3~5위권에 육박하는 양이다. 우리나라의 석회석 등 비금속자원은 자급률이 73%로서 국내에 부존된 자원을 개발해 어느 정도 충당하고 있지만, 아연을 포함한 금속자원의 국내 자급률은 0.5% 이하이며 부존량이 거의 전무한 광종이 대다수여서 매장량 측면에서 남북한이 현격한 차이를 보이고 있다. 금속자원의 수입단가가 비금속자원에 비해 월등히 높기 때문에 우리나라 전체 광물자원 수입액 중 금속자원 수입액이 차지하는 비율이 상당히 높다. 더욱이, 국내 수요량 대부분을 전직으로 수입에 의존하여 충당하고 있기 때문에, 우리나라의 경제구조는 국제 자원시장의 가격 변동 및 수급 상황 변화에 매우 취약한 실정이다.

따라서, 우리나라가 북한 광물자원에 직접 투자하여 개발 및 생산을 적극 추진하고 이를 국내로 들여올 수 있게 된다면 산업 원료인 금속자원 수급안보가 대폭 증진될 수 있을 것이다. 특히 운송거리 측면에서 다른 수입국보다 이점이 크기 때문에, 광물자원 수급 불안정 시에 신속한 대처를 통해 시장 안정성을 확보할 수 있을 것으로 예상된다.
이에 따라 본 연구에서는 북한 내 매장량이 풍부하며 국가 산업에 중대한 영향을 미치고 투자 시 다양한 기대효과를 지니고 있지만 국내 자급률이 0.2~0.3%에 불과한 아연광을 연구대상으로 선정하였다.

2. 검덕 광산

북한의 아연광물은 주로 함경남도 단천시, 평안남도 성천군, 자강도 룡림군, 랑림군, 송원군, 확해북도 은파군, 신평군, 황해남도 장연군 등에 부존해 있다. 이중 함경남도 단천시 금골동에 소재한 검덕광산은 북한 최대 규모일 뿐만 아니라 국제적으로 손꼽히는 규모의 연·아연 매장지이며, 광석량 기준 예상매장량 약 3억 톤, C1급 이상 매장량 약 2.66억 톤(금속량 기준 13.5백만 톤(연 2.3백만 톤, 아연 11.2 백만 톤)), 품위는 5.09% (Pb 0.88% + Zn 4.21%)에 달하는 갱도개발광산(지하광산)으로, 1982년 북한의 단천지구 광업개발 확대와 함께 검덕광업연합기업소로 승격되었다. 과거 프랑스 기업과 공동개발계약을 맺었다가 취소된 적이 있으며, 남북경제개발협력의 대가로 북한이 자원개발권을 제공하여 2007년에 남한 측에서 투자여건 파악을 위해 조사단을 파견하여 검덕광산을 비롯해 단천 지역의 광산 및 가공 시설들을 직접 조사한 바가 있으나, 금강산 총격사건 발생 이후 급격히 경색된 남북관계로 인해 실제 투자로 이어지지는 못 했다(에너지경제연구원, 2014).

북한 유색금속 자원의 보고인 백두대간에 위치한 검덕광산은 마천령산맥 검덕지구 해발 680~1,700m의 고산지대에 자리잡고 있다.

변성퇴적형 연·아연 광체가 심한 습곡작용으로 인해 여러 개로 반복 노출되어 있고, 그중 주개발 대상인 본산광체, 로은동 광체, 중토장 광체, 봇골 광체, 무학동 광체 등 5개의 광체는 맥폭이 5~100m, 주향 연장 1.5~5km, 심도연장 1.5km, 심도는 −170ML까지 확인되어 있다(대한광업진흥공사, 2008).

연·아연이 생산되는 과정은 일반적으로 광석을 캐내는 채광, 채광한 광석에서 쓸모 있는 것을 가려내어 50~60% 품위의 정광으로 만드는 선광, 선광을 거친 정광에서 연·아연만 분리해 99% 정도의 품위로 만드는 제련, 제련된 연·아연에서 불순물을 제거하여 99.9% 이상의 정련 연, 슬래브 아연으로 제조하는 정련 공정을 거친다. 이후 각종 산업에서 필요한 용도에 따라 합금, 도금, 다이캐스팅 등을 통해 제품으로 만들어진다. 검덕광산의 경우, 주로 중토장지구를 중심으로 개발이 진행 중이며 심도별로 독립광산인 로은광산, 남풍광산, 청년광산, 그리고 주 광산인 금골광산과 산하에 4.5청년갱, 7.1청년갱, 검

그림 1 검덕광산 전경
출처: 대한광업진흥공사, 『북한 광물자원 개발현황』(2008).

덕갱 등 분광산으로 나누어 운영하고 있다. 저광식채광법과 중단식채광법을 혼용하여 연·아연 광석을 생산하고 있으며, 생산된 광석은 벨트컨베이어를 통해 검덕 제2선광장(최대 250만 톤/년, 추정), 제3선광장(최대 750만 톤/년, 추정)으로 운송되어 부유선광법을 통해 아

그림 2　검덕광산 제3선광장 전경
출처: 대한광업진흥공사, 『북한 광물자원 개발현황』.

그림 3　검덕광산 위치도
출처: 대한광업진흥공사, 『북한 광물자원 개발현황』, p. 243.

연 정광(52%)과, 연 정광(62%)을 생산, 이를 단천제련소(함남 단천), 흥남제련소(함남 함흥), 문평제련소(강원 문천), 문천제련소(강원 문천) 등에 공급하여 연과 아연을 생산한다. 아연수출을 총괄하는 '조선아연공업총회사'를 설립하여 운영하고 있지만, 가공 산업의 낙후로 인해 정광 상태의 수출이 여전히 큰 비중을 차지하고 있다.

본 연구에서는 암반 상태가 양호하여 갱도개발 및 유지가 용이하고, 확보매장량이 많아 장기투자가 가능한 가행 광산이며, 이미 다양한 지질탐사가 이루어져 있어 투자 위험이 낮은 것으로 판단되는 검덕광산을 연구대상으로 선정하여 연구를 수행하였다.

III. 경제성 평가 및 민감도 분석

1. 경제성 평가

1) 경제성 평가 방법과 절차

가채매장량, 광석 생산량, 전력 소요량, 초기투자비, 운영비용, 정광 판매가격, 세금, 로열티, 인프라 투자비 등을 고려하여 검덕광산의 경제성을 평가하였다.

경제성 평가는 할인현금흐름(DCF, Discounted Cash Flow)에 의한 방법으로 내부수익률(Internal Rate of Return, IRR)과 순현재가치(Net Present Value, NPV)를 산출하여 비교하였다. 순현재가치 계산 시 북한투자에 대한 불확실성을 고려하여 15%의 할인율을 적용하였다.

　각종 보고서에 제시된 자료에 기초하여 기본 가정에 대한 경제성 평가를 수행하고, 이후 경제성 평가에 사용된 인자들의 값을 변화시키면서 민감도 분석을 수행하였다.

　민감도 분석에서는 기본 가정에 대해 광석 생산량, 초기투자비, 운영비, 정광 판매가격, 인프라 투자비가 변함에 따라 내부수익률과 순현재가치가 변화하는 양상을 검토하였다.

2) 경제성 평가를 위한 가정

(1) 매장량(가채매장량)

지질 구조 및 상태, 주변 시설, 관련 법규 등에 따라 실제 채광 가능한 매장량은 기존 매장량에 비해 현격히 줄어든다. 따라서 경제성 평가 시에는 일반적인 매장량 대신에 가채매장량을 적용하여야만 광산의 실질적인 경제성 분석이 가능하다.

　검덕광산의 C1급 이상 확보매장량은 약 2.66억 톤으로, A급이 약 26.3백만 톤, B급이 42.6백만 톤, C1급이 196.8백만 톤이다. 북한과 남한의 매장량 평가 기준이 상이하므로, 가채매장량 산정을 위해 한국광물자원공사의 광산평가규정 내 갱내개발광산 가채율 적용 규정을 확장하여 A급, B급, C1급 확보매장량에 각 90%, 70%, 36%의 가채율을 적용하였고, 최종적으로 검덕광산의 가채매장량을 약 1.24억 톤으로 설정하였다.

(2) 생산규모

2007년 기준으로 검덕광산의 연·아연 광석 생산규모는 원광 기준 약 3.1백만 톤/년으로 알려져 있으며, 정광 기준으로는 아연 정광(Zn

52%), 연 정광(Pb 62%) 19.6만 톤/년 3.2만 톤/년이다(대한광업진흥공사, 2008). 본 연구에서는 Boliden 등 세계 주요 아연광산의 최근 생산량을 참조하여 검덕광산의 연간 광석 기준 생산량을 2.5백만 톤으로 가정하였으며, 검덕 아연광산 제2, 제3 선광장의 2007년 생산 실적 자료(대한광업진흥공사, 2008)와 통상적으로 적용되는 선광장 실수율(아연 85%, 연 72%)을 이용하여 아연 정광 생산량과 연 정광 생산량을 〈식 1〉, 〈식 2〉, 〈식 3〉과 같이 계산하였다. 계산에 사용된 입력자료 및 계산 결과는 〈표 1〉과 같다. 계산 결과에 따라 아연 정광 생산량은 약 17.5만 톤/년(Zn 52%, Pb 3%), 연 정광 생산량은 약 3.5만 톤/년(Pb 62%, Zn 1%)으로 설정하였다.

$$C_{Zn} = \frac{1}{1-W_{Zn}} \times \frac{M_{Zn} \times R_{Zn} - \frac{G_{(Pb,Zn)}}{G_{(Pb,Pb)}} \times M_{Pb} \times R_{Pb}}{G_{(Zn,Zn)} - \frac{G_{(Pb,Zn)}}{G_{(Pb,Pb)}} \times G_{(Zn,Pb)}} \quad \langle \text{식 1} \rangle$$

$$C_{Pb} = \frac{1}{1-W_{Pb}} \times \frac{M_{Zn} \times R_{Zn} - \frac{G_{(Zn,Zn)}}{G_{(Zn,Pb)}} \times M_{Pb} \times R_{Pb}}{G_{(Pb,Zn)} - \frac{G_{(Zn,Zn)}}{G_{(Zn,Pb)}} \times G_{(Pb,Pb)}} \quad \langle \text{식 2} \rangle$$

$$\begin{cases} M_{Zn} = P_{Ore} \times (1-W_{Ore}) \times G_{(Ore,Zn)} \\ M_{Pb} = P_{Ore} \times (1-W_{Ore}) \times G_{(Ore,Pb)} \end{cases} \quad \langle \text{식 3} \rangle$$

C_{Zn} : 아연 정광 생산량
C_{Pb} : 연 정광 생산량
W_{Zn} : 아연 정광 내 수분함량
W_{Pb} : 연 정광 내 수분함량
M_{Zn} : 광석 내 아연 금속량
M_{Pb} : 광석 내 연 금속량

R_{Zn} : 아연 금속 실수율
R_{Pb} : 연 금속 실수율
$G_{(Zn,Zn)}$: 아연 정광 내 아연 품위
$G_{(Zn,Pb)}$: 아연 정광 내 연 품위
$G_{(Pb,Zn)}$: 연 정광 내 아연 품위
$G_{(Pb,Pb)}$: 연 정광 내 연 품위

P_{Ore} : 광석 생산량
W_{Ore} : 광석 내 수분함량
$G_{(Ore,Zn)}$: 광석 내 아연 품위
$G_{(Ore,Pb)}$: 광석 내 연 품위

표 1 검덕광산의 정광 생산량 계산에 이용된 입력자료

구분	광석 생산량 (wmt)	광석 품위 (%)	광석 내 금속량 (dmt)	정광 품위 (%)		실수율 (%)	정광 내 수분 함량 (%)	정광 내 금속량 (dmt)	정광 생산량 (wmt)
아연	2,500,000	4.21	94,725	아연 품위	52	85	12	80,516	175,614
				연 품위	3				
연		0.88	19,800	아연 품위	1	72	10	14,256	17,240
				연 품위	62				

(3) 초기투자비

검덕광산의 초기투자비는 북한 내 주요 광산 경제성평가에 대한 기존의 연구내용(에너지경제연구원, 2014)에 물가상승률과 환율변동을 반영하여 계산하였으며, 낙후된 재래식 생산설비를 현대화 장비로 대체하기 위해 생산장비 전체를 신규 투입하는 경우를 가정하여 장비의 내용연수를 10년으로 설정하였다.

표 2 검덕광산의 초기투자비 단가 (정광량 기준)

구분		초기투자비 단가(US$/t(Conc.))
검덕광산	채광부문	439.5
	선광부문	355.6
	일반관리비	354.1
	계	1,149.2

출처 : 에너지경제연구원, 『북한 광물자원 개발 가공 분야의 투자 잠재력 연구』(2014), p. 60. 물가상승률, 환율 반영(2017년 1~3분기 평균).

(4) 운영비

검덕광산의 운영비는 선행연구(에너지경제연구원, 2014)를 참조하여 물가상승률과 환율변동을 반영하여 계산하였으며, 자료 부족으로 인해 생산량 변동에 따른 규모의 경제 효과를 반영하기 어려움으로 본 연구에서는 생산규모 변동에 상관없이 운영비 단가는 동일한 것으로

가정하였다.

표 3   검덕광산의 운영비 단가 (정광량 기준)

구분		운영비 단가 (US$/t(Conc.))
검덕광산	채광비	126.7
	선광비	126.7
	일반관리비	21.9
	철도운송비	0.5
	계	275.8

출처: 에너지경제연구원,『북한 광물자원 개발 가공 분야의 투자 잠재력 연구』(2014), p. 60. 물가상승률, 환율 반영 (2017년 1~3분기 평균).

(5) 정광 판매가격

본 연구에서는 연과 아연이 정광 형태로 판매되는 것을 상정하였다. 정광 판매 가격은 광산과 제련소의 계약 조건에 따라 달라지며, 일반적으로 〈식 4〉와 같이 계산된다.

$$\text{정광가격} = Payable\ Metal \times LME\ Cash - TC - RC - Penalty \qquad \langle \text{식 4} \rangle$$

$\begin{cases} Payable\ Metal : 정광품위 \times 공제율 \\ LME\ Cash : London\ Metal\ Exchange에서\ 고시된\ 지난\ 달의\ 현금거래가\ 평균 \\ TC: Treatment\ Charge(제련비) \\ RC: Refining\ Charge(용련비) \\ Penalty: 유해물질에\ 대한\ 판매자\ 부담금 \end{cases}$

정광으로부터 목표 금속을 추출하는 데에는 기술적인 한계가 존재하기 때문에, 제련소에서는 제련과정을 통해 회수가 가능한 만큼의 금속량을 계산하여 광산에 대금을 지불한다. 따라서 정광 품위에 공제율을 곱한 Payable Metal에 대해 비용을 지불하는데, 거래 시점의 직전 달 LME Cash 평균가격이 기준 가격으로 이용된다. 이후 해당 금액에서 제련비(TC)와 정련비(RC)를 제하고, 정광 내에 함유된 생산 저해물질 및 유해물질 등의 함량에 따라 광산 측에 페널티를 부과하여 최종 정광가격을 산출하게 된다. 일반적인 연·아연의 공제율 적용 기준은 다음과 같다.

표 4 아연 정광과 연 정광의 공제율 적용 기준

아연 정광 품위	공제율	연 정광 품위	공제율
53.3 % 이상	× 85 %	60 % 이상	× 95 %
53.3 % 미만	- 8 %	60 % 미만	- 3 %

출처: Teck. Modelling Workshop(2015).

LME Cash 가격은 국제 시장 상황에 따라, 광종별 수급에 따라 시시각각 변화한다. 따라서 본 연구에서는 아연 금속과 연 금속의 지난 3년간 LME Cash 평균 가격을 적용하였으며, 해당 가격은 각각 US$ 2,248/톤(금속), US$ 1961.85/톤(금속)으로 결정하였다.

Payable Metal은, 검덕광산에서 생산되는 아연 정광의 품위가 52%, 연 정광의 품위가 62%이므로 〈표 4〉의 공제율을 적용하여 아연 정광품위에서 52%에서 8%의 공제율을 감산하였고, 연 정광 품위 62%에 공제율 95%를 곱하여 각각의 Payable Metal을 아연 44%, 연 58.9%로 계산하였다.

아연과 연의 경우에는 통상적으로 TC에 RC를 포함시켜 계산하고 있으며, 제련소와 광산이 맺는 연간 계약 조건에 해당년도 금속 가격 변동에 대한 차액 분담금이 포함된 실질 연간 제련비(Realized Annual TC)의 3년 평균값(2015~2017)을 적용하여 TC를 결정하였다. 적용된 TC는 아연 정광 US$ 206/dmt(Conc.), 연 정광 US$ 172.67/dmt(Conc.)이다.

페널티는 대상 금속의 생산을 저해하는 정광 내 함유물질 함량에 대해 판매자가 부담하는 비용으로, 본 연구에서는 보수적 평가를 위해 Payable Metal의 6%를 페널티로 설정하여 계산하였다.

최종 산출된 아연 정광 판매 가격은 US$ 724.07/dmt(Conc.)이고 연 정광 판매 가격은 US$ 913.53/dmt(Conc.)이다. dmt는 함유된 수분을 제외하고 계산한 건조중량을 말하며, dmt(Conc.)은 정광(Concentrate)의 건조중량이다. 따라서 경제성 분석을 위한 실제 매출액 계산을 위한 정광 무게 입력 시 정광 내 포함된 수분함량은 실제 검덕광산 선광장에서 생산된 정광 내 수분함량 값(대한광업진흥공사, 2008)을 참조하여 아연 정광 수분함량 12%, 연 정광 수분함량 10%로 적용하였다. 아연 정광 내에 포함된 연 금속, 연 정광 내 포함된 아연 금속은 보수적인 가정을 위해 정광 가격 계산 시 포함되지 않는 것으로 가정하였다.

(6) 세금 및 로열티

광산 및 광산물에 부과되는 세금과 로열티는 국가별로 상이하지만, 대부분은 그 기준을 법으로 명확히 정해놓고 있다. 그러나 북한의 경우, 광산에 부과되는 법인세율과 광산물에 부과되는 로열티에 대한 근거 자료가 불명확하기 때문에 본 연구에서는 법인세율로 20%를 가정하고, 광산물 판매액에 대해 3.5%의 로열티를 가정하였다.

(7) 인프라시설 투자

북한의 인프라시설은 매우 노후화된 것으로 알려져 있다. 발전소에서 송전된 전기의 정상 주파수는 60Hz이지만 47~51Hz까지 변동하여 정전이나 장비 고장이 자주 발생하고, 철도의 대부분은 복선이 아닌 단선으로 구성되어 있어 대규모 물동량을 적절히 처리하기에 부적합하다.

검덕광산 투자를 위해서는, 반드시 전력 시설과 철도 시설에 대한 점검이 필수적으로 수행되어야 할 것으로 판단되며, 시설 개선을 위한 추가 투자가 필요하다는 결론이 나올 가능성이 높다. 따라서 검덕광산 투자 시 관련 인프라 시설의 신규 건설을 전제로 하는 기존 연구 내용(에너지경제연구원, 2014)를 참조하여 기본 가정을 수립하였다.

① 전력 시설 확충
○ 발전 시설
검덕광산에서 연간 연·아연 광석 2.5백만 톤을 생산할 경우 약 1.32만kW의 피크전력이 예상되고, 5만kW급 석탄화력발전소를 건설하는 것을 가정하였다. 이 경우 총 건설비는 약 US$ 106,259k에 달할 것으로 추정된다.

○ 송배전 및 변전소
발전소는 냉각수 공급을 위해 바다와 인접한 단천항 인근에 건설하는 것을 상정하였다. 검덕광산과 발전소 간 송전거리는 78km로 가정하였고 이 경우 송배전 및 변전소 건설에 필요한 총 비용은 약 US$ 72,581k에 이른다.

② 철도 개보수
○ 철도 노반
철도 개보수는 검덕광산에서 생산된 연·아연 광석을 정광형태로 가공하여 수출항인 단천항까지 운송하기 위해 필요한 투자이다. 검덕광산과 제련소 간의 거리를 78km로 가정하여 철도 노반 건설 비용을 가정하였다. 이 경우 총 건설비는 약 US$ 4,575k로 추산되었다.

○ 기관차 및 화차

철도운송의 경우 물동량 증가에 따라 화차 구입비용이 추가되는 특징이 있다. 정광 생산량이 22만 톤(광석 생산량 2.5백만 톤)일 때 기관차 1대, 화차 2대가 필요한 것으로 가정하였다. 이 경우 총 열차 구입비는 약 US$ 3,094k로 계산되었다.

철도 개보수에 필요한 총 비용은 철도 노반 건설과 기관차 및 화차 구입에 필요한 비용을 총합하여 US$ 7,669k로 설정하였다.

표 5 전력시설 확충 비용

구분	검덕광산
피크전력 (104kW)	1.32
발전소용량 (104kW)	5
소요비용 (US$)	106,259k
송배전 시설 및 변전소 투자비용 (US$)	72,581k
총 투자비용 (US$)	178,840k

출처: 에너지경제연구원, 『북한 광물자원 개발 가공 분야의 투자 잠재력 연구』, p. 71, 물가상승률, 환율 반영 (2017년 1~3분기 평균) 및 가정사항에 따라 수정 적용.

표 6 철도 개보수 비용

구분	검덕광산-단천항 간 철도
거리 (km)	78
물동량 (t(Conc.))	220k
노반비용 (US$)	4,575k
화차,기관자 소요비용 (US$)	3,094k
총 투자비용 (US$)	7,669k

출처: 에너지경제연구원, 『북한 광물자원 개발 가공 분야의 투자 잠재력 연구』, p. 74, 물가상승률, 환율 반영 (2017년 1~3분기 평균) 및 가정사항에 따라 수정 적용.

3) 경제성 평가 결과

(1) 인프라 시설 단독 투자

기본 가정 상황에 대한 검덕광산의 경제성 평가 결과, 내부 수익률은 11.4%, 순현재가치는 －US$ 69,711k로 나타났다. 11.4%의 수익이 발생하나, 기회비용을 현재가로 환산한 순현재가치가 음가로 도출되었기 때문에, 해당 가정 하에서는 경제성이 떨어진다고 볼 수 있다. 가정 시에 인프라시설 투자비를 검덕광산에서 단독 투자하는 것으로 상정하였기에, 검덕광산에만 단독으로 투자하는 경우에는 투자가치가 그리 높지 않은 것으로 분석할 수 있다.

통상적으로 위험부담이 적은 광산개발 계획의 경제성 평가 시에는 통상 5~10%의 할인율을 적용하지만, 본 연구에서는 북한의 정치경제적 불안정성을 고려해 15%의 높은 할인율을 적용하여 보수적으로 평가하고자 하였다. 〈그림 4〉에서와 같이 약 11.5% 이하의 할인율에서는 NPV가 양수로 전환되어 투자가치가 높은 것으로 해석될 수

표 7 기본 가정 상황에 대한 검덕광산의 경제성 평가 결과 (인프라 시설 단독 투자)

구 분	기본 가정		내부수익률 (IRR, %)	순현재가치 (NPV, US$)
가채매장량 (t(Ore))		124M	11.4	-69,711k (할인율 15%)
생산량 (t(Ore) | t(Conc.))	2.5M (Ore)	175k (Zn Conc.)		
		17k (Pb Conc.)		
판매가격 (US$/dmt(Conc.))	아연 정광	724.07		
	연 정광	913.53		
초기투자비 (US$/t(Conc.))		1,149.2		
운영비 (US$/t(Conc.))		275.8		
인프라시설 투자 (US$)		186,509k		

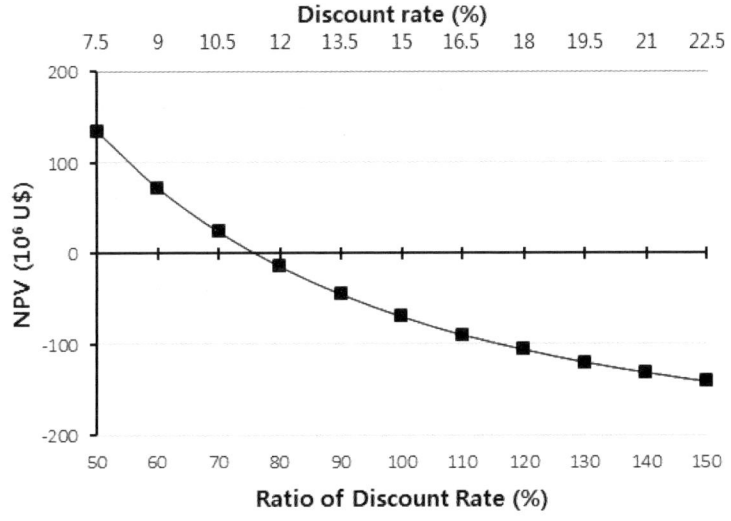

그림 4 할인율 변화에 따른 순현재가치 변화 (인프라 시설 단독 투자)

있지만 개성공단 폐쇄 등의 극단적인 문제가 발생했던 사례가 존재하기 때문에 여러 위험요소를 감안하여 높은 할인율로 경제성 평가를 수행하였다.

(2) 인프라 시설 공동 투자

기본 가정에서는 인프라 투자비를 단독 부담하는 것으로 분석하였기에, 이번에는 같은 조건 하에서 인프라 투자비용을 아연제련소, 마그네사이트 광산, 마그네시아 가공공장 등의 타 시설과 분담하는 경우를 상정하여 경제성 평가를 추가 실시하였다. 발전소 건설 비용은 해당 시설에서 예상되는 피크 전력만큼만 부담하는 것으로 가정했고, 송전 비용은 마그네사이트 광산과 거리비율로 분담, 배전 및 변전소 건설 비용은 아연제련소, 마그네사이트 광산, 마그네시아 가공공장

표 8 기본 가정 상황에 대한 검덕광산의 경제성 평가 결과 (인프라 시설 공동 투자)

구 분	기본 가정		내부수익률 (IRR, %)	순현재가치 (NPV, US$)
가채매장량 (t(Ore))		124M		
생산량 (t(Ore)	t(Conc.))	2.5M (Ore)	175k (Zn Conc.)	17.7	34,720k (할인율 15%)
		17k (Pb Conc.)		
판매가격 (US$/dmt(Conc.))	아연 정광	724.07		
	연 정광	913.53		
초기투자비 (US$/t(Conc.))		1,149.2		
운영비 (US$/t(Conc.))		275.8		
인프라시설 투자 (US$)		60,915k		

과 예상 연간사용전력량 비율로 분담하는 것으로 가정하였다. 기관차 및 화차는 각기 운영하는 것으로 하고, 철로 건설비를 거리 비율로 분담하도록 설정하여 경제성 평가를 다시 수행하였다.

평가 결과 내부수익률이 17.7% 순현재가치가 약 US$ 34.7M으로 나타났다. 단독 투자에 비해 내부수익률이 6.3% 높게 나타났고, 순현재가치는 약 US$ 104.4M이 증가하였다. 내부수익률과 순현재가치가 모두 높게 나타나서 투자 시 수익률도 높고 기회비용 대비 가치가 더 높아 매우 좋은 투자안으로 분석되었다. 따라서 검덕광산의 투자계획 수립 시에는 단독 투자를 지양하고, 아연제련소, 마그네사이트 광산, 마그네시아 가공공장 등과 함께 묶어서 공동으로 투자하면 인프라 비용 분담 등의 시너지 효과를 통해 수익률 및 가치상승의 효과를 기대해 볼 수 있을 것이다.

이 후 논의될 민감도 분석에서는 처음 상정했던 단독 투자 시 기본 가정에 사용되었던 각 요소 값의 변화에 따라 수익성이 어떻게 변화하는지 그리고 어떤 요인이 수익성에 영향을 많이 주는지 평가해보고자 한다.

2. 민감도 분석

1) 민감도 분석 수행 범위 설정

단독투자 시 기본 가정에 대해 수행되었던 경제성 평가 결과에 사용되었던 광석 생산량, 정광판매가격, 초기투자비, 운용비, 인프라시설 투자비의 항목에 대해 〈표 9〉와 같이 50%의 상·하한 변동 범위를 설정하여 민감도 분석을 수행하였다. 화차는 정광 생산량 11만 톤당 한 대씩 필요한 것으로 가정하여 생산량 변동에 맞추어 화차 수량이 함께 변화하도록 설정하였다.

표 9 민감도 분석 수행을 위한 범위 설정

구 분		Lowest case (50%)	Standard case (100%)	Highest case (150%)
생산량 (t(Ore))		1.25M	2.5M	3.75M
판매가격 (US$/dmt(Conc.))	아연 정광	362.04	724.07	1,086.11
	연 정광	456.77	913.53	1,370.30
초기투자비 (US$/t(Conc.))		574.6	1,149.2	1,723.8
운영비 (US$/t(Conc.))		137.9	275.8	413.7
인프라시설 투자비 (US$)		93,254.5k	186,509.0k	279,763.5k

2) 민감도 분석 결과

(1) 내부수익률 (Internal Rate of Return, IRR)

내부수익률에 가장 큰 영향을 미치는 요인은 정광 판매가격으로 나타났다. 민감도가 높은 순서대로 인자를 나열하면 정광 판매가격, 운영비, 초기투자비, 광석 생산량, 인프라시설 투자비 순인 것으로 파악되었다.

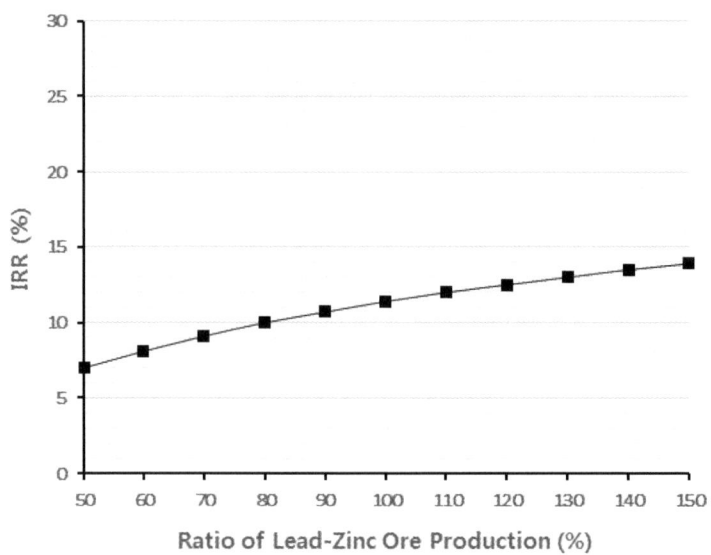

그림 5 광석 생산량 변화에 따른 내부수익률 변화

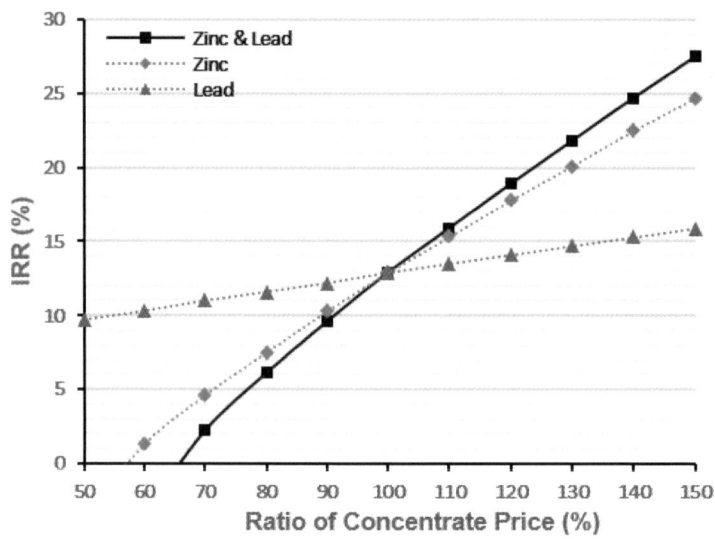

그림 6 정광 판매가격 변화에 따른 내부수익률 변화

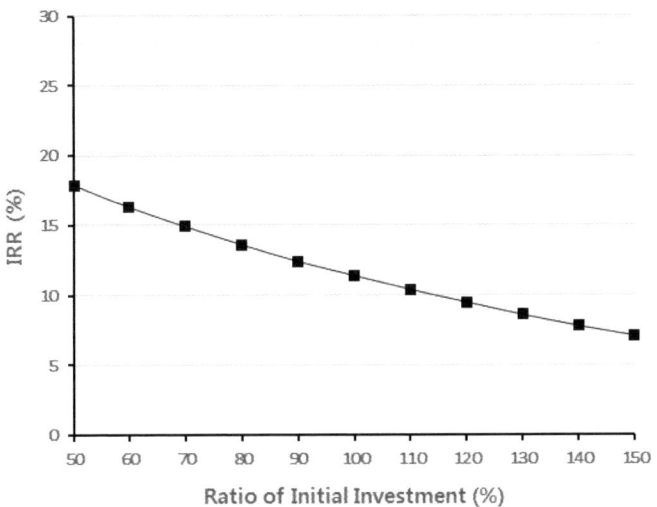

그림 7 초기투자비 변화에 따른 내부수익률 변화

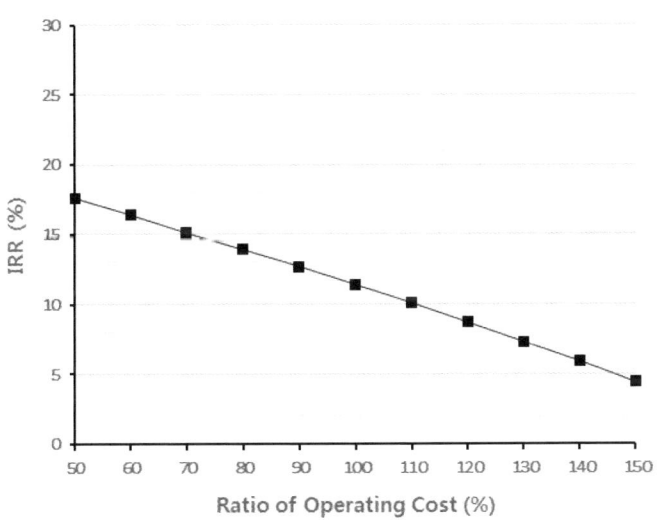

그림 8 운영비 변화에 따른 내부수익률 변화

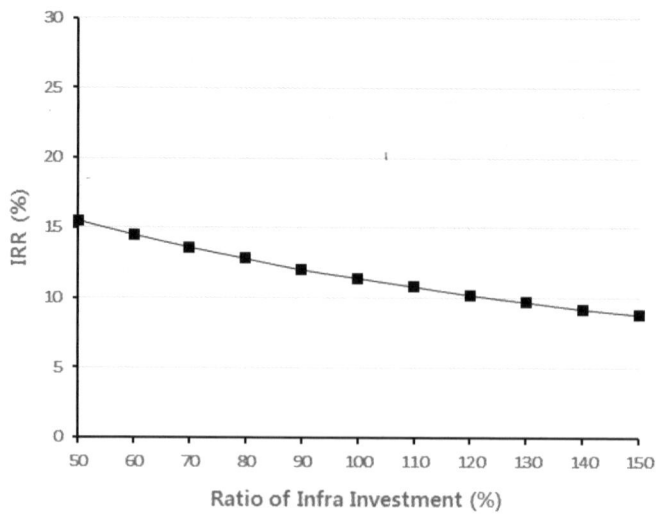

그림 9 인프라시설 투자비 변화에 따른 내부수익률 변화

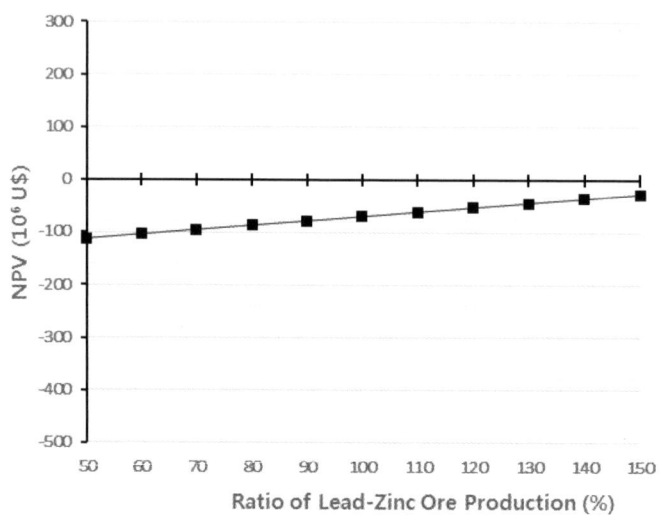

그림 10 광석 생산량 변화에 따른 순현재가치 변화

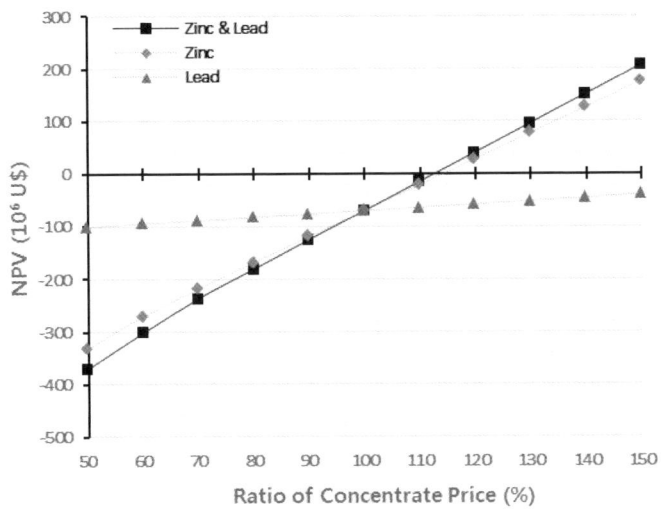

그림 11 정광 판매가격 변화에 따른 순현재가치 변화

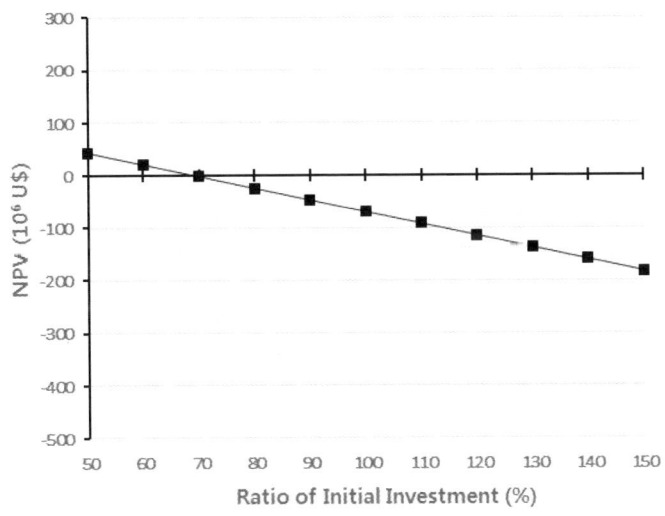

그림 12 초기투자비 변화에 따른 순현재가치 변화

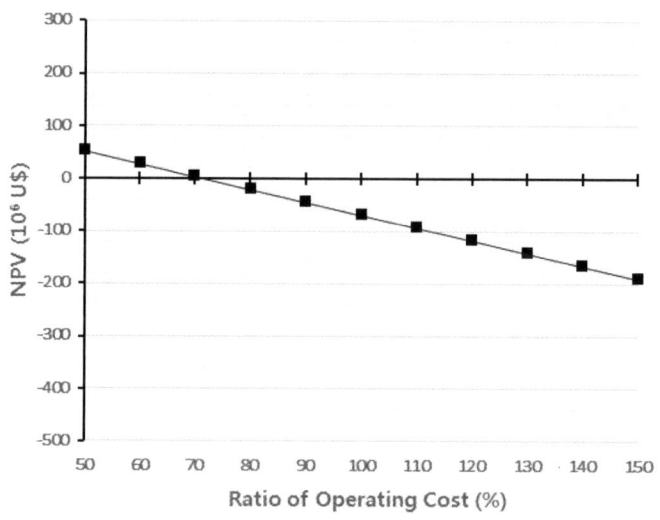

그림 13 운영비 변화에 따른 순현재가치 변화

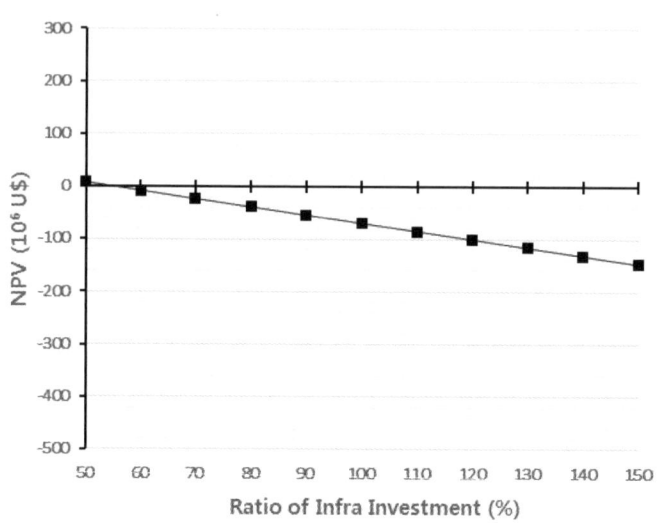

그림 14 인프라시설 투자비 변화에 따른 순현재가치 변화

(2) 순현재가치 (Net Present Value, NPV)

순현재가치에 가장 큰 영향을 미치는 요인은 정광 판매가격으로 나타났다. 민감도가 높은 순서대로 인자를 나열하면 정광 판매가격, 운영비, 초기투자비, 인프라시설 투자비, 광석 생산량 순인 것으로 나타났다.

내부수익률과 순현재가치 두 경우 모두에서 정광 판매가격에 대한 민감도가 가장 높은 것으로 나타났다. 따라서 검덕광산 투자 시에는 LME 금속 판매가격 동향과 제련비 변동 등을 면밀히 분석하여 실질적인 정광 거래 가격을 신속히 파악하고 투자 유무와 그 시기를 신중히 고려해야 할 필요가 있을 것으로 사료된다. 운영비와 초기투자비 또한 수익률에 미치는 영향이 높은 것으로 나타났으며, 이는 검덕광산이 갱내개발광산이어서 설비투자와 실제 운영에 소요되는 비용이 상대적으로 높기 때문인 것으로 판단된다. 따라서 실제 투자를 고려할 경우, 초기투자비와 운영비를 최소화하기 위해 체계적인 광산개발 계획을 수립하여 불필요한 지출을 줄이고, 해당 현장에 최적화된 운영 계획 수립을 통해서 인적-물적 자원의 효과적인 관리가 필요할 것이다.

Ⅳ. 지질재해 위험성 평가

1. 사면안정성 평가

1) 사면안정성 평가 방법과 절차

검덕광산은 대규모 아연 채광이 진행되고 있는 지역으로, 광산 활동이 지속됨에 따라 광산주변의 사면안정성에 대한 위험이 증가할 수 있다. 따라서 광산 및 광산 주변지역 등에서 산사태 발생 가능성이 높은 사면불안정 지역을 특정하여 산사태로 인한 피해를 사전에 평가할 필요가 있다. 이를 위해 사용할 수 있는 방법이 GIS를 이용한 공간분석 기법이다. GIS를 이용한 산사태 분석에서 일반적으로 사용하는 방법은 우선 과거에 산사태가 발생했던 지역을 파악하고, 이를 바탕으로 경사도, 경사방향, 곡률 등 여러 공간적 영향인자들과 산사태 발생 간의 연관성을 분석하는 방식이다. 그러나 검덕광산의 경우에는 과거 산사태가 발생했던 지역에 대한 자료를 취득하기 어렵기 때문에, 다른 지역에 대해 산사태 발생 가능성을 분석한 연구들을 참고하여 산사태 위험성을 평가하였다.

〈그림 15〉와 같이, 우선 검덕광산 주변 지역에 대하여 사면안정성에 영향을 미치는 인자들의 공간자료들을 획득하였고, 이를 기존 연구들과 비교하여 해당 인자와 산사태 발생 간의 관계성을 분석하였다. 이를 바탕으로 기존 연구들에서 많이 사용한 세 가지 분석방법들을 사용하여 각각의 분석방법들의 결과를 위험 점수로 나타내었다. 이 점수들을 합산하여 최종적으로 산사태 위험 지도를 작성하였다.

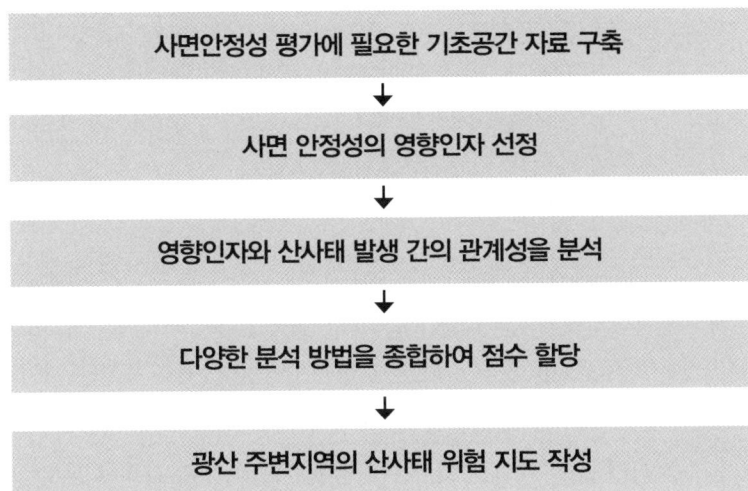

그림 15 사면안정성 평가 순서도

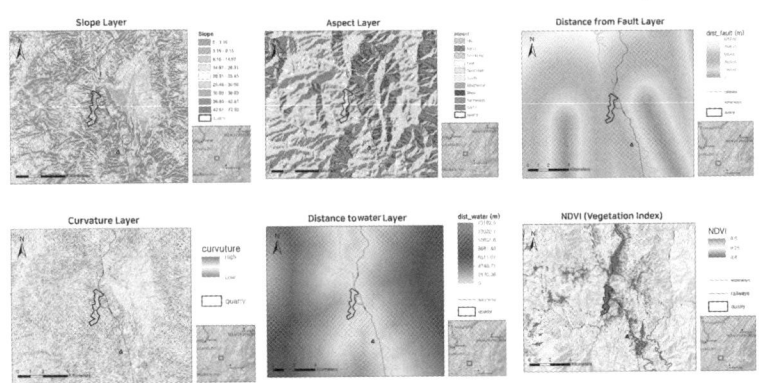

그림 16 산사태 영향인자들 - 왼쪽 위부터 시계방향으로 경사도, 경사방향, 단층으로부터 거리, NDVI, 수계로부터의 거리, 곡률도

　　사면안정성 영향인자는 〈그림 16〉에 나와 있는 바와 같이 수치고도모델(DEM)로부터 얻을 수 있는 경사도와 경사방향, 곡률도 3개의 인자와 수계 레이어 벡터자료로부터 얻은 수계거리, 지질도로부터 얻은 단층으로부터의 거리, Landsat 8 OLI 위성영상으로부터 얻은 정규식생지수(Normalized Difference Vegetation Index, NDVI) 등

총 6개의 인자를 사용하였다. 이 자료들은 현재까지의 연구들을 통해 어느 정도 산사태에 영향을 준다고 알려진 것들이며, 북한 지역에 대해 획득이 가능한 자료들이다.

이제 각각의 인자들의 산사태와의 연관성을 분석하기 위해 기존의 연구들의 결과들을 활용하였다. GIS를 이용하여 산사태 위험도를 분석한 논문들 중 참고자료로 활용한 논문들은 Saro Lee(2007), Hyun-Joo Oh et al.(2012), Jaewon Choi et al.(2012)의 논문이다. 이 논문들은 산사태를 분석하는 데 있어서 위의 경사도, 경사방향, 곡률도, 수계거리, 단층과의 거리, NDVI의 영향인자들을 사용한 논문들이며, 한반도의 산사태를 분석했다는 점에서 공통점을 찾을 수 있어 채택하였다.

이 세 논문에서 사용한 방법은 Frequency ratio, Logistic Regression, Fuzzy set theory 방법이다. Frequency ratio 방법은 영향인자들을 그 값에 따라 분류하고 각각의 분류 범위에서 산사태 발생 빈도 비율이 얼마나 되는지 비율을 frequency ratio라고 정의하고 이 frequency ratio를 통해 산사태 위험성을 파악하는 방법이다. 예를 들어, 경사도 레이어에 대해서 경사도가 20~30도인 부분이 전체 픽셀에서 차지하는 부분이 10%인데, 산사태가 일어난 픽셀 중에서 경사도가 20~30도인 픽셀이 20%라면, frequency ratio는 20/10 = 2로 계산된다. 이와 같이 각각의 레이어와 그 값들마다 frequency ratio(F_r)를 계산하고, 이를 합산하면 〈식 5〉과 같은 LSI(Landslide Susceptible Index)를 얻을 수 있다.

$$LSI = \sum F_r \qquad \langle 식\ 5 \rangle$$

여기서 LSI가 클수록 산사태 위험이 높은 것으로 생각할 수 있다.

두 번째 사용한 Logistic regression 방법은 여러 독립변수 혹은 종속변수 간의 다변수 회귀분석을 통해 영향인자와 산사태 발생 간의 관계성을 파악하는 것이다. Logistic regression 방법을 수행하면 산사태 확률을 계산할 수 있는 인자 z를 얻을 수 있고, 이를 통해 산사태가 일어날 확률 p를 계산할 수 있다. 위의 Jaewon Choi et al.(2012)의 논문에서 제시한 z는 〈식 6〉인데, 여기서 토지피복(cover) 레이어는 획득하기 어려워 이는 제외하였다. 산사태 발생 확률 p는 이렇게 얻은 z를 이용하여 〈식 7〉과 같이 얻을 수 있다.

$$z = (0.029\,SLOPE) + (-0.015\,LINEAMENT) + (-0.119\,NDVI) + ASPECT + CURVATURE + COVER - 19.589 \quad \langle 식\ 6\rangle$$

$$p = \frac{1}{1+e^z} \quad \langle 식\ 7\rangle$$

세 번째로 사용한 Fuzzy set theory 방법은 공간적 특성을 일종의 집합의 원소로 생각하는 것이다. 어떠한 공간적 특성이 이 집합의 원소이면 membership value가 1이고, 집합에 속하지 않으면 membership value가 0인 것으로 생각해서 그 집합에 얼마나 속해있는지에 따라 0부터 1 사이의 값을 할당하는 것이다. 예를 들면, 일반적으로 경사도가 클수록 산사태가 잘 일어나므로 경사가 클수록 1에 가까운 값을, 경사가 작을수록 0에 가까운 값을 할당하는 것이다. 이렇게 각각의 인자들에 대해 fuzzy membership value를 결정하고 최종적으로 이 지역이 산사태가 일어날 가능성이 높은 지역인지 아닌지를 fuzzy membership function을 통해 나타낸다. Fuzzy membership function에는 다양한 종류가 있는데, 여기서는 기존 연구에서 가장 정확도가 높게 나타난 fuzzy algebraic sum〈식 8〉를 사용하였다.

$$\mu_{combination} = 1 - \prod_{i=1}^{N}(1-\mu_i) \qquad \text{〈식 8〉}$$

여기서 $\mu_{combination}$ 은 이 지역이 산사태가 발생할 확률이 얼마나 되는가를 나타내 주는 값이라고 볼 수 있으며, 그 값이 클수록 산사태 발생가능성이 높다고 볼 수 있다. μ_i는 i번째 영향인자의 fuzzy membership value이다.

2) 사면안정성 평가 결과

위의 방법들을 사용하여 사면안정성을 평가하고 이를 점수로 나타낸 것이 〈그림 17〉이다. 산사태 위험성에 따라 0점부터 3점까지의 점수를 할당했으며, 점수가 높을수록 산사태의 위험성이 높은 지역이다. 이 점수를 합산해서 최종적으로 〈그림 18〉의 산사태 위험지도를 제작했는데, 합산 점수가 높은 지역은 많은 기법에서 위험하다고 평가되었으므로 산사태 위험도가 높을 것이고, 합산 점수가 낮은 지역은 여러 기법을 적용해도 아주 위험하다고 평가되지는 않았으므로 산사태 위험도가 낮을 것이라고 가정한 결과이다.

산사태 위험지도를 통해 광산 주변의 사면안정성을 살펴보면, 대체로 단층이 발달한 곳과 수계와 가까운 곳이 산사태 위험이 높은 것을 알 수 있다. 광산에 바로 인접해서는 단층이 없기 때문에 단층으로 인한 위험이 크지는 않지만 광산 주변에도 산사태 발생 위험이 높은 지대가 몇 군데 존재한다. 광산의 서쪽 사면은 비교적 안정적인데 비해 동쪽이나 남쪽, 북쪽 지역은 산사태의 위험이 다소 존재하기 때문에 이에 대비한 정밀한 사면안정성 평가 및 사면 안정화 시설 구축이

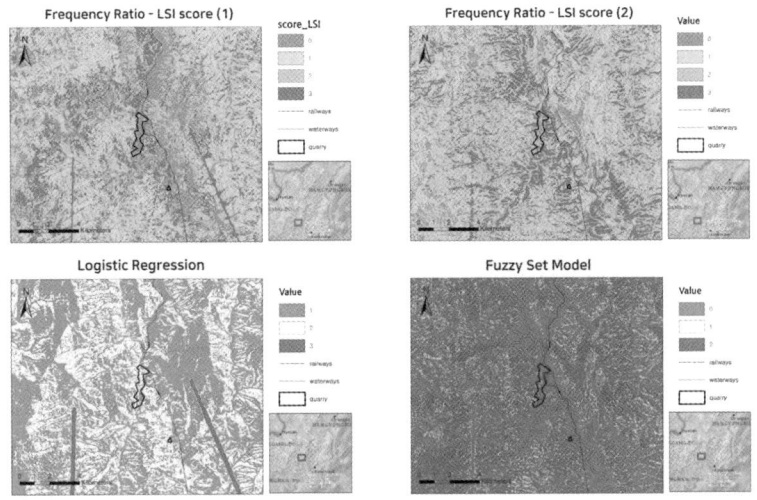

그림 17　Frequency ratio, Logistic regression, Fuzzy set model을 이용하여 사면안정성을 평가한 결과

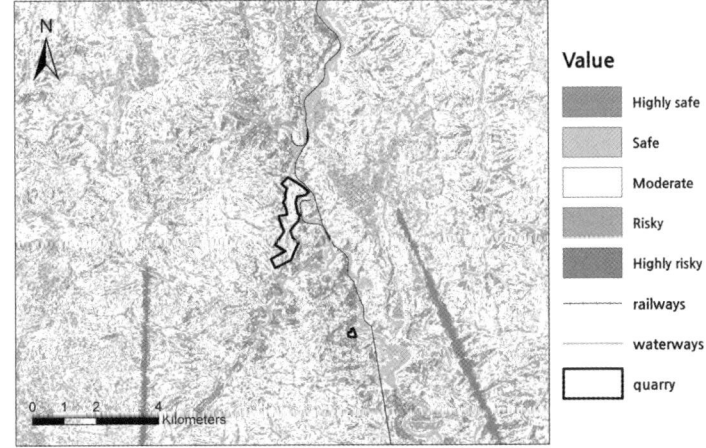

그림 18　점수를 합산하여 제작한 산사태 위험지도

필요할 것으로 보인다.

2. 홍수 위험지역 평가

1) 홍수 위험지역 평가 방법과 절차

광산 개발지역의 경우 호우 등의 이유로 범람이 일어나면 광산찌꺼기 및 폐석이 유실되거나, 산성광산배수가 유출되는 등의 위험이 발생할 수 있다. 또한 검덕광산의 경우에는 주변에 광산과 연관된 거주시설과 산업시설이 밀집되어 있어 광산의 직접적인 피해는 물론이고 관련 시설들의 침수 피해 등으로 광산 운영에 차질이 빚어질 수 있다. 실제로 검덕광산은 2007년과 2012년 많은 호우가 내렸을 때 일부 침수 피해가 있었던 것으로 알려져 있다(Daily NK, 2007, 노컷뉴스, 2012). 따라서 범람위험지역을 사전에 평가하여 이에 대비한 적절한 조치를 취할 필요가 있다.

광산 주변에서 침수 위험이 높은 홍수 위험지역을 추출한 알고리즘은 〈그림 19〉와 같다. 수치표고모델로부터 유출수의 흐름방향을 계산하고 이를 바탕으로 누적흐름량을 고려하여 누적흐름량이 높은 지역 인근을 홍수 위험 지역으로 추출하였다.

흐름 방향이라는 것은 수치표고모델을 바탕으로 지표의 경사 등을 고려하여 특정 격자 셀에서 물이 어느 방향으로 흐를 것인지를 예측한 모델이다. 흐름 방향을 구하면 모든 셀에 동일한 양의 강수가 내렸을 때 물이 어떻게 흘러서 어느 픽셀에 물이 많이 모이게 되는지를 알 수 있다. 여기서 물이 많이 모이는 지역, 즉 누적흐름량이 많은 지역은 비가 내렸을 때 물이 많이 모이는 곳이므로 침수피해가 발생할

모든 격자 셀의 유출수 흐름 방향 계산

↓

흐름 방향에 따른 지표수 누적 흐름량 계산

↓

일정 값 이상의 누적 흐름량 영역 추출

↓

누적흐름량에 따른 홍수 위험 지역 추출

그림 19 홍수 위험지역 평가 순서도

가능성이 높다고 볼 수 있다.

2) 홍수 위험지역 평가 결과

계산한 누적흐름량이 1,000 이상이 되는 격자 셀에서 100m 만큼 떨어진 지역, 수계로부터 300m 떨어진 지역을 홍수 위험지역으로 평가하였고, 이를 나타낸 지도가 〈그림 20〉이다. 이 홍수 위험지도를 살펴보면, 광산의 중앙 부분을 가로지르는 침수 위험 지역이 존재하는 것을 볼 수 있다. 광산에 침수 피해가 발생한다면 이 영역에 나타날 가능성이 높으므로 이를 대비하기 위해서는 이 장소 위주로 침수 방지 시설을 세워야 할 것으로 보인다. 또한 광산 주변의 산업시설은 수계와 매우 가까이 위치해 있어 장마나 태풍으로 인해 많은 강우가 내릴 시 침수 피해가 있을 것으로 보이기 때문에 제방 등의 치수 시설을 통해 침수피해를 최소화 할 필요성이 있다.

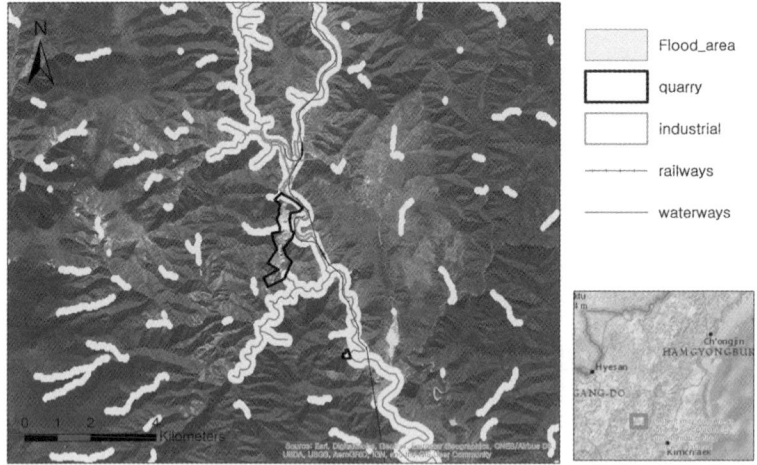

그림 20 광산 주변의 홍수 위험 잠재 지역

V. 태양광 발전부지 평가

1. 태양광 발전 부지 평가의 필요성과 방법

2015년 북한의 발전설비용량은 743만kW로 한국의 9,765만kW의 7.6% 수준에 그치고 있으며, 이 중 수력은 447만kW로 전체 발전용량 중 60% 이상을 차지하고 있고 화력 발전은 296kW로 나머지 약 40%를 차지한다(북한정보포털). 이렇듯 북한의 전력 생산에서 수력발전의 비중은 매우 높은 편인데, 수력발전의 경우 가뭄이 있을 때나 강수량이 적은 겨울에는 전력 공급에 차질이 생길 수 있다는 문제점이 있다. 실제로 북한은 2015년에 '100년만의 가뭄'으로 인해 심각한 전력난을 겪은 바가 있다(연합뉴스, 2015).

그런데 아연은 채굴하기 위해서 전력이 많이 소모되는 광종 중 하나이다. 이는 광산에서 채광한 아연은 품위가 높지 않아 선광과 제련 작업을 거쳐야하기 때문이다. 검덕광산에는 현재 가동 중인 2개의 선광장이 있으며 연간 1,000만 톤 정도 선광이 가능한 용량이다. 그러나 전력이 부족하고 품질이 낮을 뿐더러 생산 설비도 노후화되어 350만 톤 정도만 선광처리를 하고 있다(최경수, 2011).

그렇기에 검덕광산의 원활한 운영을 위해서는 안정적인 전력 공급이 무엇보다 중요하다고 할 수 있다. 광산에 전력을 공급하기 위한 방안으로 태양광, 풍력 등 신재생에너지 설비를 설치하는 것을 고려해 볼 수 있는데, 본 연구에서는 그 중에서도 가장 설치가 용이한 태양광발전시스템을 설치한다고 가정하고 기초적인 입지 조건을 분석하여 잠재적인 발전량을 산출하였다. 그 방법을 간단하게 정리한 것이 〈그림 21〉의 순서도이다.

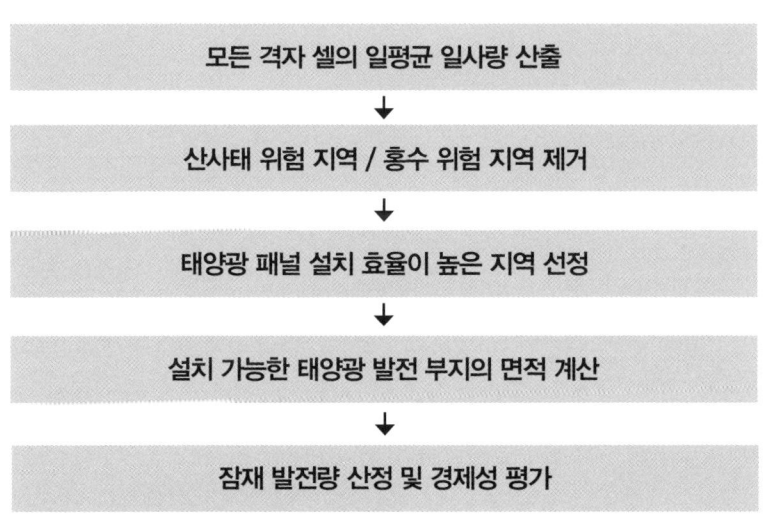

그림 21 태양광 발전부지 평가 순서도

2. 태양광 발전 부지 평가 결과

우선은 태양광 발전을 하는 데 있어서 가장 중요한 요소라고 볼 수 있는 일사량을 계산하였다. 주변의 일사량 측정 기상 데이터를 바탕으로, 시간대별 태양의 천정각, 방향각 등 위치와 주변 지형으로 인한 그림자를 고려하여 경사 41도의 태양광 패널을 설치했을 때 패널이 받는 일평균 일사량을 각 픽셀별로 계산하였다(그림 22).

〈그림 22〉의 일사량 산출 결과에서 일평균 일사량이 $3,800Wh/m^2$ 이상인 지역, 그 중에서 산사태와 홍수의 위험이 높은 지역을 제외하고, 태양광 패널의 원활한 설치를 위해 경사도가 15도 미만인 지역을 추출하여 이를 태양광 패널 설치에 적합한 지역으로 고려하였다. 이렇게 추출한 패널 설치 적합 지역 중에서 대규모의 태양광 발전 설비를 설치할 만큼 부지 면적이 넓은 두 곳을 설치 후보지역으로 선정하였다(그림 23).

표 10 태양광 패널 설치 후보지역 A와 B에 대한 정보

후보지역	면적(m^2)	광산과의 거리(m)	거주지역과의 거리(m)	산업지역과의 거리(m)
A	104,000	4,400	1,700	2,600
B	369,000	2,000	1,600	1,500

〈그림 23〉에 표시된 A와 B 구역이 이렇게 선정된 태양광 패널 설치 후보지역이며, 각각의 면적은 A 지역이 약 $104,000m^2$, B 지역이 $369,000m^2$이다. A 지역은 광산보다는 거주지역이나 산업지역과의 거리가 가깝기 때문에 거주시설이나 산업시설에 전력을 공급하는 것이 좋을 것으로 보인다. 반면 B 지역은 광산과의 거리가 가깝기 때문에 광산에 더 많은 전력을 공급할 수 있을 것이다.

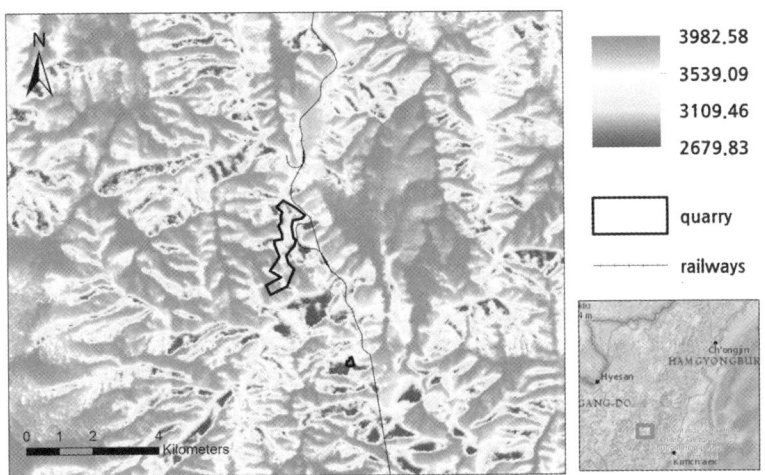

그림 22 기상데이터와 그림자 분석을 통해 계산한 일사량

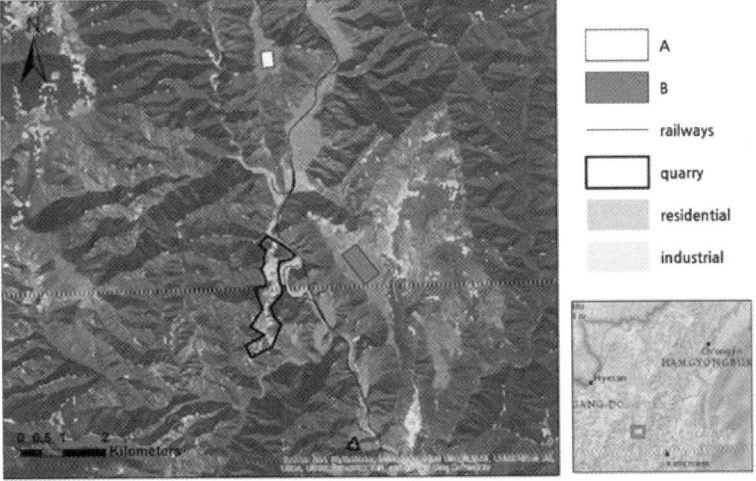

그림 23 태양광 발전 시설 후보지역 A, B

3. 발전부지의 태양광 발전량 예측

각각 후보지역의 면적과 일사량을 바탕으로 발전량을 예측해보았다. 발전량 예측은 미국신재생에너지연구소(National Renewable Energy Laboratory, NREL)에서 제공하는 SAM (System Advisor Model) 소프트웨어를 사용하였다. 이 소프트웨어를 통해 일사량 측정자료와 태양광패널 설치 면적 등 태양광 발전시설 설치를 위한 기본자료를 입력하면 이에 따른 발전량과 경제성을 예측할 수 있다. 태양광 발전 설비 설치 시 고려되는 지가, 인건비, 인센티브 등의 경제성 인자들은 자료를 구하기 어렵기 때문에 본 연구에서는 태양광 발전 설비의 경제성 평가는 제외하고 발전량만을 평가하였다.

〈그림 24〉는 A지역의 발전량 예측치를 나타낸 것이다. A지역에 태양광 발전 설비를 설치하면 설치 첫 해에 약 22GWh의 전력을 생산할 수 있을 것으로 예상되며, 이는 검덕광산의 연간 전력 사용 예측량인 85GWh의 26% 정도를 수급할 수 있는 양이다. 왼쪽에 있는 월간 발전량 추이를 보면 장마나 태풍으로 인해 맑은 날이 많지 않은 6~8월 여름철에는 상대적으로 발전량이 적을 것으로 예상된다. 하지만 여름철은 태양광 발전량이 적은 대신 강수량이 많아 수위가 높을 것이기 때문에 부족한 전력량은 수력 발전으로 충당할 수 있을 것으로 생각된다. 이처럼 태양광 발전 시설을 설치하면 북한의 기존 수력발전소와 상호 보완적으로 전력을 생산할 수 있다. 〈그림 24〉 우측의 연간 발전량 추이에서 연간 발전량이 시간이 지남에 따라 감소하는 이유는 태양광 패널의 효율 저하로 인한 것이다.

〈그림 25〉는 B 지역의 발전량 예측값이다. B지역은 A지역보다는 면적이 넓기 때문에 태양광 발전 설비 설치 첫 해에는 약 79.5GWh의

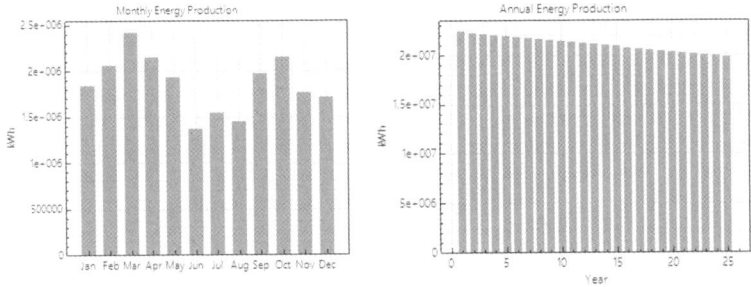

그림 24 A후보지역의 설치 첫해의 월간 발전량(좌)와 연간 발전량 추이(우)

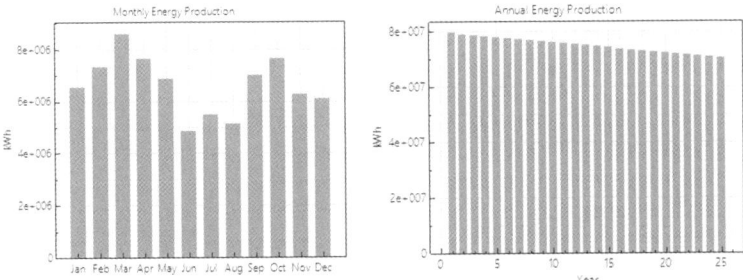

그림 25 B후보지역의 설치 첫해의 월간 발전량(좌)와 연간 발전량 추이(우)

전력을 생산할 수 있을 것으로 예상되며, 이는 검덕광산 연간 전력 사용 예측량의 94% 정도이다.

VI. 결론

남한에 비해 상대적으로 풍부한 북한의 광물자원은 상당히 매력적인 투자 대상이다. 남북관계 개선이나 통일을 대비해 북한의 광물자원 및 광산에 대한 정보를 수집하고 사전에 개발 계획을 마련할 필요가 있다. 이 연구에서는 주요 비철금속 중 남한에서 자급률이 매우 낮은 아연을 대상으로 하여 연·아연 매장량이 풍부한 북한의 검덕광산에 대한 경제성을 평가하였다. 북한 광산에 관련된 여러 가지 정보의 불확실성을 고려하여 다소 보수적인 관점에서 평가를 수행했고, 민감도 분석을 통해 주요 인자의 우선순위를 파악하였다.

할인율 15%의 보수적 기준을 적용하여 경제성 평가를 진행한 결과, 인프라 시설 투자비를 단독으로 부담하는 경우에는 검덕광산의 투자가치가 그리 높지 않은 것으로 나타났다. 반면, 같은 단천 지역 내에 위치한 아연 제련소, 마그네사이트 광산, 마그네시아 가공 공장 등의 대형 시설과 함께 인프라시설 투자비용을 분담하는 경우에는 검덕광산의 투자가치가 크게 상승하는 것으로 분석되었다.

민감도 분석 결과, 검덕광산의 내부수익률은 정광판매가격-운영비-초기투자비-광석생산량-인프라투자비 순으로, 순현재가치는 정광판매가격-운영비-초기투자비-인프라투자비-광석생산량 순으로 영향을 받는 것으로 나타났다. 정광판매가격은 내부수익률과 순현재가치 모두에 가장 큰 영향을 미치는 핵심 요소로 파악 되었는데, 정광가격은 국제 자원 수급 및 정치·경제적 이슈 등에 따라 민감하게 변화하므로 검덕 아연광산의 투자시기를 전략적으로 결정할 필요가 있다. 또한, 체계적인 광산 개발 계획 수립 및 인적·물적 자원관리를 통해 운영비와 초기투자비를 절감한다면 보다 큰 경제적 이익을 거둘 수 있을 것으로 기대된다.

경제성 평가와 더불어 GIS를 이용한 검덕광산의 재해 위험도 평가 및 태양광 발전 잠재성 평가를 수행하였다. 재해 위험도 평가의 경우, 기존 연구에서 사용된 방법들을 이용하여 사면 안정성 평가를 종합적으로 수행한 결과, 광산의 서쪽을 제외한 부분에는 산사태의 우려가 있는 것으로 판단되어 더욱 정밀한 사면안정성 평가가 필요할 것으로 보인다. 홍수위험지역 평가 결과, 광산의 중앙 부분에서 침수 가능성이 확인되었으며, 투자 시 이에 대한 대책을 마련해야 할 것이다.

또한 광산의 전력난을 해결하기 위한 태양광 발전 시설 부지 잠재성 평가의 경우, 일사량, 지질 재해 위험성, 경사도 등을 고려하여 최종적으로 A와 B 두 부지가 선정되었으며, 각각의 발전량을 예측한 결과, A는 26%, B는 94% 정도의 전력을 충당할 수 있을 것으로 판단된다.

본 연구를 통해 수행한 검덕 광산의 경제성 평가, 민감도 분석, 재해 위험도 평가, 태양광 발전 잠재성 평가의 결과는 서울대학교 에너지자원정보센터의 데이터베이스로 구축하였으며, 추후 통일 시 북한의 광물자원 개발을 위한 기초 자료로서 다양하게 활용될 수 있을 것으로 기대된다. 다만 여기에서의 분석 내용은 제한된 자료를 적용하여 얻은 결과이므로 해당 연구결과의 신뢰성은 인용자료에 대한 의존도가 높다. 따라서 보다 신뢰성 있는 분석을 위해서는 앞으로 다양하고 정밀한 광산자료 및 GIS 공간자료를 추가로 확보해야 할 것이다.

::참고문헌

대한광업진흥공사.『북한 광물자원 개발현황』. 2008.
북한자원연구소.『북한지하자원 매장량』. 2013.
여시재.『북한의 지하자원과 남북자원협력(상세본)』. 2017.
에너지경제연구원.『북한 광물자원 개발 가공 분야의 투자 잠재력 연구』. 2014.
한국광물자원공사.『광산평가규정』. 2017(2017.5.10 upload 버전).
한국지질자원연구원.『북한의 주요 광산 특성』. 2013.
한국지질자원연구원.『북한 광물자원 데이터베이스 작성 및 광화대 분석』. 2015.
한국지질자원연구원.『광산물 수급 분석 2016/2017』. 2017.

Boliden. *Boliden's 2016 Annual Report*, 2017.
USGS. *Mineral commodity summaries 2017*, 2017.

Choi Jaewon and Oh Hyun-Joo. eds.. "Combining landslide susceptibility maps obtained from frequency ratio, logistic regression, and artificial neural network models using ASTER images and GIS." *Engineering Geology*, vol. 124(2012), pp. 12~23.
Lee Saro. "Application and verification of fuzzy algebraic operators to landslide susceptibility mapping." *Environmental Geology*, vol. 52 no. 4(2007), pp. 615~623.
Oh Hyun-Joo and Park No-Wook. eds.. "Extraction of land-

slide-related factors from ASTER imagery and its application to landslide susceptibility mapping." *International Journal of Remote Sensing*, vol. 33 no. 10(2012), pp. 3,211~3,231.

"北 최대 연·아연생산지 검덕광산 침수."『Daily NK』(온라인), 2007년 8월 23일; 〈http://dailynk.com/korean/read.php?cataId=nk09000&num=45662〉.
"北, 태풍으로 세계 최대 마그네사이트 광산지구 큰 피해."『노컷뉴스』(온라인), 2012년 9월 7일; 〈http://www.nocutnews.co.kr/news/965228#csidx6c984e41f41401dab9c71497dbdc366〉.
"북한 '100년만의 가뭄'에 전력난도 심각."『연합뉴스』(온라인), 2015년 6월 23일; 〈http://www.yonhapnews.co.kr/bulletin/2015/06/23/0200000000AKR20150623130700009.HTML〉.
최경수. "북한 5개 아연제련소 가동률 30% 이하."『북한 돋보기』, 2011년 4월(통권 328호); 〈http://www.ipa.re.kr/ipa2008.artyboardv15/mboard.asp?exec=view&strBoardID=UnityKorea_07&intCategory=&strSearchCategory=&strSearchWord=&intPage=&intSeq=4702&SearchYear=2011&SearchMonth=4〉.

북한정보포털 - 산업별 현황(경제)〈http://nkinfo.unikorea.go.kr/nkp〉.
Teck. Modelling Workshop(2015).

:: **통일의학센터**

북한의 의료인력 양성 현황과 남-북-중 보건의료 협력 방안

신희영 · 안경수 · 최소영

목차

I. 서론

II. 북한 의료인력 및 의학연구 현황

III. 남·북·중 보건의료 교류협력

IV. 결론: 남·북·중 보건의료 협력의 실현 방안

신희영　서울대학교 의과대학 소아과학교실 교수, 통일의학센터 소장
안경수　서울대학교 의과대학 통일의학센터 연구원
최소영　서울대학교 의과대학 통일의학센터 연구원

I. 서론

2010년 '5·24조치' 이후 북한과의 직접적인 교류협력이 끊긴지 7년의 시간이 흘렀다. 남한[1]에서는 2017년 문재인 정부가 들어서면서 적극적인 대북지원 의지를 보이고 있지만, 북한은 더 이상의 인도적 지원을 거부하고 있다. 남한정부는 1996년부터 대북 보건의료 지원을 해오고 있지만, 남북관계가 경색된 2008년 이전부터 북한은 인도적 지원 자체에 거부감을 표출했으며, 남한 정부에게 개도국 지원의 시각이 아닌 남북 간의 통 큰 경제협력을 요청했었다. 경제협력에 관한 관심은 김정은 정권의 국제사회 현대화 정책 수용에 관한 관심에도 맞닿아 있다.

대북 보건의료 분야에서 남한 정부는 그간 국제기구를 채널로 2015년까지 북한 말라리아 방역, 영유아 및 모자보건 지원 사업, 의약품, 의료장비, 백신 지원 사업 등 보건의료 인도적 지원을 해왔지만 2016년부터는 그마저도 중단됐다.[2] 통일의학센터는 2015년 대북 보

---

[1] 북한과 남한의 보건의료 교류협력에 관한 비교 내용이 주를 이루고 있기 때문에 대한민국(한국) 내신 남한이라는 용어를 사용한다.

[2] 2015년 5월 UNICEF(400만 달러), WFP(210만 달러)를 통해 모자보건사업을 위한 남북협력기금을 지원하여 1세 미만 영유아 35만 명 대상으로 결핵, 홍역, 소아마비, B형 간염 등 주요 질병에 대한 필수 예방접종 실시와 모자보건 필수의약품 키트를 94개 군에 지원하였다. 또한 2015년 8월에는 북한 어린이 예방접종 대상 확대를 위한 백신지원사업의 일환으로 평양을 방문하고 의료장비 및 물품을 전달하였다. 통일부, 『2016 통일백서』(서울: 통일부, 2016), pp. 119~120.

건의료 주요 국제기구(WHO, UNICEF, IVI, GFATM 등)와 INGOs를 초청해 국제 세미나를 2회 개최하였다. 그간 남한에서 국제기구를 통해 지원한 보건의료 사업을 평가하고 장기적인 대북 보건의료 지원 전략을 구축하고자 하는 목적이 있었지만, 가장 중요한 것은 직접적인 교류협력이 불가능한 남한정부가 북한의 현 보건의료 문제를 국제기구의 눈으로 확인하고 의견을 공유하는 자리였다. 이 자리는 그간 대북 보건의료 지원으로 국제기구 채널의 사업 지속성, 효율성, 전문성 등의 전반을 평가하는 자리였고, 회의 이후 많은 숙제가 남겨졌다. 국제기구를 통한 보건의료 지원은 북한 주민의 인도적 여건을 개선하기 위한 최소한의 지원 목적이 크며, 한반도의 질병안전을 위한 적극적인 교류협력 방안으로 보기에는 어려운 것이 사실이다.

남북 교류협력이 단절된 현 시기에 통일의학센터는 김정은 정권의 보건의료 관심을 반영하고 대북 사업의 지속성과 효율성이 높은 남북한 교류 협력 제기를 위한 방법으로 북한의 보건의료 인력양성을 중심으로 현황파악과 협력방안을 모색해 왔다. 평양에서 북한 의료진을 교육하고 최근 북한과 사업을 경험한 대북 활동가들에 따르면, 평양에는 원격진료 시스템이 갖춰졌을 정도로 의료산업이 발전되고 있으며, 김정은 정권은 선진 연구에 관심이 있고 북한 의료진에게 SCI급 국제 학술지 논문 투고를 독려하고 있는 것으로 전해지고 있다. 또한 북한은 보건의료인력 교육 사업에 적극적인 것으로 보인다. 2000년 중반 남한의 민간단체 및 정부지원으로 북한 의료인 교육 사업이 활발하게 진행되었지만, 2010년 이후에는 남한과의 교류가 끊기면서 북한 의료진 교육은 2014년 중국 연변지역에서 북한 의료진을 초청해 교육이 이뤄졌고, 2015년에는 국제기구 사업의 일환으로 독일에서 연수가 진행되었고, 2017년에는 홍콩에서 의료진 교육이 이뤄진 것으로 파악되고 있다. 이처럼 북한 의료진의 해외연수를 통한 보건의료 교류협력의 창은 다각적으로 최근까지 열리고 있다. 이는 곧 북한의 선진교육을 활용한 의료 교육의 욕구가 크다는 것을 나타낸다.

그간 해외에서 진행된 북한 의료인 연수 평가에 따르면, 북한 의료진은 최신 의술을 습득하려는 욕구가 높으며 적극적이나 연수가 모국어가 아닌 제2외국어(영어, 독일어, 중국어)로 진행될 경우 연수가 제대로 이뤄지지 않는 것으로 나타났다. 따라서 통일의학센터는 북한과 협조적이며 상호 의료연수가 지속적이며 효율적으로 가능한 연변대학부속병원과의 협력을 통해 남-북-중 3자구도의 보건의료 협력 방안을 추진해 오고 있다. 연변대학부속병원은 북한 김일성종합대학과 유기적인 관계를 맺고 있으며, 2014년 연변대학 조선인 의료진이 북한 의료진을 초청해 연수한 경험을 가지고 있다. 또한 최근 북한의 의학대학 조직개편, 의학대학 교육과정이 변경되면서 북한 자체 내에서도 의료 인력에 대한 교육의 욕구가 높고, 북한 의료진의 해외 연수 참여를 통한 학업의 욕구가 높기 때문에 북한 보건의료 인력 양성에 관한 보건의료 교류협력 방안의 가능성이 점차 높아지고 있다.

2015년부터 서울대학교 통일기반구축 사업으로 시행된 남-북-중 보건의료 협력 사업은 김정은 정권의 선진의료기술 수용, 의학 교육, 연구 활성화를 반영하여 북한의 수요가 고려되었으며, 국제사회의 대북제재, 남북한의 정치적 상황에 따른 시기적 변수를 고려하여 지속적이며 효율적으로 사업 수행이 가능한 채널로 중국 연변대학과의 교류협력방안을 추진한 결과이다.

중국 연변대학을 통한 북한 보건의료 인력 교육 및 남-북-중 보건의료 교류협력 방안 도출을 위해 먼저 북한의 최근 의료 인력의 양성 현황과 의학연구 동향을 파악하고자 한다. 또한 남-북-중 보건의료 교류협력의 필요성을 제시하고, 2015년부터 통일의학센터에서 수행한 남-북-중 보건의료 협력 기반구축 사업을 소개하고자 한다. 마지막으로는 최근 중국의 동북아시아 개발협력 프로젝트와 연관시켜 추후 실질적인 남-북-중의 보건의료 분야 교류협력을 위한 방안을 제시하고자 한다.

II. 북한 의료인력 및 의학연구 현황

1. 북한 의료인력 현황

1) 북한 의료인력 및 양성기관 현황

북한의 의료인력은 남한과는 상이한 체계로 구성되어 있다. 북한의 의료인력은 '상등보건일군'과 '중등보건일군', '보조의료일군'으로 구분된다. 상등보건일군은 의사, 고려의사, 구강의사, 위생의사, 체육의사, 약제사가 있고 중등보건일군은 준의, 조산원, 보철사, 조제사이며, 보조의료일군은 간호원이 존재한다.[3] 각각의 의료인력은 해당하는 교육기관에서 양성된다.

북한의 12개 의학대학에서는 상등보건일군을 양성하며 수학기간

---

3 백과사전출판사 편, 『광명백과사전 19: 인체, 보건』(평양: 백과사전출판사, 2010), p. 702.

은 5~7년이다.[4] 중등보건일군은 의학전문학교에서 교육이 이뤄지며 양성기간은 3년이다. 보조의료일군인 간호원은 간호원학교 2년, 간호원양성소 6개월 교육을 통해 양성된다.[5] 북한 의료인력 현황과 각각의 의료인력양성 기관 및 기간을 개관하면 다음의 〈표 1〉과 같다.

표 1 북한 의료인력 현황 및 양성기관 개관

구분	의료인력	양성기관	양성기간	비고
상등보건일군	의사	의학대학 임상의학부	5년 6개월	졸업 시 6급 (무급)의사
		의학대학 전문반	7년	입학 시 전문반 지망
		의학대학 통신학부	6년	준의, 간호원 대상 1년 2회 교육
	고려의사	의학대학 고려의학부	5년 6개월	
	구강의사	의학대학 구강학부	5년 6개월	
	위생의사	의학대학 위생학부	5년	
	체육의사	의학대학 체육의학부	5년 6개월	최근 평양의학대학 설립
	약제사	의학대학 약학부, 약학대학	5년	
중등보건일군	준의	의학전문학교 기초의학과	3년	
	조산원	의학전문학교 조산과	3년	
	보철사	의학전문학교 구강과	3년	
	조제사	의학전문학교 약학과	3년	
보조의료일군	간호원	간호원양성소	6개월	
		간호원학교	2년	도 단위 운영

출처: 신희영 외, 2017, p. 40. 재인용.

---

4   약제사는 의학대학 약학부와 동시에 약학대학에서도 양성된다.
5   신희영 외 공저, 『통일 의료: 남북한 보건의료 협력과 통합』(서울: 서울대학교출판문화원, 2017), pp. 39~40.

북한의 의료인력의 수는 2017년 북한 보건성에서 발행된 보고서에 종합된 통계자료를 통해 살펴볼 수 있다. 해당 보고서에 따르면 〈표 2〉와 같이 북한 보건의료인력 중 의사는 87,839명이며 인구 1,000명당 3.5명으로 보고되고 있다.[6] 그러나 북한의 의사 인력 수 통계는 의사와 구강의사, 고려의사, 위생의사 인력 수를 합한 수치일 가능성이 있고 준의와 보철사 등 중등보건일군을 구체적으로 분류하지 않는 등 통계수치 추산에 한계점이 존재한다.[7]

표 2 북한 의료인력 수 및 비율

의료인력	인원수(명)	인력 비율(%)	인구1,000명당 비율(명)
의사	87,839	36.2	3.5
간호원	110,875	45.8	4.5
약제사	9,404	3.9	0.4
조산원	7,817	3.2	0.3
기타 보건일군	26,406	10.9	1.1
총계	242,341	100	

출처: Ministry of Public Health. *Medium Term Strategic Plan for the Development of the Health Sector DPR KOREA 2016-2020*(Pyongyang: Ministry of Public Health, 2017), pp. 39~40. 재인용.

2) 북한 의학대학 현황

북한의 의료인력 중 의사 인력은 의학대학에서 양성된다. 현재 북한의

---

6 Ministry of Public Health. *Medium Term Strategic Plan for the Development of the Health Sector DPR KOREA 2016-2020*(Pyongyang: Ministry of Public Health, 2017), pp. 39~40. 재인용.

7 보고서에는 의사 인력 외에 구강의사, 고려의사, 위생의사, 준의 인력의 세분화된 통계가 나타나 있지 않고 모두 의사 인력으로 산출되어 있다.

의학대학은 평양직할시, 남포특별시를 포함하여 각 도에서 12개교가 운영되고 있다. 이 중 1개교는 군의를 양성하는 군의대학이다. 북한의 의학대학의 명칭과 소재지 등 현황을 살펴보면 다음의 〈표 3〉과 같다.

표 3 북한의 의학대학 현황

구분	의학대학 명칭	소재지
의학대학 12개교	김일성종합대학 평양의학대학	평양직할시
	함흥의학대학	함경남도 함흥시
	청진의학대학	함경북도 청진시
	해주의학대학	황해남도 해주시
	평북종합대학 의학대학	평안북도 신의주시
	강계의학대학	자강도 강계시
	원산의학대학	강원도 원산시
	황북종합대학 강건의학대학	황해북도 사리원시
	혜산의학대학	양강도 혜산시
	평성의학대학	평안남도 평성시
	남포의학대학	남포특별시
	김형직군의대학	평양직할시

출처: 신희영 외 공저, 『통일 의료: 남북한 보건의료 협력과 통합』, p. 41. 재인용.

최근 북한은 고등교육체계의 개편이 진행되고 있고 부문·지역별로 종합대학이 신설되고 각 지역의 의학대학과 의학전문학교 등의 의료인양성기관이 종합대학으로 편입되고 있는 추세이나. 기존의 신의주의학대학이 평북종합대학 의학대학으로, 강건사리원의학대학이 황북종합대학 강건의학대학으로 개편되는 등 최근의 북한 의료인력 양성제계는 계속 변화하고 있다.[8]

---

8   신희영 외 공저, 『통일 의료: 남북한 보건의료 협력과 통합』, p. 42.

3) 북한 의학대학 교육과정

북한 의학대학의 임상의학부 교육기간은 1950년대 5년, 1970년대 6년 6개월, 1980년대 중반에는 6년으로 계속 조정되어 왔다.[9] 그리고 2013년부터는 5년 6개월의 교육기간으로 의사 인력이 양성되고 있다.[10]

북한의 의학대학은 입학해서 기초의학부 2년 과정을 거친 후 3학년부터 임상의학부와 고려의학부로 나뉘어서 양성되는 구조이다. 기초의학부 2년 과정 후반부에 학생의 적성과 희망에 맞게 임상의학부와 고려의학부를 선택한다. 북한의 의학대학 중 김일성종합대학 평양의학대학의 5년 6개월 과정 임상의학부 전 학년 교육과정안을 도표화하면 다음의 〈표 4〉와 같다.[11]

표 4 북한 의학대학 임상의학부 전학년 교육과정안(김일성종합대학 평양의학대학)

과목명	강의시간	실습시간	과목명	강의시간	실습시간	과목명	강의시간	실습시간
론리학	20	-	면역학	26	12	순환기	46	46
심리학	30	-	병태생리	42	18	소화기	54	54
외국어	280	-	병리학	50	30	비뇨기	40	12
수학	60	20	약리학	50	30	외상정형	24	24
물리	60	20	위생학	48	3	신경과	54	30
화학	86	24	의학정보학	44	36	산부인과	50	24

---

9 이혜경, "북한의 '보건일군' 양성정책 연구"(북한대학원대학교 박사학위논문, 2013), p. 75.

10 신희영 외 공저, 『통일 의료: 남북한 보건의료 협력과 통합』, p. 43. 재인용.

11 본 교육과정안에는 정치사상 관련 과목은 제외되어 있다.

과목명	강의시간	실습시간	과목명	강의시간	실습시간	과목명	강의시간	실습시간
컴퓨터기술기초	66	30	유전의학	26	24	소아과	64	36
프로그램	34	36	고려의학	40	30	정신과	28	12
해부학	24	126	보건경영	50	3	결핵과	24	-
세포생물학	18	12	보건조직 및 기술계산	20	30	안과	20	-
조직학	56	18	내과진단	44	60	이비인후 및 두경부외과	28	36
생리학	58	24	외과총론	44	60	전염병	34	30
생화학	56	24	방사선	40	60	회복	22	-
분자생물학	36	-	호흡기	24	24	법의	20	-
미생물학	48	36	혈액내분비 및 물질대사	30	30			

출처: 신희영 외 공저, 『통일 의료: 남북한 보건의료 협력과 통합』, p. 43. 재인용.

평양의학대학 임상의학부 교육과정을 살펴보면, 의학대학에서 외국어의 강의시간과 해부학의 실습시간이 상대적으로 많고 전체적으로 다양한 학과목을 고루 학습한다는 것을 알 수 있다.

의학대학 임상의학부에서 대체로 기초학습 능력 배양 교육과 기초의학과목은 기초의학부인 1~2학년 과정에서 학습하고 있고, 의학 및 임상교육은 임상의학부 3~4학년 과정에서 실시되고 있다. 의학대학 임상의학부의 학년별 교육과정은 이래 〈표 5〉와 같다.

표 5 북한 의학대학 임상의학부 학년별 교과목

학년	교과목	비고
기초의학부 1	수학, 영어, 라틴어, 고려의학, 체육, 인체해부학, 물리교질화학, 정치사상 교육	기초학습 능력 배양 교육
기초의학부 2	조직학, 생리학, 약리학, 병리학, 세포생물학, 분자생물학	기초의학과목

학년	교과목	비고
임상의학부 3	내과진단학, 외과학총론, 내과, 외과, 소화기내과, 호흡기내과, 순환기, 비뇨기내과, 복부외과, 흉부외과	
임상의학부 4	전공 심화 교육	
임상의학부 5	정신병학, 법의학, 결핵학, 피부과학, 전염병학 등 특수과목	
임상의학부 6	임상 실습 및 졸업 시험	

출처: 신희영 외 공저, 『통일 의료: 남북한 보건의료 협력과 통합』, p. 44. 재인용.

북한은 의학대학의 졸업시험을 통과하면 바로 의사 자격이 주어진다. 북한 의학대학 졸업자는 졸업시험을 통과하면 6급 의사가 되고 의사로서의 임상 활동이 가능하게 된다.

또한 북한의 의사 인력 체계에는 급수 제도가 존재한다. 의사 급수 제도는 북한의 의학협회에 의해 관리되며 의사 급수는 최하 6급에서 최상 1급까지 존재한다. 의학대학을 졸업하고 졸업시험을 통과한 6급 의사는 매 3년마다 급수시험에 응시할 수 있으며 시험결과에 따라 한 등급 상승하거나 현 등급을 유지한다. 4급까지는 시험 성적만으로 승급이 가능하지만 3급부터는 의학과학 분야의 학위논문 제출과 같은 실적이 뒷받침 되어야 하고, 그에 상응한 치료예방업적이 뒷받침되어야 한다.[12] 또한 2급 의사시험은 학사 학위 또는 부교수 학직을 수여받은 의사만이, 1급 의사시험은 박사 학위 또는 교수 학직을 수여받은 의사만이 응시할 수 있기 때문에 북한 의사 대부분은 경력이 오래되었더라도 3~4급에 머문다.[13]

---

12 이혜경, "북한의 '보건일군' 양성정책 연구", p. 104.

13 신희영 외 공저, 『통일 의료: 남북한 보건의료 협력과 통합』, p. 46.

2. 김정은 정권의 의학연구 동향

김정은은 집권 초기부터 어머니 당적 이미지를 구축하고 북한 주민의 생활과 밀접히 연관된 분야(보건, 교육, 과학)에 투자를 확대하며 시혜적인 정책을 보이고 있다.[14] 2012년부터 김정은은 북한 평양산원 유선종양연구소, 평양류경구강병원, 옥류아동병원, 정성제약 종합공장을 방문하여 현지지도를 시행했고[15], 최근에는 치과 위생용품 공장을 방문하여 사회주의 보건제도의 우월성을 강조하였다. 이처럼 김정은 정권은 평양에 최신병원을 신설하고 보건의료 기술 발전에도 관심을 표명하며 현대화 정책 수용이 점차 증가하고 있다. 또한 최근 북한에서는 SCI급 논문 게재를 통한 북한의 자체적인 의학연구 수준 향상에 관심이 높고, 의료진들 승진에도 논문 게재의 여부가 영향을 미치는 것으로 파악되고 있다.

북한의 최근 의학연구 동향을 살펴보기 위해 의학 및 생명과학의 국제 학술지 논문을 검색할 수 있는 〈PubMed〉 데이터베이스 분석결과 북한 소속 저자가 포함된 논문은 총 62편의 논문이 확인되었고, 분석결과 2015년부터 북한의 국제 학술지 논문 게재 수가 급등하

---

14 "北, 보건·교육·과학 투자 확대···'민생 다독이는 차원'."『연합뉴스』(온라인), 2017년 4월 12일; 〈http://www.yonhapnews.co.kr/bulletin/2017/04/12/0200000000AKR20170412002400014.HTML〉.

15 "北 김정은, 현대식병원시찰···환자 손잡고 '건강하라'."『연합뉴스』(온라인), 2014년 3월 22일; 〈http://news.naver.com/main/read.nhn?-mode=LSD&mid=sec&sid1=100&oid=001&aid=0006819964〉.

것을 확인하였다.[16] 2017년 12월까지 총 62편 논문 중 2015년부터 발표된 논문이 54편으로 전체 87%에 해당한다. 또한 점차 북한 연구진의 논문 1저자 게재의 수도 증가하고 있는 것을 확인하였다(표 6).

표 6 연도별 북한 연구진이 참여한 생명과학 및 생물의학 논문 수

구분	2007	2008	2009	2010	2011	2012	2013	2014	2015	2016	2017	총계
1저자	2	2	0	1	0	0	0	1	8	12	11	37
공동연구	0	0	0	0	0	0	0	2	8	10	5	25
전체	2	2	0	1	0	0	0	3	16	22	16	62

국제 학술지에 게재된 논문의 대다수는 해외 연구진과 공동으로 수행된 것으로 교신저자의 소속국가를 기준으로 파악하면 총 7개국(중국, 독일, 핀란드, 미국, 인도, 이탈리아, 영국)의 연구자와 논문을 게재한 것으로 파악 된다.[17] 이중 북한 소속 저자의 교신저자 논문은 15편(24%)에 해당하였다. 2008년 이후 부터는 해외 연구기관을 통한 이중 소속이 아닌 북한 단일 소속 연구진들이 발표한 논문이 국제 학술지에 게재되고 있다. 특히, 북한 의학잡지『조선약학』에서 주요 저자로 확인된 문성철(김일성종합대학 평양의학대학 약학부), 문관심

---

16 키워드 검색은 북한 의학대학 소재 지역 명으로 검색을 시도하였다. 북한 의학대학이 존재하는 평양, 함흥, 청진, 해주, 신의주, 강계, 원산, 사리원, 혜산, 평성, 남포시를 저자 소속으로 검색했으나, 평양, 함흥, 해주를 제외하고는 검색결과가 존재하지 않는다. 따라서 평양(Pyongyang), 함흥(HamHung), 해주(Haeju)로 총 62편이 검색되었다(최종 접속일:2017년 12월 22일).

17 중국 30편(64%), 독일 9편(19%), 핀란드 3편(6%), 미국 2편(4%), 인도 1편(2%), 이탈리아 1편(2%), 영국 1편(2%)으로 나타났다.

(의학과학원 약학연구소)의 게재 논문 2편을 확인하였다.[18]

이와 같은 결과를 통해 김정은 정권은 북한 의학 및 생명공학 연구진의 자체적인 연구수준 향상에 관심이 높으며, 전반적인 국제 학술교류는 중국과 가장 많이 진행되고 있고, 의학 분야의 교류는 독일에서도 활발하게 진행되는 것을 파악하였다. 북한 내 의학 분야에서는 의학과학원, 김일성종합대학 평양의학대학 소속의 연구진들의 해외 교류가 많은 것으로 확인되었다.

종합하면, 북한의 의학 및 생명과학 연구진의 해외 학술교류 참여는 점차 증가할 것으로 예상된다. 따라서 북한과 연구 네트워크를 가지고 있는 해외 연구진과의 교류를 통해 북한의 보건의료 연구 현황과 관심사를 반영한 남-북-중 연구교류 전략방향을 모색할 필요가 있다.

---

18 문관심, 문성철은 2015년 *Journal of Food and Drug Analysis* 저널에 북한의 칡꽃을 활용한 연구(Dynamics of phytoestrogen, isoflavonoids, and its isolation from stems of Pueraria lobata(Willd.) Ohwi growing in Democratic People's Republic of Korea)를 게재했고, 2016년에는 *Saudi Journal of Biological Sciences* 저널에 북한의 장군풀을 활용한 연구(Development of an efficient callus proliferation system for Rheum coreanum Nakai, a rare medicinal plant growing in Democratic People's Republic of Korea)을 게재하였다.

III. 남-북-중 보건의료 교류협력

1. 남-북-중 3자 교류협력 필요성

1) 연변대학과 남북한 관계

남북 보건의료 협력사업의 구상을 살펴보기 전에, 기존에 활발하게 진행되고 있는 연변대학의 국제학술교류 프로그램의 현황과 성과를 고찰하고 이를 통해 남-북-중 보건의료 연구개발 관련 협력 방안을 도출하고자 한다. 우선, 남-북-중 보건의료 협력사업 방안을 구상하기 위해 남한과 북한을 연계하는 중국 연변지역과 연변대학의 현황을 살펴본다.

연변조선족자치주(이하 연변지역)의 지리적 특성을 보면, 중국의 동북부, 북한과 러시아와 인접한 위치에 있고 백두산을 끼고 있는 풍부한 생태자연자원 환경과 두만강지역의 중심부에 위치한 지리적인 이점이 있다. 동시에 북한, 중국, 러시아의 국경이 교차하고 바다를 가까이한 대륙의 중요한 창구로서 북한과의 대외통상구로서의 역할, 두만강개발정책 등 대외 경제, 사회적 발전에 좋은 여건들을 지니고 있다.[19]

이 같은 북한과의 지리적 이점을 가지고 있는 연변지역에 위치한 연변대학은 1949년 4월 1일에 개교하여 조선족 인재와 한족을 비롯한 기타 소수민족 인재를 양성하는 종합대학으로 오랫동안 연변 조선

---

19 림금숙, "연변 대외무역의 현황 및 과제," 『디아스포라연구』, 제4권 1호 (2010), pp. 105~107.

인 사회의 정신적인 구심체 역할을 해왔다.[20]

연변대학은 1996년 이래 일련의 교육개혁 조치를 통해 중국 국내에서 우위를 점할 수 있는 중점학과를 설치, 지원하고 교육의 질을 강화하고 있다. 이에 따라 조선언어문학, 세계사(조선사), 지역개발을 비롯한 동북아 연구와 두만강유역 개발학과군을 설치하였고, 화학, 약학, 농학을 중심으로 하는 백두산 천연자원 보호와 개발 학과군을 설치하였다. 또한 연변대학은 지방과의 교류를 확대하여 산학연기지 건설을 추진하여 연변조선족자치주 경제건설을 적극 지원하고 있다.[21]

이 같은 연변대학은 남북한과의 관계가 깊다. 우선, 연변대학의 설립 과정과 이후의 발전과정에서 북한의 영향력은 컸다. 연변지역에 민족대학 설립 문제가 처음 제기되었던 1948년 무렵부터 북한의 김일성을 비롯한 주요 지도자들은 당시 북한의 의학, 이공학 계열 간부인력의 부족 등으로 민족정신에 바탕을 둔 간부양성에 관심을 나타내고 연변대학 설립을 추진하였다. 연변대학 설립을 주도한 인사들은 1949년 7월 김일성대학 참관단을 조직해 김일성종합대학, 평양사범대학, 평양의학대학 등을 참관하고 각 학과의 교과서, 도서자료, 교학계획 등을 수집해 가서 1949년 9월 연변대학은 교학계획, 교학조직형식, 교학내용, 교학방법에 이르기까지 모두 김일성대학의 체계에 근거하여 개편을 단행하였다.[22]

---

20 염인호, "중국 연변대학의 설립 및 체제 개편과 북한," 『한국학논총』, 제33집(2010), p, 466.

21 김석주·남설봉, "최근 중국의 대학교 개혁과 연변대학의 개혁," 『한국지역지리학회지』, 제11권 5호(2005), pp. 191~495.

22 염인호, "중국 연변대학의 설립 및 체제 개편과 북한," pp. 486~491.

이렇게 연변대학의 설립 초기와 발전단계에서 북한이 미친 영향이 컸다면, 1990년대 한·중수교 이후에는 남한과의 연관성도 커지고 있다. 연변대학은 중국 각 대학교의 한국어학과 및 한국학연구기구의 주된 연구인력 공급처가 되면서 중국의 한국학연구와 인력양성에서 중요한 역할을 하고 있다.[23]

최근에는 한반도문제를 둘러싼 북한문제 연구가 연변대학을 중심으로 활발히 진행되고 있다. 북·중 관계 연구와 관련해서는 정치, 경제 분야에 집중되고 있으며 2014년 11월에는 연변대학 내에 한반도 연구의 전문성을 더욱 높이기 위해 '조선반도연구원'이 설립되었다. 조선반도연구원은 2개의 센터와 5개의 연구소(국제정치연구소, 역사연구소, 경제연구소, 비교문화연구소, 법률연구소)를 산하에 두고 있으며 연구영역은 한반도 역사, 정치, 경제, 문화, 법률을 망라하고 있다. 조선반도연구원은 한반도 관련 연구자가 상대적으로 집중된 연구기관이며, 남북한과의 학술 교류가 빈번하게 이루어지고 있어 직간접적인 남북한 간의 '소통'의 장으로서도 그 역할을 하고 있다.[24]

2) 연변대학의 남-북-중 교류협력 현황

현재 연변대학은 중국 국가 211프로젝트 중점 건설대학으로 선정되었고, 중국 교육부 인문사회과학중점연구기지 등으로 선정되는 등 중

---

23 송현호, "연변대학의 한국학 현황과 과제," 『한중인문학연구』, 제41권 (2013), p. 430.

24 이금휘, "중국의 북·중 관계 연구기관과 성과," 『동북아연구』, 제30권 2호(2015), p. 46, p. 55.

국 중앙 정부의 집중적인 지원을 받고 있다.[25] 연변대학은 이러한 지원을 활용하여 남-북-중 학술대회로 이공계분야(장백산포럼), 인문사회분야(두만강포럼) 국제학술교류 프로그램을 매년 개최하고 있다.

장백산포럼은 매년 여름경에 개최된다. 장백산포럼은 이공계 분야에서 혁신적인 아이디어와 기술 개발에 초점을 맞추고, 다양한 생물자원의 통합 보존 및 활용을 통해 과학 기술 진보와 지역 경제 발전에 긍정적으로 기여하는 것 등을 목표로 한다. 현재까지 확인된 장백산포럼은 2016년까지 5회 개최되었으며, 개최 시기의 국제정세에 따라 유동적이기는 하지만, 북한 연구진과 참사들이 포럼에 참가하여 주제발표 및 논의가 함께 진행되는 국제학술교류로 이어오고 있다(표 7).

표 7 연변대학 장백산포럼 개최 현황

회차	개최일	주제 및 섹션 구성
제1회	2009년 8월 29일	◎ 주제: 장백산 자원의 보존과 개발 ◎ 섹션: - 현대분석기술과 유기 화합물 추적 - 장백산 천연물 약제 연구 - 장백산의 식물자원 - 희귀성 약용식물과 생물공학 - 장백산 환경의 보호와 회복
제2회	2013년 8월 22일	◎ 주제: 장백산 천연 자원의 연구 및 활용 ◎ 섹션: - 환경생태보호 - 천연자원의 개발과 활용 - 분석화학과 분석기술 - 생산 개발 - 인삼에 관한 특별 세션 존재

---

25   송현호, "연변대학의 한국학 현황과 과제," p. 429.

회차	개최일	주제 및 섹션 구성
제3회	2014년 8월 9일	◎ 주제: 장백산의 천연물 자원과 건강 산업 ◎ 섹션: - 기능성 식품과 건강 산업 - 생물자원의 보호와 지속적인 활용 - 분자회합 - 생명과학
제4회	2015년 8월 5일	◎ 주제: 생물학 자원과 생명과학 ◎ 섹션: - 분리과학과 질량분광기술 - 기후 변화와 생태계 서비스 - 기능 식품 및 건강 - 새로운 식물자원과 전통의약품
제5회	2016년 7월 28일	◎ 주제: 기후변화 ◎ 섹션: - 장백산 동북지역 생물자원 - 습지보호 및 지역개발 - 마이크로 분리 및 분석기술 발전 - 건강 산업 산학연 협력

출처: 서울대학교 의과대학 통일의학센터, 『연변대학을 통한 보건의료 협력사업 개발』(2017), pp. 5~6. 재구성.

두만강포럼은 매년 가을경에 개최된다. 두만강포럼은 동북아시아, 특히 두만강지역에 초점을 맞춘 인문사회과학 영역의 연례 학술포럼이다. 또한 두만강포럼은 인문사회분야 학술교류뿐만 아니라 두만강지역의 개발과 협력을 모색하는 지역개발적인 동북아시아 협력 프로그램이라는 성격도 가지고 있다.[26] 현재까지 확인된 두만강포럼은

---

26 "두만강포럼 2016·화룡포럼 열려..기틀협의 체결."『인민넷』(온라인),

2008년부터 2017년까지 10회 개최된 것으로 파악되나 명확한 회 차 파악이 어렵다. 2017년에는 '회고와 전망: 두만강 구역의 공동번영의 길'이라는 주제로 10월 13~15일에 개최된 것으로 파악된다.[27] 장백산포럼과 마찬가지로 북한 연구진이 참여하는 국제학술교류의 장으로 매년 열리고 있다(표 8).

표 8 연변대학 두만강포럼 개최 현황

연도	개최일	주제 및 섹션 구성
2008년	2008년 10월 18일	◎ 주제: 복수의 공존과 국경의 선택 ◎ 주요섹션: - 국경의 역사 - 한민족 국제문화
2009년	2009년 10월 17일	◎ 주제: 다중 공존과 경계 선택 ◎ 주요섹션: - 중국 국가와 세계화 시대의 문화 인정 - 한국인의 삶의 시각에서 경험한 아시아와 동아시아의 다양성 - 반일문학에 반영된 국가적 성격 연구 - 경계선 문화의 변화와 상호 작용 - 국제 협력과 두만강 지역 개발

2016년 10월 17일; 〈http://korean.people.com.cn/65106/65130/69621/15622422.html〉.

27 "백수인 조선대교수'두만강포럼'참석."『광주매일신문』(온라인), 2017년 10월 12일; 〈http://www.kjdaily.com/read.php3?aid=1507805508420295062〉.

연도	개최일	주제 및 섹션 구성
2010년	2010년 11월 1일	◎ 주제: 다양성 공존과 경계선 선택 ◎ 주요섹션: - 두만강지역 다문화의 형성, 공존과 중재 - 두만강지역 공동 개발과 동북아시아의 번영
2011년	2011년 8월 21일	◎ 주제: 다문화 공생과 한계지역의 선택 ◎ 주요섹션: - 한계적 관점에서의 다문화주의: 경계·이주·통합 - 두만강 지역 협동 개발: 조정·행정·대응 - 동아시아 문화 교류의 양립과 발전 - 두만강 지역 다문화의 형성과 교통 - 소수 민족 문학: 문화적 분쟁과 문화적 정체성 형태 다른 이미지 - 국경 이동에서의 민족 문제와 대응
2013년	2013년 10월 21일	◎ 주제: 다문화와 공존과 한계 지역의 선택: 교류와 협력, 지역 평화와 공동 번영 ◎ 주요섹션: - 연변대학 한국학의 도전과 현황 - 한국 문학 연구의 새로운 경향과 전망 - 두만강의 동아시아의 핵심과 역사적 기능 - 남북한 유산 법의 이해와 협력 프로그램 - 한반도 변화 상황과 북한 3차 핵실험 이후 전망
2014년	2014년 10월 11일	◎ 주제: 다문화 공생과 상생 협력-두만강 지역의 국제 협력: 비전과 실천 ◎ 주요섹션: - 새로운 상황에서 두만강 지역의 국제 협력 - 새로운 유라시아 수송체계와 한-중 협력 - 사회경제특구 개발 경험과 방향 - 동북아시아의 협력과 평화

연도	개최일	주제 및 섹션 구성
2015년	2015년 9월 19일	◎ 주제: 기회와 도전: '일대일로'와 두만강유역 국제협력 ◎ 주요섹션: - 일대일로: 동북아시아의 관점 - 두만강 지역 경제 무역 협력 현황 및 전망 - 북중 나선경제무역구의 새로운 플랫폼, 새로운 기회, 새로운 발전
2016년	2016년 10월 15일	◎ 주제: 조화와 포용: 두만강지역 국제 합작과 교류의 새로운 길 ◎ 주요섹션: - 생태민속 여행자원개발 - 건강도시와 건강산업 발전 - 한중국제무역협력

출처: 서울대학교 의과대학 통일의학센터, 『미래의 남북 보건의료 교류협력을 위한 방법으로서의 R&D 개발』, pp. 7~9. 재구성.

각 포럼의 주제들을 비교, 분석해보면 장백산포럼은 두만강, 압록강, 백두산 지역의 자연환경을 배경으로 생물학, 자원개발, 환경보호, 기후변화 등의 미래지향적 주제에 집중하고 있으며, 두만강포럼은 연길과 두만강 하류의 훈춘을 연결하는 북한-중국-러시아의 3국 국경지대와 동해를 배경으로 중국과 동북아시아 국가들의 지형적 개발, 경제발전, 상생협력 등의 주제에 집중하고 있다. 이를 통해 연변대학의 국제학술교류 프로그램은 '미래를 향한 협력과 발전'이라는 큰 틀에서 다양한 분야로 그 범위가 확장되고 있음을 알 수 있다.

2. 남-북-중 3자 보건의료 교류 현황과 협력방안

1) 중국 연변대학 의료진 연수

통일의학센터는 2015년부터 대북 보건의료 민간단체인 어린이어깨동무[28]와 함께 중국 연변대학과 협력하여 남-북-중 보건의료 교류사업을 시행해오고 있다. 연변대학부속병원 의료 인력의 서울대 연수를 지원하여 연변대학과 서울대학교 간의 상호 의료진 교류 프로그램을 정례화하고 연변대학부속병원의 조선인 의료진 역량강화를 통해 추후 북한 의료진의 연변대학 내 초청연수 교육 기반을 마련하기 위한 목적이다.

중국 연변대학부속병원 의료 인력 연수사업은 '재외동포 의료인력 역량강화 및 협력사업'의 사업 명으로 2016년부터 매년 1회씩 총 2차례 사업을 수행했으며, 조선족 소아과 전문의(소아신경/소아재활), 부교수(소아신경) 2명이 9주간 사업에 참여하였다. 연수 장소와 담당교수는 서울대학교병원 소아청소년과와 협의하여 진행되었다. 연수 사업 대상자 선정은 연수시작 2개월 전부터 어린이어깨동무와 협의하여 이뤄졌으며, 연수사업을 위한 사전 행정 및 본 교육은 통일의학센터와 연수 담당교수와 협의하여 진행되었다.

2016년 11월 첫 연수사업이 이뤄졌으며 연수 대상자는 소아신경,

---

[28] 어린이어깨동무는 2006년 서울대학교 어린이병원과 대북 보건의료 협력사업 협약을 체결한 이후 북한 의료인 교육 사업을 2008년 평양에서 두 차례 수행했고, 2009년과 2014년에는 한 차례씩 북한 의료진을 연변대학에 초청해 교육을 진행한 경험이 있다. 어린이어깨동무, 『평양의학대학병원 어깨동무소아병동 백서』(서울: 사단법인 남북어린이어깨동무, 2010), pp. 61~63.

표 9   연변대학 의료진 연수사업 개요

구분	내용
사업 명	재외동포 의료인력 역량강화 및 협력사업
기간	2개월 (9주)
연수 대상	연변대학부속병원 소아과 조선족 의료진 1명
연수 장소	서울대학교병원 소아청소년과
사업 목표	1. 연변대학부속병원의 의료진 역량 강화 2. 서울대학교와 연변대학과의 상호 의료진 교류 프로그램 정례화 3. 연변대학부속병원의 북한 의료진 교육 프로그램 협의 및 정보 공유 4. 평양의학대학 의료진 연변대학부속병원 초청 연수 기획 추진 5. 서울대학교 의과대학과 협력하여 연변대학 주최 보건의료 국제학술대회 신설 협의 6. 평양의학대학 의료진 연구인력 국제학술대회 초청 협의

소아재활의학 연수에 참여하였다. 당시 연변대학부속병원에는 소아재활의학과가 없었기 때문에 소아재활 연수 요구가 있었다. 북한에서도 최근 평양에 소아 척추 재활센터를 건립중이며, 뇌성마비 및 자폐 어린이에 대한 관심이 있기 때문에 연변대학 의료진의 소아재활의학 연수를 추가로 진행하였다. 연수 이후 연변대학에 재활과가 설립되었으며 추후 연변대학 의료진을 통한 북한의 소아재활 연수 및 교육 지원 교류가 가능할 수 있게 되었다. 2017년 6월에 시행된 두 번째 연수사업은 소아신장에 집중해 이뤄졌다. 특히 북한의료진 연수 경험이 있는 의료진이 연수에 참여함으로써 연수종료 이후 결과보고를 통해 평양의학대학 병원 연수 진행시의 문제점을 예측하고 사전 준비 작업의 필요성을 공유하였다.

2차례 연수 사업에 참여한 연변대학 의료진은 공통적으로 언어의 문제점, 의료수준차이, 수준차이로 인한 임상적용의 어려움에 대한 문제점을 지적하였다. 연변대학병원에서의 의학용어는 영어보다는 중국어를 주로 쓰기 때문에 연수과정에서 의학용어 이해의 어려움을 경험하였다. 또한 연변대학부속병원과 서울대학교병원의 의료설비, 기술의 차이가 있고 분과가 조금씩 상이하기 때문에 연수 종료 이후 연변대학에서의 임상적용에 대한 어려움을 예측하였다. 이는 연변대학을 통한 북한 의료인 연수가 시행될 시 같은 문제점이 발생될 것으로 지적되었다. 따라서 추후 북한 의료진 연수 시 사전 고려해야 할 교육체계가 필요하며, 이에 대한 연변대학과의 공감대가 형성되었다. 또한, 연변대학에서도 공통적으로 관심이 있고 협력 유인이 될 수 있는 의학 분야의 학술교류를 추진할 필요성을 확인하였다.

표 10 연변대학 의료진 연수과정

구분	세부과정
사전 교육	◎ 연수 목표 설정 - 연변대학부속병원의 현지방문을 통한 사전 연수 수요 파악 - 연수대상자 개인의 연수 목표 설정 및 연수 계획 작성 - 연수대상자 개인 역량에 맞는 교육계획 마련
본 교육	◎ 기본교육 - 의학문헌 활용(서울대학교 의학도서관) - 통일 보건의료 및 북한 보건의료 현황 - 문화체험활동 ◎ 전공교육 - 소아신경, 소아재활 회진, 진료, 외래, 세미나, 캠프 참여 - 타분과 회진, 회의, 세미나 참여 - 국내외 컨퍼런스 참여 - 임상 실습
교육 평가	◎ 연수생 평가 - 연수생 대상 설문 및 면담 실시 ◎ 담당교수 평가 - 담당교수 대상 설문 및 면담 실시 ◎ 최종보고

2) 남-북-중 보건의료 협력 기반구축 방안

연변대학은 중국 조선족자치주 연변지역의 대표적인 대학으로서, 민족적 의지와 함께 북한에 대한 적극적이고 성공적인 교류협력을 실천해 온 중요한 소통창구로서 기능하고 있다. 하지만 2010년 5.24조치로 인해 경색된 남북관계는 현재 대화의 창구가 단절되고 지원과 교류협력의 기반이 상실, 파편화되어있는 어려운 상황이다. 따라서 이 같은 상황에서 북한과 대외 교류협력을 지속하고 있는 연변대학과의 교류협력 채널을 통해 향후 남북 보건의료 협력을 대비하기 위한 새로운 기반을 조성할 수 있다. 즉 연변대학을 포함하여 남-북-중을 연결한 새로운 보건의료 사업개발이 추진 가능한 현황이며 이를 위한 전문적이며, 실천적인 협력사업의 방안을 제안할 필요성이 있다.

남-북-중 보건의료 협력의 기반을 구축하기 위해서는 보건의료 분야 남-북-중 학술교류 프로그램을 기획할 필요가 있다. 학술교류협력을 포함한 남북한 간의 사회문화 교류협력의 일종인 학술교류협력은 정부차원의 접촉이나 경제적 동기를 주축으로 하는 경협의 한계를 벗어나 남북한 사회의 이질화를 극복하고 궁극적으로 하나의 사회문화 공동체형성을 지향한다는 점에 있어 중요하다.[29]

보건의료 학술교류 프로그램의 일차적 과제로서 남-북-중 보건의료 학술회의를 개최하여 남-북-중 당사자들 간의 보건의료 분야의 제반 협력 사항 들을 공유하고 소통할 필요성이 우선적으로 제기된다. 기존의 연변지역 남-북-중 학술회의는 인문사회분야와 과학기

---

29 이현조, "남북학술교류협력에 관한 법적 연구," 『법학연구』, 제29권 (2008), p. 398.

술분야로 각각의 전문분야별로 나뉘어져 진행되어 왔으며 보건의료 분야의 국제학술대회는 없었다. 통일을 대비한 북한의 보건의료 현황 논의, 남북 보건의료 협력, 남-북-중 보건의료 학술협력을 위해서는 보건의료 분야의 남-북-중 학술교류가 필요하다.

　남-북-중 보건의료 학술회의는 남북을 연계하는 중국 연변대학을 통해 개최하며 주요한 주제로는 남과 북, 그리고 중국의 연구 수요까지 포괄할 수 있는 보건의료 분야의 각 주제들을 선정하여 학술회의를 구성한다. 학술회의의 중국, 북한 측 주체로는 중국의 연변대학, 연변대학부속병원과 북한의 김일성종합대학 평양의학대학을 중심으로 구성하고 추후 관련 주체 단위들을 확대한다.

　학술회의는 북한의 보건의료 역량강화, 남-북-중 보건의료 연구개발 협력의 기반을 구축하는 목표를 가지며 기획 시 남-북-중 삼국의 보건의료 분야의 연구협력 우선성과 중요성, 타당성 등을 상호 협의하고 이를 토대로 추진하는 것이 중요하다. 왜냐하면, 학술분야의 교류 프로그램을 남-북-중 삼국이 기획을 하고 추진을 할 때에는 삼국의 보건의료 분야의 연구 및 현황이 상이하고, 이를 국제학술회의에서 논의할 수 있는 기준과 제한점 등의 여러 사정들이 영향을 미치고, 때로는 민감한 상황이 전개될 수도 있기 때문이다.

　따라서 보건의료 분야 남-북-중 학술회의 및 학술교류 프로그램을 추진하는 데에는 다음의 몇 가지 사항을 고려해야 한다. 첫째, 중국의 중개적 교류 협력이 필요한 남-북-중 학술교류협력 사업은 중국의 해당 기관, 분야의 참여 구성원들과 지속적인 협의를 통해 중국 측 유인을 적극적으로 분석하고 중국 측과 협의할 필요가 있다. 최근 몇 년 사이에 남북한, 동북아 정세의 위기로 남북 학술 교류협력의 중개자 역할을 하고 있는 중국 연변대학을 통한 남-북-중 학술회의, 인적 교류 제안이 증가하고 있는 상황이지만 실제로는 중국 국내적 사정 등으로 인하여 사업 추진과 진행이 원활하지 못한 유동적인 상황이 많았기 때문이다. 둘째, 그동안 고립되어 왔던 북한 측의 연구자들과 해당 북한 기관과의 소통, 협의를 위해서는 북한 측의 보건의료 분야 연구 현황을 면밀히 분석해야 한다. 이를 바탕으로 남한에서는 추후 통일을 대비한 북한과의 활발한 학술교류협력을 대비해 남북한 보건의료 연구개발 협력에 기반이 되는 주제 및 계획안을 적극적으로 반영해서 추진할 필요성이 있다. 셋째, 연변대학을 통해 지속성을 가지는 남-북-중 보건의료 학술교류협력 체계를 구축하는 것이 중요하다. 이를 위해 학술교류협력 체계의 기반이 되는 '학술정보 데이터베이스'를 구축하는 것을 고려할 수 있다.

학술정보 데이터베이스 구축은 연변대학과 평양의학대학에서 모두 필요로 하는 학술기반체계이다.[30] 따라서 남한에서 기존에 구축한 학술정보 데이터베이스 체계를 중국과 북한 측에 구축 노하우를 공유, 체계 구축을 구체적으로 지원하게 된다. 학술정보 데이터베이스를 구축하는 과정은 우선 연변대학, 연변대학병원과 협력하여 보건의료 학술정보 데이터베이스를 중심으로 서울대학교의 e-library(S스페이스)체계를 바탕으로 연변대학에 e-library(Y스페이스)를 구축하는 것을 지원하는 것이 첫 단계이다. 다음 단계로는 연변대학에 구축된 학술정보 데이터베이스를 북한 평양의학대학과 연계시켜 의학기술 정보를 공유, 지원할 수 있는 시스템으로 확장하는 방안을 계획하는 것이다.

---

30   현재 연변대학 의과대학과 연변대학부속병원의 e-library 시스템은 아직 미비된 상태로 의학 자료의 다양성 부족과 연구 활용에 제한이 있는 상황이다.

이 같은 과정을 좀 더 구체적으로 살펴보면, 연변대학 e-library 구축 관련 인터넷 인프라, 학술 수요조사 등의 확인을 위한 사전조사단의 현지방문 및 협의를 통해 연변대학에 e-library(Y스페이스)를 구축하고 이를 서울대학교의 e-library(S스페이스)의 논문·저널 자료와 연계하는 방식으로 e-library 체계 구축을 지원하는 프로그램을 마련한다. 그리고 구축된 연변대학 e-library 체계를 추후 북한 김일성종합대학 평양의학대학의 연구자와 관련 의료인력에게 공유, 교육하게 되는데 이 과정에서는 김일성종합대학 평양의학대학의 인터넷 기반과 관련된 기술적인 협의 및 구축을 지원하고, 이를 연변대학의 북한 측 접속권한 부여로 평양의학대학으로 시스템 확장, 의학정보를 지원한다. 여기서 중요한 것은 연변대학 e-library 체계의 안정적이고 지속적인 관리이다. 이를 위해 주기적으로 연변대학의 관련 부서와 시스템 확장 협의 및 의학정보 업데이트 지원 문제를 협의한다.

이 같은 의학정보를 지원하는 학술정보 데이터베이스 시스템을 구축함으로써, 남-북-중 간 보건의료 분야 연구자, 의료인력의 학술교류의 기반을 마련함과 동시에 북한 의료인력의 역량을 강화할 수 있는 선순환적인 효과를 창출할 수 있을 것이다. 특히 최근 국제적인 대북제재 국면으로 인해 실질적인 남-북-중 협력사업의 추진을 담보하고 사업의 지속성 유지를 위해서는 협력 당사자들과의 우호적 정보 공유 및 네트워크 형성이 장기적으로 꾸준히 지속되어야하기 때문에 외부 정세에 영향을 많이 받지 않는 학술 데이터 지원 및 공유 사업은 효과적인 남-북-중 보건의료 협력 방안이 될 수 있다.

3) 남-북-중 보건의료 R&D 협력방안

그간 남한 정부의 대북 보건의료 지원은 2000년대 인도적 지원을 목적으로 1차 의약품, 의료기자재 지원을 수행했고, 교류협력이 증가하자 2005년부터는 개발지원 형태로 병원현대화, 병원 신축, 의료인 교육 사업을 수행하였다. 하지만 2010년부터 북한의 핵실험, 미사일 도발 지속이 이어졌고, 북한은 더 이상의 인도적 지원을 거부하겠다는 의사표시로 남북한의 직접적인 교류는 현재까지 멈춰있다. 하지만, 남북한의 상호적인 보건의료 교류협력은 한반도 건강에 밀접하게 관련되어 있기 때문에 꼭 필요하다. 예로 남북한 경계지역인 파주, 김포, 강화, 철원 등의 일부 휴전선 접경 지역은 헌혈 제한(위험) 지역 또는 헌혈가능(잠재)지역으로 분류되어 관리하고 있을 정도로 북한의 말라리아 재출현 원인과 관리에 대해 여러 가능성이 제기되고 있는 상태다.[31] 이와 같은 감염병 문제는 더 이상 남한의 질병관리통제 시스템으로 해결할 수 있는 문제가 아니라 남북한이 함께 협력해야 하는 질병관리라는 점을 시사한다.

북한과 한반도 질병관리 측면에서 협력하여 수행한 사례가 있었다. 2009년 12월 초부터 북한 내 신종플루 발생이 보고되자 당시 남한 정부는 즉각 대한적십자를 통해 타미플루, 리렌자를 지원했고, 2010년에는 2차로 손소독제 지원과 함께 남한 보건복지 전문가가 함께 동행해 신종플루 방역을 위한 경험과 사례를 공유했었다.[32] 이처럼 한반도의 질병관리 문제는 남북한이 서로 협의하여 질병안전 대책이 필요한 사항이지만, 2010년 이후 개선된 교류협력 방안은 없었다. 따라서 통일의학센터는 대북 보건의료 지원방안에 관한 그간의 고찰을 통해 기존의 인도적 지원의 한계를 뛰어 넘는 지속가능한 남북 교류

---

31 신희영 외 공저, 『통일 의료: 남북한 보건의료 협력과 통합』, p. 103.
32 통일부, 『2010 통일백서』(서울: 통일부, 2010), pp. 117~118.

협력 패러다임 전환을 시도하였다. 지속가능한 남북 교류협력 패러다임 전환의 일환으로 북한의 보건의료 장점과 남한의 의학기술을 활용한 공동 연구 및 개발(Research & Development)을 새로운 대북 보건의료 협력전략으로 제안한 것이다.

남북한 보건의료 R&D는 기존 보건의료 R&D의 정의를 확장하여 "남북한의 건강유지를 위한 질병극복과 삶의 질 향상과 관련된 기초 및 응용연구공동"으로 남북한 주민의 건강증진을 위한 보건의료기술 개발의 의미가 있다. 이는 단순히 남북한이 공동으로 기술을 개발하는 것을 넘어 남북한의 건강문제 해결의 차원에서 남한은 북한의 보건의료 실태(질병부담, 의료 인프라 등)를 파악하여 통일시대를 대비하고, 북한은 남한과의 공동연구를 통해 실제적인 질병부담을 줄이고 남한과의 보건의료수준을 줄일 수 있는 목적을 가지고 있다.[33]

통일의학센터는 남과 북의 교류협력 정도(無/小/中/大)에 따른 남북한 보건의료 R&D 연구기획 사업을 수행하여 보건의료 12분과 구성과 주요 연구주제를 선정했고, 기생충감염, 천연물 신약 분과에 해당하는 기초 문헌연구를 완료하였다. 따라서 남북한 보건의료 R&D 실행을 위한 주요 분과의 기초자료를 활용한 남북한 교류협력 제안의 근거자료 활용이 가능하게 되었다. 이를 활용하여 북한과의 보건의료 국제 학술회의 주제 안 도출, 연구개발의 협력에 관한 제안을 연변대학부속병원, 어린이어깨동무와 함께 시도하고 있으며 남북한 정세가 좋아진다면 북한과의 건설적인 교류협력이 가능할 것으로 기대하고 있다.

---

33 서울대학교 의과대학 통일의학센터, 『미래의 남북 보건의료 교류협력을 위한 방법으로서의 R&D 개발』, p. 5.

그림 1 남북한 보건의료 R&D의 정의
출처: 서울대학교 의과대학 통일의학센터, 『미래의 남북 보건의료 교류협력을 위한 방법으로서의 R&D 개발』, p. 5.

이와 같은 남북한 보건의료 R&D는 통일비용을 마련할 수 있는 지속가능한 보건의료 협력 모델로서의 방향 전환이 가능하고 남북한 협력을 통한 상호 역량강화로 남북 보건의료 기술 수준 차이 감소와 남북한 공동이익 창출이 가능하다.

IV. 결론: 남-북-중 보건의료 협력의 실현 방안

본 연구에서는 남한과 상이하게 발전한 북한의 의료인력 현황을 살펴보고, 연변지역의 연변대학을 통한 북한 의료인력 역량강화 프로그램, 남-북-중 보건의료 학술교류 프로그램, 남-북-중 보건의료 R&D 협력방안을 살펴보았다. 논의된 남-북-중 보건의료 협력의 방안이 현실적으로 실현가능하게 할 수 있기 위해서는 최근 변화하고 있는 동북아시아 지역의 주요 국제협력, 개발계획 등의 거대 전략적 환경을 파악하고 각 국가의 주체가 유기적으로 참여함으로써 남-북-중 보건의료 협력의 방안을 연동하여 추진할 필요가 있다.

최근 중국의 동북3성 및 두만강 유역 국제개발협력 정책들과 이러한 중국의 국가전략 하에 연변지역을 중심으로 한 남-북-중 보건의료 협력 방안이 추진될 수 있는 환경적 변화를 살펴보고자 한다. 2000년대부터 동북진흥 전략, 창지투 전략, 일대일로 구상으로 이어지는 중국 중앙정부 주도의 적극적인 대외경제협력, 발전전략이 추진되고 있으며 중국 동북3성 지역을 중심으로 역내 교류협력 구도가 변화되고 있다.

중국의 '동북진흥 전략'은 2002년 중국공산당 제16차 당대회에서 동북지역의 노후된 공업기지를 새롭게 정비·발전시켜야 한다는 방침이 정해지고, 2003년 10월 중국공산당 16기 3중전회에서 동북지역 경제 개혁 및 산업발전계획을 국가의 주요 발전전략으로 설정하면서 전개되었다. 이 같은 중국 정부의 동북진흥 전략으로 중국 동북3성 지역은 중국경제발전의 새로운 중심지로 부상하게 되었다.[34]

'창지투 전략'은 2009년 8월 중국 국무원이 길림성의 장춘-길림-두만강 일대를 연계해 이를 동북지역의 신흥 성장 거점으로 육성하는 국가 급 프로젝트로서 진행되었다. 창지투 전략은 장춘시와 길림시를 성장의 배후지로 해서 두만강 국경도시인 훈춘시를 대외창구로, 연길시-용정시-도문시를 개발의 전진기지로 하는 전략이다.[35]

'일대일로 구상'은 2013년 9월과 10월 중국 시진핑 주석이 카자흐

---

34   홍익표, "북중 경제협력과 창지투(長吉圖) 개발계획," 『북한경제리뷰』, 2010년 9월호(2010), p. 34.

35   이홍규, "중국의 동북진흥과 연변굴기," 『제100차 중국학연구회 정기학술대회 자료집』(2015년 11월 14일), p. 253.

스탄과 인도네시아를 방문하여 '실크로드 경제벨트'및 '21세기 해상실크로드' 건설을 제안하면서 추진되었다. 일대일로 구상은 평화, 발전, 협력, 공영을 기치로 중국과 관련국이 기존의 양자 및 다자 메커니즘, 역내 협력플랫폼을 활용해 경제협력을 강화하고 이익·운명·책임공동체를 구축하는 것을 목표로 하고 있다.[36] 일대일로 구상은 연변지역을 포함한 중국의 동북3성 지역에도 영향이 있다. 일대일로 구상은 주요 경제권을 철도·도로 등의 물류망을 중심으로 연결하는 핵심 프로젝트로 '6개의 경제회랑'을 추진[37]하는데 이중 '중국·몽골·러시아 경제회랑'의 경우 '대련-심양-장춘-하얼빈-만저우리-치타' 노선이 기존의 창지투 전략과 연계되어 북한을 포함한 두만강 하류지역의 경제협력을 촉진하며 남한의 적극적인 참여를 이끌어낼 수 있는 구조이다.[38] 또한 일대일로 구상은 '5통 정책'을 통해 협력을 추진하는데, 이 중 '민심상통(民心相通)'은 중국이 관련국과 교육문화, 의료위생, 과학기술분야 협력 등을 강화하여 관련국 국민들의 마음을 얻는다는

---

36 피아오젠이, "'일대일로' 이니셔티브와 동북아 경제질서,"『한반도 평화와 남·북·중 경제협력을 위한 한중 국제학술대회 in 성남 자료집』(2017년 12월 21일), p. 68. 즉 일대일로 구상에서 '일대(一帶)'는 중국에서 중앙아시아를 거쳐 유럽에 이르는 육상실크로드 구축을, '일로(一路)'는 중국에서 동남아 및 중동의 주요 해상거점을 거쳐 유럽에 이르는 해상실크로드를 구축한다는 것을 의미한다. 현승수 외 공저,『동북아평화협력구상과 유라시아 협력 추진을 위한 다자주의적 접근』(서울: 통일연구원, 2015), p. 41.

37 김애경, "중국의 "일대일로(一帶一路)" 구상 분석: 제기배경, 추진현황, 함의 고찰을 중심으로,"『민주사회와 정책연구』, 제29권(2016), p. 125.

38 피아오젠이, "'일대일로' 이니셔티브와 동북아 경제질서," p. 78.

내용[39]으로 보건의료 분야를 포함하는 과학기술 및 교육 분야에서의 국제협력을 제시하고 있다.

이 같은 중국 정부의 거대 전략적 흐름 속에 연변지역에는 '연변 국민경제와 사회발전 제13차 5개년 계획'(13·5 계획)이 2016~2020년 동안 추진되고 있다.[40] 13·5 계획은 기존의 창지투 전략 및 일대일로 구상과 연동되는데, 13·5 계획 기간 창지투 전략의 7대 주요목표 중에는 '포괄적 국제교류협력'이 설정되어 있다. 이는 주변국과 더욱 많은 분야와 범위의 교류를 독려하고 두만강 주변 지역의 과학기술, 교육, 인문, 환경보호 분야의 교류와 협력을 중점적으로 추진하는 내용이다.[41] 이는 앞서 살펴본 장백산포럼, 두만강포럼의 국제학술교류협력에 관한 연변지역의 중점사업의지를 확인할 수 있는 사항이며, 더 나아가 보건의료 국제교류협력에 관한 포럼기획의 추진 가능성이 높은 협력 환경을 보여주고 있는 부분이다. 연변대학부속병원측도 2014년 처음 북한 의료진 초청 교육과 2016, 2017년 통일의학센터와 의료진 연수사업을 수행한 이후 보건의료 국제교류협력에 대한 의지가 높으며, 보건의료분야의 연변대학 자체 국제포럼기획에도 적극적인 상황이다.

동북아시아에서 중국 정부의 의지가 강하게 작용하는 거대 교류협력 전략 및 정책을 통해 동북아시아 각 국가의 사회적, 과학기술적 배경에 대한 상호 이해와 협력을 통해 보건의료를 포함하는 사회·문

---

39 이창주, "중국의 일대일로 전략 바로알기,"『시선집중 GSnJ』, 204호 (2015), p. 8.

40 임수호 외 공저,『한국과 중국 연변조선족자치주 경제협력과 향후 발전방안』(세종: 대외경제정책연구원, 2017), p. 48.

41 위의 책, p. 59.

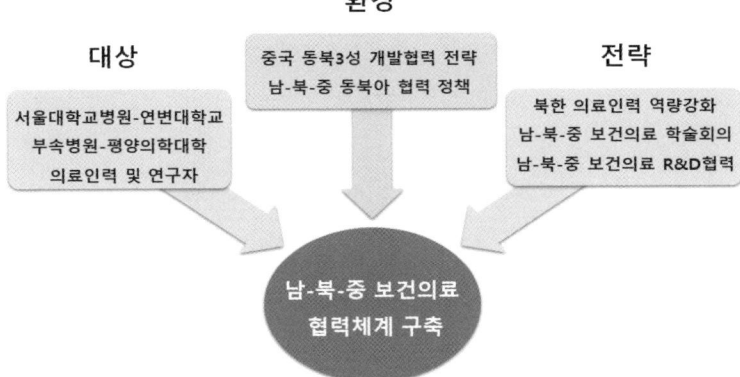

그림 2   남-북-중 보건의료 협력체계 구축 방안

화·과학 분야 협력을 발전적으로 추진할 수 있는 우호적인 환경이 조성되고 있음을 알 수 있다.

동북아시아 교류협력의 최근 환경적 변화를 바탕으로 남-북-중 보건의료 협력의 주요 과제 기획과 협력방안은 연계되어 추진될 필요성이 있다. 서울대학교 의과대학 통일의학센터는 2015년부터 서울대학교병원-연변대학부속병원-평양의학대학의 의료인력 및 연구인력을 1차 대상으로 남-북-중 보건의료 협력의 주요 사업을 기획해 실행해오고 있다. 국제정세를 반영한 남북한의 교류협력 상황에 따라 의료인력 역량강화, 보건의료 분야 국제학술회의, 보건의료 학술정보 데이터베이스 구축, 보건의료 연구개발(R&D) 협력을 주요 전략 사업으로 추진하고 있다.

추후 북한 의료진들을 대상으로 교육 프로그램을 운영하여 단기적인 교육에 그치지 않고 북한 의료인력의 전반적인 역량 강화를 목표로 하고 있으며, 동시에 한반도를 둘러싼 환경에서 공통적으로 제기되는 보건의료 의제를 중심으로 학술회의를 정례적으로 개최하고자 한다. 이를 통해 남북한 보건의료 분야의 연구능력 제고와 보건의료 학술정보 데이터베이스 공유를 실현할 수 있도록 노력하고 있다.

남북한 보건의료 협력의 실행을 위해서는 우선, 북한 의료인 연수 경험이 있는 연변대학 부속병원 의료진과 함께 북한 의료진 역량강화를 위한 장·단기 교육 커리큘럼 마련이 필요하다. 북한과의 정례적인 교류 창으로 남-북-중 국제 보건의료 학술회의가 개최된다면 평양의학대학 의료진 대상 교육 커리큘럼을 기반으로 북한의 1~3차 의료시설 현황에 맞춘 효율적인 교육 커리큘럼 개발이 가능하다. 또한 북한의 보건의료 수요 파악에 관한 연구가 필요하다. 통일의학센터는 2016년 남한의 대북 보건의료 전문인들과 함께 통일을 대비한 보건의료 교류협력 R&D 주제를 기획하였고 기생충감염, 천연물 신약 주제의 기초연구를 수행했다. 하지만, 이는 남한의 편향적인 시각으로 도출된 보건의료 R&D 주제로 남북한 공동 협의 주제는 아닌 한계점이 있다. 따라서 북한의 보건의료 수요 파악에 관한 연구수행이 필요하며, 국제 학술회의가 개최된다면 남북한이 함께 보건의료 R&D 기획 연구가 가능하다.

남북한 보건의료 영역은 전체 한반도 주민의 건강권과 연계되어 있어 상호간 협력이 필요하다. 따라서 지속적인 남북한 교류가 가능한 연변대학과 협력하여 북한 보건의료 인력과 연구 분야의 역량강화가 이뤄져야한다. 정례적인 남북한 교류협력이 가능해지고 함께 협력하여 보건의료 연구개발 기획이 가능해 진다면, 통일을 대비한 보건의료 부가가치 창출이 가능한 환경이 조성될 것으로 기대된다. 통일의학센터는 이와 같은 남-북-중 보건의료 협력방안을 통해 통일을 대비하는 보건의료 협력체계를 실현하고 이를 통한 지속적이고 효율적인 남북한 교류협력을 확대해 나가기 위해 지속적이고 효과적인 방안을 연구하여 실천할 것이다.

::참고문헌

백과사전출판사 편.『광명백과사전 19: 인체. 보건』. 평양: 백과사전출판사, 2010.

서울대학교 의과대학 통일의학센터.『미래의 남북 보건의료 교류협력을 위한 방법으로서의 R&D 개발』, 2017.

서울대학교 의과대학 통일의학센터.『연변대학을 통한 보건의료 협력사업 개발』, 2017.

신희영 외 공저.『통일 의료: 남북한 보건의료 협력과 통합』. 서울: 서울대학교출판문화원, 2017.

어린이어깨동무.『평양의학대학병원 어깨동무소아병동 백서』. 서울: 사단법인 남북어린이어깨동무, 2010.

임수호 외 공저.『한국과 중국 연변조선족자치주 경제협력과 향후 발전방안』. 세종: 대외경제정책연구원, 2017.

통일부.『2010 통일백서』. 서울: 통일부, 2010.

통일부.『2016 통일백서』. 서울: 통일부, 2016.

현승수 외 공저.『동북아평화협력구상과 유라시아 협력 추진을 위한 다자주의적 접근』. 서울: 통일연구원, 2015.

김석주·남설봉. "최근 중국의 대학교 개혁과 연변대학의 개혁."『한국지역지리학회지』, 제11권 5호(2005), pp. 488~499.

김애경. "중국의 "일대일로(一帶一路)" 구상 분석: 제기배경. 추진현황. 함의 고찰을 중심으로."『민주사회와 정책연구』, 제29권 (2016), pp. 112~144.

림금숙. "연변 대외무역의 현황 및 과제."『디아스포라연구』, 제4권 1호(2010), pp. 105~126.

송현호. "연변대학의 한국학 현황과 과제."『한중인문학연구』, 제41권 (2013), pp. 427~449.

염인호. "중국 연변대학의 설립 및 체제 개편과 북한."『한국학논총』. 제33집(2010), pp. 466~498.

이금휘. "중국의 북·중 관계 연구기관과 성과."『동북아연구』, 제30권 2호(2015), pp. 35~61.

이창주. "중국의 일대일로 전략 바로알기."『시선집중 GSnJ』, 204호 (2015), pp. 1~13.

이현조. "남북학술교류협력에 관한 법적 연구."『법학연구』, 제29권 (2008), pp. 397~422.

이홍규. "중국의 동북진흥과 연변굴기."『제100차 중국학연구회 정기 학술대회 자료집』(2015년 11월 14일).

이혜경. "북한의 '보건일군' 양성정책 연구"(북한대학원대학교 박사학위논문, 2013).

피아오젠이. "'일대일로' 이니셔티브와 동북아 경제질서."『한반도 평화와 남·북·중 경제협력을 위한 한중 국제학술대회 in 성남 자료집』(2017년 12월 21일).

홍익표. "북중 경제협력과 창지투(長吉圖) 개발계획."『북한경제리뷰』. 2010년 9월호(2010), pp. 27~49.

Ministry of Public Health. *Medium Term Strategic Plan for the Development of the Health Sector DPR KOREA 2016-2020*. Pyongyang: Ministry of Public Health, 2017.

기타

"北, 보건·교육·과학 투자 확대···'민생 다독이는 차원'."『연합뉴스』(온라인), 2017년 4월 12일; 〈http://www.yonhapnews.co.kr/bulletin/2017/04/12/0200000000AKR20170412002400014.HTML〉.

"北 김정은, 현대식병원시찰···환자 손잡고 '건강하라'."『연합뉴스』(온라인), 2014년 3월 22일; 〈http://news.naver.com/main/read.nhn?mode=LSD&mid=sec&sid1=100&oid=001&aid=0006819964〉.

"두만강포럼 2016·화룡포럼 열려..기틀협의 체결."『인민넷』(온라인), 2016년 10월 17일; 〈http://korean.people.com.cn/65106/65130/69621/15622422.html〉.

"백수인 조선대교수'두만강포럼'참석."『광주매일신문』(온라인), 2017년 10월 12일; 〈http://www.kjdaily.com/read.php3?aid=1507805508420295062〉.

『PubMed』database; 〈https://www.ncbi.nlm.nih.gov/pubmed〉.

:: 통일의학센터

북한의 전반적인 보건의료 현황과 협력 방안__

신희영·안형순·임아영·전지은

목차

I. 서론

II. 북한의 보건의료 체계

III. 북한 주민의 건강실태

IV. 시사점 및 통일 보건의료 협력방안

신희영   서울대학교 의과대학 소아과학교실 교수, 통일의학센터 소장
안형순   서울대학교 의과대학 통일의학센터 연구원
임아영   서울대학교 의과대학 통일의학센터 연구원
전지은   서울대학교 의과대학 통일의학센터 연구원

I. 서론

분단 70여 년의 긴 역사는 남북 사회의 경제 수준뿐만 아니라 보건의료 수준에도 많은 차이를 낳았다. 단적인 예로 북한은 경제위기 이후 유명무실하긴 하지만 사회주의 국가의 무상의료 체계를 갖추고 있는 반면, 남한의 의료체계는 전 국민 의료보험 제도에 기반하고 있다. 이렇듯 기술·장비·인력 등의 의료 자원과 제도, 나아가 이를 뒷받침할 국가 경제력의 차이는 결과적으로 남북한 인구의 건강 수준 차이로 이어진다. 또한 이러한 차이는 통일 과정에서 상당한 경제적·사회적 비용을 초래할 것이 예상되므로 북한의 건강수준과 우선순위 보건의료 문제를 정확히 파악하여 적극적으로 통일에 대비하는 것이 중요하다.

그러나 2008년 '12·1 조치'이후 남북 간 육로통행과 철도 운행이 제한되고, 개성공단 관광 중단, 경협사무소 폐쇄 등 남북한 관계가 경색국면에 접어들면서 남한 정부와 민간단체에 의한 대북지원은 지난 10여 년간 최소한의 수준만을 유지하고 있다. 인도적 지원은 정치적 상황에 관계없이 이뤄지는 것을 원칙으로 삼고 있음에도 불구하고, 북한의 핵실험과 미사일 도발로 이어진 국제사회의 제재와 북한의 고립으로 인해 남북한 보건의료 수준의 차이는 나날이 커지고 있는 상황이다.

이러한 제한적인 환경에서 북한의 보건의료를 이해하려는 노력은 국내외를 막론하고 꾸준히 이어져왔다. 특히 국내 연구자들은 북한에 직접 방문할 수 없는 여건상 북한이탈주민을 통해 간접적으로 북한 내부의 현실을 추정하거나, 북한 당국과 국제기구에서 발간한 자료를 바탕으로 분석을 실시하는 것이 대부분이다. 또한 최근에는 학회 창설이나 교과과정 개설 등 통일 보건의료 연구와 교육의 움직임이 점차 활발해지고 있다. 그러나 북한 보건의료 분야는 다른 정치, 경제, 사회 분야에 비해 축적된 자원이 아직까지 부족한 실정이다.

이에 본 연구에서는 북한의 전반적인 보건의료 현황을 보건의료 체계와 건강 지표를 중심으로 살펴보고자 한다. 일반적으로 보건의료 체계는 서비스 전달체계, 인력, 재정 등을 포함하는데, 이를 통해 북한이 내부의 건강 문제들을 어떤 방식으로 해결하는지 거시적인 관점에서 이해할 수 있다. 또한 국제기구의 통계자료나 연구논문을 통해 북한 주민의 건강문제에 관한 데이터들이 제한적이지만 꾸준히 발표되고 있으므로 이를 통해 남북한 질병구조의 차이를 확인할 수 있다. 본 연구는 북한의 전반적인 보건의료 수준을 평가함으로써 향후 대북 보건의료 지원의 방향을 제시하고, 통일을 준비하는데 이바지하고자 한다. 또한 국내 통일 보건의료 연구 및 교육의 발전을 위한 시사점을 도출하고자 한다.

II. 북한의 보건의료 체계

북한 보건의료 체계는 제도적 특징으로써 국가가 모든 보건의료시설 및 장비를 소유·관리하는 사회주의 국가의 보건의료 체계를 기본으로 삼으나, 북한의 실정에 맞도록 체계를 만들어왔다. 이에 따라 북한의 보건의료 체계는 무상치료제, 예방의학적 방침, 의사담당구역제, 고려의학의 네 가지 특징을 구축하였다.

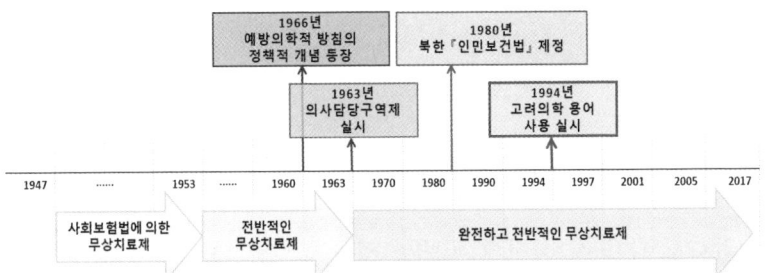

그림 1 시대별 북한 보건의료 체계의 발전 양상
출처: 신희영 외 공저, 『통일의료: 남북한 보건의료 협력과 통합』(서울: 서울대학교 출판문화원, 2017), p. 9. 재구성.

1. 무상치료제

북한의 주민들은 어떠한 대가를 지불하지 않고도 보건의료서비스를 받는다. 이는 『인민보건법』 제9조 "국가는 모든 공민에게 완전한 무상치료의 혜택을 준다. 로동자, 농민, 지식인을 비롯한 모든 공민은 무상으로 치료받을 권리를 가진다."에도 명시되어있는 사항이다. 이를 면밀히 살펴보면 다음과 같다.

1. 외래치료환자를 포함하여 의료기관에서 환자에게 주는 약은 모두 무료이다.
2. 진단, 실험검사, 치료, 수술, 왕진, 입원, 식사 같은 환자치료를 위한 모든 봉사는 무료이다.
3. 근로자들의 료양의료봉사는 무료이며 료양을 위한 왕복려비는 국가 또는 사회협동단체가 부담한다.
4. 해산방조는 무료이다.
5. 건강검진, 건강상담, 예방접종 같은 예방의료봉사는 무료이다.

『인민보건법』 제10조에는 위와 같은 무상치료의 내용이 자세히 규정되어 있다. 무상치료제는 국가적으로 하나의 보건의료 체계로써 기능할 만큼 시대에 따라 발전 양상을 다르게 보여왔다.

북한의 무상치료제는 세 단계의 발전을 거듭하며 수혜 범위를 넓혀왔다. 1947년부터 전체 노동자, 사무원 및 그 부양가족에 대한 무상치료를 선포한 북한은 1952년까지 『사회보험법』에 의한 무상치료제'를 실시하였다. 1953년부터 1959년까지는 『사회보험법』에 의한 무상치료제에서 한계로 지적된 수혜 범위에 대해 북한의 모든 주민이 혜택을 받을 수 있도록 대상 범위를 넓힌 '전반적인 무상치료제'가 등장하였다. 이후 1960년부터 1990년대에 들어설 때까지 북한의 보건의료 체계는 성별이나 직장, 거주지 등에 구애받지 않고 무상으로 치료받을 수 있으며, 의사담당구역제 실시 등으로 실질적인 제도로서 기능하는 '완전하고 전반적인 무상치료제' 하에서 이뤄졌다. 발전 양상은 위와 같이 세 단계를 거치지만 1990년대부터 이어진 경제난 등의 이유로 인해 현재 북한의 무상치료제는 그 의미가 퇴색되었다.

첫 번째 단계인 『사회보험법』에 의한 무상치료제의 실시 배경은 다음과 같다. 1946년 북조선임시인민위원회에 보건국을 설치함에 따라, 같은 해 12월 『사회보험법』, 〈로동자, 사무원 및 그 부양가족들에 대한 의료상 방조 실시와 산업 의료시설 개편에 관한 결정서〉가 채택되었다. 1947년 1월, 무상치료제의 기틀을 확립한 북한은 전체 노동자, 사무원 및 그 부양가족에 대한 무상치료제 실시를 선포함에 따라 『사회보험법』에 의한 무상치료제가 시행되었다.[1] 사회보험 미적용자

---

1 황상익·김수연, "해방 전후부터 정부 수립까지(1945년-1948년)의 북한 보건의료," 『의사학』, 제16권 1호(2007), pp, 37~70.

들에 대해서는 국영병원을 통한 무상치료가 이뤄졌으며, 국영병원이 설치되지 않은 지역에서는 개인병원 치료비를 국가가 부담하도록 하였다.[2] 『사회보험법』에 의한 무상치료제는 1952년까지 이어졌다.

두 번째 단계인 전반적인 무상치료제는 무상치료의 적용 대상 및 범위에 대한 한계와 함께 전쟁으로 인한 의료 수요 급증, 남북 대치상황에서의 체제적 우월성을 보여주기 위해 1953년부터 실시하였다.[3] 과거 무상치료제의 첫 단계에서는 '노동자, 사무원 및 그 부양가족'으로 수혜자에 제한을 두었으나 전반적인 무상치료제 하에서는 '북한의 모든 주민'이 무상치료의 혜택을 받을 수 있게 되었다는 점에서 차이를 보인다. 그러나 당시 전란 이후의 상황으로 인해, 의료서비스 및 의료장비 제공의 한계 등 현실적인 문제에 당면함에 따라 해당 제도가 얼마나 실효성이 있었는지에 대한 고찰이 필요하다.

세 번째 단계인 완전하고 전반적인 무상치료제가 시행된 1960년부터가 바로 북한에서 무상치료제가 실질적으로 자리 잡은 때이다. 1960년 최고인민회의 제2기 제7차 회의 〈인민보건 사업을 강화할 데 대하여〉 결정을 통해 무상치료제 일반화에 관한 논의가 이뤄졌으며, 1961년 조선로동당 제4차 당대회에서 의사담당구역제의 공식적인 개념이 도입되었다. 1966년에는 김일성 수상의 교시 〈사회주의 의학은 예방의학이다〉를 통해 사회주의 의학에서의 예방의학적 방침을 강조하였고, 이외에도 무의리(無醫理) 해소, 의료기구와 의약품 현대화 등의 정책으로 제도를 공고히 하였다. 1980년에는 『인민보건법』 제정으

2　승창호, 『인민보건사업 경험』(평양: 사회과학출판사, 1986), p. 23.
3　이성봉, "북한 보건의료체계의 형성과정과 특징," 『통일문제연구』, 제21권 1호(2009), p. 328.

로 완전하고 전반적인 무상치료제를 법제화하기에 이르렀다.⁴

이러한 발전 단계를 보인 북한의 무상치료제는 1990년대 사회주의권 국가의 몰락으로 인해 영향을 받게 된다. 대내외적인 경제상황 악화와 더불어 김일성 주석의 사망 등으로 위기를 겪은 북한은 1997년 『인민보건법』을 보완한 『의료법』을 채택하였다. 그러나 이러한 노력에도 불구하고 북한의 보건의료 현황을 보여주는 각종 국제기구의 지표들은 북한에서 무상치료제가 퇴색되었음을 나타낼 뿐이다. 실제로 북한에는 '장마당'이라 하여, 1990년대 중반 이후 경제난으로 물자의 배급이 어려워지자 각종 생필품부터 의약품까지 허가받지 않은 물품을 거래하는 장이 생겨나기 시작했다.⁵ 모든 주민들이 혜택을 받을 수 있도록 만든 제도의 취지는 바람직했으나 여러 정치적·경제적 사정으로 인해 무상치료제가 현재 원활히 실시되지 않는 점은 북한 주민들의 건강권이 더 이상 보장되지 않는다는 부분에서 눈여겨 볼 필요가 있다.

2. 예방의학적 방침

북한은 『인민보건법』 제3조 "사회주의 의학에서 기본은 예방의학이다. 국가는 인민보건사업에서 사회주의의학의 원리를 구현한 예방의

4　황상익·김수연, "해방 전후부터 정부 수립까지(1945년-1948년)의 북한 보건의료," pp. 37~70.

5　신희영 외 공저, 『통일의료: 남북한 보건의료 협력과 통합』(서울: 서울대학교출판문화원, 2017), pp. 32~33.

학제도를 공고발전시킨다."를 통해 사회주의 국가의 예방의학적 방침을 강조하였다. '예방의학'은 타 사회주의 국가들에서 흔히 강조되는 보건의료 특징 중 하나이기도 하다.

북한에서 예방의학적 방침이 처음으로 등장한 것은 1966년 10월 김일성 수상이 "사회주의 의학은 예방의학이다"라는 연설을 한 이후부터이다. 예방의학적 방침의 토대를 세우기 시작한 때는 1946년 5월, 북한은 "인민의 건강을 보전하고 공중위생상 위해를 미연에 방지함"의 내용이 담긴 〈위생검사원 규칙〉을 공표하면서 위생검사원 제도를 시행하였다.[6] 같은 해 11월에는 북조선중앙방역위원회와 지방행정구역단위, 기관, 기업소들에 방역위원회를 설치, 1958년 5월에는 기존 각급에 설치되었던 위생방역위원회를 해체하고 위생검열위원회를 조직하였다. 현재 북한의 예방의학적 방침의 일환으로 중앙인민위원회 산하 중앙위생방역소를 두고 북한 주민의 위생관련 사업 전반을 관리하고 있다.[7]

제19조(위생선전과 교양)
보건기관을 비롯한 기관, 기업소, 단체는 위생선전사업과 교양사업을 강화하여 인민들자신이 위생문화사업에 자각적으로 참가하며 과학적으로 건강을 보호관리하고 질병을 예방하도록 하여야 한다.

---

[6] 조선민주주의인민공화국 외 공저, 『북한법령집 제4권』(서울: 대륙연구소, 1990), pp. 442~443.

[7] 최만호, "남북한 보건의료체계의 통합모형 개발," 『보건과 복지』, 제7권 (2004), pp. 83~102.

제25조(어린이의 영양관리, 위생관리)
해당 기관, 기업소, 단체는 어린이들에게 건강과 발육에 필요한 비타민과 성장촉진제 같은 영양제를 원만히 공급하여야 한다. 탁아소, 유치원은 어린이들의 영양관리와 위생관리를 과학적리치에 맞게 하여야 한다.

제27조(전염병의 방지)
국가는 전염병을 미리 막기 위하여 방역대책을 철저히 세운다.
보건기관과 기관, 기업소, 단체는 전염병의 발생조건을 없애고 소독사업을 강화하며 주민들에 대한 면역대책을 철저히 세워야 한다.
해당 기관은 다른 나라에서 전염병이 들어오지 못하도록 검역사업을 강화하여야 한다.

  1980년 제정된 『인민보건법』 제3장에는 위와 같이 예방의학적 방침이 보다 구체적으로 규정되어 있는데 그 내용은 위생선전, 위생생활문화, 공공시설물의 건설과 관리, 유해물질에 의한 오염 및 공해 방지, 어린이 영양관리, 체육의 생활화, 전염병 방지를 위한 방역대책 수립 등이다.

3. 의사담당구역제

『인민보건법』 제28조 "국가는 의사들이 일정한 주민구역을 담당하고 맡은 구역에 늘 나가 주민들의 건강상태를 돌보며 예방치료사업을 하는 선진적의료봉사제도인 의사담당구역제를 공고발전시킨다."는 북한 보건의료 체계의 특징 중 하나인 '의사담당구역제'를 명시하고 있다. 북한의 의사담당구역제는 각 지역의 진료소와 병원을 구역별로 나누어 해당 구역에 근무하는 의사로 하여금 구역 내 환자의 건강을 책임지도록 하는 제도를 의미한다. 『북한최고인민회의자료집』에 따르면 북한은 의사담당구역제에 대해 "치료예방기관과 보건일군들이 인민들을 찾아다니며 당과 국가가 베푸는 의료혜택이 정확히 미치도록 하고 건강을 책임적으로 돌보게 하는 공산주의적 요소를 풍부히 가지고 있는 가장 선진적인 의료봉사제도"라 주장한다.[8]

의사담당구역제는 『조선보건사』의 "1947년 7월부터 모든 의료기관들에서 담당구역제를 실시하도록 하였다." 기록에서 출발하였지만 이 시기는 의사담당구역제가 구체적으로 확립된 것이 아니라 위생방역 사업을 진행함에 있어 의료기관의 담당구역을 지정했을 뿐이다. 의사담당구역제가 본격적으로 논의된 것은 1960년대 완전하고 전반적인 무상치료제 실시를 위한 방안으로 거론되었을 때이다. 이후 『의료법』제4조 "의사담당구역제는 인민들의 건강을 책임지고 보장하는 우월한 주민 건강관리 제도이다. 국가는 의사담당구역을 바로 정하고 의료일군의 책임성과 역할을 높여 의사담당구역제를 철저히 실시하도록 한다."를 통해 북한 보건의료 체계의 한 특징으로 자리매김하였다.

의사담당구역제가 공식적으로 등장한 것은 1961년 9월 조선로동당 제4차 당대회에서이며, 처음 실시된 때는 1963년 평양시 중구역 경림종합진료소 소아과이다. 1969년에는 모든 시·군·구역에서 의사담당구역제가 시행되었으며, 위생방역 및 건강검진 등을 포함한 포괄적인 의료서비스를 제공하는데 일조하였다. 1980년대 후반에는 전국

---

8   국토통일원, 『북한최고인민회의자료집 제2집』(서울: 국토통일원, 1988), pp. 646~647.

적으로 제도가 실시되었고 1990년부터는 김일성 주석의 '호담당의사제' 강화 지시에 따라 일반의사(준의[9])가 담당구역의 전염병 관리, 진단서 발급 등의 역할을 하였다.[10]

의사담당구역제는 산부인과·소아과·내과 담당의사가 각각 태아부터 출생까지, 출생후부터 14세까지, 성인 시기 동안 개인의 건강관리를 돕는 것이 원칙이다. 또한 거주지와 생산활동 단위를 기본으로 하는 '거주지담당제'와 '직장담당제'로 이원화되어 있으며 생산활동자의 편의성을 위하여 '이중등록제'도 함께 운영한다.[11]

4. 고려의학

북한에서 고려치료라고도 불리는 '고려의학'은 『인민보건법』 제16조 "국가는 우리 민족의 우수한 치료방법인 고려치료방법을 발전시키며 고려의료망을 늘리고 의료기관들에서 현대의학적진단에 기초한 고려치료방법을 널리 받아들이도록 한다."를 통해 북한 보건의료 체계의 특징으로 자리잡았다. 원래 북한에서는 서양의학에 대비되는 개념으로 '동의학(東醫學)'이라는 용어를 사용하였으나, 1994년부터 한의학(韓醫學)의 북한식 표현인 고려의학을 사용하기 시작하였다.

---

9   '준의'란 북한에만 존재하는 보건의료인력으로, 의학전문학교의 3년 교육과정을 통해 배출되는 인력을 의미한다. 주로 1차 의료기관인 진료소에서 근무하는 호담당의사로 배치를 받는다.

10   신희영 외 공저, 『통일의료: 남북한 보건의료 협력과 통합』, pp. 16~17.

11   승창호, 『인민보건사업 경험』, pp. 60~61.

북한 고려의학육성정책의 기본방침은 다음과 같다.

1. 고려의학 의료사업과 신의학 의료사업의 유기적 결합
2. 의료 활동에서 동의사와 신의사의 동지적 협조 실현
3. 의학연구에서 동의사와 신의사의 동지적 협조 실현

이 중 동의사와 서양의사 결합의 구체적인 내용은 분리된 직능 하에서의 내용적 결합, 신의학과 고려의학적 진단의 결합, 교육의 결합 등이 있다.[12]

정책을 통해서도 확인 가능하듯이, 북한은 고려의학과 양의학의 결합을 통해 주체의학 확립을 강조하면서 전국 각지에 고려병원(동의병원), 고려약국(동약국)을 설치하고 의학대학과 약학대학 내에 각각 고려의학부(동의학부), 고려약제학과(동양제약과)를 두고 고려의사(동의사)와 고려약사(동약사)를 양성하였다. 고려약 생산 증대를 위해서는 약초재배사업을 통해 야생약초 채취 및 보호를 지속적으로 관리하기도 하였다.[13] 또한 고려의학과 신의학의 배합을 위하여 1975년 이후부터 평양의학대학 고려의학부 고려의학원반을 조직, 신의학 전공자 중 현직의 우수 교원을 선발하여 1년제 고려의학 재교육을 실시하였다.[14]

---

12 김충렬, "북한의료제도에 관한 연구,"『통일문제연구소』, 제20권 1호 (2005), p, 118.

13 박종연 외 공저,『국제비교 시각에서 본 북한 보건의료 실태와 통일 대비 과제』(서울: 아주남북한보건의료연구소, 2013), p. 72.

14 아주남북한보건의료연구소 엮음,『남북한 보건의료』(서울: 아주남북한보건의료연구소, 2007)., p. 208.

그러나 북한의 고려의학 양성 정책이 1990년대 사회주의권 국가의 붕괴 과정을 거치며 겪게 된 경제난으로 인해 불가피하게 선택되었다는 시각도 있다. 기존에는 전량 수입하던 의료기기와 약제공급이 중단되고, 환자가 병원에서 제대로 된 치료를 받을 수 없게 되자 이러한 상황을 극복하기 위한 방안으로 주목받은 것이 바로 고려의학이라는 것이다.[15] 북한이 주체성을 갖고 고려의학을 포함하여 무상치료제 등 나름의 보건의료 체계를 형성해 온 것은 긍정적으로 평가할 수 있다. 그러나 정치경제적 상황에 휘둘려 보건의료서비스 지원에 충분한 여건이 마련되지 않는다면 아무리 좋은 평가를 받는 정책일지라도 정상적인 운용이 쉽지 않을 것이다.

III. 북한 주민의 건강실태

1. 전반적인 질병부담

북한은 1990년대 고난의 행군이라는 심각한 경제위기를 겪으면서 90년대 후반 대다수의 건강지표들이 악화되는 추세를 보였으며 2000년대에 들어서야 다시 점진적으로 회복된 것으로 해석된다. 실제로 북한 성인의 출생 시 기대수명은 2015년 71.2세, 성인 사망률은 1

---

15 박종연 외 공저, 『국제비교 시각에서 본 북한 보건의료 실태와 통일 대비 과제』, p. 72.

천 명당 139명으로 2000년 이후 꾸준히 개선되고 있다.[16] 국제사회의 지원으로 의료서비스에 대한 접근성 또한 개선되어 아동 예방접종(DTP3) 비율은 2016년 96%로 높은 수준을 유지하고 있다.[17] 그러나 이러한 성과에도 불구하고 남북한 주민의 건강수준은 아직까지 큰 차이를 보이고 있다. 세계보건기구에 의하면 2015년 북한의 모성 사망비는 출생아 10만 명당 82명으로 남한(11명)의 약 7.5배, 2016년 5세 미만 아동 사망률은 출생아 1천 명당 20명으로 남한(3.4명)의 약 5.9배의 차이를 보였다. 특히 모성 사망비와 아동 사망률은 한 국가의 전반적인 보건의료 체계의 수준을 반영하는 대표적인 지표라는 점에서 이러한 차이는 남북한의 상이한 보건의료 수준의 현 주소를 나타낸다고 할 수 있다.

세계 질병부담 연구(Global Burden of Disease Study, GBD Study)에 의하면 2016년 북한에서 가장 높은 사망률을 보인 사망원인은 심혈관 질환, 악성종양, 만성 호흡기질환이었으며 2006년과 비교했을 때 순위의 변동은 거의 없었지만 인구 10만 명당 사망률이 모두 증가한 것으로 나타났다.[18] 또한 이들의 사망률은 캄보디아, 이라크, 라오스, 미얀마 등 경제수준이 비슷한 국가들 중 최고 수준이었고 전체 사망에서 차지하는 비중이 72%에 달했다.[19] 10년 전과 비교했

---

16 World Bank. "World Bank Open Data"; ⟨http://data.worldbank.org⟩.

17 WHO. "Global Health Observatory data"; ⟨www.who.int/gho/en⟩.

18 Institute of Health Metrics and Evaluation. "GBD Compare"; ⟨http://vizhub.healthdata.org/gbd-compare⟩.

19 Institute of Health Metrics and Evaluation. "North Korea"; ⟨http://www.healthdata.org/north-korea⟩.

	2006년		2016년
	1 심혈관 질환		1 심혈관 질환
	2 악성종양		2 악성종양
	3 만성 호흡기질환		3 만성 호흡기질환
	4 설사/하기도감염/기타감염		4 교통사고
	5 신생아 질환		5 당뇨/비뇨기계/혈액/내분비계
	6 비의도적 상해		6 비의도적 상해
	7 교통사고		7 설사/하기도감염/기타감염
	8 당뇨/비뇨기계/혈액/내분비계		8 신경질환
	9 신경질환		9 신생아 질환
	10 기타 비감염성 질환		10 자해 & 폭력
	11 자해 & 폭력		11 기타 비감염성 질환
감염성, 모성 및 신생아, 영양 질환	12 결핵, HIV/AIDS		12 간경변
비감염성 질환	13 간경변		13 소화기질환
상해	14 소화기질환		14 결핵, HIV/AIDS

그림 2 북한의 인구 10만 명당 사망률 변화 (2006, 2016년)

출처: Institute of Health Metrics and Evaluation. "GBD Compare"; ⟨http://vizhub.healthdata.org/gbd-compare⟩.

을 때 주목할 만한 또 다른 변화는 결핵을 제외한 영양결핍, 설사, 신생아 질환 등 감염성 질환으로 인한 사망비중이 감소하고 비감염성 질환 부담이 증가했다는 것이다(그림 2).

그러나 이와 같은 사망률 데이터만으로는 북한의 비감염성 질환, 감염성 질환과 자연재해로 인한 3중 질병부담 구조를 총체적으로 이해하기 어렵다. 이는 이전에 비해 북한의 감염성 질환 부담이 줄어든 것은 사실이지만 여전히 열악한 의료 시설, 장비와 의약품 부족, 지속되는 식량난 등으로 인해 매년 많은 숫자의 감염성 질환 환자가 발생하고 있으며, 질병의 예방 및 관리가 제대로 이뤄지지 않고 있기 때문이다.

2. 감염성 질환

북한에서 우선순위 문제로 꼽히는 주요 감염성 질환 중 하나는 결핵이다. 세계보건기구의 국제 결핵 보고서(Global Tuberculosis Report 2017)에 의하면 북한은 전 세계에서 결핵과 다제내성 결핵 부담이 높은 30개 국가 중 하나로 선정되었다. 북한의 결핵 사망자 수는 2016년 11,000명, 결핵 신환자 수는 130,000명(발생률 인구 10만 명당 513명)으로, 이는 남한, 동남아시아뿐만 아니라 전 세계와 비교했을 때도 상당히 높은 수준이다.[20] 그러나 세계보건기구에서 해당 지표를 매년 개정하면서 수치를 조정하기 때문에 해석에 다소 주의가 필요하다. 실제로 유엔아동기금의 자료에서는 북한의 결핵 발생률을 2010년 인구 10만 명당 345명에서 2014년 442명, 2015년 561명으로 매년 증가하는 추세로 보고하고 있다.[21] 또한 북한의 결핵 치료 성공률은 대략 90%를 보이고 있지만 실제로는 결핵의 신속, 정확한 진단을 위한 장비와 인력 부족문제, 치료가 어려운 다제내성 결핵 환자의 비중 증가, 광범위약제내성 결핵 환자 발생 등 북한의 결핵 문제는 그 양상이 점차 복잡해지고 있다.[22]

---

20 WHO. *Global Tuberculosis Report 2017*(Geneva: World Health Organization, 2017), p. 29.

21 UNICEF. *Situation Analysis of Children and Women in the Democratic People's Republic of Korea 2017*(Pyongyang: United Nations Children's Fund, 2017), p. 39.

22 Shin YJ and Ki M, eds., "A new strategy for tuberculosis control in North Korea." *Epidemiology and Health*, vol. 37(2015); Seung KJ, Linton SW. "The Growing Problem of Multidrug-Resistant Tuberculosis in North Korea." *PLoS Medicine*, vol. 10 no. 7(July, 2013).

B형간염은 북한이 속한 동남아시아 지역에서만 매년 30만 명 이상이 사망하는 주요 감염성 질환이지만 북한의 경우 관련 역학 자료가 없어 정확한 현황 파악에 어려움이 있다. 2003년 자료에 의하면 북한의 B형간염 표면항원 유병률은 4.5%로 나타났다. 그러나 국내에서 진행된 북한이탈주민 건강조사에 의하면 실질적인 유병률은 9~11%에 이르는 것으로 추정되는데,[23] 이는 2005년 이후 우리나라의 표면항원 양성률이 4% 미만을 유지하고 있는 것에 비해 상당히 높은 수치이다.[24]

이 외에도 남북한 통일에 대비해 말라리아와 기생충 질환 등 매개체성 질환의 관리가 필요하다. 말라리아는 남북한 국경지대를 중심으로 발생하고 있는데, 1980년대 국내에서 사라진 토착 말라리아가 1993년 재출현하게 된 계기는 북한에서 말라리아가 유입되었기 때문이라는 설명이 있다.[25] 북한의 말라리아 환자 수는 2001년 143,674명으로 가장 높은 수치를 기록했다가 이후 국제사회의 지원으로 꾸준히 감소하여 2016년 5,113명으로 나타났다. 남한의 말라리아 환자 수 또한 2007년 2,227명으로 비교적 최근까지 높은 수치를 보였으나 2016년에는 673명으로 감소한 상황이다. 그러나 북한 주민의 37%인 약

---

23 World Health Organization Regional Office for South-East Asia. *Regional strategy for the prevention and control of viral hepatitis*(India: World Health Organization, 2013), pp. 3~5.
24 대한간학회, 『한국인 간질환 백서』(서울: 대한간학회, 2013), p. 46.
25 Park JW. "Changing Transmission Pattern of Plasmodium vivax Malaria in the Republic of Korea: Relationship with Climate Change." *Environmental Health and Toxicology*, vol. 26(2011).

950만 명이 말라리아 위험 지역에 거주하고 있고,[26] 기후 변화로 인해 말라리아 발생에 유리한 환경이 조성됨에 따라 지속적인 말라리아 관리가 필요한 실정이다. 기생충 질환의 경우 역학 자료는 전무하지만 북한이탈주민 건강조사를 통해 그 실태를 간접적으로 추정할 수 있다. 2006년 질병관리본부에서 실시한 새터민 건강 조사 결과 1,501명 중 434명(28.9%)의 장내에서 기생충이 검출되었으며, 중국 내 난민 수용소의 북한이탈주민 조사 결과 회충 41.4%, 편충이 37.6%의 비율로 발견되기도 하였다(표 1).[27]

표 1 남북한 주요 감염성 질환 현황

주요 감염성 질환 지표	북한		남한	
	통계치	연도	통계치	연도
결핵 신환자수	65,000명	2016	39,000명	2016
결핵 발생률	인구 10만 명당 513명	2016	인구 10만 명당 77명	2016
B형간염 표면항원 양성률	4.5%	2003	3.0%	2011
말라리아 환자수	5,113명	2016	673명	2016
장내기생충 양성률	자료 없음	-	2.6%	2013

26　WHO. *World Malaria Report 2017*(Geneva: World Health Organization, 2017), p. 136.

27　이화여자대학교 통일학연구원, 『지속적인 협력과 발전을 통한 북한보건의료체계 발전 방안 연구』(서울: 보건복지가족부, 2007), p. 233; Li S and Shen C, eds., "Status of intestinal helminthic infections of borderline residents in North Korea." *Korean Journal of Parasitology*, vol. 44 no. 3(September 2006).

3. 영양

북한은 홍수와 가뭄 등 매년 재해가 반복되고 있지만 인도적 위기에 대한 대응역량이 부족한 것으로 평가되고 있다. 특히 자연재해에 취약한 북한의 농경환경과 불안정한 식량생산 체계는 북한 주민의 기근과 영양 상태에 큰 영향을 미치고 있다. 북한은 유엔 식량농업기구가 선정한 전 세계에서 만성적인 식량 위기를 겪고 있는 19개 국가에 속했으며,[28] 유엔아동기금은 북한 총 인구의 약 42%인 1,050만 명이 영양실조를 겪고 있는 것으로 추산하고 있다.[29]

영양결핍은 특히 여성과 5세미만 아동 사망의 근본적인 원인으로서 남북한 보건의료 격차가 그대로 드러나는 부분이기도 하다. 2012년 유엔아동기금의 조사결과, 북한의 5세미만 아동 중 만성영양장애 아동은 27.9%인 약 47만 명, 급성영양장애 아동은 4%인 약 6만 명으로 나타났다. 이는 남한과 비교했을 때 각각 14배, 3배에 달하는 높은 수치이다.[30] 특히 지역별로 영양결핍의 편차가 크게 나타났는데, 평양의 만성영양장애 비율은 19.6%인 반면 양강도, 함경남도, 자강도는 각 39.6%, 32.9%, 33.3%로 영양문제의 중요도가 높은 것으로 분류되

---

[28] FAO, IFAD, UNICEF, WFP and WHO. *The State of Food Security and Nutrition in the World 2017*: Building resilience for peace and food security(Rome: Food and Agriculture Organization, 2017), p. 103.

[29] UNICEF. *Situation Analysis of Children and Women in the Democratic People's Republic of Korea 2017*, pp. 40~41.

[30] CBS. *Final Report of the National Nutrition Survey 2012*(Pyongyang: CBS, 2013), p. 27.

었다. 신생아기 영양 상태는 인지적 발달에 중요할 뿐만 아니라 면역력과도 직결되기 때문에 질병의 예방과 치료를 위해서는 반드시 영양수준의 개선이 병행되어야 한다. 또한 성인의 영양결핍 문제도 심각한 것으로 나타났는데, 세계식량계획에 의하면 북한 총 인구의 81%가 식품 섭취의 다양성이 부족하며[31] 특히 가임기 여성의 빈혈 유병률은 31.2%로 높은 수준을 보였다.[32] 산모의 영양 상태가 신생아의 자궁 내 성장지연의 위험요소로 작용하는 등 아이에게 대물림될 수 있기 때문에 이들을 위한 지원이 필요한 실정이다.

이상의 내용을 종합해보면, 북한의 주요 건강지표들은 2000년대부터 꾸준히 개선되어 왔으나 여전히 남한을 비롯한 국제사회에 비해 열악한 상황에 머물러있다는 것을 알 수 있다. 특히 북한의 결핵 문제는 전 세계적으로도 심각한 수준이며, 뇌혈관 질환이나 만성폐쇄성폐질환, 폐암 등 상대적으로 관심이 덜 집중된 비감염성 질환 또한 비슷한 경제 수준의 국가들과 비교했을 때 질병 부담이 가장 높았다. 여기에 반복, 심화되고 있는 식량위기는 북한 사회의 건강 문제가 나날이 복잡다단해지고 있으며 그 영역도 보건의료 차원을 넘어 사회·경제·정치 문제와도 연결되어 있음을 보여준다. 이는 북한의 보건의료 문제가 단순 의약품 지원과 같은 단발성 지원을 넘어서 체계적이고 효율적인 전략이 필요함을 의미한다.

---

31 WFP. *WFP DPR Korea Country Brief*(Rome: World Food Programme, 2017), pp. 1~2.

32 CBS. *Final Report of the National Nutrition Survey 2012*, pp. 49~50.

Ⅳ. 시사점 및 통일 보건의료 협력방안

1. 통일 보건의료 연구 협력방안

위에서 살펴보았듯이 남북한 사회는 보건의료 체계 전반과 질병구조에서 차이를 보이고 있으며 이는 통일 시 상당한 사회적 혼란과 비용을 초래할 것으로 예상된다. 보건의료 분야는 남북한 주민의 삶과 건강에 직결된 문제라는 점에서 주변의 정치적 상황과 무관하게 지속적으로 통일에 대비해야 함은 분명하다. 특히 전쟁 등의 인재나 자연재해와 같이 갑작스러운 위기 상황으로 인해 탈북 난민이 대량으로 유입될 경우 한반도 전역에 각종 감염성 질환이 유행할 것으로 예상된다. 한반도 위기 시 통제가 가장 시급할 것으로 보이는 감염성 질환은 홍역, 결핵, 수인성 질환이며, 결핵이나 말라리아 등 국내에서는 현재 발생 양상이 심각하지 않은 질병이라도 공중보건 위기 상황에 대비해 진단과 치료 역량을 꾸준히 유지하는 것이 필요하다.[33]

이와 같이 남북한 통일 후 건강문제를 예측하고 이에 선제적으로 대응하기 위해서는 현재 북한 의료 체계의 실상과 질병의 발생 양상을 정확히 조사하는 것이 무엇보다도 필요하다. 그러나 북한의 질병 데이터는 수집된 적이 없거나, 수집되었더라도 그 근거자료가 미비

---

[33] 서울대학교병원, 『재난 재해로 인한 공중보건위기대응 전략 개발』(서울: 질병관리본부, 2013), p. 270; Nishiura H and Lee H, eds., "Infectious disease risks among refugees from North Korea." *International Journal of Infectious Diseases*, vol. 66(November, 2017).

하여 데이터의 해석에 많은 주의가 필요하다. 특히 북한에서 우선순위 문제로 꼽히는 결핵의 경우 최근에 와서야 처음으로 전국적인 유병률 조사가 실시되었고, B형간염이나 기생충 질환은 실태조사가 실시된 적이 없다는 한계가 있다. 이로 인해 많은 국내 북한 연구자들이 세계보건기구나 유엔아동기금 등 북한에서 활동하는 국제기구나 민간단체가 발표하는 데이터에 의존할 수밖에 없는 실정이다. 북한이탈주민의 증언이나 설문조사 결과 등 경험적 근거에 기반하여 북한 내부의 실정을 추정하고 있으나 일반화가 어렵다는 한계가 있다. 또한 북한이탈주민의 건강 연구 동향이 신체적 질환보다는 사회·정신적 질환에 치중된 경향을 보이고 있어 연구 주제의 다양화가 필요해 보인다.[34]

　북한 보건의료 연구에 대한 다각적인 노력은 효율적인 대북지원과 체계적인 통일 준비로 이어질 수 있다. 그동안 남한 정부의 대북 보건의료 지원은 영양과 백신 지원, 말라리아 방역 사업 등 모자보건과 감염성 질환을 위주로 진행되었다. 그러나 위에서 데이터를 통해 살펴보았듯이 북한의 질병구조에서 비감염성 질환이 차지하는 비중은 점차 늘어나고 있으며, 동시에 감염성 질환의 위험이 여전히 존재하고 있기 때문에 좀 더 신중한 전략이 필요하다. 더욱이 대북지원에서 남한이 상당한 비중을 차지하고 있다는 점을 고려할 때, 국제사회의 대북지원 흐름을 이해하고 여러 채널을 적절히 활용할 필요가 있다. 이를 위해서는 대북 보건의료 지원의 중장기적인 비전과 전략을 제시하고 이를 효율적으로 모니터링 할 수 있는 체계가 우선적으로 마련되어야 할 것이다.

34　임현주 외 공저, "북한이탈주민의 건강 관련 연구 동향," 『지역사회간호학회지』, 제28권 2호(2017), pp. 144~155.

또한 대북 보건의료 지원의 접근방식에 있어 이전까지는 북한을 인도적 지원의 수혜국으로 바라보았다면 향후에는 함께 통일에 대비해 문제를 발견하고 해결책을 모색해나가는 파트너로 인식할 필요가 있다. 이미 북한은 2005년부터 인도적 지원에서 개발협력으로의 전환을 요구하고 있으며, 최근 김정은 시대에 들어서 선진문물에 대한 북한 당국의 높은 관심사를 확인할 수 있다. 이러한 북한의 수요를 반영하여 보건의료 분야에서는 남북한 공동 연구개발(R&D) 전략을 모색해볼 수 있다. 이는 남북한이 함께 한반도의 질병문제를 파악하고 연구를 통해 남북한 실정에 맞는 해결책을 개발하여 산업화까지 연계할 수 있다는 장점이 있다. 또한 남북한 보건의료의 간극을 좁히는 중요한 교두보 역할을 담당할 뿐만 아니라, 남북한 연구자들의 교류와 협력을 더욱 활성화할 수 있다는 점에서 경색된 남북관계의 돌파구로 작용할 수 있다. 보건의료 분야는 정치적 중립성을 가지면서 동시에 남북의 관심사와 장점을 반영한 상호교류 및 협력이 가능하기 때문이다.

통일의학센터에서는 이러한 전반적인 북한의 보건의료 현황을 여러 선행연구와 북한 자료를 통해 분석하고, 정리·재구성하여 2017년 『통일 의료: 남북한 보건의료 협력과 통합』으로 출간한 바 있다. 또한 지난 20년 간 대북 보건의료 지원의 흐름과 변화를 파악하여 북한 우선순위 문제 해결을 위한 대북지원 전략을 함께 제시하였다. 이는 2012년 한국국제보건의료재단의 지원으로 수행된 『북한 보건의료 백서』에 이어 북한 보건의료 전반과 대북 보건의료 지원에 관한 내용을 다루고 있다. 이 책은 서울대학교 의예과 학생들의 '통일의료' 강의 교재의 목적으로 출간되었지만, 북한 보건의료에 관심있는 전국의 예비 보건의료인, 통일/북한 전문가, 보건의료 전문가 등 다양한 집단의 북한에 대한 이해를 돕고 있다.

2. 통일 보건의료 교육 협력방안

국내 통일 보건의료 분야의 현 주소에서 무엇보다도 중요한 것은 통일 보건의료에 대한 대중들의 관심을 증진하고 다양한 분야의 전문가들이 남북한 보건의료 통합을 준비할 수 있는 환경을 조성하는 것이다. 이를 위해 서울대학교 의과대학 통일의학센터는 2012년 개소이래 일반 대중, 예비 보건의료인, 보건의료 및 통일 전문가를 대상으로 꾸준히 통일 보건의료 교육 사업을 진행해 왔다. 또한 일반 대중, 예비 보건의료인, 전문가 집단 등 교육 대상을 점차 다양화하고 있으며, 각 집단에 적합한 교육 전달 방식을 선택하여 좀 더 많은 대중에게 다가가기 위해 노력하고 있다.

통일의학센터의 대표적인 교육 사업으로서 '젊은이를 위한 통일 보건의료로 통하는 열린강좌'는 일반 대중을 위한 강좌로서 통일과 보건의료라는 융합된 주제를 일반 대중의 수준에 맞게 구성하여 북한 보건의료 실태와 문제점, 앞으로 나아가야 할 방향 등을 배우고 토론하는 장을 마련하였다. 또한 강좌 주제에 따라 '열린강좌 토크콘서트'를 개최하여 일방향의 전달에 국한되지 않고 쌍방향 소통을 통해 더욱 공감대를 높이고자 하였다. 예비 보건의료인을 위한 교육으로는 서울대학교 외과대학 예과 학생들의 수강과목 형태로 진행된 '통일의료' 강의가 있다. 장래 통일 보건의료의 중추적인 역할을 담당할 예비 의료인을 위한 교육은 공감대 형성을 넘어, 통일에 대비한 의료인으로서의 역할을 생각해보고 통일 보건의료에 대한 감수성을 형성하는 데 초점을 맞추었다. 마지막으로 보건의료 분야 및 통일 분야 전문가를 위한 교육으로 '통일 보건의료 리더십 아카데미'가 있다. 이는 정치·사회·경제·환경 등과 연계된 통일 보건의료 문제에 대해 다양한 배경의 전문가들이 함께 고민해보는 자리로 점차 발전해나가고 있다. 또한 기존의 강의식 교육에서 벗어나, 소그룹 토론을 통해 주체적으로 생각해보고 생각을 공유함으로서 전문가 집단 간의 네트워크 형성과 발전의 기회로 삼을 수 있다.

앞으로의 통일 보건의료 연구와 교육의 발전을 위해서는 이를 위한 적절한 재정적·사회적 여건이 뒷받침되어야 할 것이다. 그간 통일 보건의료 분야는 여러 자원과 경험을 축적해왔지만 그 중요성과 시급성에 비해서는 아직도 많은 노력이 필요하다. 통일과 관련된 대다수의 교육 프로그램들이 경제·정치·인권 등에 치중되어 있고, 최근 사회적 문제로 인해 통일 보건의료가 이슈로 떠오름에 따라 보건의료 분야에서도 통일·북한과 연계한 강좌가 여럿 개설되고 있으나 실질적으로 지속성을 띠는 프로그램은 거의 없다. 또한 통일과 보건의료를 통합적으로 연구하고 전문적으로 사업을 수행하는 전문가가 많지 않다는 점은 해당 분야에 대한 지속적인 관심과 발전이 어려운 현실을 반영하고 있다. 그러나 통일을 준비하기 위해서는 분야를 막론하고 다양한 전문가 집단과 이해집단의 참여가 필수적이다. 통일 보건의료 분야의 발전을 위해서 보건의료인, 통일/북한 전문가의 상호 관심과 교류가 확대될 필요가 있으며 관련 기관 간의 소통과 협력이 꾸준히 이뤄져야 할 것이다.

::참고문헌

국토통일원. 『북한최고인민회의자료집 제2집』. 서울: 국토통일원. 1988.

대한간학회. 『한국인 간질환 백서』. 서울: 대한간학회. 2013.

박종연 외 공저. 『국제비교 시각에서 본 북한 보건의료 실태와 통일 대비 과제』. 서울: 아주남북한보건의료연구소. 2013.

서울대학교병원. 『재난 재해로 인한 공중보건위기대응 전략 개발』. 서울: 질병관리본부. 2013.

신희영 외 공저. 『통일의료: 남북한 보건의료 협력과 통합』. 서울: 서울대학교출판문화원. 2017.

승창호. 『인민보건사업 경험』. 평양: 사회과학출판사. 1986.

아주남북한보건의료연구소 엮음. 『남북한 보건의료』. 서울: 아주남북한보건의료연구소. 2007.

이화여자대학교 통일학연구원. 『지속적인 협력과 발전을 통한 북한보건의료체계 발전 방안 연구』. 서울: 보건복지가족부. 2007.

조선민주주의인민공화국 외 공저. 『북한법령집 제4권』. 서울: 대륙연구소. 1990.

김충렬. "북한의료제도에 관한 연구." 『통일문제연구소』, 제20권 1호(2005), pp. 103~126.

이성봉. "북한 보건의료체계의 형성과정과 특징." 『통일문제연구』, 제21권 1호(2009), pp. 323~357.

임현주 외 공저. "북한이탈주민의 건강 관련 연구 동향." 『지역사회간호학회지』, 제28권 2호(2017), pp. 144~155.

최만호. "남북한 보건의료체계의 통합모형 개발." 『보건과 복지』, 제7

권(2004), pp. 83~102.

황상익·김수연. "해방 전후부터 정부 수립까지(1945년-1948년)의 북한 보건의료."『의사학』, 제16권 1호(2007), pp. 37~70.

CBS. *Final Report of the National Nutrition Survey 2012*. Pyongyang: CBS, 2013.

FAO, IFAD, UNICEF, WFP and WHO. *The State of Food Security and Nutrition in the World 2017: Building resilience for peace and food security*. Rome: Food and Agriculture Organization, 2017.

UNICEF. *Situation Analysis of Children and Women in the Democratic People's Republic of Korea 2017*. Pyongyang: United Nations Children's Fund, 2017.

WFP. *WFP DPR Korea Country Brief*. Rome: World Food Programme, 2017.

WHO. *Global Tuberculosis Report 2017*. Geneva: World Health Organization, 2017.

WHO. *World Malaria Report 2017*. Geneva: World Health Organization, 2017.

World Health Organization Regional Office for South-East Asia. *Regional strategy for the prevention and control of viral hepatitis*. India: World Health Organization, 2013.

Li S and Shen C, eds.,"Status of intestinal helminthic infections of borderline residents in North Korea." *Korean Journal of Parasitology*, vol. 44 no. 3(September 2006), pp. 265~268.

Nishiura H and Lee H, eds., "Infectious disease risks among refugees from North Korea." *International Journal of Infectious Diseases*, vol. 66(November, 2017), pp. 22~25.

Park JW. "Changing Transmission Pattern of Plasmodium vivax Malaria in the Republic of Korea: Relationship with Climate Change." *Environmental Health and Toxicology*, vol. 26(2011), pp. 1~6.

Seung KJ, Linton SW. "The Growing Problem of Multidrug-Resistant Tuberculosis in North Korea." *PLoS Medicine*, vol. 10 no. 7(July, 2013), pp. 1~4.

Shin YJ and Ki M, eds., "A new strategy for tuberculosis control in North Korea." *Epidemiology and Health*, vol. 37(2015), pp. 1~4.

기타

Institute of Health Metrics and Evaluation. "GBD Compare"; ⟨http://vizhub.healthdata.org/gbd-compare⟩.

Institute of Health Metrics and Evaluation. "North Korea"; ⟨http://www.healthdata.org/north-korea⟩.

WHO. "Global Health Observatory data"; ⟨www.who.int/gho/en⟩.

World Bank. "World Bank Open Data"; ⟨http://data.worldbank.org⟩.

:: 통일치의학협력센터

북한 치의학 현황과 협력방안

이승표

목차

I. 서론

II. 치의학 용어와 관련된 협력 방안 제언

III. 결론

이승표 　서울대학교 통일치의학협력센터

I. 서론

최근 통일에 대한 국민의 관심과 기대는 그 어느 때 보다 뜨거운 상황이다. 비록 우리 나라, 북한 그리고 주변 국가들의 다양한 입장이 맞물려 있긴 하나 이제 한반도의 통일은 소원이나 꿈이 아닌 언제라도 이루어질 수 있는 현실이 되어 가고 있다. 하지만 남한과 북한 사이의 제도적, 문화적 간극은 날이 갈수록 벌어지고 있으며 국민간의 정서 차이 및 건강과 관련된 신체적 격차도 계속 커지고 있다.

주지하다시피 남북간의 교류는 여러 정치적 상황에 따라 활발하기도 때로는 저조하기도 하였다. 하지만 인도주의적 차원에서 모자보건을 중심으로 보건의료 분야의 지원은 지속되고 있으며 지속적으로 확대되어가고 있다. 치의학 분야의 경우 지금까지 개별적 지원 사업 중심으로 이루어져 보다 체계적이고 통합적인 접근이 필요한 상황이며, 특히 북한사회에서 구강 건강에 관해서는 기초 data 마저 전무하다시피하여 이에 대한 연구 및 조사가 매우 시급한 상황이다.

지금 북한의 구강보건 상황은 너무나도 열악한 것으로 알려져 있다. 치과 치료를 위한 재료 공급이 거의 끊기다시피하였고 치아를 치료하고도 제대로 된 후속 치료가 불가능하여 거의 치아를 뽑는 발치 치료에 의존하고 있는 형편이다. 또한 이러한 상황은 통일 후 통합 과정 및 통일 비용와 같은 사회적 문제에서도 큰 의미를 가지고 있다.

구강 건강이 전신 건강에 미치는 영향을 고려할 때 늦었지만 지금이라도 적극적인 노력과 차머가 필요하다. 따라서 지금부터라도 이에 대한 문제점을 제대로 인식하고 공유하여 적극적인 대처방안을 수립하는 것이 매우 중요하다. 2016년 본 센터가 시행한 치의학 종사자 대상「통일 및 통일치의학 인식 온라인 설문조사」에 따르면 치과의사 중 80.15%가 통일을 '추진해야한다'고 인식하고 있었으며, 통일을 대비하여 우선시해야 할 활동으로 '통일 정부의 치과 의료체계 마련을 위한 정책수립 및 참여'를 제시하였고 남북 치과의료 교류에 찬성하는 응답자의 89.44%는 치과 의료적 교류에 직접 참여할 의사가 있다고 답해 치과의사들의 통일에 대한 높은 관심도와 적극적인 태도를 엿볼 수 있었다.

이러한 배경에서 우선 북한의 치의학 현황을 간접적으로 살펴보고 구체적 협력방안을 제시해보고자 하였다.

1. 북한 치과대학 현황 - 평양의학대학 구강학부 중심으로

북한은 다른 사회주의 국가들의 과거 체계와 같이 치과대학이 별도 독립되어 존재하지 않고 의학대학의 한 학부로 존재하고 있다. 현재 남한에는 다수의 탈북의사들이 있는 것으로 확인되나 탈북치과의사의 경우 수가 매우 적으며 활발히 환자 진료 및 대외 활동을 하고 있는 사람은 단 1명 (A씨)으로 확인되고 있다. 그의 증언과 보고서를 토대로 대표적 치의학 교육기관이라 할 수 있는 평양의학대학 구강학부 에 대한 현황을 작성하였다.

1) 기원

정확하지는 않으나 1960년 대 말, 평양의학대학에 구강학부가 신설되고 의학부에 있던 구강과 학생들 및 다른 구강학부 지원 의학대학생들을 모아 시작된 것으로 증언되었다.

여느 대학의 첫 신입생들의 교육이 그러하듯이 체계적 교육 시스템이나 우수한 강의 인력 확보에 어려움이 많았던 것으로 보인다. 당시 주로 러시아 교과서를 번역하여 교재를 만들었고, 이를 토대로 학생 강의와 실습이 진행된 것으로 알려져 있다. 하지만 이 후 구강학부의 발전을 위한 교수들의 노력에 의해 교육 내용의 수준이 빠르게 높아졌다고 한다. 교재의 경우 최근 입수된 예를 보면 오래전부터 거의 모든 과목에서 한글 교과서를 사용하고 있는 것으로 추측된다. 비슷한 사회주의 국가인 라오스, 미얀마 등의 치과대학에서 아직도 제대로 된 자국어 교과서가 없는 것에 비추어 본다면 북한 구강학부의 노력은 상당한 것으로 판단된다.

2) 평양의학대학의 현황

평양의학대학은 다양한 의학관련 학부들로 구성되어 있는 것으로 알려져 있다. 1986년에 기초의학부가 신설되었다고 하며 임상의학부, 고려의학부, 기초의학부. 구강학부, 약학부, 위생학부로 구성되어 있고, 이후 체육의학부와 의학부에 전문의학과가 새로 개설되는 등 변화가 있어 현재는 임상의학부, 전문의학부, 구강학부, 기초의학부, 고려의학부, 체육의학부, 위생학부, 약학부로 구성되어 있다고 한다. 학부의 선택은 입시 전 미리 지망 학부를 제출 하고, 합격 후 다시 학부를 지망하면 성적순으로 희망하는 학부에 배치된다.

일반적으로 북한 대학교육은 군대식 운영이 되는 것으로 알려져 있다. 대학전체는 연대로, 각 학부는 대대로, 매 학년은 중대로, 학급은 소대로 구성하고 각 장들이 있어 지도교수의 관리를 받는다고 한다. 또한 당위원회, 청년동맹위원회, 직업동맹위원회 등을 통한 통제 역시 받는 다고 한다. A씨는 북한 의대생들의 학업강도가 매우 강하고 또한 엄격한 학사관리를 받으며 군대식 규칙적 생활 통제를 받는다고 증언하였다. 학생들의 학구열도 매우 높아 남한에 비한다면 매우 훌륭한 수업태도를 보인다고 증언하였으며, 이러한 내용은 평양과학대학에서 강의를 진행하였던 교수진들도 인정한 바 있다.

3) 평양의학대학 구강학부의 현황

행정직으로는 학부부문당비서, 청년동맹비서가 있고 학부부문당비서는 부학장 역할을 한다고 한다.

과목으로 구강내과학, 구강외과학, 구강교정학, 구강보철학, 소아구강학, 구강학기초 등의 강좌가 있으며 김일성주의 로작과 김일성, 김정일 혁명력사, 주체철학, 주체정치경제학과 같은 사회과목도 배운다고 한다. 예비과에서는 남한의 치의예과와 비슷하게 수학, 물리, 영어 화학과 같은 기초과목들을 배우며 역시 김일성, 김정일로작과 같은 사회과목도 배우며 토론이 중요한 부분이다. 아래는 A씨의 보고서 내용을 정리하였다.

- 1학년 – 라틴어, 응용수학, 물리교질화학, 유기화학, 생물학 전신해부학.
- 2학년 – 조직학, 생리학, 생화학, 약리학, 미생물학, 병태생리학, 병리해부학, 약리학.
- 3학년 1학기 – 구강해부조직학, 구강재료 및 기구학, 의학전자공학, 방사선의학, 구강학기초, 위생학.
- 3학년 2학기 – 임상의학과목.
- 4학년 1학기 – 임상의학과목. 임상의학실습은 임상의학부학생들이 평양의학대학병원에서 실습을 하고 구강학부학생들

은 시급병원과 구역급병원에서 실습을 한다.

4학년 2학기 – 군진내과학, 군진외과학, 군의보장학. 강의내용은 군사기밀이다. 구강학 전공강의가 시작되고 실습시간 비중이 높다. 보건성중앙구강예방원, 평양시 구강예방원, 평양의학대학병원 구강과, 철도성병원 구강과 등에서 실습을 하게 된다.

5학년 – 구강학 과정 실습 완료. 이 후 6개월간 구역급 이상병원들에서 남한의 익스턴쉽과 같은 '생산실습'을 하게 된다. 남한의 원내생 실습과 마찬가지로 지도의사들의 관리를 받지만 혼자서 환자진료를 수행한다.

남한과의 차이는 구강학부에서도 정신과학, 안과학 등과 같은 일부 과목을 제외하면 거의 모든 의학과목을 배우기 때문에 일부는 구강학부 졸업 후 임상의사를 하는 경우도 있다. 하지만 임상의학부 졸업 후 구강의사는 하지 못한다.

표 1 구강학부 학과목

번호	과목이름	번호	과목이름
1	김일성주의 로작	23	의학전자공학
2	위대한 수령 김일성동지 혁명력사	24	방사선의학
3	친애하는지도자김정일동지혁명력사	25	구강학기초
4	주체철학	26	위생학
5	주체정치경제학	27	내과학
6	체육(인민체력검정)	28	외과학
7	외국어	29	고려의학
9	응용수학	30	소아과학
10	유기화학	31	산부인과학
11	물리교질화학	32	이비인후과학

번호	과목이름	번호	과목이름
12	생물학	33	전염병학
13	해부학	34	물리치료학
14	조직학	35	보건경영학
15	생리학	36	보건조직기술계산
16	생화학	37	구강보철학
17	의학미생물학	38	구강내과학
18	병태생리학	39	구강외과학
19	병리해부학	40	구강교정학
20	약리학	41	소아구강학
21	구강해부조직학	42	군진의학
22	구강재료 및 기구학		

2 졸업시험	
번호	과목 또는 졸업논문 이름
1	김일성주의 로작
2	외국어
3	구강내과학
4	구강외과학

4) 졸업 후 진로

졸업 후 진로는 크게 3대혁명소조, 박사원 또는 연구원, 병원배치 등으로 나뉜다고 한다.

3대혁명소조는 졸업 후 구역급 이상 병원에서 근무하며, 당사업과 행정사업을 관리한다. 소조배치는 중앙당에서 결정하며, 평양출신은 지방으로, 지방출신은 평양으로 배치하는 것을 원칙으로 한다고 하며, 1993년경에 3대혁명소조가 없어졌으나 몇 해 전 다시 시작된 것으로 알려졌다. 소조활동 이 후 대학에서 병원배치를 받게된다.

박사원과 병원배치는 대학 간부과를 거쳐 중앙당 간부과에서 결정된다. 박사원 입학에는 남한의 석사학위와 비슷한 후보학사증이 큰 영향을 미친다. 따라서 지방학생들은 연구에 열중하여 후보학사증을 얻고자 한다고 한다.

병원배치에서 주요 병원은 중앙당에서 곧장 배치를 결정하며 나머지는 각도 및 시당 간부과에서 관할 내 대학 및 도 및 시급병원, 일부 구역병원에 배치를 하게 되며 여기서 남는 인원들은 다시 구역당으로 내려 보내고 구역당에서는 구역병원들에 배치를 한다고 한다.

병원 배치 후 과 결정은 해당 병원 당위원회에서 진행하며 주로 남자들은 보철과, 구강외과 등에 배치되고 여자들은 구강1내과(보존과), 구강2내과(치주과), 소아구강과, 교정과, 얼굴성형외과에 배치된다고 A씨는 증언하였으나 다른 치과의사의 증언에 따르면 최근에는 이런 경향이 적어졌다고 한다.

5) 박사원 현황

A씨의 경우 박사원에서 학업을 계속하였기에 다른 의사들에 비해서도 박사원에 대한 정보가 풍부하였다. 박사원은 정부로 부터 급여를 받으며 연구를 하는 과정인 데, 일반적으로 3년6개월 과정이며, 박사반과 석사반이 있다고 한다. 석사반은 학부 졸업생 중 성적과 추천을 기준으로 대학간부과에서 간부사업원칙에 따라 선정 후 중앙당 과학교육부의 비준을 받고 박사반은 주로 석사반 졸업생과 기존 의사 및 대학교수들이 주로 선정된다고 한다.

작성되는 논문은 남한과 같이 크게 기초논문과 임상논문으로 나뉘는데 임상논문은 새로운 약물이나 치료기구 등의 임상적 치료 효과를 관찰하며, 기초논문은 보통 한약재 또는 이미 규격이 나와 있는 약물이나 재료 등을 이용한다고 한다. 따라서 짧은 기간에 성과를 거두기 위해 석사반에서는 기초논문을 작성하는 경우가 많다고 한다.

실험 과정에서 발생하는 연구비는 기본적으로 본인 부담인 관계로 월급 이상을 쓰는 경우가 많으며 논문 발표하기 전 해당 논문의 부분을 의학저널에 두건이상 실어야 한다고 알려져 있다.

6) 면허 취득 현황

대개의 국가들은 정부의 관리 하에 일정 시험을 통과한 후 의사 면허 취득이 가능하다. 하지만 라오스나 미얀마와 같은 일부 사회주의 국가들은 대학 졸업 후 특별한 시험없이 곧장 의사 면허 취득이 가능하며 이는 북한도 마찬가지이다. 하지만 라오스는 치과대학이 1곳, 미얀마는 2곳 밖에 없어 학사과정을 통해 학생들의 질적 수준 통제가 가능하지만 북한의 경우 구강학부가 여러 곳에 설치되어 있고 지역간 교류가 원활하지 않아 문제 발생 소지가 있다.

하지만 A씨에 따르면 북한의 경우 급수시험이라는 특수한 제도가 있어 의사들 사이에 급수가 존재하고 급수에 따라서 활동할 수 있는 범위와 진료영역이 결정된다고 한다. 결국 치과의사의 수준을 통제하는 다른 제도가 있는 것이다. 그 외에도 의사 아래 직급인 준의가 있는 것처럼 구강준의가 있고 치과보철 수복물 제작에 집중하는 남한의 기공사와 비슷한 보철사 제도가 있다. 다른 탈북치과의사에 따르면 특히 보철사의 경우 치과의사가 없는 외딴 지역에서 치과의사와 비슷한 업무를 수행하고 있다고 한다. 결국 진료보조인력이라기 보다는 다른 형태의 진료인력으로 보아야 할 것이다. 문제는 일부 보철사들이 탈북 후 치과의사로 자신을 소개하고 남한 면허시험에 응시하고자 한 예가 있다는 것이다. 현재 북한 의과대학 구강학부 졸업생 여부를 확인하기 위한 구술시험 제도가 운영되어 어느 정도 걸러내고 있으나 향후 이들에 대한 자격 인정에 대한 문제가 크게 대두될 것이다. 게다가 구강학부를 졸업한 치과의사들 역시 남한에서 면허를 취득하기 위해서는 다양한 형태의 재교육 혹은 연수 과정이 필요할 것으로 논의되고 있으며, 형평성의 문제도 대두될 것이다.

7) 북한 치과의사들의 학력 및 면허 인정에 대한 남한 치과의사들의 의견

서울대학교 통일치의학협력센터는 2017년 1월 2일부터 2017년 1월 20일(총 19일)까지 2016년 12월 1일 현재 만 19세 이상의 전국 치과 관련 전문가를 대상으로 구조화된 설문지를 이용한 온라인 설문조사를 실시하였고 표본은 대한치과협회 회원 중에서 무작위 추출하였다. 응답자 분포는 아래와 같다.

표 2   온라인 설문조사 응답자 분포

		응답자수	%
전체		398	100.0
성 별	남자	310	77.89
	여자	88	22.11
연 령	20대	21	5.28
	30대	163	40.95
	40대	118	29.65
	50대	71	17.84
	60대	25	6.28
직 업	개원의	197	49.50
	봉직의	88	22.11
	공직	89	22.36
	학생	2	0.50
	기타	22	5.53
학력별	대학졸업	99	24.87
	대학원 졸업	270	67.84
	대학원 재학	29	7.29

이 중 북한 치과의사들의 학력 및 면허 인정에 대한 남한 치과의사들의 의견을 묻는 항목들에 대한 결과는 다음과 같다.

표 3 치과의사가 되기 위한 의대 커리큘럼의 남북한 차이정도

(단위: 명, %)

구분	응답자수(명)	응답률(%)
차이가 매우 클 것이다	173	43.47
차이가 클 것이다	186	46.73
차이가 적을 것이다	22	5.53
모르겠다	17	4.27
계	398	100

표 4 남북한 통일 이후 북한 치과의사의 자격인정

(단위: 명, %)

구분	응답자수(명)	응답률(%)
별도의 절차 없이 그대로 인정되어야 한다	6	1.51
남한의 치과의사 자격시험을 거쳐 자격을 인정 한다	164	41.21
단계적 급수시험을 거쳐 급수에 따라 자격을 인정 한다	94	23.62
남한의 치과의료기기 사용법, 의료기술 등에 대한 연수과정 (보수교육) 후 자격을 인정 한다	126	31.66
모르겠다	8	2.01

표 5 남북한 통일 이후 북한 치과의사의 학력 인정

(단위: 명, %)

구분	응답자수(명)	응답률(%)
지금과 같이 북한에서의 구강학부 학력도 동일하게 인정되어야 한다	15	3.77
북한에서의 학력은 일절 인정되지 않아야 한다	30	7.54
북한에서의 학력은 통일이후 해당 학력인정을 위한 별도의 시험 등을 통해 인정되어야 한다	170	42.71
북한 구강학부 졸업생을 위한 별도수학과정을 개설하여 해당과정 이수 시 학력을 인정한다	167	41.96

구분	응답자수(명)	응답률(%)
잘 모르겠다	16	4.02
계	398	100

표 6 남북한 통일이후 남북한 치과대학의 대학별 매칭방식 강의 수료한 경우 북한 학력 인정 방식

(단위: 명, %)

구분	응답자수(명)	응답률(%)
매우 바람직하다	18	4.52
바람직하다	197	49.50
바람직하지 않다	81	20.35
매우 바람직하지 않다	38	9.55
모르겠다	64	16.08
계	398	100

표 7 남북한 통일이후 남북한 치의학 수준 차이 감소를 위한 방식

(단위: 명, %)

구분	응답자수(명)	응답률(%)
남북한의 치의학 용어를 통일되게 정리하여야 한다	110	27.64
북한의학대학 구강학부 졸업자 및 탈북치과의사를 위한 남한 치의학 용어집을 발간하여야 한다	26	6.53
북한의학대학 구강학부 졸업자 및 탈북치과의사를 위한 재 보수 교육 강의를 개발하여야 한다	203	51.01
북한의학대학 구강학부 졸업자 및 탈북치과의사를 위한 남한 치과의사자격시험 교재를 별도로 개발하여야 한다	59	14.82
계	398	100

위의 결과와 같이 통일 후 북한 치과 의사의 남한에서 진료활동에 대한 인식에 대해 북한 치과의사는 남한에서의 진료활동을 위해 일정기간 동안 연수 또는 보수교육이 필요하며 그 기간은 '2년 이상~5년 미만'이라는 응답이 가장 많았고, 남북한 치과의사 양성을 위한 교육과정

은 응답자 10명 중 9명 이상(90.10%)이 남북한 간에 '차이가 있을 것'이라고 인식하고 있는 것으로 나타났다.

통일 후 북한의사 자격은 '별도의 절차 없이 그대로 인정되어야한다'는 1.51%에 불과하였고, 남한의 치과의사 자격시험을 거쳐 자격을 인정한다'가 41.21%, '남한의 치과 의료기기 사용법, 의료기술 등에 대한 연수과정(보수교육) 후 자격을 인정한다'가 31.66%의 응답률로 나타나 일정 정도의 재교육을 거쳐야 치과의사 자격을 인정하는 것으로 나타났다.

북한 치과의사의 학력 인정은 '지금과 같이 북한에서의 구강학부 학력도 동일하게 인정되어야 한다'는 불과 3.77%인 반면 '별도의 시험을 통해 인정되어야한다'가 42.71%, '북한 구강학부 졸업생을 위한 별도의 수학과정을 개설하여 해당과정 이수 시 학력을 인정한다'가 41.96%로 나타나 역시 추가 과정을 거친 후 학력을 인정하고자 하였다. 다만 '북한에서의 학력은 일절 인정되지 않아야 한다'에 대한 응답이 7.54%에 그쳐 긍정적인 부분도 있었다.

북한 치과의사 학력 인정에 있어서 남북한 대학의 1:1 매칭을 통한 강의 운영으로 이 강의를 수료한 경우에 한하여 북한에서의 학력을 인정하는 것이 '바람직하다'고 인식하는 경우가 55.02%로 나타났고, 남북한 치의학 수준차이를 완화하기 위한 방식에 대해서는 '북한 의학대학 구강학부 졸업자 및 탈북치과의사를 위한 재 보수교육 강의를 개발하여야한다'는 응답이 51.01%로 나타났고, 그 외에 '남북한의 치의학 용어를 통일되게 정리하여야한다'는 응답이 27.64%로 나타났다.

8) 학부 교육과정 현황

학부 교육과정 및 내용에서도 남북 사이에 차이가 있는 것으로 알려져 있다. 최근에 탈북하여 서울대학교 치의학대학원에서 임시 청강하였던 다른 치과의사에 의하면 가장 큰 차이는 역시 임상전단계 실습에 있다고 한다. 이는 저개발국가에서 보이는 공통적 사항으로 그나마 북한과 상황이 비슷하다고 알려져 있는 라오스, 미얀마 등의 국가도 마찬가지이다. 이들 국가들은 사회주의 사상에 기반하여 학생들로부터 수업료를 거의 받지 않거나 아주 적은 금액을 받는다. 하지만 국가로부터의 지원이 매우 적어 실습 재료나 기구 구입이 어려워 결과적으로 실습의 부실화로 이어지게 된다.

임상전단계실습은 직접 환자를 치료하기 전 실습을 통하여 필요한 경험을 미리 쌓는 것으로 시술 및 소수술 중심인 치과 치료 과정에서 반드시 필요한 과정이다. 하지만 일부 북한 구강학부는 이 과정이 제대로 운영되지 않아 졸업생이 사전 환자 치료 예행 연습 없이 직접 환자를 대상으로 실습을 시행하게 되는 데다 국가 수준 면허 시험도 없어 갓 졸업한 의사의 치료 능력에 대한 검증이 필요할 것으로 보인다.

참고로 라오스 보건과학대학 치의학부에서 교수 및 학생들을 대상으로 대학에서 가장 필요한 사항에 대한 수요 조사 설문 결과를 요약하면 다음과 같다.

교육목표는 적절히 달성하고 있으나 치의학 연구자와 교수 양성은 달성하지 못하고 있음. 현 기관의 교수 수, 강의실, 기초실습실, 임상전단계 실습실, 임상실습실는 적거나 매우 적으며, 기초 및 임상치의학 모두에서 모든 과목의 강의와 실습이 현재 필요함.

또한 임상전단계 실습과 임상 실습이 현재 필요하며 필요한 시설의 순위로 학생은 임상실습실을 가장 필요로 하고 있었으며 그 다음으로 임상전단계실습실을 필요로 하고 있었음.

현 6학년 학생의 능력으로 모든 영역에서 양호한 것은 없었으며 평균도 수준이라고 응답함.

응답자 거의 다수는 치과의사의 계속 교육이 필요하며 교수는 치아형태학을, 학생은 보철과목을 가장 필요로 하였으며, 그 외, 근관치료, 치과보존이 필요하다함.

시설에 대한 지원으로 임상전단계 실습실, 임상실습실, 기초실습실, 기타 지원시설 등 모든 시설이 부족하다는 응답이 나왔지만 투자 대비 효과의 측면으로 보아 임상전단계 실습실의 지원이 필요할 것으로 보임. 기초치의학과 임상치의학의 연결고리로서 임상전단계 실습실을 지원하고 이를 매개로 라오스 보건과학대학 치의학부의 기초와 임상 교과목 모두를 강화하는 방안이 필요함.

따라서 만약 북한과의 교류가 활성화되고 치의학 분야의 지원이 시작된다면 대학과의 관계에서는 우선적으로 임상전단계 실습실 지원 관련 내용에 대한 논의가 필요할 것이다.

9) 남북한 치의학 용어 차이 현황

남북 분단 이 후 서로 다른 체제에서 경제, 사회, 문화, 언어 등 모든 분야에서 차이가 심화되고 있다. 특히, 서로 다른 정치 문화의 영향으로 소통의 근간이자 가장 기본적인 도구인 언어 역시 차이가 뚜렷이 나타나기 시작하였다. 치의학 분야 역시 예외가 아니어서 분명히 일부 내용에서는 차이가 일어나고 있다. 하지만 일부에서 알려진 것과 같이 차이가 큰 것은 아니어서 과도한 우려는 필요하지 않은 것으로 나타난다.

한 예로 저자는 서울대학교 치의학대학원에서 운영 중인 통일치의학개론 수업시간에 학생들에게 북한에서 발행된 치의학 관련 논문을 배포하고 이해하기 어려운 부분을 지적하라 하였다. 대부분의 학생들은 용어에서는 한, 두 단어 정도 이해가 어렵고 그 마저도 주변 내용을 토대로 어느 정도 유추가 가능하다 답하여 치의학 전문용어에서 남북한

간 차이는 크지 않은 것으로 나타났다.

단어의 한글화에 대해서는 한자 용어를 그대로 사용하거나 저자에 따라 한글 용어와 한자 용어를 혼용하는 등 일정한 규칙을 찾기 어려웠다. 이와 관해서 2016년 탈북한 치과의사는 북한에서 치의학 한자 용어 사용에 관해 아래와 같이 증언하였다. "교과서에는 한자로 쓰고 괄호 안에 우리말을 병기하는 경우가 많다. 북한 치과의사들도 한자 용어가 편하다. 우리말로 풀어쓰는 경우 길어져서 불편하다고 느낀다. 치아의 경우 한 예로, 작은어금이, 큰어금이라고도 말하고 소구치, 대구치라고도 말하는 등 혼용하고 있으며, 송곳니라고도 말하고 견치라고 말한다. 앞니는 문치, 절치라고 말한다. 다른 얼굴의 해부학적 용어에 대해서도 한자어를 매우 많이 쓰지만 한글과 섞어 쓰기도 한다. 남한의 악은 북한에서 턱이라는 표현을 쓴다. 남한의 '악공'은 북한의 '턱공'이다. 반면 소수 예는 완전히 다른 경우도 있다. 충치라는 말은 북한에서 전혀 쓰지 않는다. 남한에서 처음 들었다. 이삭기만 쓴다. 그리고 북한 사람들은 '이빨'이라고 말한다. 교과서에는 '이발'이라고 써있지만 말할 때는 "이빨"이라고 말한다. 하지만 '치아'라는 말은 전혀 쓰지 않는다. 북한 의사들은 번호로 이야기 한다. 상악 6번, 하악 6번 이런 식으로 이야기 한다. 그리고 몇 가지 일부 용어 차이가 있는 경우도 있다. 한 예로 남한의 안와하공은 북한에서 안과하공이라고 쓴다."

또한 북한의학학술서 고찰 후 용어 사용에 대해 아래와 같은 보고가 있었다.

북한의학학술서는 김정일, 김정은 일가에 대한 충성 및 의료문화 발전에 대한 다짐을 사설에서 보여주는 것으로, 연구 및 경험에 대한 북한 의학연구논문들이 실려있었다. 종설은 주제에 대하여 간단하게 서술되어 있었으며, 학술서의 전체 내용에서는 사진이나 도해 없이 표를 이용하여 내용이 정리되어 있었다.

학술서에는 2011년 1호부터 2014년 2호까지의 의학학술논문들이 개제되어 있는데 본 고찰에서는 구강과 관련된 연구논문들의 내용을 검토하여 용어를 확인해 보았다. 대부분 한글화(예) 이발, 아픔멎이, 삼키기장애, 이돌(dental calculus) 등)하여 사용되고 있었으며, 한자어(예) 치주염(paradentitis), 경구제제, 교합면(occlusal surface), 상악(mandible) 등) 또한 사용된 것을 확인할 수 있었다.

제일 최근인 2014년 2호에 실려있는 논문 중에 '상악앞이렬의 기하학적비률에 대한 계측학적연구'에서는 자연이발렬, 상악앞이렬(량쪽송곳이), 턱점선 등의 용어가 사용되었고, 증례로 '혀암때 경부곽청술을 한 증례'에서는 구강저부, 왼쪽하악부, 활경근, 하악관우 등의 용어가 사용되고 있었다.

구강보철과 관련된 내용은 2011년 3호(예) 보철물제작에서 CAD/CAM화를 실현하기 위한 연구)에서부터 나타나게 되었다. 해당 논문에서 이야기하는 끼우개보철물은 구강 외에서 제작하여 장착하는 보철물(crown)을 의미하는 것으로 보여지고, 그 외 다른 논문들에서 나타나는 용어들 중 다리이보철과 부분틀이는 각각 bridge와 partial denture를 의미하는 것으로 생각된다.

북한의 학술지에 실려있는 구강보철논문들의 저자는 김석준, 오용남, 정성국 등이 있었고, 그 중 김석준은 2011년, 2012년, 2013년도까지 매년 연구논문 및 종설을 작성하였으며 구강보철학이라는 대학 교과서를 집필하였다. 김석준의 논문에서 사용된 용어는 남북한의 차이가 크게 보이지 않았지만 일부 차이를 보이는 용어들(예) 우무기, 수지면, 상리장, 이틀뚝 등)이 있었다. 수지면은 상아질(dentin)을 의미하고 이틀뚝은 틀이와 맞닿는 잇몸을 의미하는 것으로 생각된다.

의학학술서와 구강보철학이라는 북한교과서의 내용을 확인해 본 결과 전체적으로 북한의 용어가 대한민국의 치의학용어집에 용어들과 크게 차이를 보이지는 않았지만 맞춤법과 띄어쓰기의 차이로 단어가 달라진 경우를 볼 수 있었다. '이'에 대한 표기법의 차이에는 틀이, 리장법, 리목부, 련화 등이 있으며, '두음법칙'의 인정여부에 따른 차이로 림시틀이, 림상증상 등을 확인할 수 있었다.

II. 치의학 용어와 관련된 협력 방안 제언

이상의 남북한 치의학 용어 통일들에 대해 아래와 같은 제언이 있었다.

첫 번째로 남한 치의학 용어의 통일이다. 1990대부터 대한의학협회의 주도 하에 치의학 용어의 한글화를 시작하였지만 아직도 한글에 기반한 신용어에 대한 적극적 사용이 부족한 상황이다. 특히 치과 분야의 경우 임상에서는 한글 용어의 사용이 문제되는 경우가 있고 (대표적으로 '치아'와 '이'의 사용) 때로는 한자 용어의 사용이 더 보편적이기도 하나. 용어의 통일을 위해서는 임상과 기초를 아우르는 학회의 적극적 참여와 검토 그리고 의견의 일치가 무엇보다 중요하다. 많은 수의 학회에서는 대표 교과서를 출판하고 있다. 학회 교과서에서 통일된 용어를 사용한다면 아주 빠르고 효과적으로 용어 사용을 확산시킬 수 있을 것이다.

두 번째로 북한 치의학 용어에 대한 전문적 연구와 정리이다. 지금까지의 연구는 년전에 만들어진 사전과 논문이나 서적에 기반한 간접적

연구가 대부분이었다. 따라서 앞으로의 연구에는 남한 치의학 용어 전문가, 어학 전문가 그리고 탈북 치과의사가 함께하는 용어 위원회를 구성하고 가능한 북한측 치의학 전문가와의 협력을 통하여 북한 치의학 용어에 대한 전문적 연구를 수행하여야 한다.

세 번째로 북한 치의학 용어의 통일이 필요하다. 북한 역시 한자 및 한글 용어의 사용에서 혼선이 있는 경우가 많다. 따라서 교류가 시작되면 남한의 용어 통일화에 맞추어 북한 역시 용어의 통일화가 필요할 것이다.

네 번째로 남북 상호 전문가들의 협의체 구성이다. 이 협의체에는 치의학 전문가 뿐만 아니라 어학 전문가들이 함께 해야 하며, 남북한 용어의 통일에 대한 안을 만들어 낼 것이다. 이미 국립국어원에서는 북한말의 현황 파악, 남북한 언어 차이 연구를 상당히 진행하였고 남북한 언어의 통합 방안을 연구하고 있다. 따라서 이러한 선행 경험과 연구 내용을 바탕으로 전문적 지식을 얹는다면 효율적이고 의미있는 안을 도출해 낼 수 있을 것이다.

마지막으로 통일된 용어의 검증이다. 아무리 잘 만들어진 안이라 할지라도 실제 사용되지 않는다면 무의미한 작업이 될 것이다. 따라서 철저한 검증 과정과 남북한 치과의사들의 의견을 적극적으로 반영하여 완성된 용어를 작성해야 한다. 이 후에는 널리 사용될 수 있도록 다양한 방법을 강구해야 할 것이다.

이상의 다섯 단계를 통하여 남한과 북한을 아우르는 공통의 치의학 용어 정리가 가능할 것이며 이미 늦은 감이 있으나 지금부터라도 이를 위한 정부, 학계, 치과의사 단체들의 공동 협조가 절실히 필요할 것이다.

III. 결론

이상의 내용에서 북한의 치의학 현황을 살펴보고 간단한 단계별 협력방안을 제시하였다. 다른 분야와 마찬가지로 치의학 부야 역시 가능한 빨리 치과의사 및 치의학 관련 인력에 대한 적극적 교육과 의식 공유를 시행하여야 하며 이를 통해 최우선적으로 북한 주민들의 구강건강 회복에 기여해야 할 것이다. 같은 동포들의 고통을 줄이고 건강한 삶을 누릴 수 있도록 함께 협력하여 상호 발전을 추구하고 동시에 향후 당면하게 될 통일 대비에 만전을 기하고자한다.

:: 수의과학연구소

북한 수의교육 현황 및 방역 공조 체제

조충희 · 우희종

목차

I. 서론

II. 북한의 수의사교육과 남북한 공조체제

III. 남북한 가축질병 발생과 수의방역공조체제

IV. 결론

조충희 사단법인 북방연구회 연구위원
우희종 서울대학교 수의과대학 학장, 20대 국회동물복지포럼 자문위원장

I. 서론

1. 연구목적

다양한 분야에서의 남북협력과 통일에 대비하기 위한 준비와 기반 마련에 있어서 주목되는 것은 북한의 수의사 양성 교육제도의 현황과 남한 수의학 교육제도와의 통합성에 대한 검토이다. 북한의 수의사교육제도 분석은 해당 사회에서의 수의방역 제도와도 연계되어 현장성을 갖게 되기에 본 연구에서는 남북한의 수의 교육제도 분석과 더불어 수의방역체제 비교 분석 및 공조체제 제안을 마련하였다.

특히 국제수역사무국(OIE, Office international des épizooties, World Organization for Animal Health 혹은 세계동물보건기구)에 기초한 국제 수준의 수의학 교육제도를 마련하고 있는 우리나라 수의학자의 입장에서 보아도 최신 과학진흥을 강조하는 김정은 체제에 들어와 변화되는 북한의 수의학 및 교육제도의 현황을 분석하여 통일에 대비한 남북 통합 안을 마련하고 북한 체제에서의 개선점과 이에 기반을 둔 통합행정제도의 공조에 기여하는 것이 중요하고 생각하였다.

외무성과 유엔 북한 팀이 마련한 'UN과 조선민주주의인민공화국 간의 협력을 위한 유엔전략계획 2017-2021'에서 가장 강조된 사안 중의 하나는 북한의 식량 및 영양안보 부문의 지속가능성에 기여하며, 국내적으로는 사회재난으로 확산되어 공중보건 위협으로 까지 확대되는 인수공통질병과 가축의 전염성질병에 대한 국가적 대응능력 배양에 기여하는 것이다. 한반도 수의학의 발전을 책임지고 있는 수의학자들이 북한의 수의 교육제도와 가축질병 방역상황을 분석하고 이에 대한 사전 예비 조사와 대책을 마련함으로서 통일 시대 기반을 마련하는 것이 현실의 요구라고 생각한다. 지난 10년간 남북 간의 교류는 차단되어 북한의 정치, 경제, 사회, 문화 등에 대한 현황은 북한이 공식적으로 발표하는 신문이나 방송을 통하여 또는 탈북자 면담을 통해 이뤄지는 정도이다.

최근 과학기술을 국가발전의 우선전략으로 내세운 김정은 정권에서 특히 과학계의 변화는 지속적으로 진행되고 있고 먹거리와 관련된 분야에 있어서도 그 변화는 비교적 빠르게 진행되고 있다. 특히 북한 정권은 농업과 축산, 수산의 3대 부문에 힘을 집중하여 주민들의 식량문제를 원만하게 해결하려는 노력을 하고 있으며 여기에 농업과 축산의 "고리형 순환체계"식의 복합경영방식을 받아들이는 등 축산업발전에 새로운 진로를 모색하고 있다.

우리는 북한의 변화되는 현실에 대비하여 북한의 수의사교육제도와 가축질병현황에 대한 정확한 분석에 기초하여 남북 수의학 교육제도와 남북한 공조 체제를 마련해 통일 시대에 대비할 수 있다고 본다.

예를 들어 한국의 수의사 면허 발급제도는 국가에서 관리하기 때문에 국가자격시험을 위해 엄격히 관리되고 있지만, 북한의 경우 수의사 자격시험을 위한 제도가 마련되어 있지 않아 국가가 인정하는 수의교육과정만 이수하면 수의사 활동을 하게 되어 있어 정확한 관리가 불가능하다. 이러한 현실은 통일 시대에 있어서 남북한의 통합된 수의사교육제도 마련이 매우 중요한 작업이 된다는 것을 보여주고 있다.

본 연구는 남북수의학 현실에 있어서 두 측면에서 접근하였다. 축산에서 시작하여 반려동물 및 야생동물 관리까지 넓은 영역에 걸쳐 연구하는 수의학의 특성상, 먹거리 및 방역 위주의 북한 수의학 교육이 생활의 수준이 현격히 다른 남한의 반려동물 중심의 수의학 교육제도와의 마찰 없는 통합안의 기초 마련을 시도하였다. 남북한의 수의사 교육을 통합하고 수의사면허 제도를 마련하여 한반도 전반지역에서 가축질병에 대한 방역 공조 체제를 마련하는 것은 대단히 중요한 문제이다.

또한, 최근 우리사회 전반에 걸쳐 막대한 피해를 끼치고 있는 구제역과 같은 가축질병, 그리고 조류인플루엔자, 광견병과 같은 인수공통전염병에 대한 남북 공조체제 구상이다. 구제역이나 조류독감과 같은 질병의 주요 원인으로서 주변국 상황과 철새와 같은 이동성 야생동물이 지목되고 있다.

국내 주요 가축질병과 인수공통질병 예방과 방역을 위해서는 주변국과의 협력과 공조가 무엇보다 중요하며, 현재 우리나라와 중국, 일본 등 주변국과의 정보공유와 협력은 어느 정도 이뤄지고 있다. 그러나 무엇보다 고려되어야 할 이웃인 북한과의 공조와 정보공유는 현재 전혀 이뤄지고 있지 않기에 당장의 가축방역에 있어서도 한계를 지니고 있다.

수의학 교육제도 조사연구는 북한의 수의사 면허 제도와 연계되며 이는 국가의 방역 행정체제와도 연계된다. 본 연구는 북한 방역 체제 분석과 이를 위한 공조체제를 구상하였다.

북한에서의 가축질병발생과 방역 대처 현황을 조사하고 분석하여 남북한 방역공조체제를 마련하는 것은 국가 재난형 질병 방역에 대한 통일 대비이기도 하면서 현실적으로 당장의 남북 모두의 유효한 방역 대책에 기여하게 된다.

2. 연구 내용

북한의 수의사교육 체제를 분석하고 북한 수의사교육기관 분포 및 교육제도에 대한 연구를 진행했다. 북한 수의과대학의 분포는 지난 기간 남북 교류가 어느 정도 진행되고 있었던 시기에 파악된 바가 있으나 그 후 남북 교류가 민관 모두 차단된 상황에서 현황에 대한 확인이 요구되고 있다. 북한 수의사 배출 현황 파악 및 분포에 대한 분석을 진행하였다. 통일 남·북한 수의교육 통합 안 제시를 위해 북한 수의교육 과정 및 북한 지역별 특성화 교육을 분석하고 OIE 추천 국제 수의교육안과, AVMA (American Veterinary Medical Association, 미국 수의학 협회) 추천 수의교육안과의 비교 분석을 통하여 통일 후 남북 수의교육체제 통합 안을 위한 연구 방향을 제시하였다.

　북한 수의 방역 현황을 분석하여 북한의 동물 질병, 인수공통질병 방역 체제와 조류인플루엔자 발생 및 대처 현황을 조사 분석하였다. 구제역 감수성 산업 동물 분포를 조사하며 구제역 발생 및 대처 현황을 분석하였다. 통일 대비 남·북한 수의 방역 공조체제 기반 구축을 위한 사업으로 북한 수의사 면허제도 및 시행 조직 분석하고 북한의 동물 질병, 인수공통질병 현황 자료 확보하여 북한의 방역·관리체계 개선 방안과 남·북한 간 전방역 공조체제 구축안 및 통일 후 남·북한 동물 질병, 인수공통질병 방역 및 관리체계 통합 안을 제시하였다.

3. 연구 방법

사업추진 전반 기조는 남북 교류가 차단된 현 시점에서 'UN과 조선민주주의인민공화국 간의 협력을 위한 유엔전략계획 2017-2021'에 기초했으며, 탈북자 면담과 국내외 북한관련 문헌자료를 이용하였다. 문헌조사를 위하여 국내에 존재하는 북한에서 발행한 수의·축산 관련 공식 문헌 조사(국회도서관, 통일부 등), OIE 자료, 세계보건기구 (WHO, World Health Organization) 등 국제기구에서 발간한 공식 문건 및 자료와 북한 지역 동물 질병 및 야생동물 관련 문헌을 조사·분석하였다.

현재 북한 현지 방문조사는 불가능하여, 동물 질병, 인수공통질병 및 야생동물 현황에 관한 북한 자료는 극히 제한적이고 그 신뢰성을 검증하기 어려운 조건에서 본 연구는 탈북민 설문조사와 북한출신 축산전문가와의 합동연구 북한 접경지역 대면 조사를 주로 하는 정성적 조사·분석 위주로 수행 가능한 한도 내에서 문헌조사에 의해 정량적 자료를 수집 이용하였다. 남북 경색의 정치적 배경으로 인해 보다 많은 자료 수집을 위해 몽고 등을 경유한 해외 자료 수집도 진행했다.

1) 세부 방법
- 북한 거주 당시 축산 및 야생동물 관련 직업에 종사했던 탈북민 면담 및 자문
- 북한 출신 수의사와 탈북민 단체를 통한 네트워크 활용
- 북한 내 농업출판사에서 발행한 잡지를 통하여 전염병 발생 사례와 질병 관리 및 대처 현황 조사
- 조류인플루엔자 및 구제역 관련 현황은 OIE 기록 및 탈북자, 통일연구원, 북한대학원 자료 분석
- 국내에 거주하는 북한이탈주민 중 중국, 러시아-북한 접경지역의 동물 질병, 인수공통질병 또는 야생동물 상황에 익숙한

전문가 또는 일반인에 대한 설문 및 인터뷰를 진행
- 내국인 북한 전문가 또는 북한 평성수의축산대학 출신 축산전문가를 통하여 북한 내 동물 질병, 인수공통질병 상황, 야생동물 상황, 수의 방역 및 교육 체계에 대한 조사를 진행
- 북한수의사 유학생파견 관련 자료 확보를 위하여 몽골의 울란바토르지역을 선정하여 현지 방문 조사 및 지역 주민 인터뷰를 진행
- 몽고대학 및 몽골국립문서보관소 방문 및 자료 수집

II. 북한의 수의사교육과 남북한 공조체제

1. 북한의 수의사 교육

1) 북한의 수의사교육정책 개요

광복 후 한반도를 통 털어 대학교육을 받은 조선인 기술자는 400여 명 밖에 되지 않았고 그중에서 38선 이북지역에 있었던 사람은 10여 명 정도에 불과 하였다고 한 다. 북한은 부족한 축산기술 인력을 확보하기 위해 김종희를 비롯한 기존의 학자, 기술자들을 조사, 확보하는 한편 소련의 원조를 통한 방식도 실시하였다.[1]

---

[1] 해방 초기 북한은 김일성종합대학창설과 운영에서 소련의 도움을 많이 받

북한지역의 축산기술 발전을 위하여 소련은 축산물 생산 정상화를 위한 각종 물자들과 설비를 공급하면서 축산전문가들을 직접 파견해주었다.[2] 그러나 기본적인 기술자 확보는 교육을 통하여 직접 기술자, 기능공을 양성하는 정책을 적극 실시하였다. 이에 따라 기존의 기술자들을 중심으로 각종, 기술 강습, 기술 강좌 등이 조직되어 새로운 기술자들을 양성하기 시작하였다. 1947년에는 중등공업학교, 중등전문학교, 기술전문학교 및 각종양성소 등이 세워져 1,201명이 졸업하였다.[3]

　1948년에는 기술자 양성을 위한 '단기강습', '기술학교', '고급기술양성소'에서만 3만 455명이 졸업하였다고 한다. 그 중 1947년~1948년 단기강습과 고급기술양성소를 졸업한 축산 기술자는 630여 명(그 중 단기강습졸업자 540명 고급 기술양성소 졸업자 90명)이다.[4] 북한

았다. 4만여 권의 책, 각종 실험도구 2,600여 점, 도표 2,200여 점과 1948년 7월 1일에 파견된 세계적인 생물학자 오파린(A. I. Oparin)을 단장으로 하는 소련학자 (일행은 모두 17명을 구성되었는데 공학 6명, 이학 4명, 농학 3명, 의학 1명, 인문사회학과학 3명으로 구성)들은 북한의 부문별 정책 작성과 기술자양성 등 북한의 과학기술발전에 기여. 조선중앙통신사, 『조선중앙년감』(평양: 조선중앙통신사, 1949), pp. 133~134.

2　북한주재 소련대사 푸자노부의 함경남도 정평에 있는 광포 국영농장 방문기를 보면 농장에 소련 제레코르드 인공부화기 5대를 보유하고 있었다고 한다. "소련 대사 푸자 노부의 일지," 『북한관계사료집 76』(1960년 9월 12일~9월 30일).

3　한림대 아시아문화연구소, 『북한경제 통계자료집: 1946~1948』(한림대학교 출판부, 1994), pp. 150~151.

4　한림대 아시아문화연구소, 『북한경제 통계자료집: 1946~1948』, pp. 235~236.

은 이후 각 도에 1~2개소의 축산 및 수의기술원 양성을 위한 양성학교를 조직하고 1980년대 중반까지 운영하였다. 북한의 기술자 양성 정책에서 다음으로 주목되는 것은 전후 어려운 상황에서도 수의·축산기술자 양성을 위해 고등교육기관인 수의축산대학을 설립한 것이다. 북한 지역에 처음으로 설립된 고등교육기관은 1946년 10월 1일에 개교한 '김일성종합대학'이었다. 이 대학의 농학부 수의축산학과가 북한의 수의축산학계에서 처음으로 수의축산전문가를 양성하게 된다. 그 후 1948년 원산농업대학의 축산학부로 분리되었다. 1955년 8월 5일 원산농업대학의 수의축산 학부를 기본 모체로 하여 강계수의축산대학(오늘의 평성수의축산대학)이 설립되었다.

2) 북한의 수의축산 교육현황

(1) 북한고등교육 정의와 원칙

고등교육(Higher Education)은 좁은 의미에서는 중등 후 교육(Post secondary Education), 3단계교육(Tertiary Education) 과 구별하여 학문중심의 전통적인 대학교육을 뜻한다.[5]

북한에서 고등교육은 중등일반교육을 받은 16세 이상의 공민들로 높은 과학기술지식과 창조력을 갖춘 유능한 과학자, 기술자, 전문가

---

[5] 중등 후 교육은 학문중심의 대학교육과 직업전문학교, 비학위과정의 교육을 포괄하는 것으로 중등학교 이후의 모든 교육과정을 뜻한다. 3단계교육은 초-중-고의 학교위계가운데 마지막 단계의 제도 교육으로 학위(졸업) 교육과정을 포괄한다. 정근식 편, 『북한의 대학: 역사, 현실, 전망』(과천: 진인진, 2017), p. 12.(재인용)

를 육성하는 교육체계이다.[6]

북한의 고등교육원칙은 첫째로 유능한 인재육성을 위하여 변화되는 현실의 요구에 맞게 고등교육체계를 완비하고 고등교육의 질과 수준을 높이는 것이다. 둘째로, 고등교육일군 양성체계를 세우고 후비를 계획적으로 키우며 고등교육담당자들을 학위, 학직 소유자들로 배치한다. 셋째로, 교수교양에서 '사회주의 교육학'의 기본원리를 구현하며 교육과, 과학연구를 밀접하게 결합시킨다. 넷째로 고등교육부분에 대한 투자를 국가가 하여 교육조건을 원만히 보장해 준다. 다섯째로 외국, 국제기구들과의 교류와 협조를 발전시킨다.[7]

(2) 평성수의축산대학

평성수의축산대학은 북한전지역을 포괄하는 수의사, 축산전문가 및 경영간부들을 양성하고, 수의축산부문 과학기술연구와, 교과서집필 및 발간심의, 학위학직 심위위원회를 운영하는 중앙대학이다.

평성수의축산대학에서는 예과 1년과 본과 5년의 과정으로 되어 있으며 3개의 학부(수의학부, 가금학부, 축산학부)와 3개의 전문학과(먹이가공과, 축산기계과, 수의축산과)를 가지고 있으며 대학 박사원(대학원)과 연구소, 가축병원, 실습목장, 도서관 등을 구비한 북한에서 유일한 수의축산 전문대학이다. 수의사 양성은 전문 과정으로 교

---

[6] 북한에서 고등교육이라 함은 박사원, 대학, 통신대학, 전문학교, 전문가 양성을 위한 1~2년 기간의 단기양성학교 등을 이두는 말이며 이하 고등교육이라 한다.

[7] 장명봉 편, 『최신 북한법령집』(북한법연구회, 2015); "북한 고등교육법,"(2011년 12월 14일, 최고인민회의 상임위원회 정령 제2036호).

육 기간은 6년이며, 해마다 약 300명의 수의축산기술자를 배출하고 있다.

표 1 평성수의축산대학 교육 · 연구 · 행정단위

학부	학과	학생 수	강좌	교원 수
수의학부	수의학과	450	수의외과, 수의내과, 기생충학, 전염병학, 수의미생물학, 수의방역학, 수의약리학	
축산학부	축산학과 축산기계학과 먹이학과 축산회계학과	450	축산학, 축산기계, 먹이학, 축산회계학, 축산경영학	
가금학부	가금학과 수의축산과	280	가금학, 알깨우기, 가금경영학,	
전공기초	-	-	육종학, 생물물리학, 해부학, 동물학, 가축생리학, 위생학	
일반기초	-	-	혁명역사, 철학, 노작, 외국어, 수학, 생화학, 체육	
연구부문	축산대학연구소 박사원	- 60	가금연구실, 축산연구실, 방역연구실, 미생물연구실, 먹이(사료)연구실, 육종연구실, 풀판연구실, 백신연구실, 경영연구실,	
기 타	당위원회 교육행정 경리과	-	당위원회, 청년동맹, 도서관, 경리과, 체육단, 교육행정, 실습목장, 실습농장	

(3) 지방농업대학에서의 수의축산기술자 양성

북한에서는 중앙대학으로서 평성수의축산대학에서 수의사 및 축산기술자를 양성하면서 각 지역들에서 제기되는 축산기술자에 대한 수요를 충족하기 위하여 평양과 각 도에 농업대학을 설립하고 여기에 수의축산학부, 또는 축산학부와 전국의 거의 모든 시군의 농업전문학교

그림 1 평성수의축산대학 전경
출처: 『조선향토대백과』, 평안남도 1.

에 축산과를 개설하였다

평양시에는 평양농업대학, 황해북도의 사리원농업대학, 강원도의 원산농업대학 등 각 도 농업대학에 수의축산과가 개설되어 수의축산전문가 양성을 하고 있으며 각 농업대학 수의축산학과는 4년 과정이다.

북한수의사교육제도 분석에서 중요하게 집고 넘어가야할 것은 교육제도는 있지만 수의사에 대한 국가시험제도가 없다는 것이다. 북한은 해방 후 1947년 농림성규칙 제9호 수의사 검정시험에 관한 규정을 통하여 수의사 시험제도를 도입하였다. 그러나 1955년 수의축산대학이 설립되고 전문 수의사교육을 받을 졸업생들이 배출되면서 수의사 시험제도를 폐지하고 수이축산대학 과정을 마치면 수의사로서 자격을 인정해 주고 있다.

표 2 북한의 수의축산교육과정 (대학, 전문대학)

구분	학교명	지역	학부 및 학과	학제	비고
대학	평성수의축산대학	평안남도 평성시, 삼화동		6년	
대학	평양농업대학	평양시 룡성구역	수의축산과	5년	1981년 3월 28일 발족
대학	남포 농업대학	남포시 와우도구역 룡정동	수의축산과	5년	1967년 6월 1일 발족
대학	계응산사리원농업대학	황해북도 사리원	수의축산과	5년	1959년 9월 1일
대학	김제원해주농업대학	황해남도 해주	수의축산학부	5년	1960년 11월 1일
대학	원산농업대학	강원도 원산	수의축산학부	5년	
대학	함흥농업대학	함경남도 함흥	수의축산과	5년	
대학	신의주 농업대학	평안북도 신의주	수의축산과	5년	1969년 10월 발족
대학	청진농업대학	함경북도 청진시 라남구역	수의축산과	5년	
대학	강계농업대학	자강도 강계시	수의축산과	5년	
전문대	숙천농업대학	평안남도 숙천군	수의축산과	4년	1997년 10월 발족
전문대	곽산농업대학	평안북도 곽산군	축산과	4년	
전문대	룡연 농업대학	황해남도 룡연군	축산과	4년	1993년 3월 24일

이 외 53개의 축산과와 가금과 전문학교가 있다.

표 3 전문학교

구분	학교명	지역	학과	학제	비고
1	개풍농업전문학교	개성시 개풍군	축산과	3년	1995년 발족
2	장풍농업전문학교	개성시 장풍군	축산과	3년	
3	판문농업전문학교	개성시 판문군	축산과	3년	
4	신양농업전문학교	평안남도 신양군	축산과	3년	
5	양덕농업전문학교	평안남도 양덕군	축산과	3년	
6	은산농업전문학교	평안남도 은산군	축산과	3년	
7	평원농업전문학교	평안남도 평원군	축산과	3년	
8	개천농업전문학교	평안남도 개천시	축산과	3년	
9	안주농업전문학교	평안남도 안주시	축산과	3년	
10	대동농업전문학교	평안남도 대동군	축산과	3년	
11	대흥농업전문학교	평안남도 대흥군	축산과	3년	
12	맹산농업전문학교	평안남도 맹산군	축산과	3년	
13	문덕농업전문학교	평안남도 문덕군	축산과	3년	
14	정주농업전문학교	평안북도 정주시	축산과	3년	
15	구성가금전문학교	평안북도 구성시	가금과	3년	
16	구장농업전문학교	평안북도 구장군	축산과	3년	
17	녕변농업전문학교	평안북도 녕변군	축산과	3년	
18	대관농업전문학교	평안북도 대관군	축산과	3년	
19	동창농업전문학교	평안북도 동창군	축산과	3년	
20	운전 농업전문학교	평안북도 운전군	축산과	3년	
21	의주 농업전문학교				
22	창성 농업전문학교				
23	천마 농업전문학교				
24	철산 농업전문학교				1970년 발족
25	태천 농업전문학교				
26	피현 농업전문학교				
27	고풍 농업전문학교	자강도 고풍군	축산과	3년	
28	동신 농업전문학교				
29	랑림 농업전문학교				

구분	학교명	지역	학과	학제	비고
30	룡림 농업전문학교				
31	성간 농업전문학교				
32	송원 농업전문학교				
33	시중 농업전문학교				
34	위원 농업전문학교				
35	자성 농업전문학교				
36	장강 농업전문학교				
37	전천 농업전문학교				
38	중강 농업전문학교				
39	초산 농업전문학교				
40	화평 농업전문학교				
41	배천 농업전문학교	황해남도 배천군	축산과	3년	
42	벽성 농업전문학교				
43	봉천 농업전문학교				
44	삼천 농업전문학교				
45	송화 농업전문학교				
46	신원 농업전문학교				
47	신천 농업전문학교				
48	연안 농업전문학교				
49	옹진 농업전문학교				
50	장연 농업전문학교				
51	청단 농업전문학교				
52	태탄 농업전문학교				
53	고산 농업전문학교				

(4) 유학을 통한 전문가 양성

해방 후부터 북한이 부문정책관철에서 항상 중요하게 유지하고 있던 원칙은 인재보존과 기술자육성 문제이다. 해방 후 기술 인력의 부족이라는 한계를 가지고 있던 상황에서 북한은 기존의 지식층들을 보호하는 정책을 펼치면서 유학을 통한 고급 기술자 양성정책에도 많은

비중을 두었다.[8]

1946년 소련의 도움으로 시작된 해외 유학생 파견은 인재 부족 실태를 해결할 수 있는 중요한 정책 중의 하나였다. 북한의 열악한 교육환경으로는 수준이 높은 세계적인 최고급의 교육을 받은 인재를 양성하는 것은 엄두도 못내는 것이기 때문에 외국 유학을 통한 교육은 무시할 수 없는 정책의 하나였으며 수의축산부문의 전문가 유학은 주로 소련과 몽골에서 진행된 것으로 알려지고 있다.[9]

1947년부터 1948년까지 북한 유학생의 소련 고등교육기관 입학

표 4   북한의 해외 유학생파견통계(1946-1972)

파견 국	유학생 수	나라별 전공분야
구(소련)	5,000	각 분야
동독	400	정밀기계, 영화제작
체코	400	기계공업, 자동차공업
폴란드	400	의학, 공학
헝가리	300	의학, 공학
루마니아	300	의학, 공학
중국	50	의학, 공학
아랍공화국	300	방직공학
탄자니아	50	
몽골	26	역사, 몽골어, 수의, 농학
쿠바	20	
버마	10	
총 계	7,256	

출처: "북한 과학·기술 분야의 대외협력실태연구"(국토통일원, 1990).

---

8   김일성 "산간지대 축산업을 발전시킬 데 대하여" (농업부문 지도일군 및 축산기술자 협의회에서 한 연설,1954년 6월 7일),『김일성저작집 8』(평양: 조선노동당 출판사), p. 462.

9   '오랜 인테리 정책'이란 일제강점기에 국내외에서 고등교육을 받은 과학자,

출처: 몽골국립문서보관소 방문열람 2017.

그림 2 몽골유학생관련 자료
출처: 몽골국립문서보관소 방문열람 2017.

현황 자료를 보면 소련의 타쉬켄트 농업대학에 학부생 10명 대학원생 2명이 유학한 것으로 되어있으며 그 중 수의축산전공은 3명으로 알려져 있다.[10] 몽골에 유학한 북한의 수의축산전공 유학생 실태를 국토통일원에서 1990년에 발표한 자료를 보면 부분적으로 알 수 있다.

몽골의 울란바토르 축산대학유학은 70년대까지 진행되고 소련의 모스크바 수의 종합대학을 통한 수의축산기술자 유학은 1980년대 중반까지 계속되었다. 이같이 북한의 수의축산부문 기술자 양성정책은 세 가지 유형으로 진행되었다. 기존의 기술자들을 이용하면서 단기강습과 현장교육을 통한 기능공양성정책과 평성수의축산대학을 기본으로 하는 고등교육체계 그리고 유학을 통한 고급기술자 양성정책이다.[11]

3) 수의사 배치

북한에서 대학을 졸업한 수의축산 기사들은 내각의 대학졸업생을 배치하는 전문 부서와 대학당위원회 간부과(인사부서)에서 배치를 결정한다. 북한에서 대학졸업생들은 당과 국가의 배치를 받으면 거기에

기술자들의 과거를 묻지 않고 그들의 정치적 이념에도 관계없이 연구사업과 교육 사업에 전념할 수 있게 한 정책이다.

10 소련의 후원 상황을 보면 소련은 유학생들의 학비와 교육기자재 사용비를 면제시켜주었고, 기숙사 와 식사도 무료로 제공하였으며, 매달 580~980루불의 장학금까지 지급하였다. 신효숙, 『소련 군정기 북한의 교육』(서울: 교육과학사, 2003), pp. 96~98.

11 조충희, "북한의 수의방역정책에 관한 연구"(북한대학원대학교 석사학위 논문, 2015), pp. 32~39.

서 과오로 인한 퇴출이나 급격한 승진이 아니면 고정되어 일하는 것으로 추정된다. 북한지역에서 수의사교육과 관련하여 탈북민을 대상으로 설문조사를 진행한 결과는 다음과 같다.

표 5 북한의 수의사분포 및 교육기관

수의사 만남 여부		가축방역소 (가축병원)		수의사 교육기관			
있다	없다	있다	없다	대학	전문대	전문학교	양성기관
60	7	47	20	41	5	7	14

표 6 북한의 가축시설 분포 및 수의사 시험제도관련 객관적 태도

수의사 교육제도 여부		수의사 필요 수 충족 여부		수의사 수준		수의사 시험제도 필요 여부		수의사 직업 선호도	
있다	없다	Yes	적다	높다	낮다	Yes	No	좋다	나쁘다
65	2	55	12	27	40	63	4	65	2

출처: 설문조사.

설문참여자 67명중 60명(89.5%)이 수의사가 있다고 하였으며 가축방역기관에 대한 질문에서 47명(70%)만 있다고 응답하였다. 이는 북한의 각도 시군에 수의방역소가 존재하는 것은 사실이나 산간지역이나 농촌지역 리 등에는 방역초소나 수의사 1명이 배치되어 활동하는 결과 수의방역소를 접하지 못한 것으로 분석된다.

수의사 교육제도에 관하여 65명(97%)이 있다고 응답하였고 수의사 수준에 대하여서는 높다 27(40%)명, 낮다 40(60%)명으로 북한주민들이 지역수의사들의 수준에 대하여 신뢰도가 낮은 것으로 나타났다. 이는 지역수의사들의 경우 평안남도 평성에 위치하고 있는 중앙대학인 평성수의축산대학을 졸업하지 못하고 4년제 농업대학 수의축산과를 수료한 결과이며 일부 지역들에는 대학졸업자들이 아닌, 전문

대 또는 축산일군양성소 수료생으로 실제적으로 수준이 낮은 것으로 평가된다.

4) 통일 후 남북한 수의사 양성을 위한 교육공조 체제

(1) 남북한 수의사교육 공조체제 수립원칙

통일 후 남북한 수의사교육 공조체제는 남북한 교육체제가 가지고 있는 장점을 살리면서 단점을 극복하는 방향으로 현존하는 교육체제가 가지고 있는 문제점을 극복하고 통일 한반도가 지향하는 가치와 이념에 적합하게 현재 남북한제도를 병존하면서 상호합의에 기초하여 새로운 통합제도를 모색하는 것이 바람직하다.

남북한 수의사교육 공조체제의 기본방향은 민주주의에 기초한 인간의 보편적 가치와 한반도에서 재난형 질병의 창궐을 방지하고 보다 믿음직한 축산안보를 보장하는 방향에서 설정해야 한다.

남북한 수의사교육 공조체제 수립절차는 남북한의 사회변화의 진행과정에 따라 점진적 방향으로 추진하여야 한다. 즉 남북한이 상호 지향하고 협력할 수 있는 단계적 통합이 이루어지는 방식으로 활발하고 광범위한 상호교류를 통해 남북한 수의교육체제간의 공통분모를 극대화 하는 것이 필요하다. 이후 장기적인 관점에서 교육체제의 통합을 위한 종합계획을 공동으로 수립히여 점진직 통합을 추진하는 것이 필요하다. 남북한의 수의교육체제를 병행·유지하면서 교육체제 통합을 위한 여건을 조성하고 과정에서 필연적으로 발생하는 부작용을 최소화하여야 한다. 남북한 수의교육체제가 가지고 있는 장점을 수용하면서 문제점을 극복하는 방향으로 추진하여야 한다. 즉 어느 한 체제의 일방적인 수용이 아닌 새로운 시대에 적합한 대안적 교육체제를 수립하여 점진적으로 적용하는 방식이 바람직하다. 수의교육체제를 공조함에 있어서 이데올로기적 요소는 배제하되 북한 사회의 고유한 가치는 다양성 측면에서 인정하고 공존하는 방향으로 추진하여야 한다.

(2) 학제통합

남북한의 학제차이로 인한 학력인정과 전·편입학 문제 교육기간의 설정을 합리적으로 해야 한다. 현재 남북한의 중앙 급 대학인 수의축산대학의 수의학부 6년제 학제와 서울대 수의과대학의 6년제 학제를 병존시키면서 지방 농업대학의 4년제 학제를 유지하는 방향에서 진행한다.

학제 및 교육과정에서 기초교육, 전공기초교육, 전공교육, 진로탐색으로 이어지는 계열분화를 할 수 있도록 한다. 북한교육체제의 실태 및 현황파악을 통해 계열분화 실시를 위한 방안 연구를 진행한다.

남북한의 교류를 통해 서로의 교육체제의 상황을 파악하고 새로운 방식의 계열분화를 위한 방안을 공동으로 마련한다. 남북한 수의과대학 간의 연계를 위한 방안을 제시하고 계열분화 후 학교 간 이동이 용이하도록 학교의 입학, 편입학, 졸업조건, 학교간의 학생이동을 위한 기본적인 방안을 마련한다.

(3) 교과편제

남북한의 수의학과 교과편제 및 비중 통합을 위해 기초, 전공기초, 전공 교과로 구성된 대학, 전문대학, 교육과정에서 기초교육보단 전공기초, 전공교육에 비중을 두고 운영하여야 한다. 학생들의 개성 및 창의성을 계발하기 위하여 재량 및 특별활동을 실시하는 것이 중요하다. 즉 이론과 실기 위주로 과목을 균형적으로 편제하여야 할 것이다.

대학교육에서 우상화관련 과목을 폐지하고 전문용어 및 언어상의 소통문제를 해결하기 위한 남북한 수의축산부문 용어사전을 편찬하고 언어 통합을 위한 합동연구가 선행되어야 한다.

(4) 교육과정 개발 및 운영

남북한 수의사교육과정 개발운영의 중요과제는 자율성의 보장, 한반도 각 지역의 지역적 요구의 반영, 등을 위해 남북한 공동협의기구를 구성하여 통합교육과정을 개발하여야 한다. 수의사교육 공조를 위해 공조의 각 단계에 따른 과도기적 교육과정 및 교과서 개발이 필요하며, 공동 교육과정 개발을 위해 남북한 공동 협의기구를 구성하고, 교육과정 운영에서 자율성을 보장하는 것이 중요하게 제기된다.[12]

(5) 교과서 및 학습자료 개발이용

교과서 및 학습자료 개발이용과 관련하여 서울대 수의과대학과 평성 수의축산대학 교수 전문가들로 합동 전문연구기관을 구성하고 교과서 및 학습자료 등을 개발하여야 한다. 이들 연구기관은 남북한 간 교육과정의 이질성과 공통점에 대한 체계적 연구를 통해 교과서 및 학습자료 개발을 필히 선행하여야 할 것이다.

---

12 남북한 공동 교육과정에 서로에 완전히 적용도기 이전 단계에서 사용할 수 있는 과도기용 교과성의 개발이 필요하다. 남북한 수의교육과정 공조를 위하여 남북의 교육자와 수의전문가를 중심으로 연구와 개발이 먼저 이루어져야 한다. 남북한 수의학자들이 상호 교류·협력할 수 있는 단계에서 교육과정에 대한 협의와 연구가 진행되어야 한다. 자율성 보장을 위해 교과편제와 가이드라인을 제시하고 공동필수과목만 선정하고 나머지는 대학별로 자유선택과목으로 선성하게 하는 것이 바람직하다.

통일이전 남북한 협력을 위한 교류단계에서 남북한 교수들과 학생들의 학력격차를 좁히기 위하여 영어, 컴퓨터, 한자, 등 기초과목에 대한 보충학습 자료의 개발이 필요하다. 통합교육내용의 체계를 구성함에 있어서 북한교육제도에 대한 객관적 판단에 기초한 합리적인 교과서 및 학습자료 개발이 중요하다. 남북한 수의사교육 통합안 제시를 위해 북한 수의 교육 과정 및 북한 지역별 특성화 교육 분석하고 OIE 추천 국제수의 교육안과, AVMA 추천 수의 교육안과의 비교 분석을 통하여 합리적인 교육내용과 체계의 수립이 필요하다. 남북한 대학교수의 재교육 및 임용을 위하여 북한교수들의 재교육을 위한 중장기 프로그램 개발 및 북한적응을 위한 남한교수 연수프로그램의 개발 및 배치안 구성이 마련되어야 한다.

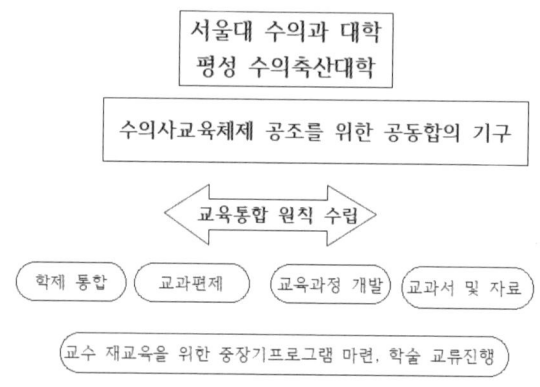

그림 3   한반도 수의사교육 통합을 위한 공조체제 수립(안)

III. 남북한 가축질병 발생과 수의방역공조체제

1. 수의방역원칙과 내용

1) 일반적 원칙

가축질병을 사전에 방지한다는 원칙과 소비자의 안전 중심으로의 위험관리 정책이 소비자안전 제일주의 원칙을 지키는 것이다. 2000년대 들어 광우병 등의 인수공통전염병이 도래하고 AI, 구제역 등 전염성 동물 질병의 발생이 빈번해지면서 사후적 위험관리 원칙에서 사전예방을 강조하는 방향으로 변화하고 소비자의 안전을 최우선으로 모든 검역과 식품안전관리체계가 개편되고 정리되고 있다.

일원적인 방역관리체계를 수립하는 것을 원칙으로 한다. 중앙정부의 일괄적 지원체계를 마련하는 등 가축전염병 유행에 대하여 신속하고 빠른 대응을 일사불란하게 할 수 있는 방향으로 방역체계를 일원화하는 것이 원칙이다. 위험커뮤니케이션을 강화하기 위하여 전염성 질병 관련 DB 구축, 상시적인 의견교환과 정보공개 및 정책결정의 투명성 확보, 현장 실정의 신속한 수렴을 통한 소비자 중심의 식품안전행정의 일원회, 위험평가와 관리기구의 분리, 위험평가 기구의 독립성확보, 엄격한 매뉴얼에 따른 살처분·소각·매몰 집행, 지속적이고 엄밀한 모니터링을 실시하는 것이다. 방역체계의 일원화를 통해 중앙정부가 진단과 방역을 지휘하는 원칙을 세우며 질병발생시 신속한 대응을 위한 위기대응체계를 위해 중앙과 지방으로 나뉘어져 있는 가축방역조직을 하나의 지휘체계에 망라하여 신속한 보고, 이동통제, 방역조치 시행 등이 기동성있게 이루어지도록 한다. 방역체계의 효율성을 높이기 위해 방역대 활동의 적정성, 살처분의 경제적·윤리적 타당성, 매몰방식의 환경적 타당성, 소독약품의 효과 등에 대한 검증을 잘 하는 것을 원칙으로 한다. 전문가 육성에 관심을 돌려 일선 시군 방역체계 완성에 필요한 전문가 수요를 보장하고 가축질병 및 인수공통성 질병에 대한 연구 개발을 전망성 있게 하는 원칙을 고수한다. 우리나라의 지정학적 특성에 따라 주요 가축전염병의 상재국인, 중국, 몽골, 동남아시아 국가들을 통한 병원군의 차단을 위해 국가들과의 국제적인 협력체계를 구축하고 정상적인 관리를 하여야 한다.[13]

2) 북한의 수의방역원칙

북한에서 수의방역사업들은 정부에서 제시한 기본원칙과 실무지침에 따라 세부계획을 수립하여 집행하는 방식으로 진행된다. 동 원칙과 지침은 모든 지역과 축산물 생산 단위에 동일하게 적용되므로, 북한의 수의방역 현황과 그 문제점을 파악하기에 앞서 그 내용을 살펴볼 필요가 있다. 수의방역 사업을 시행함에 있어서 준수해야 할 원칙은 다음의 세 가지로 요약할 수 있다. 첫째, 사양관리를 개선하고,[14] 사료를 충분히 과학적으로 공급한다. 둘째, 질병의 조기발견, 정기적인 사전검사를 진행한다. 셋째, 이미 진행되고 있는 질병의 진행을 방지하

---

13 성지은, "주요국의 구제역 방역체계 비교분석과 정책적 시사점," 『과학기술정책』, 22권 4호(2012).

14 북한 사양관리를 위한 점검표 상에는 「① 수의방역에 관한 각종정보와 방역기술, ②방역구역 설정, ③방역구역 병원체 유입 방지대책, ④야생동물에 의한 병원체 침입 방지, ⑤방역구역 위생 상태 정상유지, ⑥가축의 상태감시와 이상 확인, ⑦감염상황 기록 작성 및 보고」를 포함하고 있다.

거나, 지연시킴으로써 질병의 확산과 피해를 최소화한다. 이 경우 방역규정에 따라 살처분 등의 대책을 마련한다. 앞의 두 원칙은 가축질병의 예방과 직접적인 관련이 있다. 이는 북한의 수의방역정책이 예방에 초점을 두고 있다는 것을 반영한 것이다.[15] 북한의 『수의방역법』 제2조에서도 "수의방역에서 기본은 예방이다. 국가는 동물의 환경위생, 먹이위생, 관리위생 같은 수의위생학적 예방조건을 보장하여 동물의 질병을 미연에 방지하도록 한다."고 규정하고 있다.

한편, 질병감염이 의심되는 가축에 대해서는 격리·통제하며, 질병에 감염된 것으로 판정[16]되면, 발생상황에 따라 질병 발생지역을 통제구역과 제한구역, 간접제한구역으로 탄력적으로 설정[17]함으로써 각각에 해당하는 조치를 취하고 있다.[18]

---

15   백과사전출판사, 『광명대백과사전 18』(평양: 백과사전출판사, 2007), p.417 참조.

16   중앙수의방역소의 실험 결과, 질병 발생이 공식화 될 경우 이와 관련한 비상대책을 세운다. 진료 담당 수의사, 해당 질병 전문가, 수의학 전문가 등으로 구성되는 전문가팀이 현장검증을 진행한다.

17   농업성 내부 문건인 『수의방역잠정지도서(잠정)』에 따르면, 대체로 발생지점으로부터 통제구역은 반경 3km 이내, 제한구역은 반경 5km 이내, 간접통제구역은 반경 10km까지로 설정한다.

18   북한 『수의방역법』 제26조에서 국가는 동물전염성질병의 발생과 전파를 막기 위하여 동물 우종장이나 해당 목장주변의 일정한 구역을 수의방역구역으로 정한다. 수의방역구역을 정하는 사업은 정무원이 한다고 규정하며, 제36조에서 농업지도기관은 동물전염성 질병이 발생하였을 경우에는 그 위험성 정도에 따라 일정한 지역의 교통을 차단하고 인원과 운수수단, 동물, 동물먹이, 축산물 같은 것의 이동을 금지시킬 수 있도록 규정하고 있다.

수의방역사업의 주요내용

①수의방역부문의 당 정책 해설, 침투, ②수의법규와 규정, 수의방역지식 학습, ③교양, 검열, 단속을 통한 수의위생방역규율을 철저히 세움(전염병예방약 접종, 기생충구제, 벌레와 쥐잡이 조직, 가축우리 출입질서, 도살, 질병발생통보, 생산문화, 생활문화, 축산물 위생보장 등에서 나서는 수의위생학적 조건들의 보장) ④오염된 지구의 등록과 해제, 교통차단의 실시와 해제, 수의위생방역 월간사업조직, ⑤전염병검역사업조직, 소독 및 격리사업조직, 국경검역(국경, 항구, 항공 역)과 내부검역사업 진행, ⑥수의개조사업과 수의위생방역시설의 정상적인 운영 조직진행, ⑦수의법의감정을 진행, ⑧환경위생 즉 공기의 물질적 조성과 화학적 조성, ⑨목장지대와 건물배치, 집짐승우리의 배설물 처리, 두엄의 무해화, 집짐승우리의 청소와 소독, 물과 토양의 화학적, 생물학적 특성을 반영하는 지표 관리, 물의 정화와 소독, 토양의 건전화, 먹이의 가공처리와 먹이보관, 집짐승관리 등 제반 수의방역을 위한 관리

출처 : 광명대백과사전

    해당 발생지점에서 일정 범위 내를 통제구역으로 지정한다. 통제구역 내 공장, 기업소와 같은 질병 발생 단위와 해당 지역을 봉쇄한다. 이 경우 통제구역 내 가축을 다른 지역으로 이동시킬 수 없으며, 구역 내 주민의 활동도 제한된다.[19] 또한, 발생지점에서 일정 범위 내를 제한구역으로 설정한다. 제한구역 내 모든 축산시설과 농가는 가축을 실내에서 키우도록 조치되며, 외부인의 접근을 차단한다. 비상방역위원회와 상급수의기관들과의 방역대책 협의, 역학조사를 위한 감염지역으로부터 운반된 가금과 축산물의 최근 이동경로 추적, 제한구역 내 전체 농가와 시설물 검사를 각각 실시하는 동시에 제한구역 내 소독을 진행한다. 그밖에 통제지역의 주변지역이나 주의가 요구되

---

19   통제 대상자에는 수의사, 인공수정사, 축산물 등의 운반자, 축산기계 조작자, 가축방역기관 등에서 파견된 근무 인원을 모두 포함한다.

는 지역은 완충지대로서 발생지점에서 일정 범위 내를 간접통제구역으로 지정한다. 질병 발생지역은 질병이 종식되어도 1년간 오염구역으로 등록, 관리된다.[20]

통제구역에서 가축질병의 발생정도와 가축의 종류, 축산업 환경을 고려하여 방역기관을 포함한 당국의 감시 하에 살처분을 진행한다.[21] 가축질병이 발생된 공장, 기업소 내 모든 가축을 대상으로 하지만, 제한구역과 간접통제구역에서는 선택적으로 살처분하여 2미터 이상의 깊이로 묻거나 소각하게 된다.[22] 통제구역 내에서 개인이 사육하는 가축도 검사와 방역조치를 거쳐야 축산생산물을 출하할 수 있다.[23]

2. 남북한 현존 방역체제

1) 남한

가축질병 위기관리 매뉴얼에 의해 관리되며, 재난 및 안전관리 기본법, 국가위기관리기본지침(대통령 훈령 제318호), 가축전염병예방법에 그 근거를 둔다. 구제역·고병원성 조류인플루엔자(AI)·신종 가축질병 등의 전국적 발생에 대비하여 범정부적 위기관리(예방-대비-대

---

20 백과사전출판사, 『광명대백과사전 18』, p. 421.
21 협동단체나 개인 소유의 가축이 아닌 경우 즉, 국영농장에서 사육하는 가축에 대해서는 살처분에 따른 보상이 있다고 하나, 국영농장의 가축은 국가 소유이므로 현실적으로 보상의 의미가 없다.
22 백과사전출판사, 『광명대백과사전 18』, p. 421.
23 조충희, "북한의 수의방역정책에 관한 연구".

응-복구) 체계와 기관별 활동방향을 규정하며, 상황발생시 신속하고 체계적인 대응으로 축산업 등 국내 피해를 최소화하고, 국민건강 및 보건 위해사태를 차단키 위함을 목적으로 하고 있다.

(1) 위기관리 종합체계

각 지역별 (시·군·구) 재난안전대책 본부아래 현장통제본부와 가축질병상황실에서 발생상황에 대한 통보를 하면 시·도 재난안전대책본부와 가축질병방역상황실, 가축방역협의회를 거쳐 중앙재난안전대책본부와 행정안전부장관이 국가안보실 위기관리센터를 통하여 대통령에 보고되어 대책하는 시스템이다. 우리나라 위기발생 상황관리 시스템은 아래와 같다.

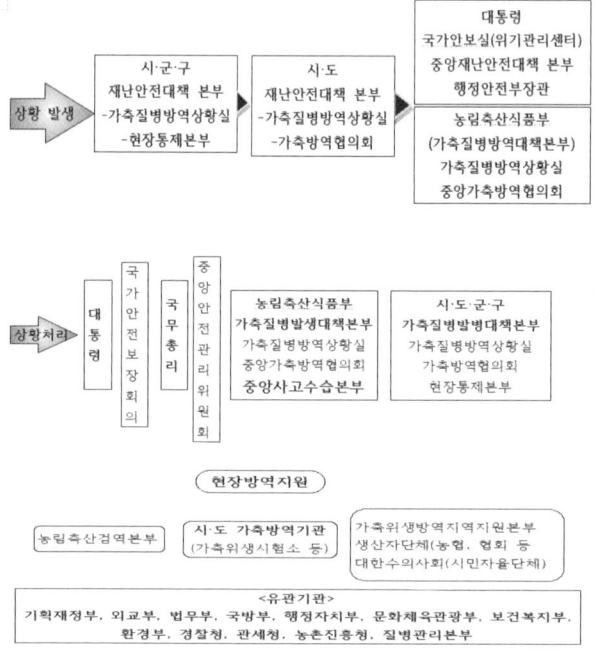

그림 4

표 7   위기 경보수준

구분	판단기준	비고
관심 (Blue)	• 주변국 발생 시(평시)	징후활동 감시

주의
(Yellow)
	• 구제역
	  - 의사환축 발생
	  - 백신 접종 유형의 환축 발생
	• 고병원성 조류인플루엔자
	  - 철새 이동/유입 시기(당해 연도 10월 ~ 다음해 5월),
	    의사환축 발생, 여름철 농장 발생시
	• 신종가축질병
	  - 국내 원인불명의 의사환축 발생
		협조체제
		가동

경계
(Orange)
	• 구제역
	  - 백신 접종 유형이 인접 또는 타 지역 전파
	• 신종가축질병
	  - 국내 신종가축질병 발생
		대응태세
		강화

심각(Red)	• 구제역
	  - 백신 접종 유형이 여러지역에서 발생 및 전국 확산
	    우려 시
	  - 백신 미접종 유형 발생
	• 고병원성 조류인플루엔자
	  - 철새 이동/유입 시기에 농장 발생 시
	  - 여러 지역에서 발생 및 전국 확산 우려 시
	• 신종 가축질병
	  - 여러 지역에서 발생 및 전국 확산 우려 시
		총력대응

2) 북한의 수의방역체계

북한의 수의방역조직은 당 아래 내각, 그리고 지역단위로 상·하위 체계로 구성되어 있다. 당 농업부문이 수의방역 정책의 방향을 설정하면, 내각 농업성의 축산총국 산하 수의방역국은 수의약품, 가축질병에 관한 세부 정책을 작성하고, 집행하게 된다. 농업성 내 수의방역조직으로는 수의방역국과 질병 진단, 약품의 생산과 공급을 담당하는 중앙수의방역소,[24] 국영목장의 정책을 직접 집행하는 국영목장관리 총국, 가축의 수출입검역을 담당하는 동물검역소가 있다. 각 지역에는 수의방역 정책을 집행하는 도협동농장경리위원회 수의축산처와 군협동농장경영위원회 수의축산과가 존재한다. 도협동농장경리위원회의 수의방역 조직으로는 국영목장에 관한 수의방역 정책 집행을 담당하는 도수의방역소와 도국영목장관리국 수의과가 있으며, 군협동농장경영위원회의 수의방역 조직으로는 국영목장에 관한 수의방역 정책 집행을 담당하는 군수의방역소를 두고 있다. 이들 지역 수의방역소는 가축 '위생관리'를 담당하고, 가축전염병 예방 사무와 가축질병진단, 사육 위생관리 지도를 담당하고 있으며 전국에 도, 시, 군을 단위로 하여 200여 개소가 설치되어 있어 있는 것으로 알려져 있다.

북한의 수의방역기구는 직접기구와 간접기구로 구분하며, 직접기구는 상설기구와 비상설기구로 나뉜다. 상설기구는 수의방역소, 가축병원, 수의초소, 수의방역대, 국경수의 검역소 등이며, 비상설기구는 수의비상방역위원회,[25] 기동방역대 등이 있다. 간접기구에는 수의약

---

24 중앙수의방역소에 분장된 주요업무는 다음과 같다. 축산물 안전성, 소 이력 관련업무, 수의 및 동물용 의약품관리(동물용 의약품의 기준 설정, 정보 수집, 제조 및 공급지도, 단속, 사용기준 준수지도 등)와 사료의 관리 및 감독(사료의 안정성 및 사료첨가제에 관한 기준 및 규격 설정, 검정 및 조사 등), 가축보건에 관한 업무와 위생기술보급, 가축위생에 관한 기획·조사, 전염병 방역·예방, 가축병원체·위생기준관리, 가축위생협정, 국제수역사무국에 관한 사항, 수출입, 동물검역소 조직 및 운영, 동물 및 축산물 검역 등의 업무가 있다.

25 경제적 손실이 큰 위험한 전염병이 발생되었거나 다른 나라에서 전염병이 침입할 위기에 있을 대 조직되는 비상설기구이다. 전국적인 비상방역위원

```
┌─────────────────────────────┐
│      당 농업부문              │
│ (정책 작성 원칙과 방향)       │
└─────────────────────────────┘
┌──────────────┬──────────────┬──────────────┬──────────────┐
│ 농업성 수의방역국 │ 중앙수의방역소  │ 국영목장관리 총국 │  동물검역소   │
│(세부정책 작성 및 집행)│(진단, 약품생산, 공급)│(국영목장 정책집행)│ (수출입검역)  │
├──────────────┼──────────────┼──────────────┼──────────────┘
│도협동농장경리위원회│  도수의방역소  │ 도국영목장관리국 │
│   축산처 수의과   │(국영목장 정책집행)│    수의과      │
│   (정책집행)     │              │(국영목장 정책집행)│
├──────────────┼──────────────┴──────────────┘
│군협동농장경영위원회│  군수의방역소  │
│     축산과      │(국영목장 정책집행)│
│   (정책집행)    │              │
└──────────────┼──────────────┤
               │공장,목장 가축방역대,│
               │    방역초소    │
               ├──────────────┤
               │리,시장 수의방역초소│
               │     리 수의사   │
               └──────────────┘
```

그림 5
출처 : 광명대백과사전(18) 및 저자의 경험과 기억을 토대로 작성

품공장, 수의기술일군 양성기관, 수의과학연구기관이 있다.

한편, 수의방역 연구와 개발과 관련한 학술연구기관으로 국가과학원 농업연구소 산하에 수의학연구소[26]가 있으며, 유일한 수의축산

회는 내각의 승인을 받아 농업성이 조직하며 일부 지역적인 수의비상방역위원회는 농업성의 승인을 받아 해당 지역 농업지도 기관에서 조직한다. 농업 지도 기관과 수의방역기관 수의사들과 필요에 따라 해당 부문 일군(당, 행정, 법)들로 조직한다.

26 수의학연구소는 평양시 룡성구역에 위치하고 있으며 해방 후 수의방역 사업을 위하여 1946년에 조직된 수의생물약품생산과 과학연구 사업을 병행하는 가축위생연구소가 조직되었으며 1952년 과학원이 창립되면서 농산학연구소에 수의학연구소를 내왔다. 1958년에 이 연구실은 수의축산연구소로 승격되었으며, 1963년 8월 수의축산학 연구소에서 전문화된 수의학연구소가 분리되었다. 수의학연구소는 북한지역에서 발생하는 가축전염병을 예방하고 근절

전문대학인 평성수의축산대학과 각 지방농업대학에 수의축산 학부를 두고 있다.

3. 남북한 가축질병 발생현황

1) 남한의 가축질병 발생현황

나라와 지역을 불문하고 먹는 문제는 인류의 역사와 더불어 항상 1차적인 문제였고 축산물에 대한 요구는 날이 갈수록 높아지고 있다. 이에 따라 가축의 수가 증가하고 집약적 사육이 유행되면서 여러 종류의 가축전염병이 발생하여 많은 피해를 주고 있다.

2) 북한지역의 가축질병발생

일반적으로 질병이 발생하여 사회적인 문제가 될 때 까지는 생물학적인 조건, 계절적 및 시간적 조건, 지리적 조건과 경제적조건, 문화발달수준 등 다양한 조건들이 관찰된다. 가축질병이 발생하는 원인 요소로 영양소, 외인성 또는 내인성 화학물질, 유전적인 소인, 생물병원체 등이 있다. 북한의 경우 경제적 조건과 사회체제의 경직성으로 인한 질병의 발생과 전파설에 비중이 실리고 있으며 현실적으로 모든

하기 위한 과학연구 사업을 기본으로 하고 있다. 연구소에는 전염병연구실, 기생충연구실 등 여러 연구실들과 종합실험실, 시험목장 등을 갖고 있다. 조선과학백과사전출판사·한국 평화문제연구소 공편.『조선향토대백과1』. 서울: 평화문제연구소, 2005, p. 172.

표 8 2005년 이후 법정 가축전염병 발생 현황(전염병/년도별)

조회기간: 2005.01.01~2017.09.30, 발생두수, [발생건수]

년도	1종 전염병				2종 전염병			3종 전염병					합계
	HPAI	구제역	뉴캣슬병	돼지열병	광견병	브루셀라병	류엘	닭전염성 기관지염	닭전염성 후두기관염	PRRS	돼지전염성 위장염	LPAI	
2005			213,030	811	15	17,954		239,700	7,000	2,425		46,162	527,097
			[18]	[5]	[14]	[2,635]		[16]	[1]	[25]		[7]	[2,721]
2006	148,086		325,093	1,074	21	25,525		287,457		3,371	1,553	9,762	801,922
	[4]		[16]	[2]	[19]	[4,503]		[26]		[35]	[4]	[9]	[4,618]
2007	45,736		3,631	58	3	11,557		801,795		1,596	220	83,544	948,140
	[3]		[4]	[5]	[3]	[2,337]		[46]		[25]	[3]	[35]	[2,461]
2008	117,496		67,040	99	14	8,440		220,590		888		109,852	524,419
	[33]		[32]	[7]	[14]	[1,830]		[45]		[40]		[117]	[2,118]
2009			119,800	316	18	6,702		211,415	300	2,333		80,990	421,874
			[4]	[2]	[18]	[1,100]		[35]	[1]	[125]		[71]	[1,356]
2010	3,000	477	135,020		10	4,834		215,009	22,030	1,177	160	2,582	384,299
	[2]	[84]	[3]		[10]	[656]		[54]	[3]	[104]	[1]	[61]	[978]
2011	82,787	1,231			5	4,101		96,340	2,568	183	820	11,447	199,482
	[51]	[86]			[4]	[495]		[77]	[4]	[44]	[3]	[54]	[818]
2012					7	2,356		76,863	5,983	1,402	2	3,106	89,719
					[7]	[278]		[41]	[4]	[47]	[1]	[24]	[402]
2013				4	6	991	1	129,198	19,043	513	25	4,165	153,946
				[1]	[6]	[121]	[1]	[58]	[3]	[69]	[1]	[45]	[305]
2014	-	1,431				728	31	110,734	3,250	731	1,682	7,432	126,019
	[254]	[29]				[85]	[2]	[87]	[13]	[47]	[4]	[17]	[538]
2015	-	120,508				523	14	142,297	806	1,551	18	31	265,748
	[137]	[159]				[60]	[2]	[47]	[8]	[44]	[1]	[6]	[464]
2016	-	30,823		218		579	63	50,173	17,686	346		8	99,896
	[303]	[21]		[2]		[53]	[4]	[47]	[26]	[40]		[3]	[499]
2017	-	33				505	15	76,129	28,080	104			104,866
	[118]	[9]				[49]	[4]	[20]	[7]	[17]			[224]
합계	397,105	154,503	863,614	2,580	99	84,795	124	2,657,680	106,746	16,620	4,480	359,081	4,647,427
	[905]	[388]	[77]	[24]	[95]	[14,202]	[13]	[599]	[70]	[662]	[18]	[449]	[17,502]

출처: 국가가축방역통합시스템 통계자료.

※ HPAI(고병원성 조류인플루엔자)와 구제역은 살처분 등에 따른 정확한 감염수수 확인 불가로 2014년 이후 감염수수 미집계
※ PRRS (돼지생식기호흡기증후군)

발병의 원인은 사회생활의 모든 영역에 분포되어 있다. 북한지역에서 구제역은 한국전쟁 전후 시기인 1949-1960년대와 극심한 경제난이 있던 1990년대 이후 대유행하였으며, 그 이후에는 전국적으로 간헐적인 유행이 해마다 발생하고 있다. 2001년 3월 북한은 국제기구의 지원을 받기 위하여 OIE의 회원국이 되면서 가축질병이 발생될 경우 이 사실을 OIE에 보고함에 따라 과거와 달리 전염성질병의 발생 사실을 대외에 공개하는 사례들이 여러 차례 확인되고 있다. OIE에 공식적으로 보고된 북한의 가축전염병 발생 및 감염 현황을 살펴보면 다음과 같다.

표 9 북한의 가축전염병 발생 및 감염 현황

(단위 : 건, 마리)

질병명	연도	신규발생	총발생	감수성	사례	폐사
구제역(국내)	2007	1	1	466	431	0
구제역(국내)	2010	26	26	15,007	8,641	8,340
구제역(국내)	2011	114	140	1,1815,625	6,965	3,353
고병원성조류독감	2013	1	1	22,600	166,000	44,000

출처: OIE 통계자료, 〈http: www.oie.int〉.

1990년대 이후 축산전문 공장 및 농장들은 과거에 비해 규모가 커지고 제한된 공간에 많은 마리수를 사육하여 유행이 시작되면 많은 가축이 병에 걸려 보다 많은 바이러스가 생성되어 막대한 피해를 주었다. 청결하지 못한 방식의 인공수정, 늘어나는 가축이동 등도 전염병의 전파를 부추겼다. 극심한 경제침체로 인한 재원부족에 시달리는 현실은 사료부족, 관리부족을 가져왔고, 제대로 먹지 못한 가축들의 건강상태는 악화되어 허약한 가축무리에 각종 전염성 병원균들이 사정없이 침습하여 전염성 질병이 범람되었다. 주로 발생하는 전염병은 광견병, 탄비열(탄저 Anthrax), 기종열, 괴사 간균증(Necrobacillosis), 파상풍(Tetanus), 리스텔레라증(Listerellosis), 돼지단독(Erysipela ssuis), 양 및 염소 폐염, 토역(토끼홍역), 가금코레라, 파라티푸스(Paratyphus), 말의 전염성 유산증, 닭 티프스, 추백리, 백리증, 결핵(Tuberculosis) 소전염성 기관지염(Bronchitis contagiosa bovum), 돈 페스트(돼지 콜레라), 콕시디움, 가토역, 토끼매독, 계역, 구제역(Aphtae epizooticae), 고병원성조류독감, 우역(Pestis bovum), 등이다.

북한지역에서 가축전염병이 가장 많이 발생하던 시기는 1960년대 이전과 1990년대 이후로 보여 진다. 북한은 『조선중앙연감』을 통하여 1960년에 들어와 돼지페스트와 계역을 비롯한 일부 가축전염병들을 기본적으로 퇴치하였다고 공식적으로 발표하였다.

북한의 가축전염병 유행은 1970년대부터 80년대 말까지 비교적 안정된 모습을 보여주었다. 비교적 정연한 가축방역체계를 갖추고 수의사들과 축산전문가들이 대대적으로 양성되어 현지에서 활동하게 되면서, 토끼 돼지, 가금들에서 일부 전염병이 발생하였지만 대유행은 피하고 자체로 해결하였다.

1990년대 경제난이 시작되면서 각종 가축전염병의 대유행이 진행되었고 이에 국제기구의 도움을 받기 위하여 일부 제한된 범위에서 전염병유행 OIE에 보고하여 공개하기 시작하였다. 북한이 OIE에 보고한 가축전염성질병 발생정형을 분석해 보면 한국에서 발생되고 있는 동물 전염병의 일부가 북한에서 발생되지 않는 것으로 보인다. 이는 북한에서 질병이 실제로 발생하지 않을 가능성보다는 일부 질병의 경우 진단능력이 없어 검색을 할 수 없거나 발생되더라도 보고를 하지 않았을 것으로 추정된다. 예를 들어 구제역은 1960년에 최종 발생한 것으로 보고되어 있으나 예방약은 최근에도 계속 접종하고 있는 것으로 국제수역사무국 기록에 수록되어 있다.

현재까지 북한이 대외에 공개(매채보도, 국제기구보도)한 조류독감 발생은 2005년 2월, 2013년 4월, 2014년 4월 등 3차 정도이며 구제역발생은 2006년 1월, 2007년 3월, 2008년 7월, 2010년 2월, 2010년 4월, 2010년 12월, 2012년 1월, 2014년 2월 등 8차에 달한다. 국제수역사무국 통계자료에 기초하여 북한의 가축질병 발생정형을 분석하여 보면 다음과 같다.

표 10 북한의 주요가축질병 발생 2004~2016

주요 가축 질병	수역사무국 보고	실지현황
구제역	1960년 최종발생	2007, 2011년 발생
우역	1948년 최종발생	-
돼지콜레라(돼지페스트)	발생 없음	백신접종 발생
고병원성조류인풀루 엔자(닭 페스트)	발생 없음	2013발생 백신접종
뉴캣슬병(계역)		
탄저(탄비열)	발생 없음	백신접종, 발생
오제스키병(가짜 미친개병)	발생 없음	백신접종, 발생
광견병(미친개병)	발생 없음	백신접종 발생
수부루셀라병	발생 없음	백신접종 발생
소결핵	발생	
소백혈병	발생 없음	백신접종 발생
일본뇌염	발생 없음	
닭전염성기관지염	발생 없음	백신접종 발생
닭전염성후두기관염	발생	백신접종 발생
오리바이러스성간염	발생	백신접종 발생
계두	발생	백신접종 발생
마렉병	발생	백신접종 발생
가금티프스	발생	
토끼출혈병	발생 없음	백신접종 발생
	발생	백신접종 발생

출처: 조충희, "북한의 수의방역정책에 관한 연구", p. 70.

최근 북한 농업출판사에서 공식적으로 발간되는 잡지 『수의축산』의 가축질병 치료 자료를 분석해 보면 북한지역에서 발생되는 가축전염병, 기생충병 등에 대한 사실을 유추할 수 있다.

북한의 가축질병 발병현황을 파악하기 위하여 북한이탈주민 67명을 대상으로 설문조사를 진행하였다. 설문참여자의 구성은 다음과 같다.

표 11 설문참여자 구성 (67명)

나이		성별		지역별				직업			거주형태		토지		가축사육유무		사육목적	
20~30	40이후	남	여	대도시	중소도시	농촌산지	농촌평지	사무원	노동자	농민	아파트	단층	소유	미소유	사육	미사육	비육	모돈
11	56	17	50	14	21	19	13	4	8	2	24	43	48		65		61	6

표 12 설문참여자지역별 빈도

평양	평남	남포	평북	황남	황북	강원	함남	함북	량강	자강	계
1	5		1		1	1	4	45	7	2	67

출처: 설문조사.

설문참여자의 연령은 20~30대가 11명으로 7.4%로 적은 편이고 40대 이상이 92.6%로 다수를 차지하였다. 남녀 비율은 여성이 50명, 74%로 다수를 차지하였고 남성참여자는 17명으로 26%였다. 지역별 구성을 보면 대도시 14명으로 9.4%, 중소도시 21명으로 14%, 농촌산지 19명으로 12.7%, 농촌평지 13명으로 8.7%이다 이러한 구성은 가축사양에 불리한 대도시지역 출신이 비교적 적고 가축사육이 용이한 중소도시, 농촌지역이 53명으로 75%를 차지하였다. 설문참여자의 대부분이 함경북도(45)와 량강도(7) 함경남도(4) 출신으로 83%를 차지하는 등 북한의 전반적 상황을 평가하기에는 부족한 면이 있지만 한국에 입국한 북한이탈주민의 80%이상이 함경도 출신이라는 사실에 비추어 현실적으로 불가능한 바램이었다.

표 13 북한의 가축질병 발생자료(설문참여자들에 한함)

가축질병 체험		질병 종류		야생동물 보호구 유무		야생동물 폐사 원인		가축전염병	전염병 피해		방역사업 참가 유무	
유	무	전염병	일반	체험	무	병	재해		많다	적다	참가자	무
64		토끼 코병	감기 피부병	3		9		구제역, 우역, 돈페스트, 계역	65		33	

표 14 가축방역 및 백신접종 자료 (설문참여자들에 한함)

가축방역 형식				소독사업		질병으로 폐사 육 식용이용부		백신접종체험 및 접종 장소			백신 가격			백신 효과성 여부	
초소	울타리	도살	매몰	물리	화학	Yes	No	집	방역기관	3의 장소	유상	무상	돈	곡물	있다	없다
4	5	1		1		61	6	15	1	2		9	19	21	41	

출처: 설문조사.

설문참여자 중 가축사육의 경험자는 65명으로 97%가 가축사육을 경험하였고 가축사육경험자의 대부분이 비육을 목적으로 가축을 사육한 것으로 나타났다. 이 사실은 북한주민들의 가계경제에서 가축사육을 통한 경제활동이 많은 비중을 차지하고 있다는 것을 보여준다. 가축질병체험자는 64명, 96%로 가축사육경험자의 거의 100%가 가축질병을 체험한 것으로 북한지역에서 가축질병발생 빈도가 비교적 높은 것으로 나타났다. 또한 가축질병체험자의 100%가 가축전염병을 체험한 것으로 전염성질병의 발생률이 상당한 것으로 보인다. 반면에 가축방역과 백신접종 체험자가 각각 11명으로 7.4%, 17명에 11.4%로 적은 것은 가축전염병 예방을 위한 방역사업이 일반주민들에 한하여 비교적 적게 진행되는 것으로 사료된다. 북한의 가축전염병발생의 특징은 가축전염병의 발생상황을 공개하지 않고 내적으로 처리하는 시스템을 아직도 유지하고 있다는 것이다. 특히 체제 위상을 훼손하는 측면에 대하여서는 철저한 보안을 유지하고 있다. 가축전염병의 경우 일부 국제기구에 보고하기 시작한 것은 심각한 경제난으로 인한 재원의 부족으로 국제사회의 지원이 필요한 사정과 관련된다.

4. 북한의 야생동물보호 현황

북한에서 동물보호구는 '자연 상태에서 이로운 동물을 보호하고 늘이기 위하여 법적으로 설정한 구역'으로 정의된다. 동물보호구는 특산 동물종의 분포구역, 특별히 무리지어 살고 있는 동물의 분포구역, 이로운 동물자원이 많이 있는 지역, 희귀한 동물이 있는 섬, 과학연구에서 귀중한 자료로 되는 동물이 있는 지역 등에 설정된다.

북한에서는 1959년 9월 내각 명령 제19호에 따라 클락새 보호구가 정해지고 1976년 10월 "조선민주주의 인민공화국 정무원결정 제55호"에 의하여 동물보호구가 설정되었다. 북한의 동물보호구에서는 특산동물과 희귀하거나 개체수가 줄어드는 동물, 이로운 동물들이 많이 증식하게 하기 위하여 여러 가지 보호대책을 취하고 있다. 보호구에는 보호대상으로 선정된 생식지와 사료를 보장해주는 등 생식과 번식에 관련한 대책을 세워주고 있다. 보호구 안에서는 사냥과 채벌이 엄금되고 있다.

북한은 1995년에 조선서해안의 청천강하류지역에 수천정보에 달하는 지역을 철새보호구로 지정하였다. 조선서해안의 평안남도 문덕군에 위치하고 있는 이 보호구 일대는 세계 이동성 조류의 8개 중요

표 15 북한의 동물보호구

	보호구 이름	주요 보호대상	위치
1	천마산동물보호구	노루, 사향노루, 곰, 너구리, 메토끼, 꾀꼬리, 총호반새, 원앙새 등 조류	평안북도, 천마군, 대관군, 창성군
2	당아산동물보호구	사향노루, 오소리, 너구리, 고슴도치	평북안북도 동창군
		꾀꼬리, 찌르러기 등 조류 100여 종	
3	금석동물보호구	산양, 사향노루, 노루, 오소리, 너구리, 수달, 곰, 고슴도치	자강도 동신군
		꿩, 낭비들기, 박새, 부리새, 등 조류 100여 종	
4	신천동물보호구	사향노루, 노루, 너구리, 오소리, 수달, 검은돈, 등	자강도 랑림군
		원앙새, 접동새, 물촉새 등	
5	백산동물보호구	사향노루, 산양, 곰, 너구리, 오소리, 수달 등	자강도 송원군
		뻐꾸기, 밀화부리, 물촉새, 등 조류	
6	금수봉동물보호구	복작노루, 노루, 고슴도치 등	황해북도 연탄군
		꿩, 오색딱다구리, 꾀꼬리, 쥐새 등	
7	수룡산동물보호구	복작노루, 노루, 청서, 너구리, 오소리	황해북도 토산군
		밀화부리, 솔새, 수리부엉이 등	
8	대각산동물보호구	사향노루, 산양, 노루, 곰, 다람쥐,등	황해북도 곡산군
		꿩, 메추리, 낭비들기 등 조류 100여 종	
9	양암산동물보호구	복작노루, 고슴도치, 산토끼, 다람쥐, 등	강원도 판교군
		수리부엉이, 후리새, 박새, 동고비 등	
10	천불산동물보호구	산양, 사향노루, 곰, 등	함경남도 신흥군
		메추리, 비둘기, 등 조류 100여 종	
11	사수산 동물보호구	사양노루, 노루, 복작노루 등	함경남도 정평군
		들꿩, 메추리 등 100여 종	
12	설령동물보호구	사슴, 사향노루, 너구리, 오소리, 곰, 수달, 검은돈, 등	함경북도 청진시, 경성군
		꿩, 원앙새, 접동새, 물촉새 등	
13	동계동물보호구	산양, 사슴 등	양강도 백암군
		꿩, 비들기, 등 100종	
14	대흥동물보호구	검은돈, 사슴, 누렁이, 사향노루,산양, 박쥐, 청서 등	양강도 보천군
		메비들기, 쇠부엉이 등 100여 종	
15	클락새보호구	클락새	황해북도 린산군, 평산군, 황해남도 봉천군
16	문덕철새보호구 (동아시아-오스트리아지역 지행경로)	동아시아-오스트리아지역 지행경로 물촉새, 고니, 물개리, 흰 두루미, 재두루미, 반달오리, 등 10여 종	평안남도 문덕군

그림 6　평안남도 문덕 철새보호구
출처: 조선화보(평양: 화보출판사, 2017).

이행경로의 하나인 동아시아-오스트리아지역 이행경로에 놓여있는 것으로 하여 많은 종의 새들의 서식지로 되고 있다. 특히 아시아의 조류 가운데서 물촉새, 고니, 물개리, 흰 두루미, 재두루미, 반달ㅇ오리 등 10여 종이 정기적인 서식지로 되고 있다.

이 지역에서 농경지개간을 비롯한 생태환경의 파괴와 오염을 철저히 금지하고 있다. 문덕철새보호구일대에는 조선서해의 간척지가 있고 습지와 개곬, 논과 재래식소금밭 등 다양한 환경이 보존되어 있다. 또한 새들의 먹이로 되는 여러 가지 무척추동물들도 서식하고 있다.

5. 남북한 수의방역공조체제

남북한 가축질병 예방을 위한 공동위원회를 구성할 수 있다. 그 구성형식, 구성내용, 인원구성, 부서조직 등 남북한 수의방역 공동위원회의 과제로는

① 가축들의 전염성질병 면역 및 백신, 수의방역정책 및 가축보

호 장려하고 기초 서비스를 강화
② 수의방역 및 검역관계자의 기술향상 및 전문교육 기회의 항시적 마련
③ 가축사양 시설 및 검역설비의 안정성보장, 공공수의 및 전염병학 분야의 기술적 관리·연구 수행능력 강화
④ 수의방역체계 개발, 자연발생적 가축사양과, 무질서한 도축통제 등
  북한의 수의 방역체계가 개선되고 지속적으로 발전할 수 있도록 방역시스템을 개혁하는 것과 모든 수의시설에 적절한 의약품 및 장비의 제공
⑤ 전염성 비전연성 질병 등을 관리하기 위한 소독기술, 사양기술과 지식을 습득하기 위한 세미나, 아카데미 등의 프로그램을 개발
⑥ 최근에 많이 발생하는 구제역, 고병원성조류독감, 등의 예방을 위해 가축과 가금을 보호하고 가축들의 면역력을 개선하기 우한 영양보충, 등 관련 문제들을 포괄적으로 관리 예방
⑦ 북한지역의 모든 축산시설, 축산농가, 도축장, 풀판, 축산물가공업체의 전력, 및 물관리, 난방시설 미비, 위생상태 악화 등에 대처하기 위한 재정적 인적투자의 추진 등을 들 수 있다.

남북한 가축질병방역대책 공조체제 가안을 다음과 같이 제시할 수 있다.

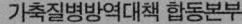

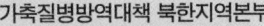

그림 7

IV. 결론

북한의 수의학 교육은 철저히 산업동물 위주의 교육이 진행되고 있고 남한에서 주류를 이루고 있는 반려동물 교육이 매우 한정적으로 이뤄지고 있다. 식량증산이라는 사회문화적인 배경이 이 한국과는 다르다보니 발생하는 상황이지만, 장기적으로 살펴본다면 남한에서 부족한 산업동물 수의사나 방역 관련 수의사 확보에 보완적으로 될 수 있다고 판단된다. 남북의 수의학 교육 특성화를 생각해 볼 필요가 제시되는 셈이다.

한편, 북한에서 축산업의 집약화와 계획화에 따른 중앙집권적 수의방역체계가 확립되면서 1980년대까지 가축전염병 문제를 자체적으로 해결하였던 것으로 보인다. 이 시기까지 북한의 수의방역조직 재정비와 활동, 수의약품 개발·생산 및 수의기술자 양성, 수의방역의 원칙과 실무지침은 일반적으로 타당한 체계를 갖췄던 것으로 평가할 수 있다. 1990년대 이후 경제난의 지속에 따른 재정의 악화는 계획적이고 일원화된 수의방역체계가 제 기능을 다하지 못하는 상황으로 이어졌다. 생계목적으로 개인 농가의 가축사육도 증가하고 있지만, 북한 당국은 '자력갱생'을 내세우면서 가축질병의 예방 활동을 지방과 축산업자 개개인, 축산농가 등에 전가하고 있다. 국영 중심의 축산과 그에 적합한 기존의 수의방역체계는 개인 농가에 의한 가축사육이 크게 증가하면서 수의방역의 공백도 함께 커지고 있다. 축산 현실의 변화에도 불구하고 북한 당국은 수의방역체계에 대한 근본적 개선 조치를 방기하거나, 정치적 이유로 전염병 발생 사실을 공개하지 않는 등 적절한 조치를 취하지 않는 점은 현재의 심각한 상황을 초래한 근본 원인으로 지적된다.

본 연구에서 밝혔던 북한 지역의 수의사 교육과 가축질병에 대한 방역 문제들을 정리하면 다음과 같다.

첫째, 기존의 수의방역체계의 합리적 관리가 중요하다. 북한의 수의사 교육 질의 현저한 저하에 따른 수의기술자의 전문성 부족, 경제난에 의한 재정부족에 따른 수의약품 및 가축사료 공급 능력 저하, 무질서한 개별적 가축사육에 따른 수의방역 기능의 정상적 작동의 어려움은 양측의 적절한 배합에 따른 상설 또는 비상설적인 합동 방역위원회의 설치가 필수적인 것으로 제기된다.

둘째, 전염병 확산에 취약한 상황에 따른 재원의 확보를 통해 현재 북한지역에 만연한 비위생적인 축사, 부족한 사료공급에 따라 떨어진 사육가축의 면역력을 증강시키는 것이 중요하다.

북한지역에서 국가의 격려속에 진행되고 있는 위생관리 없는 가축의 방목은 야생동물에 의한 전염병 감염에 취약하다. 더욱이 도시와 농촌을 가리지 않고 진행되는 개인의 무질서한 가축사육의 증가로 인해 기존 수의방역체계에 의한 통제가 어려워지고 있는 현상에 대처하여 가축사육 및 방목에 관한 사전승인제도의 마련이 필수적이다.

전염병에 감염된 가축의 이동, 축산물의 유통이 공공연하게 이루어지고 있는 점은 가축 전염병 이외에 인수공통전염병의 확산 우려는 급속한 제한체제 마련이 중요하다는 것을 보여준다.

셋째, 북한 당국이 전염병 발생사실을 공개하지 않거나, 무분별한 댐 건설, 물길 훼손으로 사육가축과 야생동물의 접점을 증가시킴에 따라 가축전염병의 확산 가능성이 더욱 높아지고 있는 현실에 대처한 엄격한 제한대책을 필요로 하고 있다.

이상과 같은 북한 수의방역의 문제들은 현재도 우리 측에 상시적·직접적 영향을 미치고 있다. 휴전선에 인접한 국영 및 개인 축산시설에서 배출되는 감염된 가축의 분뇨, 폐사된 가축에서 발생하는 병원성 물질이 하천과 지하수, 매개동물, 공기 등을 통하여 우리 측 축산가에 전파될 가능성이 높다. 반면, 남한 지역에서 발생한 가축전염병이 북측에 전파될 경우 북한의 축산부문 피해는 물론, 식량난 가중으로 북한 주민의 피해도 우려된다. 따라서 남북 간의 공동 수의방역의 노력이 어느 때보다도 절실히 요구됨을 알 수 있다.

북한 국경지역에서의 가축 및 축산물의 무질서한 유통은 국경검역수준을 높이고 조밀한 규제조치를 필요로 하고 있다.

남북 간 공동 수의방역체계의 수립은 북한의 수의방역 부문의 문제점을 중심으로 단계적으로 확대하는 방향으로 접근해야 한다. 우선적으로 남북 간 전염병의 직접적 경로가 될 수 있는 지역, 즉 임진강 등 남북이 연결된 하천 일대, 휴전선 일대 지역, 국경지역을 중심으로 남북 합동 방역, 조기경보 체계를 갖추고 상시 관리를 실시하며, 전염병 발생 시 특별 관리 대책을 마련한다. 이 지역에서 수의방역의 안전성이 확보될 경우 그 다음 단계로 안전이 확보된 지역들과 축산부문의 협력사업 등 교류를 진행하는 것을 원칙으로 하여야 한다.

이와 동시에 공동 수의방역체계를 조류독감 감염 위험지역 등으로 확대 적용을 고려해야 할 것이다. 남북 간 공동의 수의방역체계 수립은 철저히 남북 각자의 현안 문제에 대응한 것이지만, 이를 통한 축산부문의 협력사업의 활성화에 이은 북한의 축산환경 개선, 그리고 다시 축산부문의 협력사업 강화라는 일련의 선순환 구상을 위한 첫 걸음에 해당하는 만큼, 관련 정책에 관한 사회적 관심 제고와 학계의 추가적인 연구노력이 병행되어야 할 것이다.

::참고문헌

김일성.『김일성저작집 8』. 평양: 조선노동당 출판사. 1979.

백과사전출판사.『광명대백과사전 18』. 평양: 백과사전출판사. 2007.

"소련 대사 푸자 노부의 일지."『북한관계사료집 76』. 1960년 9월 12일~9월 30일.

성지은. "주요국의 구제역 방역체계 비교분석과 정책적 시사점."『과학기술정책』. 22권 4호(2012). pp. 134~153.

신효숙.『소련 군정기 북한의 교육』. 서울: 교육과학사. 2003.

장명봉 편.『최신 북한법령집』. 북한법연구회. 2015.

정근식 편.『북한의 대학: 역사. 현실. 전망』. 과천: 진인진. 2017.

조선 과학백과사전출판사·한국 평화문제연구소 공편.『조선향토대백과1』. 서울: 평화문제연구소, 2005.

조선중앙통신사.『조선중앙년감』. 평양: 조선중앙통신사. 1949.

조충희. "북한의 수의방역정책에 관한 연구." 북한대학원대학교 석사학위논문. 2015.

한림대 아시아문화연구소.『북한경제 통계자료집: 1946~1948』. 한림대학교 출판부. 1994.

"북한 고등교육법." 2011년 12월 14일. 최고인민회의 상임위원회 정령 제2036호.

"북조선인민경제 부흥발전에 관한 대책." 1948.

조선 과학백과사전출판사·한국 평화문제연구소 공편.『조선향토대백과1』. 서울: 평화문제연구소, 2005.

:: **생활과학연구소**

북한가정 생활문화의 실태와 교육적 적용__

이순형 · 김희정

목차

I. 서론

II. 2016년 탈북민 대상 생활문화 프로그램 개발

III. 2017년 탈북가정 아동 대상 놀이프로그램

IV. 결론

이순형　서울대학교 생활과학대학 아동가족학과 명예 교수
김희정　서울대학교 사범대학 유아교육전공 박사수료

I. 서론

개인의 생활문화는 살아온 경험을 반영하며 그가 성장한 가정이나 사회환경의 영향을 받는다. 생활문화는 시간과 장소의 두 축으로 구성된다. 생활문화가 한 축은 시간적으로 과거로부터 현재로 이르는 시간이며 다른 축은 부모나 가족생활의 장(場)으로 구성되는 것이다. 따라서 한 사람의 생활문화를 변화시키는 것은 시간축에서 그가 처한 현재에 국한되는 것이 아니라 과거로부터의 영향을 바꾸는 것이다. 장 축에서 본다면 현재 삶의 일상을 장으로 끌어와 그 영향을 바꾸는 것이기도 하다.

북한 주민들은 해방후 70여 년 전의 과거로부터 현재까지 시간축이 남한 사람들의 시간축과 다르고 생활 장도 북한 체계 장으로 남한 사람들의 생활 장과 다르다. 한반도가 분단된 지 70여 년을 넘으면서 남북한 생활문화에 이질화가 가속화되고 있다. 남북한의 생활문화의 차이로 인해 탈북민들이 남한 생활문화에 적응하는 어려움을 지속적으로 보고하곤 했다. 인간은 의식주 생활의 주체이며 이러한 일상생활의 욕구를 실현하며 인간답고 행복한 삶을 추구한다. 한 사회의 생활문화는 일상생활에서 나타나는 개별 구성원들의 사고방식과 행동양식이다. 유기체인 개인의 사고와 행동을 이해하려면 그를 둘러싼 미시적 환경과 거시적 환경의 영향을 고려해야 할 것이다. 가정이 사회의 가장 작은 단위이며 개인의 삶에 밀접한 영향을 주고받는 미시체계란 관점에서 개인의 사회적응 양상에 영향을 미친다고 알려져 있다. 따라서 남북한 가정생활문화의 차이를 살펴보는 것은 탈북민의 사고와 행동을 이해하기 위해 필요한 일이다. 이를 통해서 탈북민의 사회적응 뿐 아니라 통일 이후 통일한국의 사회구성원 간의 상호 이해와 조화로운 삶을 이루기 위해 필요하다. 생활문화의 차이가 사회적 비용 지출을 증가시키고 내적 통합에 방해가 될 수 있기 때문이다.

남북한 생활문화의 이질화를 감소시키기 위한 구체적이고 실제적인 준비가 필요함에도 최근 불안한 국내외 정세로 인해 통일과 통일 준비를 논하는 것은 어려운 상황이다. 북한의 계속되는 미사일 발사와 핵 위협에 맞서 국제사회는 북한이 무력도발을 멈추고 한반도 비핵화 협상 테이블에 나오도록 압박하고 있다. 핵 위협을 거듭하는 북한의 횡보에 대북제재의 강도를 높이고 있다. 미국 의회에서는 2017년 11월 북한을 테러지원국으로 재지정하여 북한의 관련자들에게 추가 제재와 처벌의 강도를 높이면서 한반도의 불안과 긴장이 최고조로 높아졌다. 현재 남북 대치 상황은 그 어느 때보다 위협적이고 불안정하다. 이처럼 남북 갈등이 첨예한 현 시점에서 남북한 문화의 이질화 정도가 더욱 심화되기 전에 통일에 대한 믿음을 기반으로 일상생활 영역에서 대한 연구와 사전 준비가 요구된다. 독일의 사례에서와 같이 통일은 언제 찾아올지 모르기 때문이다.

지금까지 북한사회와 탈북민에 대한 생활과학 분야의 연구가 꾸준히 이루어졌으나 생활과학의 통합된 시각에서 본격적으로 통일을 대비한 연구는 상대적으로 부족하였다. 이에 통일 후를 고려하여 생활과학 관점에서 개인 생활문화 통합에 대한 이론적 토대를 구축하고 실천적 방안을 모색하고자 아동학, 가족학, 식품영양학, 의류학, 소비자학 전공 연구자 5인이 '통일학 연구팀'을 구성하고 생활과학연구소의 지원을 받아 2015년 1월부터 2년 동안 연구를 수행하였다.

2016년도 통일기반구축사업에서는 2015년부터 2016년까지 생활과학연구소에서 진행한 북한사회 생활문화 연구결과를 기반으로 하여 탈북민 생활문화교육 프로그램으로 SNU맞춤형 생활문화프로그램을 개발하였다. 생활문화 동향을 살펴보고 통일 이후 북한사회주민들이 가정생활과 관련하여 어떤 사회서비스를 필요로 할 것인지를 찾아내고 이를 공공서비스 및 시장서비스와 연결시킴으로서 서비스 공급방안을 제안하고자 하였다. 이를 위해 20대 이상의 탈북민 200명을 대상으로 설문조사를 실시하였다. 이 연구를 수행하는 과정에서 본 교가 통일부 탈북민정착지원사무소와 2016년 5월17일 '하나원 생활문화교육 개선 및 발전을 위한 업무협약'을 체결하고 협력네트워크를 구축하였다.

1차년도 연구 결과를 종합해보면, 북한의 생활문화는 1990년대 중반 북한의 '고난의 행군' 이후 만성화된 경제난 속에서도 장마당을 중심으로 생활문화 전반에서 많은 변화가 나타났고 이러한 변화로 인해 탈북시기와 연령에 따라서 탈북민 및 북한인들의 생활문화 및 서비스 요구에 차이가 나타났다. 이 연구결과를 통해 생활과학 및 생활문화적 관점에서 탈북민 및 통일이후 북한인의 사회통합을 위해 연령별, 영역별로 특화된 생활문화 서비스를 구체적으로 제안하였고 이러한 구체적인 서비스 요구도에 따라 각각 생활문화프로그램을 구성하여 이를 SNU맞춤형 생활문화프로그램이라 명명했다.

2차년도는 생활문화연구의 일환으로 탈북가정 아동의 미디어 및 놀이문화 실태를 확인하고 미디어 및 놀이프로그램을 제안하였다. 1차년도에 개발한 SNU맞춤형 생활문화프로그램의 구성체계와 유사한 방식으로 아동의 관점에서 놀이문화 중심 SNU아동놀이문화프로그램을 구성하였다. 이를 통해서 탈북가정 아동의 건강한 놀이문화 형성을 통해 남한 사회적응 뿐 아니라 통일 이후 북한 아동들의 놀이문화를 적극적으로 이끌 수 있을 것으로 기대한다.

II. 2016년 탈북민 대상 생활문화 프로그램 개발

1. SNU맞춤형 생활문화프로그램 개발의 필요성

남북한의 사회·문화 변화가 가속화되고 오랜 분단기간으로 인해 생활문화의 이질화가 진행되었고 이로 인해 탈북민들이 남한의 생활문화에서 겪는 적응의 어려움이 보고되고 있다. 근래에 장마당 등에서 보듯 북한 내부의 변동성이 높아지면서 북한주민 중 새로운 부모세대가 경험하는 가정생활문화에서 다차원적 변화가 나타나고 있음이 보고된다.[1] 또한 북한 내부 변화 뿐 아니라 탈북민의 북한에서의 배경과 탈북 동기, 탈북형태와 사전경험이 다양해짐으로 인해 탈북민의 적응교육 프로그램에서도 다양한 요구를 반영해야 할 필요가 있다. 특히 북한생활문화의 변화에 대한 인식 및 평가의 부재는 탈북민의 사회적응의 어려움을 가중시키고 다가올 통일의 시기에 사회 통합을 위한 비용지출을 증가시킬 수 있다는 점에서 지속적으로 연구되어야 할 필요가 있다. 독일통일 사례에서, 동독인들은 서독과의 사소한 생활문화의 차이에 의해서도 심리적 갈등, 사회 혼란과 불안을 경험할 수 있으며[2] 이러한 차이로 인해 사회적 부담과 국가적 지출이 발생할 수 있음을 보여주었다. 독일의 사례가 우리에게 주는 함의는 통일 한국

---

1 서울대학교 생활과학대학 교재개발위원회,『2000년 이후 북한 사회 생활문화 총서』, 2018(출판예정).

2 김혜온 외 공저, "통일 이후 구 동독지역 청소년과 성인의 심리적 적응과 사회변화에 대한 태도,"『인간발달연구』, 제6권 2호(1999), pp. 1~17.

의 내적 통합을 위해 생활문화에 대한 초기 이해 교육이 필수적임을 시사한다. 즉 남북한이 상호 차이의 인정 및 상호이해교육이 초기에 먼저 선행됨으로써 문화적응을 용이하게 하는 것이 통일 후 사회통합을 위한 비용지출 부담을 최소화할 수 있는 방법이다.

탈북민 생활문화 교육에 있어 다양하며 효과적인 방법론적 접근의 필요성이 증대되고 있다. 탈북민의 초기 남한 생활적응을 위한 적응교육으로서의 생활문화 교육의 중요성이 높다. 생활문화는 개인이 매일의 일상생활을 통해 살아가는 방식으로서, 일상생활을 영위하는 가운데 보이는 집단의식과 생활양식의 총체이다.[3] 사회와 분리된 하나원의 물리적, 공간적 특성으로 인해 생활문화와 같이 실생활에 밀착된 영역을 교육시키는데 있어 다양하며 효과적인 방법론적 접근의 필요성이 제기되고 있다. 그럼에도 불구하고 현재 탈북민 및 통일 이후 남북한 생활문화 통합을 위해 개발되고 시행된 프로그램이 부족한 상황이다. 이러한 요구, 즉 탈북민 맞춤형 생활문화 프로그램 개발의 필요성에 따라 현재 생활문화 관점에서 초기사회적응을 위해 생활문화를 쉽게 이해하고 실제생활에 적용할 수 있는 체계적이고 효과적인 생활문화 프로그램 개발하고자 시도하였다. 연구팀이 개발한 SNU맞춤형 생활문화프로그램은 시간 축은 현재, 장 축은 남한의 도시, 그리고 내용은 일상경험으로 구성되었다.

---

[3] 박혜란, "남북한 여성의 생활문화와 삶의 질, 통일을 대비한 남북한여성의 삶에 대한 비교," 『이화여대한국여성연구원 제 4차 통일문제학술세미나자료집』, (1996).

2. SNU맞춤형 생활문화프로그램 개발의 목적

SNU맞춤형 생활문화프로그램을 개발하는 목적은 다음과 같은 2가지이다. 첫째, 탈북민을 위한 맞춤형 생활문화 프로그램을 개발하여 탈북민의 남한생활 적응을 돕고 사회통합에 기여한다. 이미 정착한 탈북민들이 남한 생활 적응에서 겪었던 실제 어려움을 중심으로 탈북민 주인공이 매일의 일상생활에서 경험하는 다양한 에피소드를 영상자료와 함께 제시함으로써 흥미를 유발하며 자연스럽게 남한의 생활문화를 수용하고 학습할 수 있도록 한다.

SNU맞춤형 생활문화프로그램에 등장하는 성인 남녀 주인공은 탈북민 부부로 이들의 자녀들을 초등학생과 미취학 유아로 설정하여 가족생활과 지역사회의 근접환경(유아보육시설, 교육시설, 오락 및 여가 시설, 편의 시설 등)을 중심으로 일상생활스토리를 전개함으로써 일상적 삶이 행해지는 영역 안에 가족, 육아, 의복, 주거, 음식, 교육, 소비, 여가, 복지 등의 개념들이 자연스럽게 포함되도록 했다. 특히 주제 관련 영상자료와 함께 친근한 탈북민 부부를 등장인물로 설정하여 제시되는 스토리텔링 방식은 탈북민들의 흥미를 유발하고 몰입도를 향상시키고, 자연스러운 상황에서 학습이 일어나도록 유도함으로써 탈북민의 학습 부담을 최소화한다.

둘째, 탈북민의 생활 적응력 향상 뿐 아니라 통일 이후 사회 갈등 및 불안으로 인한 사회 통합 비용을 감소시키려는 목적이다. 강의 실행 및 평가 자료를 근거로 강의의 효과성을 검증하고 이를 토대로 통일 이후 북한 주민들의 생활문화 교육 프로그램으로 활용하여 미래 통일한국 주민의 심리적 통합을 위한 기반을 구축한다.

3. SNU맞춤형 생활문화프로그램 개발 방향 및 방식

1) 개발 방향

SNU맞춤형 생활문화프로그램은 북한 체계의 획일화되고 왜곡된 사회 및 시민 의식에서 벗어나 민주 시민으로서 가정생활을 영위할 수 있는 자질과 역량을 함양할 수 있도록 다음과 같은 방향으로 개발하였다.

(1) 건전한 소비문화, 시간생활의 이해 : 자본주의 시장경제 체계 하에서 건전하고 합리적인 소비 주체로 성장할 수 있도록 올바른 소비생활 및 시간관리 교육을 포함하여 소비자 능력을 향상시킨다.

(2) 민주 시민으로서 자유와 책임 : 수동적으로 명령에 복종하는 것이 아니라, 자율적으로 판단하고 결정하는 자기 결정권에 대해 알고 이에 따르는 책임 의식을 이해하도록 한다.

(3) 자발적이고 합리적인 의사결정 : 일인 독재 제체 하의 절대 순종 방식에서 벗어나 다양한 대안을 놓고 자발적이고 합리적으로 의사 결정하는 습관을 기른다.

(4) 양성 평등의식 : 가부장적이고 경직된 북한의 사회문화 체계에서 벗어나 가정에서 남녀의 평등성을 인식하고 구체적 관계 속에서 실천할 수 있도록 한다.

(5) 의생활 교육 : 남한사회에서 때와 장소에 따라 달리 적용되는 의복과 관련한 규범들을 교육함으로써 외모관리, 의복구매 지식, 세탁방법 등의 내용을 다루고 사회의 규범에 맞는 외모를 가꿀 수 있도록 돕는다.

(6) 식생활 교육 : 식생활 부분에서 외국어 등 식품·영양에 관한 지식, 태도, 실천 및 가치관 교육을 포함하여 균형식의 중요성, 성인병과 나쁜 음식, 식품 구매시 식품표시의 의미와 방법 등에 대한 내용을 다루고 남북한 식생활 차이로 인한 이질감을 줄이는데 도움이 된다.

(7) 가족생활 및 자녀양육 교육 : 부모자녀관계, 부부관계 등 심리정서적인 가족문화를 자연스럽게 제시하고, 가족 문제를 돕는 다양한 사회적 도움 기관 소개, 결혼, 장례 등의 경조사, 가족 내 특별한 행사와 기념일 등을 구체적 사례를 통해 건강한 가족 및 자녀양육 생활에 도움이 되도록 한다.

2) 개발 방식

SNU맞춤형 생활문화프로그램은 회기별 주제 및 내용에 대해 탈북민 부부 등장인물이 풀어가는 이야기 교재로 개발되었다. 한 가족의 이야기를 여성, 남성 별로 평일이야기, 주말이야기, 특별한 날 이야기로

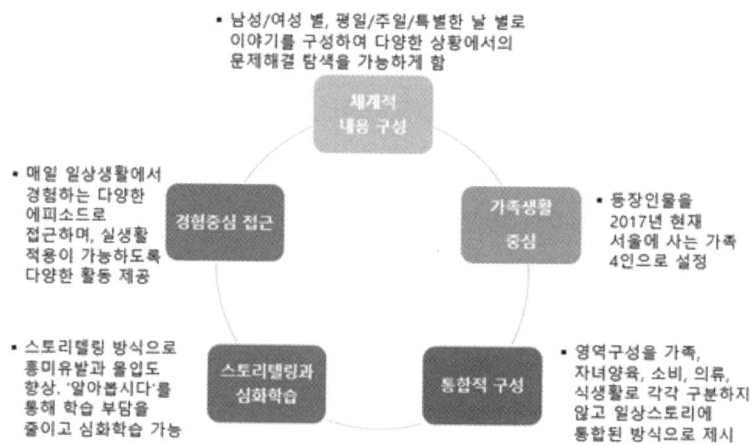

그림 1   SNU맞춤형 생활문화프로그램의 특성

구성했다. 아내 및 남편의 시각에서 일상생활에서 경험하는 다양한 에피소드를 다루었다. 또한 북한의 생활경험을 반영하여 동시대 남, 북간의 생활문화를 비교하면서 공통점을 찾을 수 있도록 구성하였으며 스토리텔링 방식으로 흥미도를 높이고 친근감을 높임으로서 남한 생활문화의 이질감 감소하고자 시도하였다. 탈북민들이 어렵게 느끼는 외래어나 영어표현을 밑줄을 그어 별개로 표시하여 강의시 추가 설명이 가능하도록 개발하였으며, 스토리에서 핵심 학습 키워드를 박스(예, 전기밥솥, 소비자 문제 등) 표시하여 "알아봅시다!"에서 강의를 통해 심화학습이 가능하도록 개발하였다.

일상생활문화를 가족, 자녀양육, 소비생활, 의류생활, 식생활 영역별로 구분하지 않고 통합된 방식으로 제시하였다. 가정생활에서 경험할 수 있는 어려움을 일상 스토리에 녹여 분야별로 분절된 방식이 아닌 통합된 방식으로 제시하였고 마무리 활동에서 시연, 등의 활동을 통해 실생활 적용이 용이하도록 개발하였다. 남녀 성차에 따른 시각과 이해도를 감안하여 여성과 남성의 입장에서 각각 스토리를 개발하고 평일, 주말, 특별한 날에 따라 스토리를 각각 구성하여 일상 영역에서 일상성과 특별성을 모두 다루었다.

SNU맞춤형 생활문화프로그램은 탈북민의 가족 간 심리적 적응 및 대인 관계 적응에 기여하도록 개발되었다. 가정과 지역사회에서 접하는 사람들과의 관계에서 발생하는 다양한 사회적 문제 상황을 스토리텔링 형식으로 제시하고, 적절한 해결방법에 대해 연습해 보도록 하였다. 생활 사건을 이해하고 해결하는 방법과 지식을 제공하여 탈북민 부모와 자녀간, 부부간, 친지 등 대인 관계에서의 적응에 대한 탈북민의 스크립트 지식 및 문제 해결 능력을 향상하는데 기여하고자 하였다.

3) SNU맞춤형 생활문화프로그램의 체계

SNU맞춤형 생활문화프로그램의 각 회기는 도입, 전개, 심화, 마무리 체계로 구성되었다. 도입은 주제관련 동영상 자료를 제시하여 흥미를 유발하고 이후 다룰 주제에 대해 주의를 환기시킨다. 전개 부분에서는 스토리텔링 형식으로 제시된 이야기를 통해 주인공이 경험하는 일상생활 이야기를 통해 주요 학습 개념을 이해할 수 있다. 심화 부분에서는 전개 부분에서 제시된 키워드를 중심으로 "알아봅시다"를 통해 심화된 지식을 학습한다. 마무리에서는 역할극, 시연 등 다양한 활동을 제공하여 실생활에 적용할 수 있도록 한다.

4) SNU맞춤형 생활문화프로그램의 내용

생활적응교육프로그램의 내용은 〈표 1〉과 같이 구성되었다. 탈북민 부부인 수연씨와 영수씨의 이야기를 각각 다루고 있으며, 평일, 주말, 특별한 날 이야기로 구성되어 있다.

표 1 SNU맞춤형 생활문화프로그램 내용

아내 수연씨 이야기	월요일 이야기	아침식사, 출근 준비, 아이들 등원 및 등교시키기, 자녀의 학교 상담, 저녁 시간, 세탁소 들르기, 잠자리에 들기
	금요일 이야기	출근 전 옷 준비, 은행 방문, 방과후 교실과 학부모 단체대화방, 아이돌봄 서비스, 금전관리
	토요일 이야기	기상 및 아침식사, 가족상담 및 건강 가정지원센터 서비스 방문, 마트쇼핑, 가전제품 고르기, 스마트폰 구매, 도서관 이용, 옷장 정리, 세탁기 수리 신청
	일요일 이야기	생필품 및 식료품 구매, 자전거 구매, 싸게 좋은 옷 구입하기, 아이들에게 책 읽어주기
	특별한 날 이야기	아이들 방학이야기(방학 중 돌봄, 캠핑), 명절 이야기(명절음식 준비, 명절 아침, 명절 옷차림), 결혼식 참석 이야기(미용실 방문, 아이들, 남편 옷 골라주기, 결혼식 참석), 결혼기념일 이야기(남편과의 대화, 결혼 10주년 기념 여행), 장례식 참석(장례식 참석)

남편 영수씨 이야기	평일 이야기	아침 운동 및 아침 식사, 출근 전 옷 입기, 은행방문, 퇴근길, 자녀의 준비물과 숙제 챙기기, 금전 관리
	주말 이야기	기상 및 아침식사, 가족상담과 건강가정지원센터 서비스 방문, 장보기, 스마트폰 구매, 자전거 구매, 도서관 이용, 학부모 아버지회, 저녁 외식, 세탁기 수리 신청, 아이들에게 책 읽어주기
남편 영수씨 이야기	특별한 날 이야기	결혼기념일 이야기(아내와의 대화, 결혼 10주년 기념 여행), 생일 이야기(아침 생일상, 케이크로 생일 축하), 결혼식 및 장례식 참석 이야기(목욕탕 및 이발소 방문, 결혼식 참석, 장례식 참석), 어린이집 수업참관 이야기(아빠참여수업, 캠핑 이야기)

4. SNU맞춤형 생활문화프로그램의 기대 효과

1) 프로그램 실시후 효과

SNU맞춤형 생활문화프로그램은 탈북민이 남한 가정생활문화를 실질적으로 이해함으로써 탈북민의 남한사회 적응력을 향상시키고자 하였다. 탈북민이 자발적이고 합리적으로 의사를 결정하는 습관을 함양하며 스스로 합리적인 소비 주체로 인식하고 행동할 수 있도록 소비자 능력을 향상하고자 하였다. 또한 건강한 가족생활을 영위할 수 있

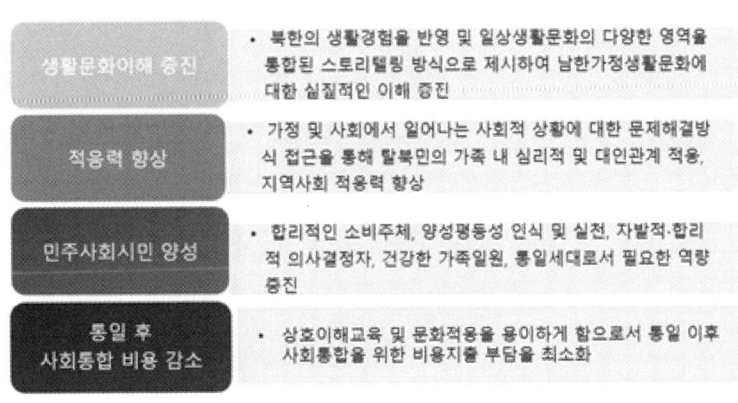

그림 2   SNU맞춤형 생활문화프로그램 기대 효과

는 심리사회적 기초 및 정보를 제공함으로써 가정에서 남녀의 평등성을 인식하고 구체적 가족관계 속에서 이를 실천할 수 있도록 하였다. 자녀 양육 및 교육에 도움이 되는 내용을 구성하여 건강한 가정생활을 영위하는데 도움이 될 수 있도록 하였다. 결과적으로 이 프로그램은 탈북민이 궁극적으로 민주사회의 일원으로 자유와 책임의식을 이해하는 기초 토대 함양할 수 있을 것으로 기대한다.

5. 사업성과 활용

SNU맞춤형 생활문화프로그램 실시후 사업성과 활용방법은 다음과 같다. 첫째, 탈북민의 초기 남한 생활 적응을 위한 적응교육으로서의 탈북민 생활문화 교육의 요구도를 반영하는 프로그램을 개발함으로써 생활문화를 쉽게 효과적으로 이해하고 실생활에 적용할 수 있도록 하여 탈북민 뿐 아니라 통일 이후 북한인들의 문화적응 및 사회통합에 기여할 수 있다.

둘째, 탈북민 생활문화 프로그램 개발에 앞서 탈북민 및 북한인을 위한 생활문화 서비스 요구도 및 하나원 교육과정 만족도를 조사, 분석하여 연령별, 성별에 따라 가족생활, 자녀양육, 소비생활, 식생활, 의생활의 영역에서 각기 다른 어려움과 요구도가 있음을 확인하였다. 이를 고려하여 SNU맞춤형 생활문화프로그램의 학습내용을 구성하였다.

셋째, 통일 후 북한의 생활문화교육에 대해서 자문 및 정책 추진을 할 수 있는 유기적인 전문가 집단 네트워크를 형성하고 북한의 현실을 반영하고 효과적이며 체계적인 적응교육과 통일 후 교육 정책 및 제도 수립에 기여할 수 있다.

III. 2017년 탈북가정 아동 대상 놀이프로그램 개발

1. SNU아동놀이프로그램 개발의 필요성

놀이는 아동의 기본 권리이며 아동의 건강한 발달에 필수불가결한 요소이다. 놀이는 자발적으로 참여하는 목적이 없는 활동으로서 즐거움을 동반하는 가장 자유로운 인간 활동이다. 성인에게 놀이의 즐거움은 생활 속에서 맞닥뜨리는 여러 가지 정신적 고통을 잊게 하거나, 지친 육체적 피로를 풀어준다. 아동기의 놀이는 아동이 환경, 타인, 자신과 상호작용하면서 지식과 기술을 형성하고 확장할 수 있게 하는 학습과정의 가치도 내재되어 있다는 점에서 발달적, 교육적 중요성이 더욱 크다. 아동기 놀이는 신체 및 운동발달, 인지발달, 언어발달, 사회정서발달 등 아동기 아동의 전반적 발달에 영향을 미치며 교육적 가치를 지니고 있다. 또한 놀이는 아동의 의사소통을 촉진하고, 정서적 건강과 사회적 기술을 증진하며, 개인적인 힘을 증강시키는 등의 치료적 가치가 있다.

아동이 발달적으로 문화적으로 적절한 놀이문화를 경험하는 것은 그 사회의 문화적응에 중요한 역할을 한다. 놀이는 보편적이면서 동시에 문화적으로 고유한 활동이기 때문이다. 놀이와 문화와의 관계를 살펴본 요한 호이징하는 놀이를 한 사회의 문화화 기제로 보았다. 인간 놀이의 양과 유형은 사회나 문화권에 따라 상당한 차이가 있으며 아동의 놀이는 그들이 살고 있는 문화의 가치를 반영하고 있다. 또한 놀이는 아동이 자신이 속한 사회의 놀이문화를 긍정적으로 인식하여 문화주체성을 확립하고 다른 사회의 문화를 이해하고 수용하는 태도를 갖도록 하는데 도움을 줄 수 있다.

아동의 놀이는 아동이 속해 있는 사회의 경제발전 시기에 따라 다른 양상을 보인다. 이순형[4]의 연구에서 한민족 아동의 놀이는 사회의 경제발전 시기에 따라 차이가 나타났으며 초기 경제 개발시기에는 소박한 신체놀이에서 경제개발시기에는 점차 인터넷, 게임 등 영상놀이로 이행되는 변화 양상이 나타났다. 이와 같이 경제발전의 정도와 속도가 다른 북한, 중국, 남한에서 탈북아동이 놀이문화의 전환과정을 겪으면서 탈북가정 아동이 경험하는 문화활동으로서의 놀이의 역할이 어떻게 달라지는지 살펴볼 필요가 있다. 즉, 세 지역을 거친 탈북아동의 이질적 놀이문화(intercultural)가 어떻게 변화하였는지, 그리고 세 지역의 놀이문화가 어떤 보편성을 지니는지, 그리고 남한에서 탈북아동의 가정내 문화와 학교문화간의 전환은 어떻게 이루어지는지를 살펴보는 것이 필요하다.

근래에 국내 아동 청소년의 국내 스마트폰 보유율이 증가하고 있으며 '전자매체'놀이는 초등학령기 아동의 주도적 놀이[5]가 되고 있다. 탈북가정 아동의 경우도 예외는 아니다. 이들이 접할 전자매체 놀이가 지속적으로 증가할 것으로 예상되는데 이러한 놀이가 탈북가정 아동의 건강한 발달과 적응에 어떤 영향을 미칠지는 의문이다. 따라서 이들의 미디어 사용실태 및 놀이문화 연구가 필요한 시점이다. 그러

---

4 이순형, "사회경제발전에 따른 한민족 아동 놀이와 놀이 노래의 특성," 『한국심리학회지: 문화 및 사회문제』, 제17권 1호(2011), pp, 155~172.

5 이소은·이순형, "초등학생의 전자매체 놀이문화 실태분석," 『아동과 권리』, 제13권(2009), pp, 305~332.

므로 이 연구에서는 남한에서의 미디어 사용 실태, 북한, 중국의 놀이 실태를 살펴보고 이에 기반하여 탈북가정 아동을 위한 놀이프로그램 제안하고자 한다.

2. SNU아동놀이프로그램 개발의 목적

SNU아동놀이프로그램의 목적은 다음과 같다. 첫째, 탈북가정 아동을 위한 맞춤형 놀이 프로그램을 개발함으로 탈북가정 아동의 남한 생활 적응을 돕고 건강한 발달에 기여할 수 있다. 탈북가정 아동의 북한, 중국, 남한에서의 미디어 및 놀이문화 실태 조사를 토대로, 탈북가정 아동을 주인공을 둘러싼 가족생활과 학교생활, 기타 생활 등 지역사회 내 아동의 근접환경(가정, 교육시설, 오락 및 여가 시설, 편의시설 등)을 중심으로 놀이 및 미디어와 관련된 일상생활스토리를 전개함으로써 일상적 삶이 행해지는 영역 안에 자연스럽게 아동이 미디어 및 놀이문화를 느끼고 체험할 수 있도록 한다. 탈북가정 아동 주인공의 매일의 일상적 에피소드를 영상자료와 함께 제시함으로서 아동의 흥미를 유발하며 자연스럽게 남한의 놀이문화를 수용하고 학습할 수 있도록 한다. 또한 남한의 놀이 환경이나 상황에서 경험할 수 있는 궁금함이나 문제점을 함께 알아보고 학습하여 아동의 문제해결능력을 향상시킬 수 있다. 또한 놀이는 그 자체로 치유의 기능을 한다. 탈북가정 아동들이 남한에 정착하기까지 경험할 수 있는 심리적 고단함과 외상을 건강한 미디어 및 놀이를 통해 안전감을 느끼고 표현하고 상상하고 즐거움과 기쁨을 느끼며 치유할 수 있을 것으로 기대된다.

둘째, 이 프로그램은 탈북가정 아동 뿐 아니라 탈북가정 부모가 활용함으로써 자녀의 놀이경험 뿐 아니라 발달적 특징을 이해하고 아동의 건강한 미디어 사용 문화를 조성할 수 있다. 가정 내에서 부모와 아동, 가족이 함께 즐길 수 있는 놀이 활동을 해봄으로써 가족 간의 친밀감을 높일 수 있다. 이외에도 아동의 학교 및 센터 교사가 활용하여 탈북가정 아동을 이해하고 아동의 건전한 놀이지도에 도움을 줄 수 있다.

셋째, SNU아동놀이프로그램은 탈북가정 아동의 적응과 건강한 발달 뿐 아니라 통일 이후 북한 아동들을 위한 초기 사회적응 프로그램의 기초가 될 수 있다. 프로그램 실행 및 평가 자료를 근거로 프로그램의 효과성을 검증하고 이를 토대로 통일 이후 북한 아동의 놀이문화 교육 프로그램으로 활용하여 미래 통일한국 아동의 건강한 미디어 사용과 놀이문화를 형성함으로서 문화적응기반을 구축한다는 데 의미가 있다.

3. SNU아동놀이프로그램 개발 방향 및 방식

1) 개발 방향

첫째, SNU아동놀이프로그램은 아동이 경험할 수 있는 놀이를 공간별로 가정, 학교 및 센터, 특별한 공간에서의 놀이 이야기로 구분하고 제공한다. 먼저 가정 내 아동이 건강한 미디어 사용 및 놀이문화를 형성할 수 있도록 돕는다. 이를 위해 집에서 아동이 스마트폰과 컴퓨터를 안전하게 사용할 수 있도록 미디어 관련 지식을 제공한다. 이외에도 아동이 가정에서 스마트폰과 게임이외에도 다양한 놀잇감이 있음을 학습하도록 하며, 가정에서 혼자놀이 혹은 어머니가 손쉽게 자녀와 함께 할 수 있는 놀이를 탐색할 수 있는 기회를 제공한다.

다음으로 SNU아동놀이프로그램은 학교나 센터, 공부방 등에서 또래와 함께 할 수 있는 놀이를 제공한다. 남한의 또래놀이문화를 자연스럽게 주인공의 스토리를 통해 체험할 수 있도록 한다. 아동이 센터나 공부방, 학교 등에서 또래와 함께 할 수 있는 놀이를 제공해 준다. SNU아동놀이프로그램은 아동에게 단체톡 방 등 SNS사용 방법 및 예절, 또래와의 소통 방식에 대해 알려주고, 또래 놀이 관련 지식을 통해 아동들이 놀이 규칙, 놀이 순서 등 놀이 방법 뿐 아니라 놀이 활동을 실제로 경험할 수 있도록 돕는다.

마지막으로 SNU아동놀이프로그램은 도서관이나 자연에서의 놀이 등 아동이 전자매체놀이 이외에도 도서관 공간을 활용하거나 자연 속에서도 재미를 추구하고 신체놀이, 상징놀이와 창의적으로 표현하며 놀 수 있는 방법을 탐색하도록 한다.

둘째, SNU아동놀이프로그램은 아동이 경험할 수 있는 놀이를 기능별로 치료놀이, 전통놀이로 구분하여 제공한다. 치료놀이는 부모와 아동의 불안을 누그러뜨리고 안전감과 긍정적 정서를 경험하여 스트레스를 완화시킬 수 있는 놀이이다. 이러한 놀이는 탈북가정 부모와 아동이 탈북과정 및 남한 정착과정에서 느낄 수 있는 심리적 불안을 완화시키고 놀이를 통해 자신의 삶을 행복하게 경험할 수 있게 한다. 다음으로 SNU아동놀이프로그램은 공유된 한민족 정서를 느낄 수 있는 놀이를 제안한다. 남북한이 공유하고 있는 한민족 정서를 느낄 수 있는 전통놀이, 놀이노래를 소개함으로써 북한이탈 아동이 남한의 문화에 대해 친근하게 느끼고 남북한 동질성을 느낄 수 있도록 한다.

2) 개발 방식

첫째, SNU아동놀이프로그램은 회기별 주제 및 내용에 대해 탈북가정 아동 두 명의 등장인물이 풀어가는 이야기로 구성된다. 탈북가정 아동을 주인공으로 하여 가정에서의 놀이, 센터에서의 놀이, 특별한 놀이이야기 등 일상생활에서의 미디어, 놀이 이야기를 장소별로 나누어 구성한다.

둘째, SNU아동놀이프로그램은 북한과 중국에서의 놀이경험을 반영하여 개발된다. 북한과 중국에서의 놀이경험을 반영하여 동시대 남, 중국, 북한간의 놀이문화를 비교하면서 공통점을 찾을 수 있도록 하고 친근감을 느낄 수 있도록 구성한다. 남한의 생활환경에서 경험하는 이질감이나 문화 적응의 어려움을 극복하고 스토리를 친근하게 느끼며 흥미를 높일 수 있도록 개발한다.

셋째, SNU아동놀이프로그램은 일상생활문화의 다양한 영역을 통합된 방식으로 제시한다. 탈북가정 아동이 남한에서 경험할 수 있는 미디어와 놀이와 관련된 궁금증이나 어려움을 자연스럽게 일상생활 스토리에 녹여 분야별로 분절된 방식이 아닌 통합된 방식으로 제시하여 실생활 적용이 용이하도록 개발한다. 또한 아동이 가정 내에서 혼자 혹은 부모와 함께 손쉽게 놀이를 즐길 수 있는 방법, 학교나 센터에서 또래와 함께 놀 수 있는 방법, 특별한 장소에서의 놀이 이야기, 전통놀이 등을 스토리로 제공하여 친근하게 느낄 수 있도록 한다.

넷째, 미디어 및 놀이 관련 지식을 제공하여 아동의 미디어 과몰입 및 중독을 예방하고 건강한 놀이문화를 경험할 수 있도록 한다. 이를 위해 방송프로그램 등급제, 유해사이트차단 앱 및 프로그램, 개인정보보호 등에 대한 지식을 아동의 발달 수준에서 이해하기 쉽게 전달하며, 가정 내에서 미디어 사용 규칙과 부모자녀 의사소통 방식, 올바른 스마트폰 사용법을 실생활에 적용하여 사용할 수 있도록 한다.

다섯째, SNU아동놀이프로그램은 탈북민의 가족 간 심리적 적응 및 대인 관계 적응에 기여하도록 개발된다. 가정생활과 또래관계에서 일어나는 다양한 미디어 및 놀이와 관련된 사회적 상황을 스토리텔링 형식으로 제시하여, 놀이상황에서 일어날 수 있는 다양한 문제를 해결할 수 있는 문제해결역량을 기를 수 있도록 한다. 또래놀이의 경우 놀이 규칙 정하기, 놀잇감 공유하기, SNS사용 예절 등의 내용을 담아 자연스럽게 아동이 또래놀이문화에 적응할 수 있도록 한다. 이를 통해 미디어 및 놀이 사건 이해와 해결방법에 대한 지식을 제시하여 탈북민 아동과 또래간, 탈북민 부모와 자녀간, 탈북민 아동과 교사간 등 대인 관계적 적응에 대한 탈북가정 아동의 스크립트 지식 및 문제 해결 능력 향상에 기여할 수 있을 것으로 기대한다.

3) SNU아동놀이프로그램의 구성 체계

SNU아동놀이프로그램의 각 회기는 도입, 전개, 심화, 마무리 체계로 구성하였다. 도입은 주제관련 동영상 자료를 제시하여 흥미를 유발하고 이후 다룰 주제에 대해 주의를 환기시킨다. 전개 부분에서는 스토리텔링 형식으로 제시된 이야기를 통해 주인공이 경험하는 일상생활 이야기를 통해 주요 학습 개념을 이해하게 된다. 심화 부분에서는 전개 부분에서 제시된 키워드를 중심으로 "알아봅시다"를 통해 심화된 지식을 학습한다. 마무리에서는 역할극, 시연 등 다양한 활동을 제공하여 실생활에 적용할 수 있도록 한다.

4) SNU아동놀이프로그램의 내용

SNU아동놀이프로그램의 구성내용은 〈표 2〉와 같다. 탈북민 부부인 수연씨와 영수씨 자녀의 놀이이야기가 평일, 주말, 특별한 날로 구성되어 있다.

표 2 SNU아동놀이프로그램 내용

아들 성민이 이야기	가정에서의 놀이 이야기	• 놀이 제안 : 엄마와 함께하는 놀이(밀가루놀이, 전등놀이), 혼자 놀이(블록놀이), 전통놀이(윷놀이, 실뜨기) 등 • 미디어 사용 관련 지식 : TV시청 연령 등급-방송프로그램 등급제, 유해사이트차단 앱 및 프로그램, 개인정보보호, 미디어 과몰입 및 중독 등 • 가정 내 미디어 사용 문화 : 미디어 사용 규칙, 부모자녀의사소통, 올바른 스마트폰 사용법, 놀잇감 종류(캐릭터 놀잇감, 자연물, 다양한 놀이매체) 등
	학교 및 센터에서의 놀이 이야기	• 놀이 제안 : 교실에서의 놀이, 운동장(놀이터)에서의 놀이(모래 놀이, 기구놀이), 전통놀이(사방치기, 딱지치기, 땅따먹기) 등 • 또래 놀이 관련 지식 : 좋은 놀잇감이란, 놀이 순서 정하는 방법, 놀이 규칙 지키기, 놀이에서 졌을 때, 친구가 규칙을 속이거나 어겼을 때, 등 • 또래 놀이 문화 : 단체톡방 등 SNS 사용예절, 등
	특별한 장소에서의 놀이 이야기	• 놀이 제안 : 도서관에서 놀이, 자연에서 놀이(공원, 숲, 개울가, 등), 캠핑장에서 놀이 등
딸 예진이 이야기	가정에서의 놀이 이야기	• 놀이 제안 : 엄마와 함께하는 놀이(밀가루놀이, 전등놀이), 혼자 놀이(블록놀이), 전통놀이(윷놀이, 실뜨기) 등 • 미디어 사용 관련 지식 : TV시청 연령 등급-방송프로그램 등급제, 유해사이트차단 앱 및 프로그램, 개인정보보호, 미디어 과몰입 및 중독 등 • 가정 내 미디어 사용 문화 : 미디어 사용 규칙, 부모자녀의사소통, 올바른 스마트폰 사용법, 놀잇감 종류(캐릭터 놀잇감, 자연물, 다양한 놀이매체) 등
	학교 및 센터에서의 놀이 이야기	• 놀이 제안 : 교실에서의 놀이, 운동장(놀이터)에서의 놀이, 전통놀이(고누놀이, 사방치기, 딱지치기, 땅따먹기) 등 • 또래 놀이 관련 지식 : 놀이 순서 정하는 방법, 놀이 규칙 지키기, 놀이에서 졌을 때, 친구가 규칙을 속이거나 어겼을 때, 등 • 또래 놀이 문화 : 단체톡방 등 SNS 사용예절, 등
	특별한 장소에서의 놀이 이야기	• 놀이 제안 : 도서관에서 놀이, 자연에서 놀이(공원, 숲, 개울가, 등), 캠핑장에서 놀이 등

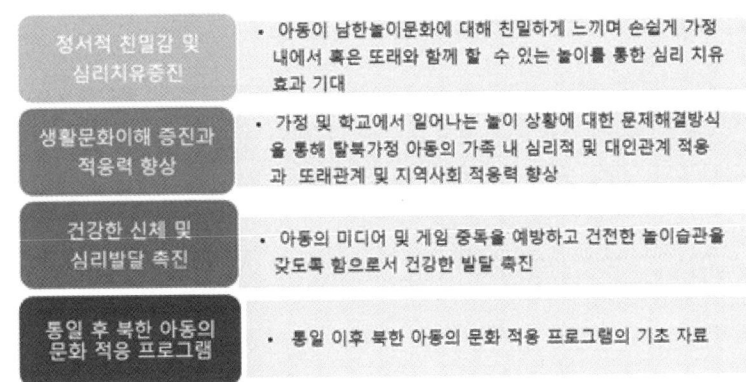

그림 3 SNU아동놀이프로그램 기대 효과

4. SNU아동놀이프로그램 개발 기대 효과 및 세부 추진 일정

1) 프로그램 개발 기대효과

SNU아동놀이프로그램은 탈북가정 아동이 놀이 프로그램을 통해 남한의 미디어 및 놀이문화를 친밀하게 느끼게 하며 남한의 생활문화에 대한 이해를 증진시킨다. 건강한 미디어 사용 방법을 교육함으로써 게임 및 스마트폰 중독을 예방하고 아동이 건전한 놀이습관을 갖도록 한다. 아동이 가정 내에서 뿐 아니라 학교 및 센터 등 또래와의 관계에서 일어날 수 있는 놀이 상황에서의 문제를 자연스럽게 인식하고 이를 해결하기 위한 방법을 실생활에 적용하고 실천 해봄으로써 아동의 새로운 환경에서의 적응력을 향상시킨다. SNU아동놀이프로그램은 궁극적으로 아동의 몸과 마음이 건강하게 발달하도록 돕는다.

5. SNU아동놀이프로그램 개발 성과

SNU아동놀이프로그램의 활용방법은 다음과 같다. 첫째, 탈북가정 아동의 초기 남한 생활 적응과 건강한 발달을 위한 적응교육으로 활용된다. SNU아동놀이프로그램을 통해 탈북가정 아동이 미디어 및 놀이문화 교육을 받음으로써 아동이 남한의 놀이문화를 쉽게 효과적으로 이해하고 실생활에 적용할 수 있도록 하여 탈북가정 아동 뿐 아니라 통일 이후 북한 아동의 문화적응 및 건강한 발달에 기여할 수 있다. 특히 탈북가정 아동의 놀이 프로그램 개발에 앞서 탈북가정 아동의 미디어 및 놀이문화 실태조사를 실시하고 이에 따른 요구를 조사, 분석하여 연령별, 성별에 따라 가족생활, 학교생활, 지역생활 영역에서 각기 다른 어려움과 요구도가 있음을 확인하였다. 이를 고려하여 SNU아동놀이프로그램의 내용이 구성되었으므로 탈북가정 아동은 이 프로그램을 통해 새로운 사회의 놀이문화에 쉽게 접근할 수 있을 것이다.

둘째, 탈북가정 아동들은 SNU아동놀이프로그램을 통해 또래집단에 쉽게 진입하여 또래들과 어울릴 수 있으므로 사회적 관계를 맺고 더불어 살아가는 적응 훈련을 할 수 있다.

셋째, SNU아동놀이프로그램은 통일 후 남북한 아동들이 교류하고 일상 경험을 소통하며 서로 이해하는데 도움이 될 것이다.

Ⅳ. 결론

서울대학교 생활과학연구소에서는 통일기반구축사업의 일환으로 2016~2017년의 2차 년도 사업을 통해 북한의 가정 생활문화와 아동의 놀이문화 실태를 조사하고 그 조사 결과에 근거하여 SNU맞춤형 생활문화프로그램과 SNU아동놀이프로그램을 개발하였다. 탈북 성인과 아동을 대상으로 한 이 프로그램들은 구성 방식과 내용에서 기존의 프로그램들과 차별화될 수 있다. 구체적으로 이 프로그램들은 탈북민의 시각에서 접근한다는 점, 일상생활에서 적응을 다루었다는 점, 스토리텔링방식을 사용했다는 점, 그리고 쉽게 주변에서 만날 수 있는 사람들을 등장시켰다는 점 등이 새롭게 시도되었다.

SNU맞춤형 생활문화프로그램은 북한사회와 다른 남한 문화를 소개하는 스토리텔링 방식, 영상자료 및 실생활 적용 기법 등을 통해 성인이 되어 새로운 사회에서 느끼는 이질감을 감소시키고 남한의 생활문화를 거부감 없이 받아들여 실생활에 적용할 수 있도록 하는데 기여할 것이다. SNU아동놀이프로그램은 남한 사회에 들어온 탈북가정 아동들이 북한의 놀이문화에서 시작해 남한의 놀이문화를 수용하기 쉽도록 구성되었다. 이를 통해 북한이탈 아동들이 새로운 사회에서 또래들에게 쉽게 접근하고 또래 놀이문화에 진입할 수 있음으로써 사회적응이 보다 빠르고 자연스럽게 이루어질 것으로 기대한다.

그동안 탈북민들에게 제공된 초기 생활교육 관련 프로그램이 탈북민들에게 다소 딱딱하고 이해하기 어렵다는 점이 제기되곤 했다는 점에서 위 두 프로그램이 탈북민 성인과 아동의 초기문화적응에 효과적인 프로그램으로 기여할 수 있을 것으로 기대한다.

다만 이 프로그램은 현재 예시강의안만 개발이 되어 현장에서 전체프로그램을 사용하는 데 제한이 있다. 이 교육 프로그램이 탈북민과 아동을 대상으로 하나센터 및 각 현장에서 교육 프로그램으로 활용되기 위해서 후속 사업으로 프로그램을 강의 시수에 맞게 분절하여 각 회기별로 실제 강의에 적용할 수 있는 활동자료와 동영상, 강의 스크립트 등을 포함하는 매뉴얼로 제작하여 제공할 필요가 있다.

그동안 전문가들은 주로 북한이탈 성인의 사회적응에 관심을 두었으며 상대적으로 아동들은 관심을 덜 받아왔다고 볼 수 있다. 탈북 성인 이상으로 북한이탈 아동에게 관심을 쏟아야 할 이유는 두 가지이다. 하나는 아동기가 발달특성상 성인기보다 사회적응이 더 쉽고 인지적 융통성이 있기 때문이다. 둘째는 북한에서의 경험이 상대적으로 아동들에게 큰 영향을 미치지 않아 이념적으로 자유로울 수 있고 성인보다 심리적 상해가 덜한 상태라는 점이다. 탈북가정 아동들이야말로 한국인으로서 정체성을 가지고 오래 살아갈 것이므로 한국 정부가 북한 이탈 가정 아동들의 사회적응에 더 관심을 가져야 할 이유이다.

SNU아동놀이프로그램은 탈북가정 아동들이 새로운 또래놀이문화를 쉽게 접근하고 수용할 할 수 있도록 고려되었다. 아동은 일상적 놀이활동을 통해 신체적, 인지적, 사회정서적 발달이 가능하다. SNU아동놀이프로그램을 통해 남북한 아동들이 만나서 친밀해지고 보다 발달이 촉진될 수 있기를 기대한다.

그리고 이 연구에서 조사된 자료를 토대로 통일후 놀이문화교육 정책을 추진할 수 있는 전문가들이 북한의 아동놀이 현실을 반영하여 효과적이며 체계적인 적응교육정책 및 제도 수립에 기여할 수 있기를 기대한다.

독일은 통일이 된지 25년이 지났으나 아직도 문화적 갈등과 사회적 분열이 존속하고 있다. 진정한 통일은 이질적인 정치·경제 체제를 통합하는 문제라기보다는 그 체제 속에서 일상의 삶을 살아가는 사람들의 내면의 문제, 즉 그들의 의식과 정서와 심리가 소통하는 과정의 문제[6]이다. 남북한이 통일 이후 70여년의 분단시기 동안 심화된 이질성과 문화적 간극을 극복하고 서로 소통하기 위해서는 일상적인 삶에서 나타나는 북한사회의 생활문화에 대한 이해를 기초로 한 생활문화 이해 프로그램의 필요성이 더욱 강조되는 시점이다. 이에 효과적인 프로그램 개발과 함께 변화하는 남북한 생활문화를 지속적으로 모니터링하고 그러한 변화를 프로그램에 반영하여 프로그램을 지속적으로 보완하는 노력이 필요하다.

이 프로그램은 남한의 일상생활이 이루어지는 일차적인 영역인 가정과 지역사회를 포함한 근접환경에서 이루어지는 의식주, 소비생활과 가족생활, 그리고 아동의 놀이문화를 탈북민의 시각에서 보여주고 이해할 수 있도록 함으로써 북한주민들의 삶의 구체적인 방식의 변화와 그 저변에 자리 잡고 있는 의식의 변화를 인식할 수 있도록 하였다. 이러한 프로그램의 개발이 탈북민의 남한 적응 뿐 아니라 통일 이후 남북한 주민이 함께 살아가는 과정에서 심리 사회적 통합에 도움을 줄 수 있을 것으로 기대한다.

앞으로 통일이 가까울수록 생활과학을 기반으로 한 개인 생활적응 연구는 더욱 주목될 것으로 예측된다. 이러한 필요를 충족시키기 위하여 생활과학 전문가들은 연구 과제를 지속적으로 발굴하고 융합연구 협력 체계를 갖추고 연구하여 그 연구 성과가 실제 현장을 통해

---

[6] 김누리, 『머릿속의 장벽 : 통일 이후 동·서독 사회문화 갈등』(파주 : 한울, 2006).

사회정책 및 복지에 환원될 수 있어야 한다. 이러한 환원과정을 통해 탈북민들의 삶의 질을 높이는 데 기여할 수 있을 것이다. 나아가 누적된 융합연구 성과가 일상생활을 토대 삼아 사회통합과 문화적응의 방안으로서 활용될 수 있기를 기대한다.

::참고문헌

김누리. 『머릿속의 장벽 : 통일 이후 동·서독 사회문화 갈등』. 파주 : 한울. 2006.

김혜온 외 공저. "통일 이후 구 동독지역 청소년과 성인의 심리적 적응과 사회변화에 대한 태도." 『인간발달연구』. 제6권 2호 (1999). pp. 1~17.

박혜란. "남북한 여성의 생활문화와 삶의 잘. 통일을 대비한 남북한여성의 삶에 대한 비교." 『이화여대한국여성연구원 제 4차 통일문제학술세미나자료집』. 1996.

서울대학교 생활과학대학 교재개발위원회. 『2000년 이후 북한 사회 생활문화 총서』. 2018(출판예정).

이순형. "사회경제발전에 따른 한민족 아동 놀이와 놀이 노래의 특성." 『한국심리학회지: 문화 및 사회문제』. 제17권 1호(2011). pp. 155~172.

이소은·이순형. "초등학생의 전자매체 놀이문화 실태분석." 『아동과 권리』. 제13권(2009). pp. 305~332.

::첨부

1. SNU맞춤형 생활문화프로그램 강의안(예시)

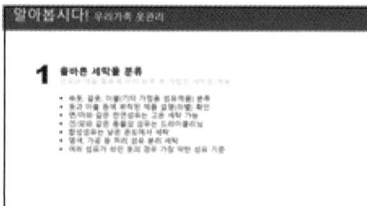

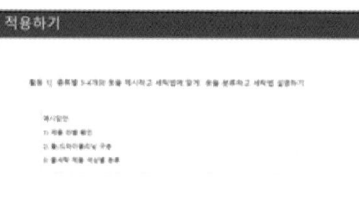

2. SNU아동놀이프로그램은 강의안(예시)

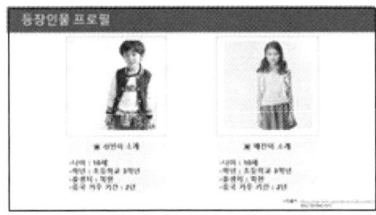

:: 에필로그

오늘 우리가 지향해야 할 통일연구는 무엇인가? 이 질문에 답을 하기에 앞서 우리에게 놓인 현실을 먼저 살피는 것이 필요해 보인다. 70년 넘는 분단은 한국전쟁 이후 국가 형성 및 민주주의와 시장, 시민사회의 발전과 성숙을 이뤄낸 시기임과 동시에 평화부재, 민족대립, 전쟁위협이 지속된 시간이기도 하였다. 우리 역사에서 남과 북이 갈라져 있던 기간은 더불어 살아왔던 시간에 비해서는 매우 일부이지만, 그 분단은 오늘 날 우리의 많은 것들을 규정하고 영향을 미치고 있다. 지구상에서 가장 군사화 된 땅에서 살아가는 것이 일상화되었고, 핵보유국에 한층 더 다가간 북한 체제는 국제 사회의 불안을 가중시키고 있으며, 정부 차원의 다각적인 노력에도 한반도 비핵화 및 평화정착이 더욱 난망해진 것이 우리가 대면하고 있는 '불편한' 현실이다. 눈을 내부로 돌린다 해도 민족적 당위적 통일의 필요성은 젊은 세대들에게 설득력을 읽고 있으며, 보편적 인권이 지켜지지 않는 상황에서 공포 정치, 핵 개발을 지속하는 북한 정권은 우리의 '피로'를 더욱 가중시키고 있다. 한반도의 통일과 평화는 단순히 관심, 무관심의 문제가 아니라 사회의 갈등을 유발하는 내적, 실체적 요인이 된다는 점에서 우리 삶과 일상에 깊이 들어와 있다.

분단의 역사를 읽는 방법과 북한을 이해하는 태도는 각자의 경험과 인식의 차이에서 비롯된 다양하고 과학적인 논의를 허용함에도 불구하고 실체적 북한을 보는 우리의 시각은 종종 이념과 색깔로 덧입혀져 나 아닌 타자를 규정하는 잣대로, 세력을 규합하며 갈등을 유발하는 동인이 되기도 한다. 이러한 점에서 해체되지 않는 냉전, 정전의 지속은 세계사적으로 특이한 사례가 아닌 비평화가 일상화된 한반도를 살아가는 사람의 일상을 지배하며, 언제든 전쟁이 다시 일어날 수 있다는 불안한 미래를 그리게 하는 힘이 되고 있는 것이다.

그간 분단의 인과와 영향을 분석하고, 남북한의 관계와 북한의 체제를 설명하며, 통일의 방법과 조건을 파악하기 위해 다양한 이론, 방법, 사례 연구들이 각 분야에서 이루어져 왔다. 남북관계와 한반도를 둘러싼 국제정세의 기본 구조가 강대국의 개입과 세력 논리가 강하게 작용해왔다는 점에서 기존 연구들이 사회과학의 주된 관심과 대상이 되어 왔던 것이 사실이다. 지난 기간 동안 축적된 학술 성과들이 우리의 지식의 지평과 안목을 넓혀주는데 유의미한 기여를 한 것이 사실이지만 분단과 통합, 통일과 평화의 문제는 특정 영역에 국한된 것이 아니라 인간과 사회, 국가, 자연을 다루는 전 영역에서 함께 진단하고 탐구해야 하는, 다시 말해 총체적 지적 역량이 동원되어야 하는 난제임이 분명히 드러나고 있다.

서울대학교에서도 남북한의 분단극복, 민족공동체 신뢰조성, 평화구축, 통일의 실현이 가장 시급하면서도 종합적 대응 능력을 갖추어야 할 문제로 인식하고 특별히 네 가지 영역에서의 연구를 지원하고 성과들을 축적해 왔다. 첫 번째는 남북한관계이다. 통일학·평화학 연구에 있어 남북한의 두 정치적 행위자들의 관계는 가장 본질적인 문제이다. '잠정적 특수관계' 혹은 '비대칭적 분단국체제' 구조에서 이루어지는 공존, 대립, 갈등의 양상은 '비평화(unfrieden; peacelessness)' 혹은 평화부재의 한반도 현실을 단적으로 보여주는 것일 뿐 아니라 한반도의 분단의 특수성을 이해하는 데 있어서도 중요한 영역으로 간주해왔다.

두 번째는 북한연구이다. 연구 대상과 방법으로써의 북한연구는 많은 영역에서의 기초자료 확보를 필요로 한다. 지금까지 학계에서 이루어진 지적 자산을 바탕으로 서울대학교는 북한 사상, 조직, 제도, 경제, 시장, 언어, 젠더, 기후, 자원, 환경, 문학, 보건 등 기존연구가 상대적으로 부족한 영역들을 적극적으로 발굴하여 지원하였다. 또한 한국인과 북한이탈주민들을 대상으로 통일에 대한 의식을 10년 넘게 분석하고 남북통합의 지수를 개발함으로 국민들의 인식과 태도에 대한 기초자료를 축적하고 있다. 이러한 기획은 다양한 전공 분야에서의 연구 참여로 이어졌으며 실체적 존재로써의 북한, 지역 범주에서의 북한을 이해하는 목적으로 행하여지는 북한연구의 토대를 마련한다는 점에서 앞으로도 집중해야 할 영역이다.

세 번째 주제는 남북한 비교 및 통합이다. 분단상태, 분단구조로써 갖는 남북관계의 특수성과 국가공동체로서의 보편성을 규명하기 위한 노력은 통일과 평화의 중요한 연구 주제임에도 기존연구가 상대적으로 부족했던 것이 사실이다. 남과 북, 두 행위자의 다양한 차원에서의 특징을 비교하고 남과 북의 언어와 사람, 제도, 공간의 통합, 그리고 평화체제 영역은 지난 지원사업에서 중요하게 고려되었다. 통합의 실천적 측면으로 고려될 수 있는 북한이탈주민에 대한 연구 역시 여러 차례 이루어졌다.

마지막은 국제관계 및 환경이다. 북한문제와 한반도 통일과 관련된 주변 환경 연구 역시 지속적으로 심화될 필요가 있다. 남북한의 통합 및 통합 이후 각 영역에서의 쟁점들은 국제적 비교와 주제 연구를 필요로 한다. 체제전환을 어느 정도 완료 하였거나 진행 중인 국가들을 연구하면서 한반도 문제의 함의를 찾고, 한국적 상황에 적용 가능한 갈등 관리 및 평화 구축의 경험 사례는 더욱 축적 할 필요가 있다. 이런 맥락에서 한반도 통일과 통합이 국제 차원의 다층적 네트워크와 주변국의 우호적인 협력이 없이는 이루어 질 수 없음에 주목하고 국제관계, 국제법, 네트워크, 통일과 통합 관련 해외사례 연구를 지원해 온 것이다.

서울대학교가 통일과 평화 연구 및 관련 사업을 다각도로 지원하였음에도 이러한 노력이 통일학·평화학 연구의 종합적, 학제적 정립에 얼마나 기여 하고 있는지는 냉정한 평가와 진단이 필요하다. 통일학·평화학은 총체적 영역에서의 광범위한 접근, 체계적인 이론과 적용 가능한 개념틀, 구체적인 사례 연구가 뒷받침되어야 하는 점을 고려할 때 학문으로써 충분히 정립되지 못한 측면이 있다. 실제로 냉전과 전쟁 이후 한국에서의 통일담론은 권력정치를 기반으로하는 안보적 측면이 기저를 이루었고, 정전을 통해 얻어진 불안정한 평화는 세력균형과 현실주의 논리가 부각되는 반면 평화지향적 통일 담론은 현실성을 잃은 것으로 치부되었다. 통일연구, 평화연구의 비대칭성을 극복하고 평화적 방법에 의한 한반도 통일을 실현하기 위해서 연구의 학제화는 매우 중요한 과제이다. 「통일기반구축사업」을 총괄한 통일평화연구원은 통일과정과 이후 통합의 과정에서 제기될 제반 문제점을 진단, 예측하고 해결방안을 마련하기 위한 전 영역에서의 지적 토대의 필요성에 주목하였다. 지금의 북한의 실태를 반영하며 보다 심도 있고 정책적으로도 활용 가능한 연구가 나오기 위해서는 보다 긴 호흡이 필요로 하다는 점을 전제로 하면서 두 가지 방향성에 주목한다.

첫째, 통일연구의 학제화이다. 통일학, 평화학의 연구 토대 구축은 사실상 개별 분과학 단위별의 심층적인 연구가 없이는 불가능하다. 지난 기간의 연구와 사업을 통해 한반도의 분단극복과 통합증진을 위한 학문적 관심이 사회과학을 넘어 인문학, 교육학, 농업생명과학, 의학, 생활과학, 공학 등 서울대학 내의 다양한 분과학 단위에서 활발히 이루어졌다. 이러한 성과는 분단, 북한, 통일, 평화문제가 사회과학의 독점된 영역이 아닌 사실상 모든 분과학문이 참여 할 수 있는 확장성을 보여 준 것이다. 한반도에서의 분단, 통일, 통합 나아가 평화의 문제가 사회, 정치, 경제, 환경, 공간, 보건, 의료 등 다양한 쟁점과 긴밀히 결합되어 있음을 보여주면서 각 분과학 단위의 연구가 종합되고 연계될 수 있는 방법 또한 함께 모색할 필요가 있다.

둘째, 통일학과 평화학의 융합이다. 통일학 연구는 전 지구적 평화문제와 융합하는 보편적 연구로 확장할 필요가 있다. 비대칭적 탈냉전을 한반도에서 종식시키며 지속 가능한 평화를 정착시키기 위해서는 갈등에서 협력으로의 전환, 이 과정에서의 발생 될 차이를 조정하는 지난한 노력과 복잡한 과정을 필요로 할 것이다. '평화지향적 통일담론'은 응당 학문적 이론과 경험 연구가 뒷받침 되어야 가능할 것이다. 평화학과 통일학을 접목하여 통일을 통한 평화실현, 평화적 수단으로 통일실현을 유기적으로 발전시켜 나갈 필요가 있다. 통일의 목적은 한반도의 공고한 평화를 실현하려는 일이므로 통일이 가져올 평화의 가치와 효과, 통일을 이룩할 수 있는 평화적 방법들을 심도 있게 연구함으로써 통일연구와 평화연구의 시너지 효과를 낼 수 있도록 해야 한다.

E. H. Carr는 오래 전 '평화의 조건(The Conditions of Peace)'이라는 책에서 "미래는 과거로부터 결연히 돌아서 이해와 용기, 상상력을 가지고 새로운 세상을 직면하고자 하는 사람에게 놓여 있다"고 하였다. 분단 극복과 항구적 평화는 궁극적으로 우리의 노력과 손에 달려 있다. 지난 70년의 분단의 현실과 역사를 거울삼아 성공적 통일을 위한 창의적이고 미래지향적인 대안과 방법을 제시하는 것은 연구자들의 몫일 것이다. 서울대학교의 연구 기획이 분단의 아픔과 갈등을

치유하고 통일과 통합역량을 제고하는 수준 높은 연구로 평화지향의 통일시대를 여는데 기여할 수 있기를 희망한다. 끝으로 어려운 여건 속에서도 책의 취지에 공감하여 주시고 원고를 집필해주신 「서울대학교 통일연구 네트워크」의 참여기관 및 저자 분들께 깊은 감사의 말씀을 전하며 편집을 도운 임수진 연구원에게도 고마움을 전한다.

2018년 2월 9일
서울대학교 통일평화연구원장 정근식